Steuerlast und Steuerwirkung

Einführung in die steuerliche Betriebswirtschaftslehre

Von
Dr. Dr. h.c. Dr. h.c. Dr. h.c. Dr. h.c.
Dieter Schneider
Univ.-Prof. der Betriebswirtschaftslehre

R. Oldenbourg Verlag München Wien

Die Deutsche Bibliothek - CIP-Einheitsaufnahme

Schneider, Dieter:
Steuerlast und Steuerwirkung : Einführung in die steuerliche Betriebswirtschaftslehre / von Dieter Schneider. – München ; Wien : Oldenbourg, 2002
ISBN 3-486-25213-5

Rosenheimer Straße 145, D-81671 München
Telefon: (089) 45051-0
www.oldenbourg-verlag.de

Gedruckt auf säure- und chlorfreiem Papier
Druck: Grafik + Druck, München
Bindung: R. Oldenbourg Graphische Betriebe Binderei GmbH

ISBN 3-486-25213-5

Vorwort

Dieses Lehrbuch zur Steuerlast und Steuerwirkung wendet sich an Leser, die eine Einführung in die einzelwirtschaftlichen Folgen der Besteuerung suchen, aber nicht oder noch nicht steuerrechtliche Details in ihren Anwendungsfolgen im einzelnen studieren wollen: als Praktiker, Studierende der Wirtschafts- und Rechtswissenschaften.

Das Buch will über die Belastung mit einkommensabhängigen Steuern bei einzelnen natürlichen Personen und der von ihnen gebildeten Organisationen (wie Privathaushalte, Unternehmungen) unterrichten und Fehl- oder Schutzbehauptungen von Interessenten über Steuerwirkungen aufdecken (weitere Steuerarten, wie die Umsatzsteuer und die Erbschaftsteuer werden zum Teil erörtert).

Anlaß für dieses Buch ist der vorläufige Abschluß einer sog. Unternehmenssteuerreform (Rechtsstand 01.07.2001), die zu einer Konzernherren-Begünstigungsreform verkommen ist. Berufspolitiker und Verbandsfunktionäre loben zwar die Steuersatzsenkungen bei einkommensabhängigen Steuern, verschweigen oder verniedlichen aber überwiegend die zusätzlichen Belastungen aus „verbreiterten" Bemessungsgrundlagen, die angeblich „Steuervergünstigungen" abbauen. In vielen Fällen belasten jedoch die „verbreiterten Bemessungsgrundlagen" Gewerbetreibende stärker als sie die Steuersatzsenkungen und die Anrechnung der Gewerbesteuer auf die Einkommensteuerschuld entlasten; mitunter bleibt ein Saldo an Mehrbelastung sogar bei der Innenfinanzierung von Kapitalgesellschaften, weil der Abbau der Innenfinanzierung aus Gewinnermittlung (insbesondere Aufwandsverrechnung) über die Steuerentlastung bei der Selbstfinanzierung hinausgeht. Vor allem aber treffen die Änderungen der Bemessungsgrundlagen (wie die Halbierung des Sparer-Freibetrages oder das Halbeinkünfteverfahren) trotz der Steuersatzsenkungen die Mehrzahl der weniger gut Verdienenden stärker als die gut Verdienenden: ein Tatbestand, der wählertäuschend dennoch als Schritt zu mehr sozialer oder steuerlicher Gerechtigkeit vermarktet wird. Einwände gegen falsche Aussagen zur Steuerbelastung und Fehlbehauptungen über Steuerwirkungen werden nur zu gern von der Mehrzahl der Berufspolitiker und den medialen Marktschreiern von Verbandsfunktionären in selbstgefälliger Mißachtung sachverständigen Rates und wissenschaftlicher Kritik verschwiegen.

„Steuerlast und Steuerwirkung" wird hier als Einführung in jenen Teil der Betriebswirtschaftslehre vorgestellt, dessen Probleme durch das Umweltdatum „Steuerrecht" betroffen sind: als Einführung in die steuerliche Betriebswirtschaftslehre bzw. Lehre von der Unternehmensbesteuerung, verstanden im Sinne einer einzelwirtschaftlichen Analyse des deutschen Steuerrechts im Hinblick auf dessen Entscheidungswirkungen und Verteilungsfolgen.

Dieses Buch aktualisiert in knapper Form frühere Veröffentlichungen (insbesondere „Investition, Finanzierung und Besteuerung", 7. Aufl. 1992, „Grundzüge der Unternehmensbesteuerung", 6. Aufl. 1994, „Theorie der Unternehmung", 1997) sowohl im Hinblick auf das derzeit geltende Steuerrecht als auch hinsichtlich weiterführender theoretischer Einsichten im letzten Jahrzehnt.

Den Herren Dipl.-Ökonom Axel Nientimp und Dipl.-Ökonom Robert Gröning danke ich herzlich für ihre technischen Hilfeleistungen und ihren kritischen Rat.

Dieter Schneider

Inhaltsverzeichnis

Steuerlast und Steuerwirkung

Einführung in die steuerliche Betriebswirtschaftslehre

A. Steuerlast und Steuerwirkung als einzelwirtschaftliche Folgen des Steuerrechts

I. Erscheinungsformen der Steuerlast als Beeinträchtigung persönlicher Zielverwirklichung

1. Persönliche Steuerlast und marktbestimmte Steuerlasten

a) **Besteuerung** heißen die aus Steuerrechtssetzungen und Ankündigungen von Steuerrechtsänderungen folgenden Beobachtungstatbestände: Zum einen sind dies Zahlungen der Steuerpflichtigen sowie ihre Arbeitsbeanspruchung im Dienste der Steuererhebung und bei der Vorbereitung ihrer Anpassungshandlungen an ein derzeitiges oder künftiges Steuerrecht. Zum anderen mindert sich der Lebensstandard Steuerpflichtiger durch steuerbedingte Beschaffungspreiserhöhungen, z.B. Steigerungen der Benzinpreise nach einer Erhöhung der Mineralölsteuer, oder durch Absatzpreisminderungen für zu veräußernde Sachen (z. B. sinkende Gebrauchtwagenpreise für Autos mit hohem Benzinverbrauch), und schließlich ärgern sich viele Bürger über eine von ihnen als ungerecht empfundene Steuerlast.

Steuerlast ist der Name für die Beeinträchtigung des Erreichens persönlicher Ziele durch die Besteuerung. Nur natürliche Personen empfinden finanzielle, physische und psychische Belastungen, wenn Umweltgegebenheiten, wie das Steuerrecht, das Verwirklichen ihrer Ziele behindern. Den von Menschen gebildeten Organisationen, wie Unternehmungen, Vereinen, Stiftungen, können zwar durch Satzungen, Diktat eines Leitenden oder durch Mehrheitsentscheidungen Ziele vorgegeben werden, aber das Mehr- oder Weniger- Erreichen solcher Ziele der Organisation durch die Besteuerung offenbart sich für die Organisation selbst nur in finanziellen Einbußen durch Steuerzahlungen und Honorarzahlungen für Steuerberater und andere Gutachter; physische und psychische Belastung bleibt bei den einzelnen Mitarbeitern und Geldgebern hängen.

Innerhalb der Steuerlast ist zwischen der **persönlichen Steuerlast des einzelnen Bürgers** und seiner **marktbestimmten Steuerlast** zu unterscheiden.

b) Die **persönliche Steuerlast des einzelnen Bürgers** folgt aus drei Beobachtungstatbeständen bei der Erhebung von Steuern:

(1) Die erste und wichtigste Erscheinungsform einer Steuerlast sind persönliche **Steuerzahlungen**, also eine Minderung der verfügbaren finanziellen Mittel. Zur **persönlichen Steuerzahlung** gehören jene Beträge, mit denen der steuerpflichtige Bürger Steuerschulden begleicht. Hierzu zählen beim Arbeitnehmer die Lohnsteuer als eine Erhebungsform seiner Einkommensteuer und, wenn er ein eigenes Auto fährt, die Kraftfahrzeugsteuer; daneben z.B. Umsatzsteuer bei Kauf eines neuen Autos in einem anderen Mitgliedsland der EU, wenn es nach Deutschland eingeführt wird. Beim Einzelhändler treten Umsatzsteuer und Gewerbesteuer hinzu, beim Grundbesitzer die Grundsteuer, beim Mineralölimporteur zusätzlich die Mineralölsteuer, in der Brauerei die Biersteuer.

(2) Die zweite wichtige Erscheinungsform persönlicher Steuerlast ist die **Arbeitsbeanspruchung des Steuerpflichtigen** im Dienste der Steuererhebung und zur Verringerung seiner Steuerzahlungen.

(a) Der Fiskus zwangsverpflichtet Steuerpflichtige zum Sammeln von Belegen, Erstellen einer Buchführung, Abfassen von Steuererklärungen. Er nötigt jene Steuerpflichtigen, die ihre Interessen wahren wollen, zum Formulieren von Einsprüchen gegen Steuerbescheide. Nicht die gesamte Arbeitsbeanspruchung läßt sich durch Beauftragen steuerberatender Berufe abgeben, also durch Honorarzahlungen ersetzen.

(b) Steuerzahlungen und auferlegte Arbeiten im Dienste der Steuererhebung veranlassen Steuerpflichtige, die vernünftig handeln wollen, zu weiteren Arbeiten und Ausgaben, da sie untersuchen werden, mit welchen Anpassungshandlungen sie eine drohende Steuerbelastung verringern können.

(c) Zur Steuerbelastung zählen auch die Arbeitsbeanspruchungen und finanziellen Einbußen bei Fehlentscheidungen, die durch **Fehlinformationen** zustande kommen über das, was derzeit oder künftig geltendes Steuerrecht ist, z.B. weil auf Steuerrechtsankündigungen vorab reagiert wird, die nicht geltendes Recht werden.

(3) Eine psychische Steuerbelastung für zahlreiche Steuerpflichtige verursachen Fälle tatsächlich oder vermeintlich „ungerechter" Besteuerung. Diese **Verletzung ethischer Maßstäbe** durch den Gesetzgeber, die Rechtsprechung oder Finanzverwaltung kann legale Steuerausweichhandlungen oder auch Steuerstraftaten mit zusätzlichen Arbeitsbelastungen und drohenden zusätzlichen Zahlungen bewirken, neben Staatsverdrossenheit durch ein verringertes unternehmerisches oder gesellschaftliches Engagement.

c) **Marktbestimmte Steuerlasten** erhöhen jenseits der persönlichen Steuerlast des Bürgers seine Ausgaben oder mindern seine Einnahmen. Die Ausgaben steigen durch Preiserhöhungen oder Qualitätsverschlechterungen bei den vom Steuerpflichtigen erworbenen Sachen, Diensten und Verfügungsrechten (wie Wohnungsmieten, Aktien), die durch die Steuerlasten anderer Steuerzahler (Lieferanten, Kunden) und deren steuerbedingten Anpassungshandlungen entstehen. Beispiel für die Behauptung einer marktbestimmten Steuerlast wäre ein Tanksäulenaufkleber „Steueranteil im Preis 0,75 €". Zu marktbestimmten Steuerlasten führen auch Einnahmenminderungen, weil wegen einer Steuerrechtsänderung (z.B. Erhöhung der Umsatzsteuersätze) die bisher geplanten Absatzmengen nicht mehr verkauft werden können oder der bisher erhoffte Preis nicht mehr zu erzielen ist (z.B. beim Verkauf eines Mehrfamilienhauses nach der Erhöhung der Grunderwerbsteuer von 2% auf 3,5%). Da marktbestimmte Steuerlasten aus Entscheidungswirkungen der Besteuerung entstehen, werden sie erst in Abschnitt II (ab S. 19) erörtert.

2. *Steuerarten und ihre wirtschaftlichen Folgen*

a) **Was zählt alles zu den Steuern**? Eine rechtliche Definition von Steuern gibt der Deutsche Gesetzgeber in § 3 der Abgabenordnung (AO): „Steuern sind Geldleistungen, die nicht eine Gegenleistung für eine besondere Leistung darstellen und von einem öffentlich-rechtlichen Gemeinwesen zur Erzielung von Einnahmen allen auferlegt werden, bei denen der Tatbestand zutrifft, an den das Gesetz die Leistungspflicht knüpft; die Erzielung von Einnahmen kann Nebenzweck sein. Zölle und Ab schöpfungen sind Steuern im Sinne dieses Gesetzes". Der Tatbestand, an den das Gesetz die Leistungspflicht anknüpft, heißt **Steuerbemessungsgrundlage.**

(1) Die wesentlichen Merkmale dieser Definition sind:

(a) Steuern sind Geldleistungen. Naturalleistungen sind keine Steuern. Das Ableisten des Wehrdienstes, eine Naturalleistung an den Staat, ist also keine Steuer. Naturalsteuern waren in früheren Jahrhunderten gang und gäbe, z.B. der Zehnte aus der Ernte oder die Frondienste der Bauern für den Landesherrn.

(b) Die Steuer ist ohne Anspruch auf Gegenleistung zu zahlen; sie ist als „Opfer" an die Allgemeinheit aufzufassen.

(c) Die Steuer kassiert ein öffentlich-rechtliches Gemeinwesen. Dazu zählen Bund, Länder und Gemeinden, aber auch öffentlich-rechtliche Körperschaften, wie verschiedene Religionsgemeinschaften, wenn sie kraft Gesetzes das Recht haben, Steuern zu erheben.

(d) Die Steuer dient der Erzielung von Einnahmen. Die Einnahmenerzielung kann allerdings auch Nebenzweck sein: z.B. bei den „Abschöpfungen" im Recht der Europäischen Union, durch die landwirtschaftliche Erzeugerpreise hoch gehalten werden sollen.

(2) Zu den Steuern treten **steuerliche Nebenleistungen**. Für die steuerlichen Nebenleistungen gelten dieselben Vorschriften wie für Steuern. Zu den steuerlichen Nebenleistungen zählen:

(a) Verspätungszuschläge für verspätet abgegebene Steuererklärungen (§ 152 AO).

(b) Säumniszuschläge für verspätete Zahlung einer Steuerschuld (§ 240 AO).

(c) Kosten für besondere Inanspruchnahme der Zollbehörden oder der Zwangsvollstreckung (§§ 178, 337 AO).

(d) Zwangsgelder (§ 329 AO). Sie können bis zu 25.000 € betragen, um den Steuerpflichtigen zu einer Handlung bzw. einem Unterlassen zu zwingen. Ein Zwangsgeld kann z.B. erhoben werden, wenn der Steuerpflichtige sich weigert, die Bücher vorzulegen.

(e) Zinsen werden erhoben bei Nachforderungen einzelner Steuern (Einkommen-, Körperschaft-, Umsatz- und Gewerbesteuer); der Zinslauf beginnt 15 Monate nach Ablauf des Kalenderjahres, in dem die Steuer entstanden ist, und endet mit Fälligkeit der Forderung (regelmäßig ein Monat nach Bekanntgabe des Steuerbescheides) bzw. spätestens vier Jahre nach Beginn des Zinslaufes (§ 233a AO). Zinsen fallen weiter an bei der Stundung von Ansprüchen aus dem Steuerschuldverhältnis, unabhängig von der Steuerart (bei Unbilligkeit kann auf die Erhebung verzichtet werden, § 234 AO), bei Steuerhinterziehung (§ 235 AO) und bei Aussetzung der Vollziehung, falls der Einspruch oder die Klage zurückgewiesen wird (§ 237 AO); zur Höhe der Zinsen vgl. §§ 238, 239 AO.

Zinsen werden vergütet bei Erstattungen einzelner Steuern und innerhalb des Zinslaufs, sowie bei Herabsetzungen festgesetzter Steuern aufgrund gerichtlicher Entscheidungen oder außergerichtlicher Rechtsbehelfsverfahren vom Tag der Rechtshängigkeit bis zum Auszahlungstag (§ 236 AO).

b) Die **Erhebung von Steuern** regeln Steuergesetze, Durchführungsverordnungen und die Steuerrechtsprechung durch Finanzgerichte, den Bundesfinanzhof, das Bundesverfassungsgericht und den Europäischen Gerichtshof[1].

(1) Das *Besteuerungsverfahren* bestimmt sich nach der Abgabenordnung und die diese ergänzenden Gesetze, wie das Gesetz über die Finanzverwaltung und die Finanzgerichtsordnung. Das Bewertungsgesetz regelt die Steuerbemessungsgrundlagen für die Erbschaft- und Schenkungsteuer und die Grundsteuer, nicht jedoch für die einkommensabhängigen Steuern, wie Einkommensteuer, Körperschaftsteuer, Solidaritätszuschlag, Gewerbesteuer. Deren Bemessungsgrundlagen sind in den Gesetzen über die einzelnen Steuerarten (Einkommensteuergesetz usw.) enthalten.

Durchführungsverordnungen dürfen Steuergesetze nur auslegen und zu keiner weitergehenden Belastung führen (näher Art. 80 GG). Steuergesetze und Durchführungsverordnungen sind für die Finanzgerichte bindend.

(2) Für die praktische Arbeit besonders wichtig sind die Steuerrichtlinien als Verwaltungsanweisungen zuzüglich der Schreiben des Bundesministers der Finanzen und der Länderfinanzminister zu Einzelfragen der Steuerrechtsauslegung. Im Unterschied zu den Steuergesetzen und Durchführungsverordnungen binden sie die Finanzgerichte nicht. Allerdings ist zu beachten, daß der überwiegende Teil der Ein-

[1] Rechtsquellen zur Besteuerung sind neben dem Bundesgesetzblatt das Bundessteuerblatt (BStBl), das in Teil I Veröffentlichungen des Bundesministers der Finanzen und der obersten Finanzbehörden der Länder enthält: Steuergesetze, Verordnungen, Richtlinien und Einzelerlasse. In Teil II sind Urteile und Gutachten des Bundesfinanzhofs abgedruckt.

kommensteuerrichtlinien (EStR) die Rechtsprechung wiedergibt. Insofern ist die praktische Bedeutung der Steuerrichtlinien höher als ihre rechtstheoretische.

(3) Wie viele Steuerarten werden in der Bundesrepublik Deutschland derzeit erhoben? Eine Abzählung der einzelnen Gesetze erweist sich als wenig brauchbar, weil z.B. im Einkommensteuergesetz auch von Lohnsteuer, Kapitalertragsteuer die Rede ist, jedoch ist der Solidaritätszuschlag, der im Ergebnis nur die Tarife der Einkommensteuer und der Körperschaftsteuer erhöht, in einem eigenen Gesetz geregelt. Je nachdem, ob Verbrauch- und Gemeindesteuern einzeln aufgelistet werden, kommt man auf 30 oder mehr Steuerarten[2].

c) **Rechtsdefinitionen sind nie unbesehen für eine ökonomische Analyse zu übernehmen.**

(1) So sind Steuern, wirtschaftlich betrachtet, nicht nur Geldleistungen im Sinne von § 3 AO, ergänzt um steuerliche Nebenleistungen, sondern die Erhebung von Steuern erzwingt Dienste oder nötigt Vernünftige zu Arbeitseinsätzen neben der psychischen Belastung aus der Verletzung ethischer Maßstäbe.

(2) Die **öffentlichen Einnahmen**, so wie sie die Haushaltspläne von Bund, Ländern und Gemeinden enthalten, setzen sich zusammen aus *Steuern, Gebühren und Beiträgen, öffentlichen Erwerbseinkünften und Kreditaufnahmen.* Darin sind oft Beträge enthalten, die Steuern ähneln, weil sie „nicht eine Gegenleistung für eine besondere Leistung“ darstellen.

(a) *Gebühren* sind Zahlungen für die Inanspruchnahme öffentlicher Leistungen, z.B. die Müllabfuhr. Aber soweit Gemeinden in die Gebühren für die Müllabfuhr auch die Kosten einkalkulieren, die ihnen für die Beseitigung illegaler Müllkippen anfallen, dann ist dieser Teil der Müllabfuhrgebühr wirtschaftlich eine Steuer[3] .

---

[2] Vgl. *Statistisches Bundesamt:* Statistisches Jahrbuch 2000. Wiesbaden 2000, S. 510.

[3] Vgl. *Stefan Homburg:* Allgemeine Steuerlehre. 2. Aufl., München 2000, S. 4.

In Gebühren sind auch dann Steueranteile enthalten, wenn Unternehmungen in Staatsbesitz monopolistische Preise verlangen. Beispiele waren jahrzehntelang die Telefongebühren vor der Privatisierung und teilweisen Deregulierung des Telekommunikationsbereichs. Andererseits stellen Staatszuschüsse zur Sozialversicherung eine Steuerverwendung dar, insofern offenbaren Staatszuschüsse zur Sozialversicherung einen „negativen Steueranteil" für die Bezieher von Renten aus der Sozialversicherung.

(b) *Beiträge* (auch Vorzugslasten genannt) sind Geldleistungen für Vorteile aus einer öffentlichen Einrichtung, unabhängig davon, ob und in welchem Ausmaß der Beitragszahler diese Vorteile in Anspruch nimmt, z.B. Anliegerbeiträge beim Hausbau. Die öffentliche Einrichtung ist hier die Straße.

Begrifflich sauber wäre die *Kirchensteuer* als „Beitrag zu einer rechtlich anerkannten Religionsgemeinschaft" zu kennzeichnen, obwohl ihre Bemessungsgrundlage im Regelfall die Einkommensteuerschuld darstellt.

(c) *Öffentliche Erwerbseinkünfte* entstehen aus Gewinnabführungen oder -ausschüttungen von Unternehmungen in (teilweisem) Staatsbesitz und aus der Veräußerung solcher Anteilsrechte (Privatisierungen).

d) Für die Untersuchung von Steuerlast und Steuerwirkung als einzelwirtschaftliche Folge des Steuerrechts bietet sich eine **Ordnung der Steuerarten** danach an, wo sie beim Steuerzahler zugreifen: beim Einkommenserwerb (finanziellen Ergebnis), den Unternehmensleistungen (Produkten) oder den Unternehmensmitteln (Produktionsfaktoren).

(1) **Steuern auf das finanzielle Ergebnis** (einkommensabhängige Steuern) sind:

(a) Die **Einkommensteuer** (ESt) belastet natürliche Personen in drei Erscheinungsformen: als veranlagte Einkommensteuer und in den Erhebungsformen an der Quelle des Einkommens als Lohnsteuer und Kapitalertragsteuer.

Die Steuerschuld wird unmittelbar beglichen, wenn der Steuerpflichtige selbst die Einkommensteuer überweist bzw. das Finanzamt sie von seinem Konto abbucht. Die Steuerzahlung kann mittelbar erfolgen, wenn andere als der Steuerpflichtige nach dem Gesetz verpflichtet sind, vor Auszahlung eines Betrages an den Steuerpflichtigen eine daraus folgende Steuerschuld einzubehalten und an das Finanzamt abzuführen: Der Arbeitgeber überweist die *Lohnsteuer* und darauf lastenden Solidaritätszuschlag (SolZ) sowie die Kirchensteuer an das Finanzamt und zahlt nur das Nettogehalt aus. Ein weiteres Beispiel für dieses **Quellenabzugsverfahren** liefert die *Kapitalertragsteuer* (und der Solidaritätszuschlag hierauf) auf Dividenden und Zinsen, die der solche Finanzierungszahlungen Leistende an das Finanzamt abführt, ehe der Rest an die Geldgeber überwiesen wird.

Die *veranlagte Einkommensteuer* ist die allgemeine Erhebungsform der Einkommensteuer. Der Anteil der veranlagten Einkommensteuer am Gesamtsteueraufkommen beträgt rund 2,4% (1999). Zusammen mit der Kapitalertragsteuer sind es 6,4%[4].

Kenntnisarme Berufspolitiker und Journalisten stellen diese Prozentzahlen den 35,5 % Aufkommen an Lohnsteuer gegenüber und folgern daraus Belastungsunterschiede von „Gutverdienenden" bzw. selbständigen Unternehmern und „Normalverdienern". Jedoch sagen Prozentzahlen am Gesamtsteueraufkommen über Belastungsunterschiede bei Einzelpersonen oder Personengruppen nichts aus. So werden z.B. einem Vorstandsvorsitzenden einer Publikumsaktiengesellschaft Millionenbeträge an Lohnsteuer abgezogen. Die Lohnsteuer kürzt ebenso wie die Kapitalertragsteuer seine veranlagte Einkommensteuerschuld. Quellensteuern zur Einkommensteuer mindern das kassenmäßige Aufkommen veranlagter Einkommensteuer.

(b) Die **Körperschaftsteuer** (KSt) bei Kapitalgesellschaften und anderen als körperschaftsteuerpflichtig eingestuften Institutionen (z.B. Genossenschaften, Sparkassen) läßt sich grob als „Einkommensteuer" für Körperschaften bezeichnen.

(c) Der **Solidaritätszuschlag** (SolZ) beträgt derzeit 5,5% der festzusetzenden Einkommen- oder Körperschaftsteuer.

(d) Die **Gewerbesteuer** (GewSt) belastet zusätzlich das finanzielle Ergebnis von Gewerbebetrieben, einschließlich Kapitalgesellschaften und einigen anderen Organisationen (z.B. die Kantinenbewirtschaftung durch einen Verein). Dabei sind in der Bemessungsgrundlage Gewerbeertrag Abweichungen vom einkommen- und körperschaftsteuerlichen Gewinn (Hinzurechnungen und Kürzungen) zu beachten. Der Anteil der Gewerbesteuer am Gesamtsteueraufkommen beträgt knapp 5,6%.

(e) Die **Kirchensteuer** (KiSt) beträgt für jene, die ihr unterliegen, im Regelfall 9% der Einkommensteuerschuld, in Bayern und Baden-Württemberg 8%.

4 Vgl. *Statistisches Bundesamt:* Statistisches Jahrbuch 2000, S. 510.

(a) Die **Umsatzsteuer** bzw. Mehrwertsteuer (USt) hatte 1999 ein Aufkommen von 23% zuzüglich 5,2% Einfuhrumsatzsteuer, zusammen also 28,2%.

(b) **Verbrauchsteuern** zahlt ein Hersteller für die Erzeugung und den Vertrieb einzelner Güter. So erbringt z.B. die *Mineralölsteuer*, erhoben bei den Raffinerien oder Importeuren, rund 7,5% des Gesamtsteueraufkommens. Nicht ganz so viel scheffeln in ihrer Summe die *Biersteuer, Tabaksteuer, Kaffeesteuer*, das *Branntweinmonopol* und weitere Verbrauchsteuern in den Staatssäckel.

(c) Zusätzlich werden die Leistungen einzelner Geschäftszweige besteuert: *Versicherungssteuer, Rennwett- und Lotteriesteuer, Spielbankenabgabe.*

(3) **Steuern auf Unternehmensmittel** erscheinen in drei Formen:

(a) Steuern auf die *Beschaffung* einzelner Produktionsfaktoren sind die *Grunderwerbsteuer* (Anteil am Gesamtsteueraufkommen 1,3%) und die Abschöpfungsbeträge der Europäischen Union, sowie deren Zölle gegenüber Importen aus Nichtmitgliedsländern.

(b) Eine Steuer auf den *Wechsel der Verfügungsmacht* über Unternehmensmittel (neben anderem Vermögen) ist die *Erbschaft- und Schenkungsteuer* (ErbSt).

(c) Besteuert wird der *Mitteleinsatz* durch die Grundsteuer und Kraftfahrzeugsteuer. Gemeinden erheben eine *Hundesteuer*, einzelne von ihnen eine *Zweitwohnsitzsteuer*, manche Bundesländer eine *Schankerlaubnis-, Jagd- und Fischerei-* sowie *Vergnügungsteuer.*

3. Rechtliche und wirtschaftliche Steuerbelastung

a) Die Steuerbelastung folgt aus den Steuerbemessungsgrundlagen, dem Steuersatzverlauf und aus Steuerentlastungen in Form von Abzügen von der Steuerschuld oder Subventionen, z.B. Kindergeldzahlungen.

(1) **Steuerbemessungsgrundlage** heißt der Sachverhalt, an dem die Steuerpflicht anknüpft, z.B. das „zu versteuernde Einkommen" oder Teile hiervon, wie die „Einkünfte aus Gewerbebetrieb".

(2) Der **Steuersatzverlauf** entsteht aus dem Steuertarif, nach dem zuvor Freibeträge abgezogen und Freigrenzen beachtet sind.

(a) **Steuertarif** ist der Betrag oder Prozentsatz, mit dem eine Steuerbemessungsgrundlage in eine Steuerschuld umgerechnet wird.

(b) **Freibeträge** bei einer Bemessungsgrundlage zeigen die Höhe an, ab der Steuerpflicht eintritt. So beginnt z. B. die Einkommensteuerzahlung 2001 ab einem zu versteuernden Einkommen von 14.093 DM mit einem Steuersatz für den Einkommenszuwachs von 19,9%, ab 2002: 7.235 €, ab 2003: 7.426 €, ab 2005: 7.664 €.

(c) **Freigrenzen** zeigen an, wann Steuern aus Gründen des Erfassungsaufwandes wegen Geringfügigkeit nicht erhoben werden. So besteht z. B. eine Freigrenze von 1.000 DM/512 € für Einkünfte aus privaten Veräußerungsgeschäften (Spekulationsgewinnen); 1.002 DM/514 € wären hingegen voll zu versteuern.

(d) Ein *Tarif ist dann progressiv*, wenn mit wachsender Bemessungsgrundlage die durchschnittliche Steuerbelastung steigt. Ein Freibetrag mit anschließend gleich hohem Steuerbetrag für jede zusätzliche Währungseinheit der Bemessungsgrundlage (also ein proportionaler Grenzsteuersatz) läßt den Durchschnittssteuersatz steigen, der sich asymptotisch dem Grenzsteuersatz annähert. Dieser Fall wird als *indirekte Progression* bezeichnet.

Manche Autoren beschränken den Begriff der Steuerprogression jedoch auf den Fall der *direkten Progression*: wenn eine zusätzliche Einheit einer Bemessungsgrundlage höher besteuert wird als die vorhergehende Einheit, also steigende Grenzsteuersätze vorliegen. Der deutsche Einkommensteuertarif (§ 32a EStG) ist 2001 zwischen 14.094 DM und 107.568 DM direkt progressiv, 2002 zwischen 7.235 € und 55.008 €, 2003 zwischen 7.426 € und 52.293 €, 2005 zwischen 7.664 € und 52.152 €. Für höhere zu versteuernde Einkommen ist der Grenzsteuersatz mit 48,5 % (2001/2002), 47 % (2003/2004) und ab 2005 mit 42 % konstant, so daß in diesen Einkommensbereichen wieder indirekte Progression eintritt.

b) **Bei der Steuerbelastung aus Steuerzahlungen ist zwischen der rechtlichen Steuerbelastung und der wirtschaftlichen Steuerbelastung zu unterscheiden.**

Die **rechtliche Steuerbelastung** setzt Steuerzahlungen zu den rechtlichen Steuerbemessungsgrundlagen ins Verhältnis, z.B. bei der Einkommensteuer den „Splittingtarif" für zusammenveranlagte Ehegatten zum „zu versteuernden Einkommen".

Die **wirtschaftliche Steuerbelastung** korrigiert die rechtliche Steuerbelastung um die Entlastungen oder Zusatzbelastungen, *wie sie aus Rechtsetzungen über Steuerbemessungsgrundlagen, aus Abzügen von der Steuerschuld und aus Subventionen folgen.*

Das **wirtschaftliche Einkommen** eines Menschen, verstanden als Reinvermögenszugang eines Jahres (Jahresendvermögen nach Abzug von Schulden minus Jahresanfangsvermögen nach Schulden plus Konsumausgaben während des Jahres), und sein **zu versteuerndes Einkommen** im Sinne des EStG stimmen praktisch nie überein. Deshalb nimmt eine rechtliche Steuerbelastung von z.B. 50 % des zu versteuernden wirtschaftlichen Einkommens (Einkommensteuer, Solidaritätszuschlag, Kirchensteuer) dem Steuerpflichtigen dann nicht die Hälfte seines Einkommens, wenn das zu versteuernde Einkommen durch einen Verlustvortrag aus Vorjahren oder durch Bewertungsvergünstigungen, wie Sonder- oder Teilwertabschreibungen, gemindert ist, der Steuerpflichtige steuerfrei Veräußerungsgewinne oder Subventionen empfangen hat, wie eine Investitionszulage. Solche Sachverhalte sind der Grund, daß die rechtliche Steuerbelastung durch eine wirtschaftliche Steuerbelastung ersetzt werden muß, um der Wirklichkeit nahekommende Aussagen über die Entscheidungswirkungen und Verteilungsfolgen des Steuerrechts zu erarbeiten.

Die Messung der wirtschaftlichen Steuerbelastung verlangt eine Reihe von vereinfachenden Modellannahmen, die in den folgenden Kapiteln dargestellt werden. Die Berechnung der rechtlichen Steuerbelastung ist mit weniger Modellannahmen beladen, erfordert aber doch einige Aufmerksamkeit.

c) Für die Berechnung der **rechtlichen Steuerbelastung** *ist wichtig, wie die einzelnen Steuerarten in ihrer rechtlichen Belastung zusammengreifen*: ob sie gleiche oder bis auf Einzelheiten ähnliche Bemessungsgrundlagen haben und ob ihre Steuersatzverläufe unbeeinflußt nebeneinander stehen oder die Zahlung einer Steuer die Bemessungsgrundlage einer anderen kürzt.

(1) Einfach ist die Ermittlung der rechtlichen Steuerbelastung, wenn die Steuerbemessungsgrundlagen für mehrere Steuerarten gleich sind und die Zahlungen für die eine Steuer nicht die Bemessungsgrundlage einer anderen mindern. So werden aus der Spitzenbelastung mit Einkommensteuer für 2001 und 2002 von 48,5% zusammen mit dem Solidaritätszuschlag von 5,5% (jenseits eines Eingangsbereichs) auf die Ein-

kommensteuerschuld 48,5%*1,055= 51,17%; für 2003/2004: 47%*1,055 = 49,59%, ab 2005: 42%*1,055 = 44,31%.

(2) Sind die Bemessungsgrundlagen für mehrere Steuerarten **verschieden** und mindern die Zahlungen einer Steuer **nicht** die Bemessungsgrundlagen einer anderen, lassen sich zwar nicht die Steuersätze ineinander umrechnen, wohl aber unter *vereinfachenden Annahmen* über die Bemessungsgrundlagen zu einer Steuerlastquote zusammenfassen.

Beispiel: 100.000 € körperschaftsteuerpflichtiger Gewinn einer Kapitalgesellschaft führen zu 25% Körperschaftsteuer, zuzüglich 5,5% Solidaritätszuschlag auf die Körperschaftsteuerschuld, also zu 26.375 € Steuerzahlung. Die verbleibenden 73.625 € seien voll ausgeschüttet. Der Anteilseigner sei aus der Kirche ausgetreten und unterliege in 2002 für die Gewinnausschüttung dem Spitzensatz von 48,5% ESt, mit SolZ 51,17%. Dann mehren nach dem „Halbeinkünfteverfahren" (S. 62-67) die empfangenen Dividenden zur Hälfte, also mit 36.812 €, seine „Einkünfte aus Kapitalvermögen" und damit sein „zu versteuerndes Einkommen", wenn der Sparer-Freibetrag bereits durch andere Kapitaleinkünfte ausgeschöpft ist. Auf die Mehrung der „Einkünfte aus Kapitalvermögen" von 36.812 € zahlt der Anteilseigner 51,17% ESt mit SolZ, also 18.836 €. Ein Gewinn von 100.000 € vor KSt löst bei Ausschüttung unter diesen Annahmen 26.375 € KSt mit SolZ + 18.836 € ESt mit SolZ = 45.211 € Steuerzahlung aus. Damit beträgt die rechtliche Steuerbelastung 45,2%.

(3) Genau besehen gibt es kaum einen Fall, für den zwei Steuerarten von der gleichen Bemessungsgrundlage ausgehen. Aber unter mehr oder weniger groben Vereinfachungen können die Bemessungsgrundlagen zweier Steuern gleichgesetzt werden. Welche Aussagefähigkeit die dann errechneten Verhältniszahlen zur Steuerbelastung (Steuerquoten) haben, hängt von dem Ausmaß an Vereinfachungen ab, die nötig sind, um die Bemessungsgrundlagen gleichzusetzen.

Die folgende Rechnung über das Zusammenwirken von **Gewerbesteuer und Körperschaftsteuer bei einer Kapitalgesellschaft** trifft nur für den Fall zu, daß keine Einkünfte aus dem Ausland und keine Abweichungen zwischen dem Gewerbeertrag als der Bemessungsgrundlage der Gewerbesteuer und dem körperschaftsteuerpflichtigen Gewinn bestehen.

Die Gewerbesteuer berechnet sich als Steuermeßbetrag 5% bei Kapitalgesellschaften mal Hebesatz H% der Gemeinde. Der Gewerbeertrag sei als Gewinn vor Gewerbe- und Körperschaftsteuer verstanden.

Wer die Gewinnsteuerbelastung durch die Gewerbesteuer errechnen will, muß beachten, daß die Gewerbesteuer bei der Ermittlung des einkommen- und körperschaftsteuerpflichtigen Gewinns als Aufwand abzuziehen ist. *Die Gewerbesteuer mindert also ihre eigene Bemessungsgrundlage.* Eine einfache Gleichung löst das Problem. Sie aufzustellen, hat vermutlich sämtliche bisherigen Bundesminister der Finanzen veranlaßt, die Steuerpflichtigen für zu dumm zu halten, um eine lineare Gleichung zu lösen. Deshalb läßt R 20 Abs. 2 EStR zu, daß 5/6 des Betrages an Gewerbesteuer, der sich ohne Berücksichtigung der Gewerbesteuer als Betriebsausgabe ergäbe, in eine Gewerbesteuerrückstellung eingestellt werden kann. Die richtige Lösung lautet: Wenn G_s die Gewerbesteuer, G den Gewerbeertrag vor Abzug der Gewerbesteuer und H den Hebesatz der Gemeinde bezeichnet, dann gilt:

$G_s = (G - G_s)*5\%*H\%$, aufgelöst nach G_s (und mit 100 multipliziert):

$$G_s = \frac{5 * H * G}{100 * 5H}. \qquad (1)$$

Bei einem Hebesatz H = 400% entspricht die Gewerbesteuer 20*G/(100 + 20). Diese 20/120·G decken sich mit der Gewerbesteuerrückstellung nach R 20 Abs. 2 EStR. Bei niedrigeren Hebesätzen ist die Gewerbesteuerrückstellung zu gering, bei höheren Hebesätzen (also im Regelfall) führt die so berechnete Rückstellung zu einer Steuerbegünstigung durch Aufwandsvorverlegung.

Im weiteren sei von einem Gewerbesteuerhebesatz von 450% ausgegangen, den derzeit mehrere Großstädte verlangen (z. B. Bochum, Dortmund, die Spitze liegt 2001 bei 490% in Frankfurt/Main). Dann berechnet sich die gemeinsame Belastung mit *Gewerbesteuer, Körperschaftsteuer und Solidaritätszuschlag* so:

Gewinn vor GewSt und KSt	100.000 €
GewSt (H = 450%): 5%*450%*100.000/(100 + 5%*450%)	-18.367 €
körperschaftsteuerpflichtiger Gewinn	81.633 €
KSt mit SolZ 26,375%	-21.531 €
Versteuerter Gewinn	60.102 €

Die Gewinnsteuerbelastung mit GewSt, KSt und SolZ beträgt unter den hier gesetzten Annahmen 18.367 + 21.531 = 39.898 €, also knapp 40 %.

(4) Als zweites Beispiel sei das Zusammentreffen von **Einkommensteuer und Kirchensteuer** gewählt. Die Kirchensteuer bemißt sich nach der Einkommensteuerschuld, wenn davon absehen wird, daß bei der Kirchensteuer noch Kinderfreibeträge zu berücksichtigen sind und gelegentlich Sondervereinbarungen („Kirchensteuerkappung") bestehen.

Werden die Bemessungsgrundlagen der Einkommensteuer und der Kirchensteuer gleichgesetzt, so bilden die Belastungszahlen nur dann die Wirklichkeit ab, wenn keine Kinder vorhanden sind. Aber auch bei Familien mit Kindern erscheint der Fehler durch die Nichtberücksichtigung der Kinderfreibeträge in der Kirchensteuer tragbar.

Die Kirchensteuerzahlung mindert ihre eigene Bemessungsgrundlage, weil die Kirchensteuer als Sonderausgabe das zu versteuernde Einkommen kürzt. Auch hier stimmen die Bemessungsgrundlagen nicht völlig überein: Nicht die im Veranlagungszeitraum entstehende Kirchensteuerschuld verringert das zu versteuernde Einkommen, sondern die in diesem Zeitraum tatsächlich gezahlte Kirchensteuer, abzüglich der Kirchensteuererstattungen (R 101 EStR). Aber diese Ungenauigkeit kann man meistens in Kauf nehmen.

Welche Steuerbelastung entsteht aus *Einkommensteuer und Kirchensteuer* zusammen? Die Einkommensteuer berechnet sich nach dem zu versteuernden Einkommen vor Abzug der Kirchensteuer (E) abzüglich der Kirchensteuer (K). Die Kirchensteuer bestimmt sich als k% der Einkommensteuer. Der Grenzeinkommensteuersatz sei mit s bezeichnet und die Belastung des Einkommens E durch die Einkommensteuerzahlung für den Bereich des Grenzeinkommensteuersatzes mit S, also $S = s*(E - K)$.

Für die Kirchensteuerzahlung gilt: $K = k*s*(E - K)$. Dies nach K aufgelöst und in die Gleichung für S eingesetzt, ergibt schließlich

$$S = \frac{s * E}{(1 + k * s)}. \tag{2}$$

Die Gesamtbelastung von Einkommen- und Kirchensteuer für den Bereich des Grenzeinkommensteuersatzes s errechnet sich somit als:

$$S + K = \frac{(1 + k) * s * E}{(1 + k * s)}. \tag{2a}$$

Bei einem Grenzeinkommensteuersatz von 48,5% für 2001/2002 und einem Kirchensteuersatz von 9% kann das E gleich 1 gesetzt werden und damit beträgt die Gesamtsteuerbelastung aus Einkommensteuer und Kirchensteuer 50,66%. Die Kirchensteuer allein belastet also in der Spitze nur mit 50,65% - 48,50% = 2,15%.

Dies ist festzuhalten, weil der SolZ noch nicht beachtet ist. Dessen 5,5 % belasten gemäß Gleichung (2) mit $\frac{0,055 * 0,485}{1 + 0,09 * 0,485} = 2,56\%$, zusammen mit den 50,66 % also 53,22 %.

(5) Die bisherigen Beispiele bezogen sich auf ein- und denselben Steuerpflichtigen im Rechtssinne. Das folgende ist ein erster Schritt in Richtung auf eine Messung der wirtschaftlichen Steuerbelastung: Es wird für eine „wirtschaftliche Einheit" aus zwei rechtlich getrennten Steuerpflichtigen, einem einkommensteuerpflichtigen Anteilseigner und einer körperschaftsteuerpflichtigen Kapitalgesellschaft, deren rechtliche Steuerbelastung bestimmt. Die Kapitalgesellschaft sei eine GmbH und ihr Anteilseigner Alleingesellschafter.

Für den Anteilseigner einer Kapitalgesellschaft sei das Beispiel unter (3) erweitert, wobei diesmal der Gewinn voll ausgeschüttet werden soll und der Anteilseigner kirchensteuerpflichtig sei. Mit der Vollausschüttung wird unterstellt, daß in der Kapitalgesellschaft keine nicht abzugsfähigen Betriebsausgaben anfallen, die den ausschüttbaren Gewinn mindern würden. Unter sonst gleichbleibenden Annahmen wie zuvor errechnet sich die rechtliche Steuerbelastung wie folgt:

Wird der versteuerte Gewinn in der Kapitalgesellschaft von 60.102 € voll ausgeschüttet, erhöhen sich die Einkünfte aus Kapitalvermögen des Anteilseigners um die Hälfte, also 30.051 €. Unterliegen diese zusätzlichen Einkünfte aus Kapitalvermögen dem Spitzensatz aus ESt mit SolZ und KiSt von 53,22% im Jahre 2002, hat der Anteilseigner 30.051*0,5322 = 15.993 € ESt, SolZ und KiSt zu zahlen. Die Steuerbelastung der 100.000 € Gewinn vor GewSt, KSt mit SolZ, ESt mit SolZ und KiSt beträgt: 39.898 + 15.993 = 55.891 €, also fast 56%. Die Höhe der rechtlichen Steuerbelastung hängt hier davon ab, wie viel ausgeschüttet wird und damit der „Doppelbelastung" aus Körperschaft- und Einkommensteuer mit ihren „Anhangsteuern" (Solidaritätszuschlag und Kirchensteuer) unterliegt.

Ein zweiter Schritt in Richtung auf eine Messung der wirtschaftlichen Steuerbelastung wäre, danach zu fragen, wie das Zurückhalten von Gewinnen in der Kapitalgesellschaft oder deren Ausschüttung auf den Marktpreis der Anteile wirkt, und dies in der Messung zu berücksichtigen. Darauf ist in Teil B einzugehen.

d) Eine **wirtschaftliche Steuerbelastung** wird vollständig aufgrund von Zahlungsströmen berechnet. Es hilft jedoch nur im einzelnen Anwendungsfall, die wirtschaftliche Steuerbelastung durch einen Zahlungsstrom während des Planungszeitraums zu messen, der aus Steuerzahlungen, saldiert mit staatlichen Zuschüssen, gebildet wird, und diesen Saldo mit den Vor-Steuer-Zahlungssalden zu vergleichen. Unterschiedlich hohe Zahlungen zu verschiedenen Zeitpunkten erlauben erst dann Urteile über die Vorteilhaftigkeit einer Investition, wenn die Zahlungen auf ein und denselben Zeitpunkt (oder als Annuitäten auf denselben Zeitraum) bezogen werden. Selbst die Minderung eines Endvermögens aufgrund der auf das Investitionsende hochgerechneten Steuerzahlungen sagt wenig aus, wenn Vergleiche mit alternativen Investitionen anstehen, die unterschiedliche Anfangszahlungen oder zwischenzeitliche Entnahmen mit sich bringen.

Vergleiche zwischen unterschiedlichen Investitions- und Finanzierungsvorhaben werden erleichtert, wenn die *wirtschaftliche Steuerbelastung in der Abweichung zwischen der Rendite einer Investition vor Steuern und der Rendite nach Steuern gemessen wird: als* **Steuerkeil**[5]. Bei jedem Renditevergleich ist darauf zu achten, daß die Zahlungssalden nach der Anfangsinvestitionsausgabe (oder Finanzierungseinnahme) und vor dem Zahlungssaldo bei Beendigung der Handlung durch Annahmen über die Wiederanlage- oder Geldaufnahmeverzinsung auf null gebracht werden, um wirklichkeitsfremde Unterstellungen oder Mehrdeutigkeiten des internen Zinsfußes, der als Rendite gedeutet wird, zu vermeiden.

(1) Der Begriff des Steuerkeils ist nützlich, um Unterschiede zwischen rechtlicher Steuerbelastung, d.h. dem Steuersatz, und wirtschaftlicher Steuerbelastung aufzudecken. Formelmäßig errechnet sich *für die Messung von Entscheidungswirkungen die wirtschaftliche Grenzsteuerbelastung w* einer zusätzlichen Investition aus dem Verhältnis von Steuerkeil (Rendite vor Steuern r abzüglich der versteuerten Rendite r_s), bezogen auf die Rendite vor Steuern:

$$w = \frac{r - r_s}{r}. \quad (3)$$

[5] Vgl. *Don Fullerton*: Which Effective Tax Rate? In: National Tax Journal, Vol. 37 (1984), S. 23-41; *Mervyn A. King/ Don Fullerton* (eds): The Taxation of Income from Capital. Chicago-London 1984, S. 7 ff., 268 ff.; *Dieter Schneider*: Wider leichtfertige Steuerbelastungsvergleiche. In: Die Wirtschaftsprüfung, Jg. 41 (1988), S. 281-291; *ders*: Hochsteuerland Bundesrepublik Deutschland: Die Spannweite effektiver Grenzsteuerbelastungen für Investitionen. Ebenda, S. 328-338 und die dort genannten weiteren Quellen.

(a) Die Berechnung der Rendite nach Steuern und damit die Berechnung eines Steuerkeils kann zum einen für die investierende Unternehmung als selbständige Wirtschaftseinheit (als Organisation), getrennt von ihren Geldgebern, erfolgen (**Unternehmungssteuerkeil**). Der Steuerkeil beschränkt sich hier auf jene Steuerzahlungen, die von der Unternehmung definitiv zu leisten sind. Nicht zu den definitiven Unternehmungssteuern zählt die Kapitalertragsteuer, weil sie die Steuerschuld des Geldgebers mindert.

(b) Zum anderen kann als Steuerpflichtiger ein Geldgeber der Unternehmung angesehen werden: sowohl ein Anteilseigner als auch ein Kreditgeber. Dann ist die Steuerbelastung von Investitionen in der Unternehmung und über den Kapitalmarkt hinweg bis zu dem Geldgeber der Unternehmung zu berechnen. Ein Steuerkeil über den Kapitalmarkt hinweg (**Kapitalmarktsteuerkeil**) umfaßt die Abweichung zwischen der Rendite einer Investition in einer Unternehmung vor Steuern und jener versteuerten Rendite, die ein Geldgeber der Unternehmung empfängt. Der Unternehmungssteuerkeil ist eine Zwischengröße bei der Berechnung eines Kapitalmarktsteuerkeils.

Der durch die Besteuerung bewirkte Keil zwischen der Rendite in der Unternehmung und der Rendite nach Steuern, wie sie sich für den Geldeinsatz eines Anteilseigners oder Kreditgebers nach Abzug von deren persönlichen Steuerzahlungen ergibt, entsteht aus definitiven Gewinnsteuerzahlungen in der Unternehmung und zusätzlich durch von den Geldgebern zu zahlende Steuern auf ihre Einkünfte aus dem Geldeinsatz in der Unternehmung. Bei exakter Rechnung sind Zinsen wegen einer im allgemeinen erst über ein Jahr späteren Anrechnung der Kapitalertragsteuer und des SolZ darauf auf die Einkommensteuerschuld mit SolZ zu berücksichtigen. Von dieser Zeitverschiebung wird im weiteren abgesehen.

(4) Wird die Differenz: Rendite vor Steuern in einer Unternehmung minus Rendite nach Steuern beim Geldgeber, auf die Rendite **vor** Steuern bezogen, ergibt sich die **wirtschaftliche Steuerbelastung als Prozentsatz**. Sie erlaubt einen Vergleich mit der rechtlichen Steuerbelastung, die für die Messung von Entscheidungswirkungen in Grenzsteuersätzen ausgedrückt wird.

Wird der Steuerkeil zur Rendite **nach** Steuern in Verhältnis gesetzt, entsteht eine **steuerbedingte Mindestrenditenerhöhung:**

$$\frac{r-(1-s)\cdot r}{r-s\cdot r}=\frac{s}{1-s}. \qquad (4)$$

Die steuerbedingte Mindestrenditenerhöhung wird z.B. benutzt bei der Frage: Wieviel muß eine Kapitalgesellschaft vor Steuern verdienen, um einen Fremdkapitalzins x oder eine zusätzliche Dividende y zahlen zu können? Beträgt z.B. die Dividendenrendite 9%, die Grenzsteuerbelastung 40%, dann beläuft sich die Mindestrenditenerhöhung auf $\frac{9\%}{(1-0{,}4)}=15\%$. Diese 15% sind vor Steuern zu verdienen, um 9% Dividendenrendite zahlen zu können.

Die wirtschaftliche Grenzsteuerbelastung und die steuerbedingte Mindestrenditenerhöhung benennen *relative Steuerkeile.* Im Fall der wirtschaftlichen Grenzsteuerbelastung wird der Steuerkeil auf eine Steuern einschließende Bemessungsgrundlage (die Rendite vor Steuern) bezogen. Dies erlaubt Vergleiche mit dem Grenzsteuersatz, wie er bei Messung der rechtlichen Steuerbelastung z.B. aus der Einkommen-, Gewerbeertrag-, Körperschaftsteuer folgt.

Bei der steuerbedingten Mindestrenditenerhöhung wird der Steuerkeil auf eine Steuern ausschließende Bemessungsgrundlage (die Rendite nach Steuern) bezogen. Dies erlaubt zum einen Vergleiche mit einem Grenzsteuersatz, der für eine Steuern ausschließende Bemessungsgrundlage gilt. Solche Steuersätze kennt z.B. die Umsatzsteuer (im Regelfall 16 % auf den Umsatz vor Umsatzsteuer).

e) *Der Vergleich von wirtschaftlicher und rechtlicher Steuerbelastung ermöglicht ein Urteil, ob irgendeine Regelung* zu den Bemessungsgrundlagen, den Steuersatzverläufen und Steuerentlastungen (Abzügen von der Steuerschuld, Subventionen) eine **Steuerbegünstigung oder Steuerbenachteiligung** darstellt. Für ein solches Urteil bedarf es eines theoretischen Hilfsmaßstabs: **eines *Eichstrichs*, für den rechtliche und wirtschaftliche Steuerbelastung übereinstimmen.** Dieser theoretische Maßstab wird ab S. 106 entwickelt.

II. Steuerzahlungen als wichtigste Ursache für Steuerwirkungen

1. *Steuerwirkungen als Entscheidungswirkungen und Verteilungsfolgen*

a) **Steuerlasten erzeugen Steuerwirkungen. Steuerwirkungen umfassen Handlungen, die wegen der Besteuerung so und nicht anders erfolgen, und dadurch bewirkte Ergebnisse** (Zustandsänderungen). Steuerwirkungen treten in der Planung (*ex ante*) als **Entscheidungswirkungen** auf; denn sie veranlassen jene Steuerzahler, die vernünftig handeln wollen, zu prüfen, inwieweit sie zumindest legal einer ihnen drohenden Steuerbelastung ausweichen können. Nach Ablauf eines Handlungszeitraumes (*ex post*) ergeben sich dann **Verteilungsfolgen** zwischen dem Einkommen oder Vermögen vor und nach Steuern.

Werden in der Planung Steuerzahlungen beachtet, errechnet sich oft eine Steuerbelastung, die andere Entscheidungen nahelegen kann als sie in einem Planungsmodell ohne Berücksichtigung der Besteuerung vorteilhaft erscheinen. In diesem Fall löst das Steuerrecht Entscheidungswirkungen mit der Folge steuerbedingter Anpassungshandlungen aus. Nach Ablauf einer Abrechnungsperiode verändern die geleisteten oder noch geschuldeten Steuerzahlungen die Verteilung des finanziellen Ergebnisses zwischen verschiedenen Personen bzw. Unternehmungen. Ex post treten somit Verteilungsfolgen des Steuerrechts zu tage.

Für die Messung der Steuerbelastung werden üblicherweise Verhältniszahlen (Steuerquoten) benutzt. Diese setzen Steuerzahlungen oder Steuersätze im Zähler ins Verhältnis zu einer Zielgröße für Entscheidungen oder einer Maßgröße für Verteilungsfolgen im Nenner.

b) Die **wirtschaftliche Steuerbelastung** ist unterschiedlich zu berechnen, je nachdem, ob Einflüsse der Besteuerung auf Handlungen zu erkunden sind (**Entscheidungswirkungen**) oder ob Änderungen im verfügbaren Einkommen durch die Besteuerung beurteilt werden sollen (**Verteilungsfolgen**).

Bei der Messung von *Entscheidungswirkungen* werden die Steuerzahlungen, Abzüge von der Steuerschuld und Subventionen einer geplanten Handlung zu einer *Zielgröße des planenden Steuerpflichtigen* ins Verhältnis gesetzt.

Bei der Messung von *Verteilungsfolgen* werden nach Ablauf eines Besteuerungsabschnitts (z. B. Jahres) die Steuerzahlungen, Abzüge von der Steuerschuld und Subventionen auf eine *Maßgröße für des Steuerpflichtigen „steuerliche Leistungsfähigkeit"* bezogen.

c) Nach den **Entscheidungswirkungen des Steuerrechts** fragt, wer z.B. erwägt, entweder Käufe zurückzustellen oder Kredite aufzunehmen, um fällige Steuerschulden zu bezahlen, oder wer wissen will, wie bei der Standortplanung über neue Fertigungsstätten und Arbeitsplätze dieses oder jenes nationale Steuerrecht die Wahl unter den Handlungsalternativen beeinflußt und wie einzelne Investitions- und Finanzierungsvorhaben durch Regelungen über Abschreibungsverfahren, Vorratsbewertung, Rückstellungsbildung oder Steuersatzunterschiede in einzelnen Ländern begünstigt oder benachteiligt werden. **Bei rationalem unternehmerischen Kalkül entscheiden Zielgrößen nach Steuern** (z.B. eine versteuerte Rendite und entsprechende Nachsteuer-Risikomaße), nicht aber irgendwelche Zielgrößen vor Steuern. **Nach-Steuer-Zahlungsströme sind Investitionsvergleichen zugrunde zu legen.**

(1) Für die Entscheidungswirkungen des Steuerrechts geben den Ausschlag die *Änderungen sämtlicher Steuerzahlungen eines Unternehmers*, wenn er diese oder jene alternative Handlungsmöglichkeit zusätzlich verwirklicht: also eine **Grenzsteuerbelastung.**

Hierbei beachte der Leser den *Unterschied zwischen Grenzsteuerbelastung und Spitzensteuerbelastung*: Werden Unterschiede in den Bemessungsgrundlagen ausgeklammert, so deckt sich die Spitzensteuerbelastung mit der Grenzsteuerbelastung bei ein und derselben Steuerart dann, wenn der Grenzsteuersatz bei einer Erhöhung der Bezugsgröße (z.B. des Einkommens) nicht mehr steigt. Die Grenzsteuerbelastung bezeichnet einen weiter reichenden Fall: die Änderung sämtlicher Steuerzahlungen bei Änderungen des Einkommens oder einer anderen Bezugsgröße, aber auch bei Änderung der Handlungsmöglichkeiten (z.B. des Investitionsvolumens). Der Begriff Grenzsteuerbelastung wird erst eindeutig, wenn gesagt wird, was verändert, was konstant gehalten wird.

Bei der Messung der Entscheidungswirkungen sind als belastend im Zähler eines Steuerbelastungsvergleichs alle Steuerzahlungen anzusetzen, die durch einzelne Handlungsmöglichkeiten (Investitions-, Finanzierungsvorhaben usw.) zusätzlich ausgelöst werden (von der Einkommensteuer bis zur Hundesteuer). Subventionen sind davon zu kürzen.

(2) Den Nenner von Steuerquoten, mit denen *Entscheidungswirkungen* gemessen werden, bildet üblicherweise das erwartete jährliche Einkommen vor gewinnabhängigen Steuern oder ein Endvermögen vor diesen Steuerzahlungen im Planungshorizont. Werden investitionsrechnerische Maße für finanzielle Zielgrößen, wie **Rendite oder Kapitalwert**, als Nenner benutzt, so sind im Zähler statt Steuerzahlungen Steuerprozentsätze als Anteile an Rendite oder Kapitalwert zu wählen.

d) Nach den **Verteilungsfolgen** eines Steuerrechts fragt, wer z.B. wissen will, ob eine Verteilung der Steuerlasten auf einzelne Personen oder Personengruppen eingetreten ist, die einer Gesetzgebungsabsicht entspricht, oder einem Werturteil, was sozial gerecht sei, widerspricht. Als Bezugsgröße für eine „gerechte" Besteuerung wird gemeinhin der Begriff **„steuerliche"** oder **wirtschaftliche Leistungsfähigkeit** benutzt, der freilich einer genauen Inhaltsbestimmung bedarf, ehe er nachvollziehbare Wertungen zuläßt, dazu ab S. 231.

(1) Verteilungsfolgen äußern sich in Umverteilungen zwischen dem Einkommen oder Vermögen vor Steuern und nach Steuern. Für die Messung der Umverteilung des Einkommens durch das Steuerrecht gibt den Ausschlag das Verhältnis aus den das Einkommen eines Steuerzahlers belastenden Steuerzahlungen zu seinem gesamten Jahreseinkommen vor diesen Steuern: also eine **Durchschnittssteuerbelastung**. Entsprechend messen die Vermögensumverteilung durch das Steuerrecht die das Vermögen belastenden Steuerzahlungen je Periode im Zähler mit dem **Endreinvermögen** vor Steuern im Nenner.

(2) Wer die *Verteilungsfolgen des Steuerrechts beim Erwerb von Einkommen* erkennen will, darf **nicht alle** Steuerzahlungen als das Einkommen belastend ansehen, sondern (vor Berücksichtigung von Subventionen) nur

(a) jene Steuerarten, deren Bemessungsgrundlage das Einkommen bzw. der Gewinn ist (Einkommen- und Kirchensteuer, Körperschaftsteuer, Solidaritätszuschlag) oder deren Bemessungsgrundlage sich mittelbar aus dem Gewinn errechnet (Gewerbesteuer);

(b) jene Steuerarten, die das zu versteuernde Einkommen nicht mindern (nicht abzugsfähig sind), vor 1997 die Vermögensteuer, derzeit die Kraftfahrzeugsteuer für privat genutzte Fahrzeuge, gegebenenfalls die Erbschaftsteuer.

So wäre es z.B. falsch, beim Bierbrauer Umsatz-, Bier- und Grundsteuer zu den die Einkommensverteilung belastenden Steuerzahlungen zu zählen, weil zu versteuerndes Einkommen erst vorliegt, nachdem solche Aufwandsteuern abgesetzt worden sind. Wer z.B. die Bier- oder Grundsteuer in eine Steuerbelastung einrechnet, wählt nicht mehr das Einkommen als Maßgröße für „steuerliche Leistungsfähigkeit", sondern einen um diese Steuern und u.U. andere Aufwandsposten erhöhten Teilbetrag der betrieblichen Wertschöpfung. Dadurch wird weder die Einkommensumverteilung noch die Vermögensumverteilung durch die Besteuerung gemessen.

e) Die Entscheidungswirkungen der Besteuerung sucht die Berechnung wirtschaftlicher Grenzsteuerbelastungen zu quantifizieren, die Verteilungsfolgen die Berechnung wirtschaftlicher Durchschnittssteuerbelastungen. **Wirtschaftliche Grenzsteuerbelastungen weichen erheblich von wirtschaftlichen Durchschnittssteuerbelastungen ab.** Deshalb bildet eine wirtschaftliche Durchschnittssteuerbelastung keine brauchbare Schätzung der wirtschaftlichen Grenzsteuerbelastung und umgekehrt. Die wichtigsten Gründe für die Abweichungen zwischen effektiver Durchschnittssteuerbelastung und effektiver Grenzsteuerbelastung sind:

(1) Tarifliche Grenzsteuersätze und Durchschnittssteuersätze bei den einzelnen Steuerarten fallen auseinander. So ist z.B. der häufige Hinweis, daß nur noch ein Bruchteil der Unternehmungen Gewerbesteuer zahlt, für die Beurteilung der Entscheidungswirkungen der Besteuerung (insbesondere für einen Gewerbesteuereinfluß auf Investitionen) praktisch belanglos, weil sich diese Aussage auf die Gesamtheit aller Gewerbetreibenden bezieht, einschließlich zehntausender von Kleinstgewerbetreibenden (wie Kioskbesitzern), aber auch auf Verlustbetriebe bzw. fast gewinnlose, nur Geschäftsführeraufgaben wahrnehmende Komplementär-GmbHs. Investierende Personenunternehmungen werden sich für die Mehrzahl der erwarteten künftigen Zustände der Welt einen Gewinn versprechen, der sehr rasch bei Personenunternehmungen Freibetrag und Eingangsstaffelung bei der Gewerbesteuer übersteigt, wobei die Gewerbesteuer durch die Einkommensteuerermäßigung (S. 74) oft nicht kompensiert wird.

(2) Bei einer sorgfältigen Planung der Entscheidungswirkungen von Steuerzahlungen werden zumindest für die Zukunftslagen mit hohem Gewinn sämtliche steuerlichen Vorteile in den Bemessungsgrundlagen ausgenutzt, während die Durchschnittssteuerbelastung sich aufgrund unter Umständen niedrigerer Gewinne errechnet, bei denen ein Aufschieben des Ausnutzens von steuerlichen Wahlrechten vorteilhaft gewesen sein kann.

(3) Hohe Anfangsabschreibungen mindern die Grenzsteuerbelastung, bezogen auf die finanzielle Zielgröße bei Investitionen. Die Durchschnittssteuerbelastung steigt hingegen bei einem Anlagenbestand mit unterschiedlichem Alter, soweit wegen hoher Abschreibungen im Investitionsjahr später nur noch niedrigere Abschreibungen zu verrechnen sind.

Erst recht senken Investitionsfördermaßnahmen, wie steuerfreie Investitionszulagen, die effektive Grenzsteuerbelastung. Die Durchschnittssteuerbelastung steigt dann, wenn Investitionszulagen und Investitionszuschüsse bei steigendem Durchschnittsalter der Anlagen nur noch in verhältnismäßig geringem Umfang der Neuinvestitionen anfallen.

(4) Ein hoher Anteil von Investitionen in Forschung und Entwicklung und anderen immateriellen Gütern mindert wegen deren „Sofortabschreibung" die effektive Grenzsteuerbelastung für das gesamte Investitionsprogramm. Die Durchschnittssteuerbelastung der finanziellen Zielgröße steigt hingegen, je niedriger das Wachstum bei nicht zu aktivierenden Investitionen ist.

(5) Die effektive Grenzsteuerbelastung für Investitionen sinkt regelmäßig unter die Durchschnittssteuerbelastung, wenn zusätzliche Investitionen fremdfinanziert werden. Andererseits beeinflußt eine Gewinnausschüttung von Kapitalgesellschaften Unternehmenssteuerkeil und Kapitalmarktsteuerkeil wegen des Halbeinkünfteverfahrens unterschiedlich.

Aus diesen Gründen für ein Abweichen effektiver Durchschnittssteuerbelastungen von effektiven Grenzsteuerbelastungen wird deutlich, daß nicht selten eine effektive Grenzsteuerbelastung unter der dazu gehörenden effektiven Durchschnittssteuerbelastung liegen wird[6]. Dies widerspricht der gängigen Anschauung, die im Hinterkopf steuerrechtliche Bemessungsgrundlagen und den progressiven Einkommensteuertarif hat.

2. *Steuerwirkungen auf Liquidität, Risiko, Rentabilität und den Inhalt des Entscheidungsfeldes*

a) **Entscheidungswirkungen von Steuerzahllasten** beziehen sich auf das gesamte Entscheidungsfeld aus Unternehmenszielen, Unternehmensmitteln, Handlungsmöglichkeiten und Prognosen, sowie bei vorgegebenem Entscheidungsfeld auf die drei Sachverhalte: Liquidität, Risiko und Rentabilität.

(1) Die Umsetzung von Steuerrechtsetzungen in Steuerschulden verursacht Steuervorauszahlungen und das Begleichen der verbleibenden Steuerschulden. Steuerzahlungen ändern die Zahlungsströme in der Finanzplanung: **Liquiditätswirkungen**.

(2) Steuerzahlungen verursachen im Regelfall andere Einschätzungen der Unsicherheit von Investitions- und Finanzierungsvorhaben, weil

(a) für die zur Wahl stehenden Handlungsalternativen die Verhältnisse zwischen Einnahmenüberschüssen in einzelnen Zukunftslagen und Ausgabenüberhängen bei anderen Zukunftslagen verschoben werden, und weil

(b) für den Regelfall der Risikoabneigung in bezug auf das Vermögen oder das Einkommen eine betragsgleiche zusätzliche Ausgabe stärker gewichtet wird als eine entsprechende Einnahmenerhöhung.

Steuerzahlungen verändern also regelmäßig die Bereitschaft, Unsicherheiten zu übernehmen: **Risikowirkungen**. Damit ist nicht gesagt, daß durch zusätzliche Steuerzahlungen die Bereitschaft sinkt, Risiken zu übernehmen. Die Höhe der Risikobereitschaft hängt ausschlaggebend von den Bemessungsgrundlagen, insbesondere von den Regeln zur Verlustverrechnung, ab (S. 52, 108, 153).

---

[6] Vgl. *Jane G. Gravelle*: „Which Effective Tax Rate?". A Comment and Extension. In: National Tax Journal, Vol. 38 (1985), S. 103-108, hier S. 104 f., 107 f.

(3) Steuerzahlungen verändern die Renditen der Handlungsmöglichkeiten. Entscheidungsbedeutsam werden **Rentabilitätswirkungen**, wenn sie bei Betrachtung jeweils nur einer Zukunftslage die Rangordnung in der Vorteilhaftigkeit einzelner Investitions- und Finanzierungsvorhaben nach Steuerzahlungen gegenüber der vor Berücksichtigung der Besteuerung umstoßen. Die Ursachen dieser Rentabilitätswirkungen sind vielschichtig, weil jede einzelne steuerrechtliche Regelung zu den Bemessungsgrundlagen oder Steuersatzverläufen unterschiedliche Mehr- oder Minderbelastungen in der Planung des Einkommenserwerbs, aber auch der Einkommensverwendung hervorrufen kann. Die Folge ist, daß die Berechnung der **wirtschaftlichen Steuerbelastung** der finanziellen Zielgrößen der Steuerzahler „Unternehmer", „Unternehmung" und der Geldgeber nur unter argen Modellvereinfachungen möglich ist.

b) Eine **quantitative Messung der Entscheidungswirkungen** ist nur hinsichtlich der *Liquiditätswirkungen* von Steuerzahlungen eindeutig (soweit das Steuerrecht Rechte und Pflichten ohne Streitfälle regelt). Schon bei den *Rentabilitätswirkungen*, selbst wenn sie auf jeweils einen geplanten künftigen Zustand der Welt während eines Planungszeitraums eingeengt werden, verlangt eine quantitative Messung der Steuerbelastung Modellvereinfachungen. An noch mehr Voraussetzungen hängen folglich Urteile über die Entscheidungswirkungen der Besteuerung bezüglich der *Planungsunsicherheit*, die Annahmen über mehrere sich gegenseitig ausschließende künftige Zustände der Welt verlangt. Hinsichtlich der praktisch bedeutsamen Einflüsse von Steuerzahlungen auf die Risikobereitschaft zu Investitionen (und damit auf die Gesamtheit aller denkbaren künftigen Zustände der Welt im Planungszeitraum) bleiben allgemeingültige quantitative Aussagen Illusion.

c) Darüber hinaus beeinflussen Steuerrechtsregelungen Inhalt und Umfang des Entscheidungsfeldes: die **Unternehmensziele**, das Erkennen und die Auswahl der **Handlungsmöglichkeiten**, sowie die **Unsicherheitseinschätzungen.**

(1) Abwandlungen der rechtlichen und der wirtschaftlichen Steuerbelastung können die **Ziele des Steuerpflichtigen** beeinflussen. Wer vor einer Steuererhöhung nach möglichst hohem (versteuertem) Einkommen strebt, wird im Regelfall dieses

Ziel auch nach einer steuerbedingten Minderung seines verfügbaren Einkommens verfolgen. Aber davon gibt es Ausnahmen:

Wenn ein erfolgreicher Manager erwogen hat, 1999 oder in zwei Jahren in den Ruhestand zu treten und zunächst das Weiterarbeiten bevorzugt, mag er bei einer drohenden zusätzlichen Einkommensteuerbelastung den Zeitpunkt des Ausscheidens aus dem Erwerbsleben vorverlegen und seine Selbstverwirklichung in eher ehrenamtlichen Tätigkeiten suchen: von der Übernahme eines Lehrauftrags an einer Hochschule bis zum Posten des Vorstands eines Kaninchenzüchtervereins. Eine zusätzliche Einkommensteuerbelastung in 2001 gegenüber 1999 droht trotz Tarifsenkung z.B. durch die Halbierung des Sparer-Freibetrags im Jahre 2000 und bei weniger Gutverdienenden durch die Umstellung des körperschaftsteuerlichen Anrechnungsverfahrens auf das Halbeinkünfteverfahren ab 2001 mit der Folge höherer Steuerbelastung auf die Dividendeneinkünfte (näher S. 62-65).

Das Gegenteil ist ebenso denkbar. Schon der schottische Philosoph *David Hume* weist darauf hin, daß zusätzliche Steuerzahlungen zumindest bei den Ärmeren zu gesteigertem Arbeitseinsatz führen, damit sie so gut (oder schlecht) wie zuvor leben können[7].

(2) Das Erkennen **neuer Handlungsmöglichkeiten** mag die Folge sein, wenn eine Steueränderung einen Steuerpflichtigen dazu bringt, sich gründlicher als bisher um seinen Einkommenserwerb zu kümmern. Vielleicht ersinnt er eine größere Öffnung für die Tuben der von ihm hergestellten Zahnpasta, um über diesen Weg bei den Kunden den Verbrauch und bei sich Umsatz und Gewinn zu steigern.

Bisher nicht erwogene Handlungsmöglichkeiten werden auch durch politische Diskussionen über geplante Steuerrechtsänderungen ausgelöst. Beispiele für solche **Ankündigungseffekte** (announcement effects) sind:

(a) Vor rund vier Jahrzehnten veranlaßten Vorschläge aus der SPD Hessen-Süd zu einer Verschärfung der Erbschaftsteuer mindestens einen ostwestfälischen Unternehmer, wesentliche Anteile an der von ihm beherrschten Kapitalgesellschaft an Erben zu verschenken, die anschließend einen dem Schenker mißliebigen Einfluß auf die Geschäftspolitik nahmen. Die folgenden Zerwürfnisse und die ausbleibende Verschärfung der Erbschaftsteuer führten zu Prozessen, in denen der Schenker wegen

---

[7] Vgl. *David Hume:* Political Discourses. Edinburgh 1752, S. 115 f.

groben Undanks die verschenkten Anteile zurückforderte und die nach Jahrzehnten erst der Bundesgerichtshof entschied.

(b) Drohgebärden einzelner Politikergruppierungen zum Wiedereinführen einer privaten Vermögensteuer im Jahre 1999 oder die Bemühungen zu einer EU-einheitlichen Besteuerung von Kapitaleinkünften im Jahre 2000, obwohl sie vorerst nicht Rechtswirklichkeit wird, veranlaßten manche Steuerpflichtige, mit ihren Ersparnissen in Off-Shore-Gesellschaften, Sitz Panama oder Cayman Islands usw., zu flüchten. Die Anteilseigner dieser Off-Shore-Gesellschaften bleiben den deutschen Finanzbehörden verborgen, wenn die Steuerpflichtigen diese Beteiligungen rechtswidrig nicht dem Finanzamt mitteilen (S. 79).

Solche Steuerausweich- oder Steuerhinterziehungsgestaltungen, mit zusätzlichen rechtlichen Unsicherheiten behaftet, mag man ethisch verurteilen oder diese bei Fehlschlagen solcher Manöver mit Häme zur Kenntnis nehmen, betriebswirtschaftlich liegt hier ein Ankündigungseffekt in Form einer Steuermehrbelastung aus Fehlinformation vor.

(c) Ein weniger heikles Beispiel war 1999 die Ankündigung einer Erweiterung der Zinsertragsteuer auf Kapitallebensversicherungen. Lebensversicherungsunternehmungen als Gewinner des Nachfrageschubs nach Kapitallebensversicherungen im Jahre 1999 haben durch ihr seit Jahrzehnten steuerlich sehr erfolgreiches Lobbying die Erweiterung der Zinsertragsbesteuerung verhindert, obwohl diese aus Gründen der gleichmäßigen Besteuerung überfällig ist. Jene Steuerpflichtigen, die wegen der behaupteten künftigen Zinsertragsteuerpflicht kapitalbildende Lebensversicherungen abschlossen, die sie bei Unterbleiben dieses Ankündigungseffektes unterlassen hätten, sind betriebswirtschaftlich ebenfalls einer Steuermehrbelastung durch Fehlinformationen aufgesessen.

Zur Frage des Wandels in den Zielen und Handlungsmöglichkeiten aufgrund von Änderungen des Steuerrechts kann die Wirtschaftstheorie bisher nur sehr wenig Allgemeingültiges sagen.

(3) Inhalt und Umfang des Entscheidungsfeldes werden durch die **Unsicherheitseinschätzungen** mitbestimmt. Im Hinblick auf das Steuerrecht sind drei Arten von Unsicherheitsursachen zu unterscheiden[8]:

(a) Unsicherheit über die Umwelt bei vorgegebenem, exaktem Steuerrecht im Planungszeitraum ist eingangs mit dem Stichwort „Risikowirkungen" belegt worden. Diese schlagen sich in Unterschieden in der Höhe und des Zeitpunkts von Steuerzahlungen in den einzelnen Zukunftslagen einer jeden Handlungsalternative nieder. So mag bei einer in 1998 geplanten Investition für die schlechteste Zukunftslage in 2001 ein Verlust der Unternehmung von 10 Mio. DM erwartet worden sein, der über den Weg des Verlustrücktrags (§ 10 d EStG 1999) in das zweitletzte Jahr (hier also 1999, in dem entsprechend hohe Gewinne erwartet und erzielt wurden) zu einer Steuerrückzahlung führt. Bei einem angenommenen Grenzsteuersatz von 50% belastet der erwartete Verlust von 10 Mio. DM nur mit 5 Mio. DM. Muß mit einem höheren Verlust gerechnet werden, z.B. mit 14 Mio. DM, so führen die zusätzlichen 4 Mio. DM Verlust nicht mehr zu einer Steuerrückerstattung, so daß der belastende Verlust auf 9 Mio. DM wächst. Die 4 Mio. DM zusätzlicher Verlust können erst gegen künftige, unsichere Gewinne aufgerechnet werden. Der fehlende Verlustrücktrag hierfür kann bewirken, daß die Investition unterlassen wird. Diese Wirkung ist erst recht beim Wissensstand ab 1999 zu erwarten, da der Verlustrücktrag ab 2001 auf maximal 1 Mio. DM für den unmittelbar vorausgehenden Veranlagungszeitraum, hier 2000, begrenzt ist (§ 52 Abs. 25 Satz 2 EStG 1999, § 10 d Abs. 1 EStG 2000).

(b) Über diese Risikowirkungen hinaus verändert sich der Inhalt und Umfang des Entscheidungsfeldes durch Unsicherheit über die wirtschaftlichen Folgen einer angekündigten oder politisch diskutierten Steuerrechtsänderung im Planungszeitraum. Diese bewirkt, daß an die Stelle eines vorgegebenen Steuerrechts eine Mehrzahl von Steuerrechtsgestaltungen tritt, deren Anzahl, Inhalt und Zeitpunkt des Inkrafttretens selbst ungewiß sein werden. Die Folge davon ist, daß für jede Handlungsalternative zusätzlich zu den Zukunftslagen, die bei gegebenem Steuerrecht durchzuplanen sind, zahlreiche weitere Zukunftslagen hinzutreten. Damit vervielfachen sich die Einzelprobleme in der Planung, z.B. das Beurteilen der Glaubwürdigkeit für die einzelnen Zukunftslagen.

[8] Vgl. näher *Gerd Rose*: Ein Grundgerüst planungsrelevanter Steuerrechtsrisiken. In: Unternehmenstheorie und Besteuerung, hrsg. von R. Elschen, T. Siegel, F.W. Wagner. Wiesbaden 1995, S. 479-493.

(c) Über Risikowirkungen hinaus führt weiter Unsicherheit über das, was bei einem vorgegebenen oder geplanten, aber oft inexakt abgefaßten Steuerrecht tatsächlich rechtens ist. Diese Unsicherheit vermehrt die Anzahl zu planender Zukunftslagen für die Handlungsalternativen. Inexakte Rechtsetzungen sind bei den heutigen Steuergesetzen die Regel; denn es ist zur schlechten Übung geworden, daß einem Steueränderungsgesetz, z.B. dem Steuersenkungsgesetz vom 23. 10. 2000, in wenigen Monaten ein Nachbesserungsgesetz nachgeschoben wird, hier: das Steuersenkungsergänzungsgesetz vom 19. 12. 2000.

Jahre vergehen, bis die Finanzgerichte verbindlich entschieden haben, was der Gesetzgeber eigentlich gemeint habe. Hinzu treten die Prognoseschwierigkeiten, wie Marktpartner der Unternehmung auf eine inexakte Steuerrechtsetzung reagieren, welche Steuerausweichhandlungen sie sich einfallen lassen werden.

d) Forschungsgegenstand der steuerlichen Betriebswirtschaftslehre ist bisher vor allem die **zielentsprechende Neuverteilung** der durch eine Steuererhöhung verknappten oder durch eine Steuerentlastung erweiterten **finanziellen Mittel** bei vorgegebenen Zielen, Handlungsmöglichkeiten und Prognosen.

(1) Eine erste Anpassungsmöglichkeit an zusätzliche Steuerzahlungen besteht in *einer Einschränkung der Zielzahlungen, also z.B. der Konsumausgaben.* Hierzu zählen Beispiele einer **Steuervermeidung**, in dem der Steuerpflichtige steuerauslösende Tatbestände nicht verwirklicht: Er meldet seinen Pkw ab, um Kraftfahrzeugsteuer zu sparen, oder mindert seine marktbestimmten Steuerlasten durch benzinsparendes Autofahren, weniger Zigaretten rauchen, oder er trinkt (nicht verbrauchbesteuerten) Wein oder Apfelwein statt Bier.

(2) Ein wirtschaftlich vernünftig Handelnder wird allerdings eine zusätzliche Steuerzahlung nur dann durch Einschränkung seiner Zielzahlungen ausgleichen, wenn er sonst handlungsunfähig ist. Anpassungsmöglichkeiten wird der Steuerzahler sowohl bei Änderungen in der Art seiner Einkommensverwendung als auch in seinem Einkommenserwerb suchen und hier vor allem Art und Umfang seiner Investitionsentscheidungen überprüfen.

Eine drohende Erhöhung der Steuerzahlungen kann neben der unmittelbaren Liquiditätswirkung eines Abflusses von Geld marktbestimmte Steuerlasten auslösen, also die Einnahmen und Ausgaben (jenseits der Steuerzahlungen) verändern. So werden Steuerpflichtige versuchen, eine drohende zusätzliche Steuerzahlung durch Preis-, Qualitäts- und Mengenänderungen auf Kunden in den Absatzmärkten oder auf Lieferanten, Arbeitnehmer, Geldgeber in den Beschaffungsmärkten zu „überwälzen", so daß sie als Steuerzahler nicht in vollem Umfang zum Steuerbelasteten (Steuerträger) werden.

3. *Steuerausweichhandlungen, Steuerüberwälzung und steuerliche Zusatzlasten*

a) Innerhalb des Bündels an Steuerausweichhandlungen (wie Unterlassen einer Tätigkeit, ihr Verlagern ins niedriger besteuernde Ausland usw.) weckt eine das besondere Interesse sozial Engagierter: wenn „gutverdienende" Unternehmer die ihnen gesetzlich zugedachten Steuerzahlungen anderen Personen aufzuhalsen suchen, z. B. durch erhöhte Preise für ihre Waren oder Kürzungen freiwilliger sozialer Leistungen, wenn nicht gar von übertariflichen Lohnzahlungen.

Können Unternehmungen Steuerzahlungen in diesem Sinne „überwälzen"? Entgegen der landläufigen Meinung ist diese Frage im Regelfall nicht mit „ja" zu beantworten. Vom Begriff der **Steuerüberwälzung** ist dabei der Begriff der **Steuerausweichhandlung** sorgfältig zu trennen:

(1) In der Umgangssprache wird *Steuerüberwälzung* oft im Sinne einer Preiserhöhung oder auch Qualitäts- und Mengenänderung benutzt. Solche Entscheidungswirkungen der Besteuerung, insbesondere auch Abwandlung des Investitions- und Finanzierungsprogramms, sind *Steuerausweichhandlungen als legale Anpassung an eine Steuerrechtsänderung*. Eine **Steuerausweichhandlung kann dennoch zu einer höheren Steuerzahllast des Steuerpflichtigen führen**, wenngleich zu einer geringeren gegenüber dem Fall, daß der Steuerpflichtige auf eine Anpassungshandlung verzichtet hätte. Entscheidungswirkungen in Form von Steuerausweichhandlungen werden ausführlich in Teil B erörtert.

(2) Der Begriff der **Steuerüberwälzung** ist demgegenüber zweckmäßigerweise auf jene Teilmenge von Steuerausweichhandlungen einzuengen, die zu einer Einbuße an

verfügbarem (versteuertem) Einkommen führt, die **unter** einer zusätzlichen Steuerzahlung liegt, also das verbleibende verfügbare Einkommen erhöht. Eine Steuerüberwälzung, welche die Einkommenseinbuße unter die Steuerzahlung senkt, löst eine „negative marktbestimmte Steuerlast" aus. Steuerüberwälzung in diesem Sinne führt zu einer *marktbestimmten Steuer**entlastung*** des Handelnden.

b) Allerdings ist Steuerüberwälzung im Sinne einer Steuerlast, die unter einer zusätzlichen Steuerzahlung bleibt, an enge Voraussetzungen gebunden. Im Modell ist sie bei rationalem Einkommensstreben, unveränderter sinkender Nachfragekurve und einem idealisierten „entscheidungsneutralen" Steuerrecht (das nicht über Einzelregelungen in den Bemessungsgrundlagen Entscheidungen verzerrt) ausgeschlossen. Dies folgt aus dem **Kernsatz der Steuerwirkungslehre**:

Nur von der Besteuerung einer Zielgröße des Entscheidenden kann erhofft werden, daß sie keine steuerlichen Zusatzlasten hervorruft. Andere Steuerbemessungsgrundlagen bewirken im Regelfall Einkommenseinbußen über die Steuerzahlung hinaus. Solche Steuerbemessungsgrundlagen erzeugen **steuerliche Zusatzlasten** (excess burden)[9].

Ausnahmen vom Kernsatz entstehen z.B. bei Steuervergünstigungen oder einer gestiegenen Staatsnachfrage nach den Produkten der steuerpflichtigen Unternehmung wegen der zusätzlichen Steuereinnahmen, die eine Preisabsatzfunktion „nach außen" verschieben. Der Kernsatz der Steuerwirkungslehre und das Auftreten steuerlicher Zusatzlasten seien im folgenden am Beispiel erläutert.

(1) Wird das Ziel im Einkommenserwerb gesehen, so lautet der Kernsatz im einperiodigen Modell bei angenommener Planungssicherheit: *Nur eine Besteuerung des Einkommens, gemessen als Einnahmenüberschuß am Ende der einen Planperiode, erlaubt es, bei rationalem Wirtschaften die Steuerlast auf die Höhe der Steuerzahlung zu beschränken.* Anhand sehr einfacher Modellüberlegungen läßt sich zeigen, **daß bei gleicher Steuerzahlung einer Unternehmung** eine Einführung oder Erhöhung des Steuersatzes auf

9 Zum Beweis vgl. z.B. *Augustin Cournot*: Untersuchungen über die mathematischen Grundlagen der Theorie des Reichtums (1838): deutsch: Jena 1924, VI. Kapitel, bes. S. 58, 61, 65; *Knut Wicksell*: Finanztheoretische Untersuchungen nebst Darstellung und Kritik des Steuerwesens Schwedens. Jena 1896, S. 14-17.

das Modell-Einkommen zu einer geringeren Steuerbelastung führt als eine Einführung oder Erhöhung eines Steuersatzes auf den Umsatz und diese zu einer geringeren als eine Einführung oder Erhöhung einer Verbrauchsteuer.
Die Zahlen des folgenden Beispiels dienen lediglich zur Veranschaulichung. Andere Annahmen bewirken andere Größenordnungen. Aber die im Beispiel zum Ausdruck kommende Rangordnung hinsichtlich der Steuerwirkungen ist allgemeingültig, sofern Preiserhöhungen aufgrund von Steuerrechtsänderungen zu Umsatzrückgängen führen: Es besteht eine Hierarchie in den Gewinneinbußen bei gleich hohen Steuerzahlungen durch verschiedene Arten der Unternehmensbesteuerung.

(2) Folgendes Beispiel soll *die Hierarchie der Einkommenseinbußen (steuerlichen Zusatzlasten) durch Einkommen-, Umsatz- und Verbrauchsteuer* bei gewinnmaximierender Preispolitik aufdecken und verständlich machen, daß trotz Preisanhebung bei zusätzlicher Umsatz- und Verbrauchsbesteuerung die Unternehmungsgewinne stärker sinken als die Steuereinnahmen des Staates *bei dieser* Unternehmung. Deshalb führt eine Preiserhöhung gerade nicht zu einer Steuerentlastung für die Unternehmung, d.h. nicht zu einer deren Einkommen nach Steuern schonenden „Überwälzung" von Steuerzahlungen.

Eine Unternehmung könne innerhalb eines bestimmten Bereichs (im Beispiel zwischen 8 € und 9 € je Stück) ihren Absatzpreis erhöhen, ohne befürchten zu müssen, größere Absatzmengen zu verlieren. Innerhalb dieser Preisspanne bleibe der Unternehmung ein Teil der Kundschaft erhalten aufgrund von Qualitätserwägungen und anderen Käuferpräferenzen, vielleicht auch aufgrund mangelnder Marktübersicht oder fehlender Konkurrenz. Es bestehe also ein „monopolistischer Bereich einer Preisabsatzfunktion". Zur einfachen Darstellung sei nur ein Produkt betrachtet und ein einziger Markt (also nicht zwischen Inlandsumsatz und umsatzsteuerbefreitem Exportumsatz unterschieden), von Liefer- und Zahlungsfristen oder Änderungen absatzpolitischer Aktivitäten wird abgesehen.

Die drei Steuerarten werden alternativ betrachtet. Ausgeklammert bleibt, daß der verbleibende Gewinn zusätzlich der (vor der betrachteten Steueränderung bereits festliegenden) Unternehmensbesteuerung unterworfen ist. Hier interessiert allein: *Wie ändern sich die Unternehmungsgewinne, wenn ein zusätzliches Steueraufkommen durch das Unternehmen entweder über eine Einkommensteuer oder in gleicher Höhe über eine Umsatzsteuer bzw. Verbrauchsteuer erhoben wird?*

(3) Bei dieser Fragestellung kann allerdings die Annahme einer unverändert bleibenden Nachfragekurve Widerspruch wecken. Entfällt z.B. eine Erhöhung der Einkommensteuer und wird sie durch eine höhere Umsatzsteuer ersetzt, dann verändert sich das verfügbare Einkommen der Nachfrager und damit deren Konsumsumme, die sie bei alternativen Preisen für das betrachtete Gut auszugeben bereit sind. Die Änderung erfolgt in doppelter, freilich gegenläufiger Weise: Die entfallenden Einkommensteuerzahlungen erhöhen das verfügbare Einkommen der Nachfrager; die Preiserhöhungen bei den anderen, von der Umsatzsteuer getroffenen Gütern beanspruchen zusätzlich dieses Einkommen (und wegen der dadurch verursachten, im folgenden nachzuweisenden Beschäftigungsrückgänge ergeben sich zusätzliche Einkommensminderungen). Ob sich im Saldo die Konsumsumme, welche die Nachfrager bei alternativen Preisen für das betrachtete Gut auszugeben bereit sind, erhöht oder verringert, kann nur im Einzelfall entschieden werden. Wegen der gegenläufigen Wirkung erscheint die Annahme einer unveränderten Nachfragekurve als brauchbare erste Annäherung. Dies wird durch die übliche Annahme gestützt: Mit steigendem verfügbaren Einkommen sinke der Anteil der Konsumausgaben (steige die Sparquote).

c) Welche Einkommensminderungen ergeben sich, wenn das finanzielle Ergebnis besteuert, also z.B. eine höhere **Einkommensteuer** erhoben wird? Für das Beispiel gleicht das zu versteuernde Einkommen der Differenz aus Umsatzeinnahmen minus Kosten (Betriebsausgaben, bezogen auf das Periodenende). Von allen steuerrechtlichen Einzelheiten wird also abgesehen. Das vom Fiskus gewünschte Steueraufkommen durch die betrachtete Unternehmung soll 1.190 € betragen. Untersucht wird: Welche Auswirkungen hat eine Einkommensteuerzahlung in dieser Höhe auf den Unternehmungsgewinn?

Aus Vereinfachungsgründen werden Preise und Absatzmengen klein gehalten, die Steueränderungen drastisch gewählt und die Kosten mit 1.000 € fixen Kosten und 4 € Grenzkosten je Stück angenommen. Die betrachtete Unternehmung soll nach Maximierung ihres Gewinnes streben.

Für den Bereich, in dem die Unternehmung ihre Preise verändern kann, also zwischen 8 € und 9 €, möge folgende Beziehung zwischen Preis p und der Absatzmenge x gelten: $p = 12 - 0{,}005\ x$. Praktisch heißt das: Bei einem Preis von 9 € beträgt die Absatzmenge in der betrachteten Periode 600 Stück, der Umsatz 5.400 €. Bei einem Preis von 8 € sind 800 Stück zu verkaufen; Umsatz 6.400 €.

Unter den hier gewählten Annahmen erreicht die Unternehmung ihr Gewinnmaximum ohne Berücksichtigung ihrer Steuerzahlung bei einem Preis von 8 €, einer Absatzmenge von 800 Stück und einen Umsatz von 6.400 €, von dem 2.200 als Gewinn verbleiben; denn für den Umsatz U gilt:

$$U = (12 - 0{,}005 * x) * x, \text{ für die Kosten: } K = 1.000 + 4*x. \quad (5)$$

Daraus folgt für den Gewinn: $G = -0{,}005 *x^2 + 8*x - 1.000.$ (5a)

Der Gewinn erreicht sein Maximum dann, wenn jede Änderung des Gewinns in bezug auf die Menge in jeder Richtung (Abnahme, Steigerung der Menge) negativ wird. Dieser Punkt bestimmt sich im Beispiel aus der Gleichung:

$$\frac{dG}{dx} = -0{,}01 * x + 8 = 0. \quad (6)$$

Da somit die gewinnmaximale Menge x = 800 beträgt, lassen sich Preis, Umsatz, Gewinn sofort errechnen. Wenn das Steueraufkommen des Fiskus 1.190 € betragen soll, dann bleiben von den 2.200 € Gewinn noch 1.010 übrig. Der (Grenz-) Steuersatz s beträgt im Gewinnmaximum 1.190/2.200 = 54,09%. Das Maximum des versteuerten Gewinns (1-s)*G entspricht dem nach (5a).

Eine Einkommensteuer geht unter den hier gewählten Vereinfachungen voll zu Lasten des Unternehmungsgewinns. Gleichgültig, ob 1% oder 99% weggesteuert wird, der Grenzsteuersatz konstant bleibt, steigt oder fällt: Es lohnt sich nicht, den gewinnmaximalen Preis anzuheben. Die Einkommensteuer ist unter den hier gewählten Vereinfachungen „unüberwälzbar". Dieses Ergebnis darf aber nicht auf jede Änderung der Gewinnbesteuerung in der Praxis übertragen werden, weil der zu versteuernde Gewinn nicht der einperiodigen Modellzielgröße Einnahmenüberschuß gleicht und vom Einfluß der Unsicherheit abgesehen wurde.

d) Welche Einkommensminderungen ergeben sich, wenn statt des finanziellen Ergebnisses die Unternehmensleistung besteuert, also eine **Umsatzsteuer** eingeführt oder erhöht wird? Bei der Umsatzsteuer sei zunächst außer acht gelassen, daß die Unternehmung bei der Beschaffung ihrer Produktionsfaktoren Umsatzsteuer zu zahlen hat, die als Vorsteuer ihre eigene Umsatzsteuerschuld mindert.

(1) Im Beispiel bringt eine Steuer von 25% auf den Umsatz im Sinne des Umsat z-steuergesetzes, also 25/125 = 20% auf die Einnahmen aus Umsatz zuzüglich Umsatzsteuer, das gewünschte Steueraufkommen von 1.190 €; denn dann gilt für den Umsatz nach Abzug der Umsatzsteuer

$$U_S = 0{,}8*(12 - 0{,}005*x)*x \tag{7}$$

und für den Gewinn:

$$G = -0{,}004*x^2 + 5{,}6*x - 1.000. \tag{7a}$$

Das Gewinnmaximum wird erreicht, wenn der Preis auf 8,50 € angehoben wird, wobei allerdings nurmehr 700 Stück abgesetzt werden können. Die Einnahmen sinken auf 5.950 €, der Gewinn auf 960 €.

(2) Damit bewirkt eine Umsatzsteuererhöhung gegenüber einer Einkommensteuererhöhung bei gleichem Steueraufkommen durch die Unternehmung:

(a) Der Preis steigt für den Verbraucher; im Beispiel von 8 € auf 8,50 €.

(b) Der Umsatz sinkt für die Unternehmung und damit vermindert sich die Absatzmenge (Beschäftigung); im Beispiel von 6.400 € auf 5.950 - 1.190 = 4.760 € bzw. um 100 Stück.

(c) Der Gewinn verringert sich trotz Preiserhöhung und Kosten- = Beschäftigungsabbau von im Beispiel 1.010 auf 960 €. Damit sinkt die Selbstfinanzierung und damit zugleich die Fähigkeit zu investieren.

(d) Marktbestimmte Zusatzlasten der Steuererhöhung über den Weg der Umsatzsteuer statt der Einkommensteuer entstehen zum einen für die Verbraucher, welche die erhöhten Preise zu zahlen haben; zum anderen durch Einkommensminderungen von Arbeitnehmern und Vorlieferanten aufgrund der verringerten Beschäftigung der Unternehmungen.

Während die Einkommensbesteuerung sich auf eine Umverteilung des Einkommens von den Unternehmungen auf den Fiskus beschränkt, bewirkt die Umsatzbesteuerung eine über das Steueraufkommen des Fiskus hinausreichende Einkommensminderung bei den Unternehmungen, verbunden mit einem Umsatz- = Beschäftigungsrückgang zu Lasten der Arbeitnehmer- und Lieferanteneinkommen, sowie zusätzlich verbunden mit einer Preissteigerung zu Lasten der Verbraucher.

(3) Das Weglassen der Vorsteuer läßt sich unter zwei Umweltbedingungen rechtfertigen: Zum einen dann, wenn die Beschaffungsausgaben nur für Dienste von Arbeitnehmern oder für steuerbefreite Lieferungen und Leistungen gezahlt werden; zum anderen dann, wenn mit und ohne Umsatzsteuer die Preise für die umsatzsteuerpflichtigen Produktionsfaktoren unverändert bleiben. Die Umsatzsteuer, welche die Unternehmung hierfür zahlt, verschiebt nicht die Gesamtkostenkurve nach oben, weil vereinfachend davon ausgegangen werden kann, daß die Unternehmung zeitgleich die von ihr gezahlte Vorsteuer vom Fiskus erstattet bekommt bzw. ihre Umsatzsteuerschuld sich um die Vorsteuer kürzt (in mehrperiodiger Betrachtung ergibt sich häufig ein Liquiditätsvorteil: Die in den Rechnungen eines Monats enthaltenen Vorsteuerbeträge werden mit den Umsatzsteuern desselben Monats für die ausgestellten Rechnungen an Kunden saldiert und die verbleibende Umsatzsteuerschuld ist am 10. des Folgemonats zu begleichen; von Sonderregelungen, wie einer Besteuerung nach den vereinnahmten Entgelten sei abgesehen).

(4) Die Ergebnisse des Beispiels sind durch Einbeziehen der Vorsteuer zu überprüfen.

Wenn sich die Nachfrage der Unternehmung nach Produktionsfaktoren aus ihren Umsatzprognosen herleitet, so ließe sich für die abgeleitete Nachfrage nach Produktionsfaktoren alternativ zum Vorstehenden annehmen, daß die Ausgabensumme der Unternehmung dem Rechnungsbetrag zuzüglich Umsatzsteuer des Lieferanten entspricht. Bei dieser Annahme nimmt die gezahlte Vorsteuer Einfluß auf den Verlauf der Nettoerlöskurve.

In den Beschaffungsausgaben für fixe Produktionsfaktoren ist dann ein absoluter Betrag an Vorsteuer enthalten. Dieser bewirkt, daß bereits bei einem Umsatz von Null ein positiver Nettoerlös in Höhe des Vorsteuerbetrages entsteht; entsprechend wird der Schnittpunkt zwischen Nettoerlöskurve und Gesamtkostenkurve (also der break even point) bereits bei einer niedrigeren Absatzmenge erreicht.

Bei den Beschaffungsausgaben für variable Produktionsfaktoren ist ein von der Absatzmenge abhängender Vorsteuerbetrag abzuziehen. Dieser Bruchteil der variablen Kosten ist in die Nettoerlöskurve einzubeziehen und erhöht die gewinnmaximale Absatzmenge etwas in Richtung des Gewinnmaximums bei Einkommensbesteuerung; gleichwohl verbleibt eine steuerliche Zusatzbelastung, weil der Umsatz über dem Anteil der Vorsteuern in den variablen Kosten liegt, da nicht alle variablen Kosten (insbesondere solche für Arbeitsleistungen) umsatzsteuerpflichtig sind.

(5) Im Beispiel ist die Ungewißheit bei Absatzprognosen vernachlässigt. Der Sachverhalt der Zusatzlasten, die eine Umsatzsteuererhöhung gegenüber einer bei der Unternehmung aufkommensgleichen Einkommensteuererhöhung auslöst, wird bei Beachtung der Ungewißheit noch verstärkt. Planung unter Ungewißheit in Anpassung an eine Mehrwertsteuererhöhung wird bestenfalls die gleichen steuerbedingten Zusatzlasten auslösen, wie sie bei der Planung unter Sicherheit eintreten. Dies geschieht dann, wenn der Unternehmer Glück hat und die tatsächlich auf dem Markt erscheinende Nachfrage richtig einschätzt. In allen anderen Fällen werden die steuerbedingten Zusatzlasten steigen durch die Fehleinschätzungen, denen er bei einer Planung unter Ungewißheit ausgesetzt ist.

Nehmen wir an, ein Unternehmer rechne mit zwei gleichwahrscheinlichen, im Verlauf unterschiedlichen Preisabsatzfunktionen. Bei der schlechteren Absatzlage liege das Gewinnmaximum bei einem Preis von 8 € und einer geplanten Absatzmenge von 800 Stück, bei der besseren Absatzlage bei einem Preis von 9 € und einer geplanten Absatzmenge von 800 Stück. Hat der Unternehmer Glück und trifft bei seiner Preisentscheidung für 9 € bzw. für 8 € auf eine Absatzmenge von 800 Stück, dann folgt aus der Mehrwertsteuer jene Gewinneinbuße, wie sie sich bei Planung nur eines künftigen Zustandes der Welt (also unter angenommener Sicherheit) ergeben hätte.

Wenn der Unternehmer Pech bei seiner Prognose hat, wird er bei der Entscheidung für den Preis 9 € keinesfalls 800 Stück verkaufen, sondern weniger. Bei der Entscheidung für den Preis 8 € könnte er mehr als 800 Stück verkaufen, die er aber nicht produziert hat. Beide Male verliert er mehr Gewinn als bei richtiger Prognose der Zukunft. Entscheidet sich der Unternehmer für einen mittleren Weg, z.B. für einen Preis von 8,50 €, dann büßt er sowohl bei günstiger als bei ungünstiger Absatzlage Gewinn ein und wiederum mehr als die steuerbedingten Zusatzlasten, die bei angenommener Planungssicherheit entstanden wären.

Die Steigerungen steuerbedingter Zusatzlasten unter Ungewißheit werden damit dazu führen, daß die Gewinnchancen skeptischer beurteilt werden, und das kann die unternehmerische Investitionstätigkeit beeinträchtigen.

e) Welche Einkommensminderungen ergeben sich bei einer **Verbrauchsteuer**? Als Musterbeispiel wird hier eine allein verkaufsmengenabhängige Steuer gewählt. Die hier gewählte Verbrauchsteuer ähnelt also der Mineralölsteuer bei einer Raffinerie oder der Biersteuer bei der Brauerei.

(1) Im Beispiel betrage die Verbrauchsteuer je Stück 1,975 €. Das ergibt im Gewinnmaximum das Vergleichssteueraufkommen von 1.190 € insgesamt.

Den Verbrauchsteuersatz t, der zum gleichen Steueraufkommen wie bei der Einkommen- und Umsatzsteuer durch die Unternehmung führt, findet man aus der Gleichung (in Klammern stehen jeweils Umsatz und Kosten vor Steuern)

$$G = (-0{,}005*x^2 + 12*x) - (4*x + 1.000) - t*x. \qquad (8)$$

Diese Gleichung ist unter der Nebenbedingung zu maximieren, daß $t*x = 1.190$. Es ergibt sich ein Preis von $p = 8{,}99$ bei einer Absatzmenge $x = 602{,}5$, ein Umsatz von 5.415 € mit einem Gewinn nach Verbrauchsteuerzahlung von rund 815 €.

(2) Damit bewirkt bei gleichem Steueraufkommen durch die Unternehmung eine Verbrauchsteuer anstelle einer Einkommen- bzw. Umsatzsteuer:

(a) Einen nochmals höheren Preis für den Verbraucher; im Beispiel von 8 € bei Einkommensbesteuerung über 8,50 € bei der Umsatzbesteuerung auf rund 9 € bei der Verbrauchsbesteuerung.

(b) Einen nochmaligen Einnahmerückgang und damit einen zusätzlichen Beschäftigungsrückgang; im Beispiel von 6.400 € bei der Einkommensteuer über 5.950 € bei der Umsatzsteuer auf 5.415 € bei der Verbrauchsteuer; bzw. in Mengen ausgedrückt ein Rückgang der Beschäftigung um 197,5 Stück oder fast 25%.

(c) Einen zusätzlichen Gewinnrückgang trotz nochmaliger Preiserhöhung und weiterem Kosten- und Beschäftigtenabbau; im Beispiel von 1.010 € bei der Einkommensteuer über 960 € bei der Umsatzsteuer auf 815 € bei der Verbrauchsteuer.

(d) Die sozialen Kosten der Steuererhöhung über den Weg der Verbrauchsbesteuerung statt der Einkommensteuer bestehen bei gleichem Steueraufkommen durch die Unternehmung aus einer Gewinnminderung um 195 €, also fast 20%. Hinzu treten die nicht so leicht quantifizierbaren Kaufkraftminderungen der Verbraucher durch die Preissteigerung von 8 € auf fast 9 € und die Einkommensminderungen für die Arbeitnehmer aufgrund der um fast 25% verringerten Beschäftigung.

f) Preiserhöhungen aufgrund zusätzlicher Umsatz- und Verbrauchsteuerzahlungen werden die Gewinne mehr senken als „nicht überwälzbare" Einkommensteuerzahlungen. Die Ursache hierfür beruht auf dem falschen Bild, das der Name „Steuerüberwälzung" üblicherweise heraufbeschwört:

Es gebe Steuerzahlungen, die nicht das Einkommen des Steuerzahlers mindern, sondern auf andere Schultern überwälzt werden können. Das ist aber ein Denkfehler, wenn steigende Absatz- oder Beschaffungspreise zu sinkenden Mengen führen. Einkommen mißt die Folgen wirtschaftlichen Handelns am Ende einer Abrechnungsperiode. Jede Steuerzahlung mindert deshalb einzelwirtschaftlich das Einkommen, weil sie eine Ausgabe ist. Die Minderung erfolgt entweder als Ertragsminderung bzw. als Erhöhung des Aufwands (Umsatz- und Verbrauchsteuer), oder die Steuerzahlung wird erst aus dem Saldo von Ertrag und Aufwand, dem Gewinn, gezahlt (Einkommen- und Körperschaftsteuer).

Nur soweit Unternehmer bisher niedrigere Preise verlangt haben, als die Nachfrager zu zahlen bereit gewesen wären (Preise unter den gewinnmaximalen), ist es bei einer fallenden Preisabsatzfunktion denkbar, daß eine durch Unternehmenssteuern bedingte Preiserhöhung zu steigenden Umsätzen führt und daraufhin eine Minderung der Steuerlast der steuerzahlenden Unternehmung eintritt.

Der Sachverhalt der zusätzlichen Gewinnminderung bei Unternehmungen über die Zahlung von Umsatz- und Verbrauchsteuern hinaus wird leicht durch folgende Fehldeutung verdeckt: Wenn im Beispiel der Unternehmer nicht auf die Umsatzsteuer reagiere, also weiterhin für 8 € 800 Stück verkaufen würde, wäre sein Gewinn noch geringer, hier gleich 920 € (Einkommen vor Umsatzsteuer 2.200 € - Umsatzsteuerzahlung bei Nichtanpassung 1.280 €). Wenn er stattdessen den Preis auf 8,50 € erhöhe, könne er einen Teil der ihm drohenden Steuerzahlung überwälzen: Er verdient schließlich aufgrund der Preiserhöhung nach Steuern 40 € mehr als ohne diese.

Die Gedankenverwirrung bei dieser „Beweisführung" für eine entlastende Steuerüberwälzung läßt sich auf doppelte Weise bloßstellen:

(1) Wer ein Modell mit 25% Umsatzsteuer und dem hierfür nicht gewinnmaximalen Absatzpreis von 8 € vergleicht mit dem hierfür gewinnmaximalen Preis von 8,50 €, der trifft keine Aussage über die Steuerbelastung = Einkommensminderung durch Einführung einer Umsatzsteuer, sondern eine Aussage über die Einkommensände-

rungen, wenn bei ein und demselben Steuerrecht (25% Umsatzsteuer) ein Dummkopf von monopolistischem Anbieter durch einen rational Handelnden ersetzt wird.

(2) Was ist die zahlungsmäßige Ursache für die Steigerung des Einkommens von 920 € auf 960 € bei Preiserhöhung? Die Steigerung des Einkommens nach Steuern um 40 € entsteht, weil es gelungen ist, die drohende Umsatzsteuerzahlung von 25/125 = 20% auf 6.400 € = 1.280 € durch Reduktion des Umsatzes auf 20% von 5.950 € = 1.190 € zu beschränken. Diesen 90 € an ersparter Steuerzahlung stehen 50 € an verringertem Deckungsbeitrag (Umsatzänderung: - 450 €, Kosteneinsparung wegen der um 100 Stück verringerten Ausbringung: + 400 €) gegenüber, so daß 40 € an abgewendeter Einkommensminderung verbleiben.

Eine ersparte Steuerzahlung ist also die Ursache für die angeblich „niedrigere Steuerlast" (die abgewendete Einkommensminderung). Eine ersparte Steuerzahlung ist aber niemals Ausdruck einer Überwälzung einer vorgegebenen Steuerzahlung auf andere Marktteilnehmer, sondern genau das Gegenteil: Folge einer der Einnahmenminderung für den Fiskus.

III. Steuerlast aus einkommensabhängigen Steuerzahlungen

1. *Wirtschaftliches Einkommen und rechtlich „zu versteuerndes Einkommen"*

a) Das wirtschaftliche Einkommen ist ein wirtschaftstheoretischer Begriff und dient als eine Maßgröße für die wirtschaftliche Steuerbelastung durch das Steuerrecht. Das wirtschaftliche Einkommens darf nicht mit jenem Meßergebnis verwechselt werden, dem das Steuerrecht den Namen „Einkommen" (§ 2 Abs. 4 EStG) gegeben hat und das, um verschiedene Beträge gekürzt, zum „zu versteuernden Einkommen" im Sinne des § 2 Abs. 5 EStG führt.

(1) Der wirtschaftstheoretische Begriff des Einkommens kann verschieden weit gefaßt werden:

(a) **Einkommen heißt ein über Markthandlungen verwirklichter Zugang an Reinvermögen während eines Abrechnungszeitraumes**. Einkommen entsteht über Markthandlungen: durch Verkauf von Diensten, Sachen und Verfügungsrechten. Anders, und in Geld ausgedrückt, heißt Einkommen der Betrag, der konsumiert werden kann, ohne das Reinvermögen am Ende der Abrechnungsperiode gegenüber dem Reinvermögen zu Beginn der Abrechnungsperiode zu verringern[10]. Der Begriff „Reinvermögen" wird in (4) bis (6) erläutert.

„Einkommen als über Markthandlungen verwirklichter Zugang an Reinvermögen während eines Abrechungszeitraumes" ist ein verhältnismäßig enger Einkommensbegriff, der freilich immer noch weiter ist als viele vor allem im 19. Jahrhundert erörterte Kürzel für Einkommen, z. B. „dauerhaft aus Quellen fließend", was einmalige Veräußerungsgewinne aus dem wirtschaftlichen Einkommen ausschließt [11].

(b) Eine erste Erweiterung besteht darin: **Einkommen heißt ein über oder statt Markthandlungen verwirklichter Zugang an Reinvermögen während eines Abrechnungszeitraums**. Die Erweiterung besteht darin, daß auch die Selbsterstellung von Sachen, die, einmal erzeugt, sonst veräußert würden, (also die Eigenversorgung)

---

[10] Vgl. *J. R. Hicks*: Value and Capital. 2nd ed. Oxford 1946, S. 146.

[11] Vgl. näher *Dieter Schneider*: Betriebswirtschaftslehre, Band 4: Geschichte und Methoden der Wirtschaftswissenschaft. München-Wien 2001, S. 876-895.

zum Einkommen zählt, wie die Privatentnahme an Fleisch durch den Metzger. In den auf Markthandlungen abstellenden Einkommensbegriff läßt sich der Verzehr selbsterstellter marktgängiger Sachen einbeziehen, weil die Sachentnahme bei ordnungsgemäßer Buchführung nachprüfbar ist.

(c) Eine zweite Erweiterung führt dahin, auch die Selbstnutzung von dauerhaften Gebrauchsgütern und Verfügungsrechten dem Einkommen zuzuschlagen, also z.B. die „ersparte Miete" beim Wohnen im eigenen Haus oder der eigenen Eigentumswohnung. Dieses sog. „imputierte Einkommen" (imputed income) ließe sich noch erweitern um die Ausgabenersparnis, weil häusliche Dienste selbst oder durch Familienangehörige erbracht werden. Da hier keine Einnahmen zufließen, zählen nach dem hier gewählten Verständnis von *Einkommen als über oder statt Markthandlungen verwirklichtem Reinvermögenszugang* (**Reinvermögenszugangstheorie**) solche Ausgaben sparenden Nutzungen oder Dienste nicht zum Einkommen. Die Erweiterungen des Inhalts von Einkommen um Ausgabenersparnisse bewegt den Begriff des Einkommens von einem Maß für verwirklichten Mittelerwerb auf einen psychischen Begriff für Bedürfnisbefriedigung hin und droht so, steuerliche Leistungsfähigkeit durch verwirklichten Mittelerwerb mit steuerlicher Leistungsfähigkeit durch verwirklichte Bedürfnisbefriedigung zu vermengen (S. 241 f.).

(2) Einkommen wird als kalenderzeitbezogene „Periodengröße" verstanden, und zwar (dem Steuerrecht entsprechend) als Jahreseinkommen. Der Begriff des Jahreseinkommens ist von dem in der Theorie auch als Maßgröße steuerlicher Leistungsfähigkeit erörterten Lebenseinkommen (S. 264, 272 f.) zu trennen. Ein positives Jahreseinkommen liegt erst dann vor, wenn (nach Einbeziehen von Entnahmen während des Jahres) mehr als das Anfangsreinvermögen am Jahresende noch vorhanden ist, um der Zukunftsvorsorge zu dienen: der weiteren Einkommenserzielung nach der Abrechnungsperiode. Einkommen setzt Vermögenserhaltung voraus.

Einkommen wird also die Änderung des Reinvermögens in einer Abrechnungsperiode genannt: Reinvermögen am Ende eines Wirtschaftsjahres abzüglich Reinvermögen zu Beginn dieses Wirtschaftsjahres.

Die formale Definition „Einkommen = Reinvermögenszugang" sagt noch nichts darüber, welche Zugänge und Abgänge an Wirtschaftsgütern den Reinvermögenszugang festlegen. Darüber hinaus geht die Definition stillschweigend davon aus, daß Geschäftsvorfälle mit Zu- und Abgängen an Wirtschaftsgütern, Konsumentnahmen oder Einlagen nur an den Schnittpunkten zwischen verschiedenen Abrechnungsperioden auftreten; denn Einkommen ist ein Begriff aus einer statischen (einperiodigen) Wirtschaftstheorie.

In der Wirklichkeit finden tagtäglich Zu- und Abgänge an Wirtschaftsgütern statt. Deshalb sind bei Unternehmungen als Institutionen (z.B. Personengesellschaft, Kapitalgesellschaft) Einlagen, die während eines Jahres dazu dienen, das Anfangsvermögen zu erhöhen, aus dem Endvermögen herauszurechnen. Privatentnahmen, einschließlich jener Steuerzahlungen, die in der Sache eine Einkommensverwendung darstellen (Einkommensteuer-, SolZ- und Kirchensteuervorauszahlungen), sind dem Endvermögen hinzuzuzählen. Auf diese Weise entsteht die buchhalterische Kurzformel für den Gewinn einer Organisation: **Endvermögen minus Anfangsvermögen plus Entnahmen minus Einlagen**.

(3) In der Wirtschaftstheorie wird der Name „Einkommen" regelmäßig nur auf eine Person bzw. einen Haushalt bezogen, „Gewinn" auf einen Betrieb bzw. eine Unternehmung. Genauer muß es heißen: Einkommen *empfängt* eine natürliche Person oder eine Gemeinschaft natürlicher Personen, die dieses Einkommen verwendet. Gewinn *errechnet sich* als Ergebnis von Tätigkeiten zum Mittelerwerb (einer Menge an Markthandlungen einer Person während eines abgeschlossenen Zeitraums oder einer Mittelerwerbs-Gemeinschaft aus mehreren Personen).

(4) Das Vermögen einer Person oder Organisation (Mehrpersonenhaushalt, Kapitalgesellschaft, öffentlich-rechtliche Körperschaft usw.) umfaßt alle Wirtschaftsgüter, die zu einem Zeitpunkt einer solchen Wirtschaftseinheit zugeordnet sind (in ihrem „wirtschaftlichen" Eigentum stehen). Zu den Wirtschaftsgütern zählen:

(a) Sachen (körperliche Gegenstände, wie Grundstücke, Maschinen, Vorräte),

(b) Rechte gegenüber anderen Wirtschaftseinheiten (z.B. Geld, Forderungen, Lizenzen),

(c) Verpflichtungen gegenüber anderen Wirtschaftseinheiten (z.B. Verbindlichkeiten aus Warenlieferungen und Leistungen, aber auch Verpflichtungen zu Diensten, wie etwa Garantieleistungen) und

(d) sogenannte wirtschaftliche Vorteile und Nachteile. Dazu gehört persönliches (nicht allgemein zugängliches oder frei verfügbares) Wissen, das Gewinne oder Verluste in Wettbewerbsprozessen auslösen kann. Das Geheimrezept einer Lebkuchen-Bäckerei ist ein wirtschaftlicher Vorteil. Aus Kulanzgründen auch ohne rechtliche Verpflichtung Gewährleistungen für Produktmängel geben zu müssen, ist ein wirtschaftlicher Nachteil.

Sachen, Rechte, Verpflichtungen und wirtschaftliche Vor- und Nachteile sind Wirtschaftsgüter aber nur dann, wenn diese Sachverhalte Arbeitsanstrengungen oder Hingabe anderer Wirtschaftsgüter verursachen, um sie zu erzeugen, zu erwerben oder wieder loszuwerden.

(5) Wird von verwirklichtem Mittelerwerb ausgegangen, dann wäre es falsch, die eigene Arbeitskraft des Steuerpflichtigen und die seiner Familienangehörigen als Wirtschaftsgüter zu zählen und als „Humanvermögen" dem Vermögen zuzurechnen. Wenn steuerliche Leistungsfähigkeit durch einen über Märkte verwirklichten Mittelerwerb gemessen wird, dann wird jeder Steuerpflichtige als „Unternehmer" seiner eigenen Fähigkeiten angesehen. Zum Vermögen und damit auch zum Einkommen zählt nur das als „Wirtschaftsgut", was an Sachen, Diensten und Verfügungsrechten über Märkte zu erwerben bzw. abzugeben oder als körperlich greifbarer Gegenstand selbst erstellt ist. Ausgaben aufgrund von Dienst- und Arbeitsverträgen mit Anderen mindern also das Vermögen ebenso, wie sie als Teile der Herstellungskosten den Wert erstellter Wirtschaftsgüter erhöhen. Demgegenüber wird derjenige, der steuerliche Leistungsfähigkeit „nutzentheoretisch" (über verwirklichte oder potentielle Bedürfnisbefriedigung, S.241 f.) begründet, die eigene Arbeitskraft oder das bei ihrem Einsatz entstehende Arbeitsleid zu einem steuerlich relevanten Humanvermögen zählen.

(6) Vermögen heißt zunächst nur eine Menge der einer Wirtschaftseinheit zugeordneten Wirtschaftsgüter, noch kein Betrag (Wert) für diese Güter. Genauso wie man Äpfel und Birnen erst zusammenzählen kann, wenn ein auf beide anwendbarer Maßstab gefunden ist (z.B. Kaloriengehalt, Marktpreis oder „Stückzahl Obst"), läßt sich das Vermögen nur mit Hilfe eines Maßstabes „messen", d.h. in einer Zahl strukturgleich abbilden. Die Bewertung in Geld erlaubt dabei eine Saldierung zwischen Sachen, Rechten und wirtschaftlichen Vorteilen einerseits (den aktiven oder positiven Wirtschaftsgütern) und Verpflichtungen sowie wirtschaftlichen Nachteilen andererseits (den passiven oder negativen Wirtschaftsgütern). Über die Bewertung wird die Menge der einer Wirtschaftseinheit zugeordneten Wirtschaftsgüter in einer Zahl zusammengefaßt: zum Reinvermögen.

Reinvermögen heißt eine in Geld gemessene Menge der einer Wirtschaftseinheit zugeordneten Güter. Leider ist es in Wissenschaft und Praxis üblich, das Vermögen sowohl als Menge an Wirtschaftsgütern als auch den saldierten Geldbetrag (das Reinvermögen), die an einem Maßstab gemessene Menge artverschiedener Güter, mit demselben Ausdruck „Vermögen" zu belegen.

Die Inhaltsbestimmung des Einkommens ist vor allem deshalb schwierig, weil über das, was zur Erhaltung des Anfangsvermögens nötig ist, ganz unterschiedliche Auffassungen bestehen. Eine Auseinandersetzung mit den strittigen Fragen des Einkommensbegriffs und seiner Messung überschreitet den Rahmen dieses Buches[12].

b) Der Einkommensteuer unterliegen (§ 1 EStG) natürliche Personen, die im Inland ihren Wohnsitz oder gewöhnlichen Aufenthalt haben, und zwar mit ihren Einkünften aus allen Teilen der Welt: *unbeschränkte Steuerpflicht*; daneben natürliche Personen, die im Inland weder ihren Wohnsitz noch gewöhnlichen Aufenthalt haben, mit ihren inländischen Einkünften nach § 49 EStG: *beschränkte Steuerpflicht*. Diese bleibt hier ausgeklammert.

(1) Für die Ermittlung des zu versteuernden Einkommens ist ein aufgefächertes und unsystematisches Schema (R 3 EStR) anzuwenden. Es sei zunächst mit einigen Ergänzungen vorgestellt. Anschließend wird versucht, eine Ordnung in das Schema zu bringen. Das Schema zur Berechnung des zu versteuernden Einkommens lautet:

1. *Einkünfte aus Land und Forstwirtschaft* (§§ 13, 14a EStG)

Ermittlungsart: Gewinnermittlung (§ 4 Abs. 1, § 4 Abs. 3, § 13, § 13a EStG); gesondert aufgeführt: Veräußerungsgewinne wegen teilweiser Steuerbegünstigung (§§ 14, 14a EStG).

2. *Einkünfte aus Gewerbebetrieb* (§§ 15, 17 EStG)

Ermittlungsart: Gewinnermittlung (§ 4 Abs. 3 und § 5 EStG); gesondert aufgeführt: Veräußerungsgewinne wegen teilweiser Steuerbegünstigung (§ 16 EStG) und Gewinne aus der Veräußerung einer wesentlichen Beteiligung an Kapitalgesellschaften (§ 17 EStG), Verluste bei beschränkter Haftung (§ 15a EStG).

3. *Einkünfte aus selbständiger Arbeit (§ 18 EStG)*

Ermittlungsart: Gewinnermittlung (§ 4 Abs. 1, § 4 Abs. 3 EStG); gesondert aufgeführt: Veräußerungsgewinne wegen teilweiser Steuerbefreiung (§ 18 Abs. 3 EStG).

---

[12] Vgl. dazu näher *Dieter Schneider*: Betriebswirtschaftslehre, Band 2: Rechnungswesen. 2. Aufl., München 1997, Teile II und III.

4. *Einkünfte aus nichtselbständiger Arbeit (§§ 19, 19a EStG)*

Ermittlungsart: Überschuß der Einnahmen über die Werbungskosten (Überschußrechnung); gesondert zu berücksichtigen: Arbeitnehmer-Pauschbetrag (§ 9 a Abs. 1 EStG), Versorgungs-Freibetrag (§ 19 Abs. 2 EStG), Überlassung von Vermögensbeteiligungen an Arbeitnehmer (§ 19a EStG).

5. *Einkünfte aus Kapitalvermögen (§ 20 EStG)*
Ermittlungsart: Überschußrechnung; gesondert zu berücksichtigen: Sparer-Freibetrag (§ 20 Abs. 4 EStG).

6. *Einkünfte aus Vermietung und Verpachtung* (§§ 21, 21a EStG)
Ermittlungsart: Überschußrechnung.

7. *Sonstige Einkünfte* (§§ 22, 23 EStG) sind

a) Einkünfte aus wiederkehrenden Bezügen,

b) Einkünfte aus Unterhaltsleistungen, soweit der Unterhaltleistende diese Zahlungen als Sonderausgaben geltend macht,

c) Einkünfte aus privaten Veräußerungsgeschäften (Spekulationsgeschäften),

d) Einkünfte aus bestimmten gelegentlichen Leistungen, Entschädigungen u.ä.;

Ermittlungsart: Überschußrechnung

Zusätzlich sind Korrekturen wegen negativer ausländischer Einkünfte nach § 2a Abs. 3 Satz 1 EStG zu beachten (das sind Verluste aus einer ausländischen Betriebsstätte, soweit sie die nach einem Doppelbesteuerungsabkommen nur der ausländischen ESt unterliegenden positiven ausländischen Einkünfte übersteigen; in späteren Jahren hat dann eine Hinzurechnung an dieser Stelle zu erfolgen, wenn der Ausgleich des gesamten Verlusts im Ausland möglich ist, vgl. § 2a Abs. 3 Satz 3 und Abs. 4 EStG).

= „Summe der Einkünfte aus den Einkunftsarten

abzüglich

1. *Altersentlastungsbetrag* (§ 24a EStG): Wer vor Beginn des Steuerjahres das 64. Lebensjahr vollendet hat, kann danach 40 % des Arbeitslohns und der positiven Summe der meisten anderen Einkünfte, höchstens 3.720 DM/1.908 € jährlich, von der Summe der Einkünfte abziehen.

2. *Freibetrag für Land und Forstwirte* (§ 13 Abs. 3 EStG): 1.300 DM bis 60.000 DM Einkünfte/ 670 € bis 30.700 € Einkünfte, bei Zusammenveranlagung von Ehegatten Verdopplung, jeweils ohne Berücksichtigung des Freibetrages.

= „Gesamtbetrag der Einkünfte" (§ 2 Abs. 3 EStG)
abzüglich:

Verlustabzug (§ 10d EStG, § 2a Abs. 3 Satz 2 EStG), sowie

1. *Sonderausgaben, Sonderausgaben-Pauschbetrag, Vorsorgepauschale* (§§ 10, 10b, 10c EStG),

2. *außergewöhnliche Belastungen* (§§ 33c EStG),

3. *Steuerbegünstigung* der zu eigenen Wohnzwecken genutzten Wohnungen, Gebäude und Baudenkmäler sowie der schutzwürdigen Kulturgüter (§§ 10e-10h EStG),

zuzüglich *zuzurechnendes Einkommen* nach § 15 Außensteuergesetz

= **„Einkommen"** (§ 2 Abs. 4 EStG)
abzüglich:

1. Kinderfreibetrag (§ 32 Abs. 6 EStG),

2. Haushaltsfreibetrag (§ 32 Abs. 7 EStG),

3. Freibleibender Betrag nach § 46 Abs. 3 EStG (maximal 800 DM/410 € für „Nebeneinkünfte" Lohnsteuerpflichtiger bei Zusammenveranlagung von Eheleuten Verdopplung, und nach § 70 EStDV Härteausgleich in bestimmten Fällen.

= **„zu versteuerndes Einkommen"** (§ 2 Abs. 5 EStG).

Um in die schwer übersehbare Fülle an Einzelheiten eine Ordnung zu bringen, sei das Schema in drei Teilgrößen zusammengefaßt: Bestandteile des wirtschaftlichen Einkommens, rechtliche Steuervergünstigungen bei einzelnen Einkunftsarten und Sozialausgaben.

(2) Die *Bestandteile des wirtschaftlichen Einkommens* sind jene Teilbeträge des wirtschaftlichen Einkommens, die der Gesetzgeber besteuern will. Das wirtschaftliche Einkommen selbst erfaßt der Gesetzgeber nicht, z.B. weil er Veräußerungsgewinne weitgehend steuerfrei läßt und die einzelnen Einkünfte sehr unterschiedlich und anfechtbar berechnet. Viele der Erhöhungen und Minderungen einzelner Einkünfte, die mit der Vorstellung vom wirtschaftlichen Einkommen unvereinbar sind, werden nicht im Schema der Einkommensermittlung ersichtlich (z.B. Wahlrechte beim Bilanzansatz, wie Sonderabschreibungen).

Die Bestandteile des wirtschaftlichen Einkommens entsprechen der Summe der Einkünfte aus den sieben Einkunftsarten. Vermehrt um Steuervergünstigungen bei den einzelnen Einkunftsarten, die bei der Berechnung der Summe der sieben Einkunftsarten schon abgezogen sind, ergäbe sich ein rechtlich verstandenes Markteinkommen.

Die Zuordnung der Einkünfte zu den einzelnen Einkunftsarten ist aus sieben Gründen wichtig:

(a) Wenn eine Einnahme sich nicht in eine der sieben Einkunftsarten einreihen läßt, entsteht keine Einkommensteuerpflicht.

(b) Die Methode der Einkunftsermittlung ist für die einzelnen Einkunftsarten verschieden: Gewinnermittlung bei den ersten drei Einkunftsarten, Überschußrechnung bei den Einkunftsarten 4 bis 7.

(c) Die Einkünfte aus nichtselbständiger Arbeit werden zunächst der Lohnsteuer als Quellensteuer beim Arbeitgeber unterworfen, die Einkünfte aus Kapitalvermögen unterliegen zum größten Teil der Kapitalertragsteuer als Quellensteuer (näher S. 68-71).

(d) Für einige Einkunftsarten gelten Freibeträge (z. B. Land und Forstwirtschaft), Freigrenzen (z. B. 512 € bei privaten Veräußerungsgeschäften, 256 € bei sonstigen Einkünften im Sinne des § 22 Nr. 3 EStG) und bei nichtselbständiger Arbeit ein Pauschbetrag für Werbungskosten.

(e) Die Möglichkeit, Verluste gegen Gewinne aufzurechnen oder auf spätere Veranlagungszeiträume vorzutragen, wird bei den einzelnen Einkunftsarten unterschiedlich gehandhabt.

(f) Im Regelfall ist der Besteuerungsabschnitt das Kalenderjahr. Gewerbetreibende, deren Firma im Handelsregister eingetragen ist, können Abschlüsse für ein vom Kalenderjahr abweichendes „Wirtschaftsjahr" machen; der Gewinn gilt hier als in dem Kalenderjahr bezogen, in dem das Wirtschaftsjahr endet (§ 4a Abs. 2 Nr. 2 EStG). Wirtschaftsjahr ist bei Land- und Forstwirten der Zeitraum vom 1. Juli bis zum 30. Juni des folgenden Jahres (hiervon sind Abweichungen möglich, vgl. § 4a Abs. 1 Nr. 1 EStG, § 8c EStDV); der Gewinn wird auf das Kalenderjahr, in dem das Wirtschaftsjahr beginnt und auf das Kalenderjahr, in dem das Wirtschaftsjahr endet, entsprechend dem zeitlichen Anteil aufgeteilt (ausgenommen hiervon sind Veräußerungsgewinne).

(g) Andere Steuern knüpfen an bestimmte Einkunftsarten an: So geht die Gewerbesteuer von den Einkünften aus Gewerbebetrieb aus. Für die Umsatzsteuer gilt: Einkünfte aus nichtselbständiger Arbeit können nicht umsatzsteuerpflichtig sein.

(3) *Rechtliche Steuervergünstigungen* bei den einzelnen Einkunftsarten sind

(a) die in der Summe der sieben Einkunftsarten schon berücksichtigten Vergünstigungen: Arbeitnehmer-Pauschbetrag, Versorgungs-Freibetrag bei Pensionen, Sparer-Freibetrag, steuerfrei bleibende Veräußerungsgewinne;

(b) Freibeträge für Land und Forstwirte;

(c) der Altersentlastungsbetrag.

(4) Zu den *Sozialausgaben* gehören Sonderausgaben, außergewöhnliche Belastungen, der Haushaltsfreibetrag, der Kinderfreibetrag bzw. Betreuungsfreibetrag. Sozialausgaben sind ökonomisch Lebenshaltungskosten, die der Gesetzgeber als Minderung des rechtlich verstandenen Markteinkommens ansieht. Darauf geht S.309-326 näher ein.

c) Statt im Interesse der Gleichmäßigkeit der Besteuerung **die Ermittlungsmethoden** möglichst zu vereinheitlichen, fächert das Gesetz die Bemessungsgrundlagen auf.

(1) Die ersten drei Einkunftsarten (Einkünfte aus Land- und Forstwirtschaft, selbständiger Arbeit, Gewerbebetrieb) werden steuerrechtlich als „Gewinn" ermittelt, bei Einkünften aus Geweerbebetrieb hauptsächlich über den Vermögensvergleich nach § 5 EStG (die „Steuerbilanz").

Die Höhe der Einkünfte aus nichtselbständiger Arbeit, aus Kapitalvermögen, Vermietung und Verpachtung und die Höhe der sonstigen Einkünfte wird als „Überschuß der Einnahmen über die Werbungskosten" berechnet. Während für die vier letzten Einkunftsarten (Einkünfte aus nichtselbständiger Arbeit, aus Kapitalvermögen, aus Vermietung und Verpachtung und sonstige Einkünfte) nur eine Ermittlungsform (der Überschuß der Einnahmen über die Werbungskosten) angewandt wird, glaubt das Gesetz, sechs Verfahren zur Gewinnermittlung für die ersten drei Einkunftsarten zu benötigen. Die insgesamt sieben Ermittlungsmethoden sind:

Zwei Arten der Gewinnermittlung über den Vermögensvergleich:

(a) Der Vermögensvergleich nach § 5 EStG bestimmt den Gewinn im Regelfall der Einkünfte aus Gewerbebetrieb. Diesen Vermögensvergleich nennt man in der Praxis „Steuerbilanz". Darstellung und Kritik des Bilanzsteuerrechts verlangen eine gesonderte Abhandlung[13].

(b) Der Vermögensvergleich nach § 4 Abs. 1 EStG wird bei einigen Land- und Forstwirten und selbständig Arbeitenden durchgeführt.

---

[13] Vgl. z. B. *Schneider*: Rechnungswesen, Kapitel II und III.

Zwei Arten der Überschußrechnung:

(c) Der Überschuß der Betriebseinnahmen über die Betriebsausgaben nach § 4 Abs. 3 EStG als „Gewinn" kleinerer Gewerbebetriebe, selbständig Arbeitender und einiger Land- und Forstwirte.

(d) Der Überschuß der Einnahmen über die Werbungskosten nach §§ 8, 9 EStG bei den Einkünften aus nichtselbständiger Arbeit, Kapitalvermögen, Vermietung und Verpachtung und den sonstigen Einkünften.

Drei Sonderformen der Gewinnermittlung:

(e) Die Gewinnermittlung nach Durchschnittssätzen in der Land und Forstwirtschaft (§ 13a EStG),

(f) die Gewinnermittlung bei Handelsschiffen im internationalen Verkehr (§ 5a EStG), und

(g) die Schätzung des Gewinns, wenn die Finanzbehörde die Besteuerungsgrundlagen nicht ermitteln oder berechnen kann, insbesondere wenn die Buchführung zu verwerfen ist (§ 162 AO).

(2) In der gegenwärtigen Handhabung unterscheiden sich Überschußrechnung und Gewinnermittlung über den Vermögensvergleich grundsätzlich:

(a) Die Gewinnermittlung über den Vermögensvergleich erweitert gegenüber der Überschußrechnung den Inhalt des Einkommensbegriffs. Bei der Überschußrechnung bleiben einmalige Zahlungen außer Ansatz, insbesondere Veräußerungsgewinne und -verluste. Wer im Privatvermögen Wertpapiere und Grundstücke hält (Einkünfte aus Kapitalvermögen oder aus Vermietung und Verpachtung erzielt), der kassiert die Veräußerungsgewinne (nach Ablauf der Spekulationsfrist) steuerfrei. Veräußerungsverluste mindern das steuerpflichtige Einkommen nicht.

Wer als Bezieher von Einkünften aus Gewerbebetrieb Wertpapiere oder Grundstücke im Betriebsvermögen hält und sie verkauft, dessen Einkommen erhöht sich, wenn er mit Gewinn verkauft, und es vermindert sich, wenn er mit Verlust veräußert (Veräußerungsgewinne kann er allerdings mitunter, z.B. wegen § 6b EStG, der Besteuerung vorerst entziehen).

(b) Die Gewinnermittlung über den Vermögensvergleich verschiebt den Zeitpunkt der Einkommensentstehung. Bei der Überschußrechnung entscheidet der Zufluß der Einnahmen, der Abfluß der Betriebsausgaben bzw. Werbungskosten (Ausnahme vom Zahlungsabfluß ist der Ansatz von Anlagenabschreibungen: der Absetzung für Abnutzung, AfA). Bei der Gewinnermittlung im steuerrechtlichen Vermögensvergleich entsteht Einkommen nach den Ansatz- und Bewertungsgrundsätzen des Steuerbilanzrechts.

(3) *Die Vielfalt der steuerlichen Meßbegriffe erzeugt Auslegungsprobleme:*

(a) Die Einnahmen bei der Berechnung der Nicht-Gewinn-Einkunftsarten sind als Güter zu verstehen, die in Geld oder Geldeswert bestehen und dem Steuerpflichtigen im Rahmen einer der Einkunftsarten des Einkommensteuerrechts zufließen (§ 8 Abs. 1 EStG). Die Definition darf man wie vieles im Steuerrecht nicht wörtlich nehmen; denn zu den Einnahmen aus Kapitalvermögen gehört auch der Veräußerungsgewinn einer Aktie, und dieser ist steuerfrei (soweit er nicht zu Einkünften aus privaten Veräußerungsgeschäften führt, also der Veräußerungsgewinn innerhalb von 12 Monaten erzielt wurde). Wörtlich würde zu den Einnahmen auch die Kreditaufnahme zum Kauf von Wertpapieren zählen. Einnahmen, die nicht in Geld erfolgen (Wohnung, Kost, Waren und sonstige Sachbezüge) sind mit den üblichen Endpreisen am Abgabeort anzusetzen (§ 8 Abs. 2 EStG, mit weiteren Sonderregelungen).

(b) Von Betriebsausgaben spricht das Gesetz sowohl bei der Gewinnermittlung über den Vermögensvergleich (§ 4 Abs. 1 Satz 6 EStG) als auch bei der Betriebseinnahmenüberschußrechnung (§ 4 Abs. 3 EStG). Betriebsausgaben sind die Aufwendungen, die durch den Betrieb veranlaßt sind (§ 4 Abs. 4 EStG). Einzelne Betriebsausgaben mindern weder bei der Betriebseinnahmenüberschußrechnung noch beim Vermögensvergleich den Gewinn, wie 20 % der Aufwendungen für die Bewirtung von Personen aus geschäftlichem Anlaß (näher § 4 Abs. 5 EStG), nicht abziehbare Spenden und Zuwendungen an Pensions- und Unterstützungskassen (§ 4c, d EStG), bei Kapitalgesellschaften zusätzlich eine Hälfte der Aufsichtsratsvergütung (§ 10 Nr. 4 KStG).

(c) Werbungskosten sind Aufwendungen zur Erwerbung, Sicherung und Erhaltung der Einnahmen (§ 9 Abs. 1 Satz 1 EStG). Wesentlich für den Umfang der Werbungskosten ist, daß sie durch die Erzielung von Einnahmen veranlaßt sind. Zu den Einzelregelungen vgl. neben § 4 Abs. 5 die §§ 9, 9a EStG, R 33-46 LStR).

Zahlreiche Abgrenzungsprobleme entstehen zwischen Werbungskosten und Lebenshaltungskosten, z.B. bei Auslandsreisen, die mit dem Besuch von berufsbildenden Tagungen verknüpft sind. Warum finden wohl Ärztekongresse gerade im Februar/März (der Hauptsaison) in Davos und anderen bevorzugten Wintersportkurorten statt? Zu Einzelheiten vgl. R 117a EStR, R 37 LStR. Für die Anerkennung von Mehraufwendungen für Verpflegung als Reisekosten sind Höchstbeträge bestimmt worden (R 39 LStR).

Wer keinen Einzelnachweis der Werbungskosten vornehmen will, kann Werbungskostenpauschbeträge ansetzen: bei nichtselbständiger Arbeit 2.000 DM/1.044 €, bei Einkünften aus Kapitalvermögen 100 DM/51 €, bei wiederkehrenden Bezügen unter den sonstigen Einkünften 200 DM/102€ (§ 9a EStG); ferner bei Reisekostenabrechnungen und für bestimmte Berufsgruppen (vgl. im einzelnen R 37, 39, 42 LStR).

d) Als Grundsatz der *Verlustberücksichtigung* gilt: Einnahmen (Gewinne) und Ausgaben (Verluste) einer jeden Einkunftsart sind für das einzelne Steuerjahr zunächst zu saldieren, um die Einkünfte aus dieser Einkunftsart festzustellen.

(1) Bleibt nach diesem Ausgleich innerhalb einer Einkunftsart ein Verlust, so erfolgt ein Ausgleich zwischen den Einkunftsarten. Diese Verlustverrechnung zwischen den Einkunftsarten ist jedoch auf 100.000 DM/51.500 € bzw. Verdopplung bei Ehegatten beschränkt (§ 2 Abs. 3 EStG). Höhere Verluste mindern nur zu 50 % positive Einkünfte über 100.000 DM/51.500 €.

Von diesem Grundsatz gibt es Ausnahmen, bei denen nur die Verluste die Einnahmen derselben Einkünfte mindern dürfen, z. B. bei gewerblicher Tierzucht (im einzelnen §§ 2a, 2b, 15 Absatz 4, 15a, 22, 23 EStG).

(2) Ein *Verlustabzug* wird angewandt, wenn Verluste nicht innerhalb einer Einkunftsart oder zwischen den Einkunftsarten desselben Jahres auszugleichen sind (§ 10d EStG): Bei der Ermittlung des Gesamtbetrages der Einkünfte dürfen ab dem Veranlagungszeitraum 2001 nicht ausgeglichene Verluste bis zu einem Betrag von insgesamt 1 Mio. DM/511.500 € zunächst vom Gesamtbetrag der Einkünfte des vorangegangenen Jahres vorrangig vor Sonderausgaben, außergewöhnlichen Belastungen und sonstigen Abzugsbeträgen abgezogen werden (*Verlustrücktrag*). Dabei sind die Grundsätze zur Verlustverrechnung nach § 2 Abs. 3 EStG anzuwenden. Darüber hinausgehende Verluste mindern in den folgenden Jahren nach Maßgabe des § 2 Abs. 3 EStG unbegrenzt den Gesamtbetrag der Einkünfte (*Verlustvortrag*).

e) Die **Einkommensteuerschuld** errechnet sich wie folgt (R 4 EStR, teils ergänzt):

1. Zu ermitteln ist zunächst der Steuerbetrag für das zu versteuernde Einkommen nach den Formeln des § 32a EStG oder nach dem Steuersatz, der sich aus dem *Progressionsvorbehalt* (§ 32b EStG) ergibt; dieser wird angewendet, wenn z.B. Arbeitslosengeld, Kurzarbeitergeld, Schlechtwettergeld, Arbeitslosenhilfe, Krankengeld, Mutterschaftsgeld, Aufstockungsbeträge nach dem Altersteilzeitgesetz oder Auslandseinkünfte bezogen wurden, die nach einem Doppelbesteuerungsabkommen steuerfrei sind,
zuzüglich

2. Steuerbetrag aufgrund der Berechnung nach den §§ 34, 34b EStG

= **„tarifliche Einkommensteuer"**

abzüglich
3. ausländische Steuern, sofern unbeschränkt Steuerpflichtige bei ausländischen Steuern zu einer der deutschen Einkommensteuer entsprechenden Steuer herangezogen werden (§ 34c Abs. 1 und 6 EStG, § 12 des Gesetzes über die Besteuerung bei Auslandsbeziehungen (Außensteuergesetz),

zuzüglich
5. Steuern nach § 34c Abs. 5 EStG (pauschalierte deutsche ESt auf ausländische Einkünfte),
abzüglich

6. „Steuerermäßigungen", nämlich
(a) für Land und Forstwirte (S. 48),
(b) für Darlehen zur Verstärkung des haftenden Kapitals von kleinen und mittleren Betrieben in neuen Bundesländern (§ 7a Fördergebietsgesetz),
(c) für Steuerpflichtige mit Kindern bei Inanspruchnahme erhöhter Absetzungen für Wohngebäude oder der Steuerbegünstigungen für eigengenutztes Wohneigentum (§ 34f Abs. 1, 2 EStG),
(d) bei Mitgliedsbeiträgen und Spenden an politische Parteien und unabhängige Wählervereinigungen (§ 34g EStG),
(e) Steuerermäßigung bei Einkünften aus Gewerbebetrieb in Höhe des 1,8-fachen Gewerbesteuermeßbetrages nach § 35 EStG (näher S. 74),

zuzüglich
(a) Kindergeld oder vergleichbare Leistungen, soweit das Einkommen um einen Kinderfreibetrag gemindert wurde (§ 31 EStG),
(b) Zuschlag nach § 3 Abs. 4 Satz 2 Forstschäden-Ausgleichsgesetz
(c) Nachsteuer nach § 10 Abs. 5 EStG , §§ 30, 31 EStDV (Nachversteuerung bei Versicherungs und Bausparverträgen, wenn die Bedingungen eines vorgenommenen Sonderausgabenabzuges von Beiträgen nachträglich verletzt werden)

= **„festzusetzende Einkommensteuer"**

abzüglich
1. für den Veranlagungszeitraum entrichtete Einkommensteuervorauszahlungen,

2. durch Steuerabzug erhobene Einkommensteuer, soweit sie auf den Veranlagungszeitraum entfällt (Lohnsteuer, Kapitalertragsteuer),

= „**verbleibende Einkommensteuerschuld**".

f) Für außerordentliche Einkünfte ist die Einkommensteuer ermäßigt (§§ 34, 34b EStG). Zu den außerordentlichen Einkünften zählen neben Vergütungen für mehrjährige Tätigkeiten und Entschädigungen für entgangene Einnahmen (§ 24 EStG) insbesondere Veräußerungsgewinne bei der Veräußerung eines land- und forstwirtschaftlichen Betriebs, eines Gewerbebetriebs oder einer wesentlichen Beteiligung und des Betriebs eines Selbständigen, z.B. der freiberuflichen Praxis (§§ 14, 14a Abs. 1, §§ 16, 17, 18 Abs. 3 EStG).

Hat der Steuerpflichtige das 55. Lebensjahr vollendet oder ist er dauernd berufsunfähig, so wird auf Antrag und nur einmal im Leben ein Veräußerungsgewinn bis zu 10 Mio. DM/5 Mio € zu einem ermäßigten Satz besteuert (§ 34 Abs. 3 EStG). Dieser beträgt die Hälfte des durchschnittlichen Steuersatzes, der sich ergäbe, wenn die tarifliche Einkommensteuer nach dem gesamten zu versteuernden Einkommen zu bemessen wäre, mindestens jedoch 19,9% (dem Eingangs-Grenzsteuersatz des Tarifs 2001/2002).

2. *Körperschaftsteuer und die Besteuerung von Einkünften aus Kapitalvermögen*

a) Ob und wie neben natürlichen Personen „Institutionen" selbständig durch eine Gewinnbesteuerung zu belasten sind, ist eine Frage, die aus Werturteilen über eine anzustrebende Wirtschaftsordnung zu beantworten ist. „Institutionen" sind hierbei: Organisationen (Vereinigungen von Menschen und Mitteln zu einem Zweck, wie Vereine, Kapitalgesellschaften, Genossenschaften, Betrieb gewerblicher Art von juristischen Personen des öffentlichen Rechts, zu denen u. a. Sparkassen oder Landesbanken zählen) oder einem Zweck gewidmete Vermögensmassen (wie z.B. eine Stiftung). Der Kreis der steuerpflichtigen Körperschaften wird dabei in den einzelnen Staaten unterschiedlich weit gezogen.

Eine marktwirtschaftliche Ordnung (Wettbewerbsordnung) verlangt, die Körperschaftsteuer nur als eine Erhebungs-Vorstufe zur Einkommensbesteuerung der natürlichen Personen zu gestalten, wie im folgenden begründet wird. Eine Wirtschaftsordnung, die Funktionären vor dem Wettbewerb Entscheidungsmacht zuschustern will, wird die Besteuerung der Körperschaften neben die Einkommensbesteuerung der natürlichen Personen treten lassen: Ertragsbesteuerung der Institution und Einkommensbesteuerung der natürlichen Person führen zu einer Doppelbelastung bei der natürlichen Person. Nur wenige Länder haben eine Mehrfachbelastung ausgeschütteter Gewinne vermieden.[14].

(1) Die Mehrzahl der Argumente für eine selbständige, nicht auf die Einkommensteuer der Anteilseigner anrechenbare Körperschaftsbesteuerung beruht auf dem Grundsatz, Steuern seien als Gebühr (Gegenleistung) für Staatsleistungen anzusehen. Wer nach diesem „Äquivalenzprinzip" Steuern zu begründen versucht, den interessiert nicht, wie sich die Besteuerung auf die Steuerbelastung des einzelnen Staatsbürgers auswirkt. Wer die Körperschaftsteuer nach dem Leistungs- Gegenleistungsgrundsatz als eine Art „Preiskalkulation" für Staatsleistungen gründen will, muß erstens die Leistungen des Staates nennen, die eine Körperschaftsbesteuerung rechtfertigen. Er muß zweitens nachweisen, daß die Bemessungsgrundlage der Körperschaften die ökonomisch gebotene Kalkulationsgrundlage ist, um den Preis für staatliche Leistungen zu berechnen. Das erste scheitert häufig, das zweite praktisch immer. Deshalb sind alle äquivalenztheoretischen Rechtfertigungsversuche der Körperschaftsteuer nur Relikte ungenauen Denkens[15].

(2) Wer Steuern aus dem Opferprinzip herleitet, hat die Auswirkungen einer Steuer auf die Steuerbelastung des einzelnen in den Vordergrund zu stellen. Eine Besteuerung von Körperschaften könnte durch den Nachweis begründet werden, daß Körperschaften über selbständige steuerliche Leistungsfähigkeit verfügen, unabhängig von den sie mit Eigenkapital finanzierenden natürlichen Personen.

Eine selbständige steuerliche Leistungsfähigkeit von Körperschaften ist mit folgenden Argumenten bejaht worden:

(a) Kapitalgesellschaften hätten eine überdurchschnittliche Ertragskraft. Dies trifft nicht zu: Hier werden gut organisierte Großbetriebe mit schlecht geführten Kleinbe-

---

14 Vgl. *Annemarie Mennel* (Hrsg). Steuern in Europa, USA, Kanada und Japan. Herne-Berlin 1980/2001 (43. Lieferung).

15 Vgl. im einzelnen *Dieter Schneider*: Körperschaftsteuerreform und Gleichmäßigkeit der Besteuerung. In: StuW, Jg. 52 (1975), S. 97-112, hier S. 104-107; *Rainer Elschen*: Institutionale oder personale Besteuerung von Unternehmungsgewinnen? 2. Aufl., Hamburg 1994, Erster Teil.

trieben verglichen. Zudem begründet dies keine Besteuerung von Körperschaften, die nicht Kapitalgesellschaften sind.

(b) Kapitalgesellschaften erwirtschafteten Erträge von „geringer sozialer Nützlichkeit". Hier werden Einkünfte aus Kapitalanlagen moralisch geringer eingeschätzt als Arbeitseinkünfte. Falls dies berechtigt wäre, müßte die Einkunftsarten zusammenfassende ("synthetische") Einkommensteuer durch Ertragsteuern auf Kapitaleinkünfte, Arbeitseinkünfte usw. ersetzt werden; darüber hinaus bleibt die Besteuerung von Nichtkapitalgesellschaften unerklärt.

(c) Rechtlich verselbständigte Institutionen können Vermögen erwerben, Einkommen erzielen. Als juristische Personen treten sie neben die natürlichen Personen, und weil sie Vermögen besitzen und Einkommen erwerben, liege steuerliche Leistungsfähigkeit vor. Gegen diese juristische Gedankenkette ist zunächst ein begrifflicher Einwand zu erheben. Für den Wirtschaftswissenschaftler ist der Begriff des „Einkommens" natürlichen Personen (bzw. dem Haushalt) zugeordnet. Institutionen können kein eigenes „Einkommen" haben, allenfalls wirtschaftlichen „Ertrag" bzw. „Gewinn". Es ist deshalb zu prüfen, mit welcher wirtschaftlichen Begründung eine selbständige Ertragsbesteuerung von Institutionen neben die Einkommensbesteuerung natürlicher Personen treten darf und wie dann ethische Wertungen, wie Gleichmäßigkeit der Besteuerung zu verwirklichen sind; denn stets handeln Institutionen im Interesse der sie beherrschenden natürlichen Personen, und eine steuerliche Belastung können nur natürliche Personen empfinden.

(3) Welche natürlichen Personen werden durch gewinnabhängige Steuerzahlungen einer Institution belastet? Um die Frage zu beantworten, sind drei Gruppen von Institutionen zu trennen:

(a) Institutionen, hinter denen keine gewinnberechtigten natürlichen Personen stehen, z.B. Gewerbebetriebe der öffentlichen Hand. Hier treten Probleme der Steuerbelastung natürlicher Personen nicht auf. Die Belastung der Gewinne gemeinde- oder landeseigener Kapitalgesellschaften betrifft vor allem die Wettbewerbsneutralität (d.h. die gleiche Steuerbelastung zwischen konkurrierenden Unternehmungen in privatem und öffentlichem Besitz) sowie das Problem des Finanzausgleichs zwischen den öffentlichen Händen.

(b) Kapitalgesellschaften, die mit ihren Anteilseignern eine wirtschaftliche Einheit bilden, sind z.B. eine Ein-Mann-GmbH, eine Familien-AG, überhaupt alle Kapitalgesellschaften aus der Sicht eines die Mehrheit Besitzenden. Kein Zweifel kann hier bestehen, daß die Gewinne der Kapitalgesellschaft als Einkommen der sie leitenden Anteilseigner anzusehen sind, soweit die Gewinne diesen Anteilseignern gesellschaftsrechtlich zustehen. Eine ertragsabhängige Steuerzahlung der Kapitalgesellschaft stellt anteilig eine Steuerbelastung des Einkommens dieser Gesellschafter dar.

(c) Organisationen, die mit ihren Anteilseignern keine wirtschaftliche Einheit bilden, sind z.B. Publikumsaktiengesellschaften, Genossenschaften, aber auch GmbHs mit nicht geschäftsführenden Minderheitsgesellschaftern. Nur für diesen Personenkreis kann sich die Frage stellen, ob die Körperschaftsteuer, welche die Gesellschaft zu zahlen hat, zu einer persönlichen Steuerbelastung der Anteilseigner wird oder nicht. Um die Frage zu beantworten, ist zwischen dem ausgeschütteten und dem zurückbehaltenen Gewinn zu trennen:

Gewinnabhängige Steuern, die eine Körperschaft zahlt, um Gewinnausschüttungen zu ermöglichen, führen zu einer Steuerbelastung des einzelnen Anteilseigners, weil sie sein verfügbares Einkommen mindern. Soweit Gewinne ausgeschüttet werden, gilt für Minderheitsgesellschafter dasselbe wie für die eine Kapitalgesellschaft beherrschenden Personen. Es ist ein Kapitalmarktsteuerkeil zu berechnen.

(4) Offen erscheint damit nur, ob nichtausgeschüttete Gewinne der Körperschaft als Einkommen der Anteilseigner gezählt werden dürfen oder nicht. Ohne Zweifel sind Publikumsaktiengesellschaften (aber auch Genossenschaften, Versicherungsvereine auf Gegenseitigkeit) selbständige Entscheidungseinheiten, deren Leitungsorgane weitgehend unabhängig von den Interessen ihrer zahlreichen Minderheits-Miteigentümer handeln. Aber dieser Sachverhalt rechtfertigt keine selbständige Ertragsbesteuerung der Körperschaften, unabhängig von der Einkommensbesteuerung der natürlichen Person. Für den Mehrheitsbesitzer, die eine Körperschaft beherrschende Person, ist es offensichtlich, daß auch zurückbehaltene Gewinne wirtschaftlich zu seinem „Einkommen" zählen. Den Minderheitsanteilseignern ist die Entscheidung über die Art der Einkommensverwendung (ob Gewinne zurückbehalten oder ausgeschüttet werden) genommen.

Nun liegt es aber im Interesse des Minderheitenschutzes, daß die herrschenden Gesellschafter sich nicht auf Kosten der Minderheit bereichern, Minderheitsanteilseigner „aushungern". Ein Steuerrecht, das eine selbständige Körperschaftsteuer vorsieht, oder das zurückbehaltene Gewinne nicht zum Einkommen des einzelnen Anteilseigners zählt, leistet einer solchen Bereicherung Vorschub. Solange die haftendes Kapital Gebenden einen Anspruch auf das wirtschaftliche Ergebnis haben, ist der ausgeschüttete Gewinn wie der zurückbehaltene Gewinn steuerlich als Einkommen den Anteilseignern zuzurechnen.

Gegen das Vorstehende wird ein juristisches Argument vorgebracht: Die Zurechnung aller Gewinne, auch der zurückbehaltenen, auf die Anteilseigner stelle einen „Durchgriff" durch die Kapitalgesellschaft dar, und das Bundesverfassungsgericht habe einen solchen Durchgriff nur in seltenen Ausnahmefällen zugelassen. Der Verweis auf die juristische Argumentation entpuppt sich ökonomisch als Argument zugunsten der Interessen von Mehrheitseignern. Da das Verbot eines Durchgriffs durch die Kapitalgesellschaft lediglich die Haftungsbeschränkung sichern will[16], ist zu fragen: Wieso rechtfertigt eine juristische Konstruktion, welche die Haftungsbeschränkung gegenüber Gläubigern wahrt, daß die Mehrheitseigner durch den Gewinnverwendungsbeschluß den Minderheitsbesitzern steuerliche Nachteile zumuten dürfen? Die steuerliche Zurechnung des Teilhaberertrages einschließlich der zurückbehaltenen Gewinne ändert zwar am Gewinnverteilungsbeschluß selbst nichts, aber die steuerliche Zurechnung auch der zurückbehaltenen Gewinne auf die Anteilseigner würde zu einer geringeren Steuerzahlung für jene Anteilseigner führen, deren Einkommensteuerbelastung unter der Körperschaftsteuerbelastung liegt. Deshalb ist der Ertrag einer jeden Institution steuerlich als Einkommen der Anspruchsberechtigten aufzufassen, gleichgültig, ob es sich dabei um ausgeschüttete oder um nichtausgeschüttete Gewinne handelt.

(5) Wer Wert auf eine unterschiedslose Besteuerung gleicher wirtschaftlicher Sachverhalte im Hinblick auf den verwirklichten Mittelerwerb legt, kann die Körperschaftsteuer nicht als selbständige Ertragsteuer rechtfertigen, sondern, um die Gleichmäßigkeit der Besteuerung bei natürlichen Personen zu sichern, lediglich als Einkommensteuervorauszahlung auffassen. **Wirtschaftlich ist die Körperschaftsteuer nur als Quellensteuer zu begründen.**

Für eine solche Vorabbesteuerung der Quellenerträge bei Körperschaften spricht:

(a) Die Erhebung an der Quelle sichert Nachprüfbarkeit, verhindert eher Steuerhinterziehungen.

---

16 Vgl. BVG vom 24. Januar 1962, BStBl I, S. 500-506, hier S. 502.

(b) Die Erhebung an der Quelle verbessert Gleichmäßigkeit der Besteuerung zwischen Inländern und nicht der inländischen Einkommensteuer unterliegenden Personen.

(c) Die Erhebung an der Quelle erlaubt, Wettbewerbsgleichheit zwischen Kapitalgesellschaften, Personengesellschaften, Genossenschaften einerseits und Betrieben gewerblicher Art von juristischen Personen des öffentlichen Rechts und weiteren Körperschaften andererseits zu wahren. Diese Erwägung rechtfertigt eine Körperschaftsbesteuerung auch von heute steuerbefreiten „gemeinnützigen" Körperschaften.

b) Wer die Körperschaftsteuer als Einkommensteuervorauszahlung gestalten will, muß die Körperschaftsteuer in die Einkommensteuer integrieren. Die technischen Einzelfragen dieses **Integrationsverfahrens** wurden eingehend von einer Kanadischen Steuerreformkommission untersucht[17].

(1) Eine Integration verlangt:

(a) Die Bemessungsgrundlagen der Körperschaftsteuer sind jenen der Einkommensteuer anzugleichen. Die Besonderheiten bei Kapitalgesellschaften: verdeckte Gewinnausschüttungen und Einheitsbesteuerung bei Konzernen (Organschaft) werden durch die Integration der Körperschaftsteuer in die Einkommensteuer überflüssig. Gänzlich zu entbehren wären die Besonderheiten in Deutschland allerdings erst, wenn die Gewerbesteuer gestrichen würde. Solange diese ökonomisch vernunftwidrige Steuerart besteht, sind auch diese Besonderheiten beizubehalten. So zieht ein Verstoß gegen ein effizienteres und Gleichmäßigkeit der Besteuerung wahrendes Steuerrecht weitere Verstöße und eine Menge entbehrlicher Erhebungsarbeit nach sich.

(b) Für alle körperschaftsteuerpflichtigen Institutionen wird ein einziger Steuersatz erhoben, der mindestens dem Spitzensatz der Einkommensteuer entspricht (wegen der Kirchensteuer natürlicher Personen auch höher liegen könnte). Dem Anteilseigner wird anschließend sein Anteil am ausgeschütteten und nicht ausgeschütteten

---

[17] Vgl. Report of the Royal Commission on Taxation, Vol. 4: Taxation of Income (continued). Ottawa 1966, S. 3-98, dort S. 44-46 weitere Reformvorschläge; *Wolfram Engels, Wolfgang Stützel*: Teilhabersteuer. 2. Aufl., Frankfurt (Main) 1968. Die Grundgedanken dieses Verfahrens finden sich bereits im 19. Jahrhundert, vgl. *Schneider*: Körperschaftsteuerreform und Gleichmäßigkeit der Besteuerung, S. 108.

Gewinn der Gesellschaft und die darauf entfallende Körperschaftsteuer als Einkommen zugerechnet. Dafür kann er die von der Gesellschaft gezahlte Körperschaftsteuer von seiner eigenen Einkommensteuerschuld absetzen. Die Körperschaftsteuer wirkt damit wie die Kapitalertragsteuer als Einkommensteuervorauszahlung.

(2) Die Schwierigkeiten des Integrationsverfahrens liegen im folgenden:

(a) Wie sind Verluste zu behandeln? Würden den Anteilseignern im Verlustfall die Verluste angelastet, ergäbe sich zusätzliche Arbeit bei der veranlagten Einkommensteuer. Eine Kapitalgesellschaft verlöre die Möglichkeit des Verlustvortrags mit der Folge, daß ein Gewinn im nächsten Jahr Körperschaftsteuerzahlungen auslösen würde, die durch den Verlustvortrag und seine Aufrechnung gegen den Gewinn vermieden wären. Wer diese Nachteile für schwerwiegend hält, kann dem Vorschlag der Kanadischen Steuerreformkommission folgen und die Verluste bei der Gesellschaft belassen, so daß sie dort gegen frühere oderkünftige Gewinne aufgerechnet werden können.

(b) Wie sind Gewinnkorrekturen als Folge einer Betriebsprüfung zu behandeln? Im Regelfall ergeben sich nach einer Betriebsprüfung erhebliche Steuernachzahlungen, weil der Gewinn der vorangegangenen vier bis fünf Jahre (bei Großbetrieben) von der Kapitalgesellschaft zu gering ausgewiesen wurde. Denn diese wird alle ihr begründbar erscheinenden Gewinnminderungsmöglichkeiten steuerlich geltend machen, die erst bei einer Betriebsprüfung zurechtgerückt werden. Das erneute Aufrollen der Steuerveranlagung von Tausenden von Aktionären aufgrund der durch die Betriebsprüfung endgültig festgestellten Gewinne der letzten vier oder mehr Jahre einer Aktiengesellschaft ist praktisch nicht möglich. Deshalb wird die Zurechnung des Mehrgewinns aus der Betriebsprüfung auf die Anteilseigner im Jahre der Betriebsprüfung erfolgen müssen. Dadurch werden viele Anteilseigner in diesem Jahr in eine höhere Einkommensteuerprogression gelangen, die nicht gerechtfertigt erscheint. Wem dies zu ungerecht erscheint, könnte solche aus einer Betriebsprüfung resultierenden Mehrgewinne mit dem durchschnittlichen Einkommensteuersatz beim Einzelnen besteuern, wie er sich ohne diese Betriebsprüfungsmehrgewinne ergäbe[18].

[18] Zur Widerlegung weiterer nicht stichhaltiger Argumente vgl. *Schneider*: Körperschaftsteuer und Gleichmäßigkeit der Besteuerung, S. 109 f.

(3) Warum ist dennoch das Integrationsverfahren bisher nicht verwirklicht worden? In Kanada scheiterte das Integrationsverfahren an den vermuteten Steuerausfällen und am Widerstand der Unternehmer, die (1969) eine Anhebung der Körperschaftsteuer (50-52% je nach Provinz) auf den höchsten Einkommensteuersatz (damals 80%) befürchteten. In Deutschland wurde der ausschlaggebende Grund von den Gegener des Integrationsverfahrens verschwiegen: Es verstößt gegen die Ideologie der Konzernherrenbegünstigung als Ableger einer Funktionärswirtschaftsordnung, weil jeder Aktionär dann die Höhe des gesamten versteuerten Gewinns erfahren würde. Die Ermessensspielräume in der handelsrechtlichen Rechnungslegung hätten nicht mehr zur Einschränkung der Rechenschaft genutzt werden können, Insidervorteile wären abgebaut worden.

(4) Mit dem in Deutschland von 1977-2000 verwirklichten Anrechnungsverfahren wurde nur die zweitbeste Vorgehensweise gewählt; denn das Anrechnungsverfahren beseitigt keine Nachteile des Integrationsverfahrens, erfüllt aber den Zweck, Gleichmäßigkeit der Besteuerung zu verwirklichen, entschieden schlechter: Es beseitigt nur die Nachteile für die eine Unternehmung Beherrschenden. Es zementiert für die Minderheitsgesellschafter den Nachteil, daß ihnen eine Steueranrechnung auf zurückbehaltene Gewinne entgeht. Hinzu treten Komplizierungen des Steuerrechts: das Beibehalten verdeckte Gewinnausschüttungen, der Organschaft. Die Anrechnung erfolgte über die verschiedenen Arten des verwendbaren Eigenkapitals, was zu Komplikationen führte, nahe liegende Vereinfachungen wurden nicht beschritten[19].

Wer Gleichmäßigkeit der Besteuerung anstrebt, muß weiterhin die Integration der Körperschaftsteuer in die Einkommensteuer fordern. Zumindest wäre das Anrechnungsverfahren wieder herzustellen, so wie es 78 Hochschullehrer der Betriebswirtschaftslehre[20] gefordert haben, aber sowohl gegen die geballte Macht der Konzernherren und ihrer Politfunktionäre als auch den finanziellen Verlockungen des Bundesfinanzministers gegenüber der Berliner Landesregierung in 2000, um deren Abstimmungsverhalten im Bundesrat zu ködern, erfolglos blieben.

---

[19] Wie z.B. das Guthaben-Modell, vgl. *Hans-Joachim Krebs*: Überlegungen zur Vereinfachung des Körperschaftsteuer-Anrechnungsverfahrens. In: BB, Jg. 39 (1984), S. 1862-1873.

[20] Vgl. *Theodor Siegel u.a.*: Verteidigt das Anrechnungsverfahren gegen unbedachte Reformen! In: BB. Jg. 55 (2000), S. 1268-1270.

c) Die Umstellung vom Anrechnungsverfahren der Körperschaftsteuer auf das Halbeinkünfteverfahren ab 2001 senkt den Unternehmungssteuerkeil für zurückbehaltene Gewinne von 40 % Tarifbelastung, mit SolZ 42,2 %, auf 25 %, mit SolZ 26,375%. Diese 26,375 % sind eine definitive Steuerbelastung der Kapitalgesellschaft, d.h. sie bleibt sowohl für zurückbehaltene als auch für ausgeschüttete Gewinne. Eine Anrechnung dieser Körperschaftsteuer auf die Einkommensteuerschuld entfällt.

(1) Dem einkommensteuerpflichtigen Anteilseigner zufließende Gewinne werden als Einkünfte aus Kapitalvermögen nur zur Hälfte angesetzt, die andere Hälfte zählt als steuerfreie Einnahme (§ 3 Nr. 40 EStG) mit der Folge, daß auch dazu gehörende Betriebsausgaben/Werbungskosten nicht abgesetzt werden dürfen.

Die Umstellung vom Anrechnungsverfahren der Körperschaftsteuer auf das Halbeinkünfteverfahren ab 2001 belastet trotz Senkung der Einkommen- und Körperschaftsteuersätze die weniger gut Verdienenden stärker als zuvor und entlastet jene, bei denen hohe Einkünfte aus Kapitalvermögen mit hohen Einkünften aus den anderen Einkunftsarten zusammentreffen. Für den Anteilseigner, der über den Sparer-Freibetrag und die Werbungskostenpauschale hinaus beim Anrechnungsverfahren 1.000 € an zu versteuerndem Einkommen aus Kapitalvermögen in Form von Dividenden erzielt und sonst so wenig verdient, daß er keine Einkommensteuer zahlt, wird die ihm zufließende Gewinnausschüttung statt mit null mit 263,75 € belastet. Diese Mindestbelastung wächst mit steigendem Einkommen und der dadurch eintretenden Steuerzahlung.

(2) Die Mehr- oder Minderbelastung durch das Halbeinkünfteverfahren gegenüber dem Anrechungsverfahren hängt vom Grenzeinkommensteuersatz des Anteilseigners ab. Üblicherweise wird so gerechnet[21] (Einkommensteuersatz des Anteilseigners $=s_e$, Körperschaftsteuersatz $= s_k$):

Belastung beim Anrechungsverfahren = Belastung beim Halbeinkünfteverfahren

$$s_e = s_k + 0{,}5 * s_e * (1 - s_k), \qquad (9)$$

also bei 25 % KSt-Satz $s_e = 0{,}25 + 0{,}5 * s_e * (1 - 0{,}25) = 0{,}40.$

[21] Vgl. z. B. *Wolfram Scheffler*: Besteuerung von Unternehmen I: Ertrag-, Substanz- und Verkehrsteuern. Heidelberg 2000, S. 149.

Doch 40 % als „kritischen" Grenzeinkommensteuersatz anzusehen, ist nicht korrekt, weil der SolZ nicht berücksichtigt ist, der beim Anrechnungsverfahren wegen seiner Bemessungsgrundlage „festzusetzende Körperschaftsteuer" zu einer etwas umständlichen Rechnung zwingt[22]. Damit berechnet sich der Vergleich (auf 2 Kommastellen gerundet) so:

	Anrechnungsverfahren	Halbeinkünfteverfahren
Gewinn	100,00	100,00
Körperschaftsteuer	- 40,00	- 25,00
SolZ	- 1,67	- 1,37
für Ausschüttungen verwendbar	58,33	
Ausschüttungsentlastung 10/60	9,72	
Ausschüttung vor KapESt	68,05	73,63
Anrechnungsguthaben 30/70	+ 29,16	
Einkünfte aus Kapitalvermögen	97,21	36,81
ESt 37 %, mit SolZ 39,035 %	- 37,94	-14,37
Versteuerte Einkünfte aus Kapitalvermögen	59,26	59,26

Erst bei einem Grenzeinkommensteuersatz von 37 % (39,035 % mit SolZ) führen Anrechnungsverfahren und Halbeinkünfteverfahren zu demselben Ergebnis. Bei niedrigeren Grenzeinkommensteuersätzen ist das Anrechnungsverfahren für den Anteilseigner günstiger, bei höheren das Halbeinkünfteverfahren. Einkommensteuerpflichtige, deren persönlicher Grenzeinkommensteuersatz unter 37 % liegt, werden somit durch das Halbeinkünfteverfahren stärker belastet.

Die Mehrbelastung für die weniger gut Verdienenden durch das Halbeinkünfteverfahren gegenüber dem Anrechnungsverfahren sei weiter unter Einbeziehen des gekürzten Sparer-Freibetrages sowie für den Tarif 2005 verdeutlicht.

(3) Ein Vergleich zwischen Halbeinkünfteverfahren 2001 bei 3.000 DM Sparer-Freibetrag und dem Anrechnungsverfahren 1999 mit 6.000 DM Sparer-Freibetrag zeigt, daß ein alleinveranlagter Steuerpflichtiger mit einem zu versteuernden Einkommen von 60.000 DM vor Einkünften aus Kapitalvermögen durch die neue Rege-

---

22 Im Anrechnungsverfahren ist bei Ausschüttung die Höhe des Solidaritätszuschlags zunächst unbekannt, weil sie sich als 5,5% auf die *festzusetzende* Körperschaftsteuer berechnet. Die festzusetzende Körperschaftsteuer bestimmt sich aus der Tarifbelastung abzüglich der Ausschüttungsbelastung. Diese beträgt im Jahre 2000: 40 - 30, bezogen auf 100 – 40, also 10/60 vom tatsächlich für Ausschüttungen verwendbaren Eigenkapital EK_{40}. Tatsächlich für Ausschüttungen verwendet werden kann aber nur die Differenz: Zugang an tarifbelasteten Eigenkapital vor SolZ abzüglich SolZ x. Damit lautet die Bestimmungsgleichung für den SolZ
$x = 0{,}055*(40 - 10/60*(60 - x))$ oder nach Auflösung der Gleichung x = rund 1,67.

lung mehr Steuern zu zahlen hat, solange er jährlich weniger als 51.000 DM Bruttodividende bezieht (jeweils mit dem 2001 geltenden Einkommensteuertarif und SolZ gerechnet). Bei einem zu versteuernden Einkommen ohne Einkünfte aus Kapitalvermögen von 90.000 DM endet der Nachteil ab Einkünften aus Dividenden über 28.500 DM. Ab einem zu versteuernden Einkommen ohne Dividenden von 100.000 DM und höher müssen jährlich mindestens 26.000 DM Dividenden bezogen werden, um einen Vorteil aus dem Halbeinkünfteverfahren zu ziehen.

zusätzliche Dividenden zu versteuerndes Einkommen ohne Einkünfte aus Kapitalvermögen	20.000	30.000	50.000	100.000
60.000 DM	1.469	616	85	- 4.146
90.000 DM	574	- 1.002	- 1.422	- 4.432
120.000 DM	357	- 1.037	- 1.457	- 4.433
240.000 DM	357	- 1.010	- 1.456	- 4.433
positive Werte: Steuermehrzahlungen durch Halbeinkünfteverfahren				

Tabelle 1: Vergleich Halbeinkünfte- und Anrechnungsverfahren unter Tarif 2001

(4) Der Vergleich Halbeinkünfteverfahren gegen Anrechnungsverfahren, so es beim vorgeschlagenen Tarif 2005 noch gälte, ergibt (zum Vergleich mit Tabelle 1 in DM, statt €, gerechnet) für den Bezieher von 60.000 DM ohne Einkünfte aus Kapitalvermögen einen Grenzwert von 57.500 DM Dividende, also noch einmal 6.500 DM jährlich mehr, ab 90.000 DM Einkünften aus anderen Einkunftsarten liegt Indifferenz zwischen den Verfahren bei etwa 39.500 DM Dividende vor.

Zusätzliche Dividenden = zu versteuerndes Einkommen ohne Einkünfte aus Kapitalvermögen	20.000	30.000	50.000	100.000
60.000 DM	1.569	1.442	426	- 2.172
90.000 DM	716	326	- 373	- 2.209
120.000 DM	712	349	- 400	- 2.210
240.000 DM	711	324	- 400	- 2.209
positive Werte: Steuermehrzahlungen durch Halbeinkünfteverfahren				

Tabelle 2: Vergleich Halbeinkünfte- und Anrechnungsverfahren unter Tarif 2005 (in DM).

Anders gewendet: Wegen der Definitivbelastung mit Körperschaftsteuer und Solidaritätszuschlag von 26,375% müssen bei sinkenden Einkommensteuersätzen also bis zu 11.000 DM zusätzlich an Dividenden ausgeschüttet werden, um Gleichheit mit den Steuerzahlungen bei Anrechnung der Körperschaftsteuer zu erzielen.

(5) Die Konzernherrenbegünstigung durch das Halbeinkünfteverfahren vervollständigt die Vorschrift, daß Gewinne aus der Veräußerung von Anteilen, die eine Kapitalgesellschaft an einer anderen hält, grundsätzlich steuerfrei sind (§ 8b KStG). Dementsprechend sind Betriebsausgaben, die in unmittelbarem Zusammenhang mit Veräußerungsgewinnen von Anteilen stehen, steuerlich nicht abzugsfähig. Dies gilt für Auslands- und Inlandsbeteiligungen und sogar für die mittelbare Beteiligung über eine Personengesellschaft, vorausgesetzt, die Anteile haben im Zeitpunkt der Veräußerung mindestens ein Jahr ununterbrochen zum Betriebsvermögen der veräußernden Gesellschaft gehört. Diese Behaltefrist verlängert sich auf 7 Jahre bei „einbringungsgeborenen Anteilen", also z. B. Anteilen beim Anteilstausch durch Umwandlung der Rechtsform (§ 21 UmwStG).

Um wirtschaftliche Konzentration zu fördern, ist für die körperschaftsteuerliche **Organschaft** nur noch eine finanzielle Eingliederung, nicht wie im früheren Recht auch eine wirtschaftliche und organisatorische, erforderlich. Organschaft liegt vor, wenn eine Kapitalgesellschaft einer anderen Unternehmung derart untergeordnet ist, daß sie nur noch ausführendes Organ der beherrschenden Unternehmung ist. Aufgrund eines Gewinnabführungsvertrages wird das Einkommen der beherrschten Gesellschaft der beherrschenden Unternehmung zugerechnet. Im Unterschied dazu bleibt bei der gewerbesteuerlichen Organschaft das Erfordernis der wirtschaftlichen und organisatorischen Eingliederung bestehen (§ 2 Abs. 2 GewStG).

(6) Dividenden sind für eine inländische Kapitalgesellschaft steuerfreie Einnahmen, folglich sind auch damit in unmittelbarem wirtschaftlichen Zusammenhang stehende Betriebsausgaben steuerlich nicht abziehbar. Bei Dividenden, die ausländische Kapitalgesellschaften zahlen, gelten 5 % als nicht abziehbar (§ 8b KStG). Dieser Gewinnerhöhung steht ein unbeschränkter Abzug der Betriebsausgaben gegenüber, die mit der Auslandsbeteiligung in unmittelbar zusammenhängen.

Dies besagt im einzelnen: Bei ausschließlich mit Eigenkapital finanzierten Beteiligungen werden inländische günstiger behandelt als ausländische Beteiligungen, weil praktisch keine mit der Beteiligung zusammenhängenden Betriebsausgaben entstehen. Ist die inländische Beteiligung mit Fremdkapital finanziert, dann fallen Betriebsausgaben in Höhe der Zinsen an, die in unmittelbarem wirtschaftlichen Zusammenhang mit der Beteiligung stehen und nicht abzugsfähig sind. Bei Auslandsbeteiligungen ist bei 5 % zu versteuernden Dividenden der Betriebsausgabenabzug gegeben, mit der Folge, daß je nach der Höhe der tatsächlichen Betriebsausgaben in Zusammenhang mit in- oder ausländischen Dividenden Inlands- oder Auslandsbeteiligungen besser oder schlechter gestellt werden. Strittig ist, ob diese Regelung mit Europarecht vereinbar ist.

d) Im Hinblick auf Kapitalmarktsteuerkeile ist die *Körperschaftsteuer im Zusammenhang mit der Besteuerung der Einkünfte aus Kapitalvermögen natürlicher Personen* zu sehen.

(1) Der Steuerfreiheit von Veräußerungsgewinnen bei Anteilsverkäufen einer Kapitalgesellschaft an eine andere tritt gegenüber eine Steuerpflicht für Veräußerungsgewinne bei Anteilen an einer Kapitalgesellschaft aus dem Privatvermögen eines Steuerpflichtigen, wenn der Veräußerer innerhalb der letzten 5 Jahre am Kapital der Gesellschaft unmittelbar oder mittelbar mit zumindest 1 % beteiligt gewesen war (§ 17 Abs. 1 EStG), früher 10 %. Dem Halbeinkünfteverfahren entsprechend sind die Veräußerungsgewinne nur zur Hälfte als Einkünfte aus Kapitalvermögen anzusetzen (Veräußerungsverluste können demgemäß nur zur Hälfte geltend gemacht werden (§ 3c Abs. 2 EStG).

(2) Werden Anteile an einer Kapitalgesellschaft in einem Betriebsvermögen gehalten, so unterliegen dem Halbeinkünfteverfahren Einnahmen aus der Veräußerung und Entnahme von Anteilen an Körperschaften, sowie Betriebsvermögensmehrungen, die sich aus der Wertaufholung von Anteilen ergeben, wenn sich ein früher angesetzter Teilwert erhöht; daneben die Hälfte des Veräußerungspreises bei einer Betriebsveräußerung und Betriebsaufgabe; entsprechend werden sog. einbringungsgeborene Anteile im Sinne des § 21 UmwStG besteuert (§ 3 Nr. 40 EStG). Die Vorschriften über die Behaltefristen gelten entsprechend.

(3) Zu den *Einkünften aus Kapitalvermögen, die dem Halbeinkünfteverfahren unterliegen,* zählen auch verdeckte Gewinnausschüttungen einer Kapitalgesellschaft: Ein Beispiel für eine verdeckte Gewinnausschüttung ist, daß der Gesellschafter einer GmbH von der Gesellschaft einen Kredit zum halben Marktzinssatz erhält, ein weiteres, daß der Alleingesellschafter einer GmbH sich ein Geschäftsführergehalt gewährt, das ein Nichtgesellschafter nicht annähernd erhielte.

Die hier genannten Einkünfte zählen allerdings nur dann zu den Einkünften aus Kapitalvermögen, wenn sie nicht anderen Einkunftsarten zuzurechnen sind. Empfängt ein Gewerbebetrieb Zinsen und Dividenden, so liegen Einkünfte aus Gewerbebetrieb vor. Gleichwohl bleibt hierfür das Halbeinkünfteverfahren gültig.

(4) Einkünfte aus Kapitalvermögen, die nicht unter das Halbeinkünfteverfahren fallen, sind:

(a) Die Einkünfte aus einer Beteiligung als „typischer" stiller Gesellschafter und aus partiarischen Darlehen, also Darlehen mit gewinnabhängiger Verzinsung.

(b) Zinsen aus Kapitalanlagen, also Anleihezinsen, Festgeld-, Spar-, Bausparzinsen, Diskont bei Wechseln, sichere Erträge aus Kombinationsgeschäften in Optionen (§ 20 Abs. 1 EStG).

(c) Bestimmte Versicherungserträge: Zinsen aus den Sparanteilen in Versicherungen auf den Erlebens- oder Todesfall. Sofern die Versicherungsbeiträge als Sonderausgaben abgezogen werden dürfen, bleiben die Zinserträge steuerfrei; und zwar sowohl im Fall der Beitragsverrechnung, als auch im Versicherungsfall vor und bei Auszahlung nach Ablauf von 12 Jahren seit Vertragsabschluß (§ 20 Abs. 1 Nr. 6 EStG).

(5) Von den Einkünften aus Kapitalvermögen sind nach Abzug der Werbungskosten ab dem Veranlagungszeitraum 2000 3.000 DM/1.550 € (bei Zusammenveranlagung von Ehegatten Verdopplung) als Sparer-Freibetrag abzuziehen (§ 20 Abs. 4 EStG). Der Werbungskosten-Pauschbetrag beträgt 100 DM/51 € (bei Zusammenveranlagung von Ehegatten Verdopplung, § 9a Nr. 2 EStG).

Der Sparer-Freibetrag wurde ursprünglich eingeführt, um der Steuerhinterziehung von Zinseinkünften wenigstens bis zu 6.000 DM die Illegalität zu nehmen. Unter diesem Blickwinkel ist die Halbierung des Sparer-Freibetrags ein Schritt zu mehr Gleichmäßigkeit der Besteuerung. Andererseits darf nicht übersehen werden, daß diese Teilfinanzierung der Steuersatzsenkungen gerade für die angeblich entlasteten „Normalverdiener" trotz Steuertarifsenkung zu einer Mehrbelastung führt.

Beispiel: Ein alleinveranlagter, aus der Kirche ausgetretener Arbeitnehmer erziele 1999 ein Bruttogehalt in Höhe von 66.023 DM sowie Einkünfte aus Kapitalvermögen in Höhe von 6.100 DM. Unter Berücksichtigung der Werbungskostenpauschalen (2.000 DM bzw. 100 DM), der mindestens abzugsfähigen Sonderausgaben (3.915 DM für Vorsorgeaufwendungen, 108 DM für sonstige Sonderausgaben) sowie des Sparer-Freibetrags (1999 noch 6.000 DM) ergibt sich ein zu versteuerndes Einkommen von 60.000 DM. Darauf sind an Einkommensteuer und Solidaritätszuschlag rund 15.148 DM zu zahlen. Jedoch kommt dieser Arbeitnehmer im Jahre 2000 schon wegen der Halbierung des Sparer-Freibetrags auf ein zu versteuerndes Einkommen von 63.000 DM und zahlt trotz Tarifsenkung an Einkommensteuer und Solidaritätszuschlag rund 15.939 DM, also im Vergleich zu 1999 791 DM mehr (gegenüber 1998 beträgt die Mehrzahlung 723 DM).

Wer den Sparer-Freibetrag bislang voll ausnutzen kann, wird im Regelfall durch die Reformgesetze ab 1999 jenseits der Kindergeldregelung und trotz Tarifsenkungen zusätzlich belastet.

e) Der **Kapitalertragsteuer** als Quellenabzug, der auf die Einkommensteuerschuld angerechnet wird, unterliegt der größte Teil der Einkünfte aus Kapitalvermögen. Die Absicht ist, Steuerhinterziehungen von Einkünften aus Kapitalvermögen zu erschweren.

(1) Für Dividenden und ähnliche Bezüge aus Aktien, Genußrechten, Anteilen an einer GmbH oder Genossenschaft, einschließlich der steuerfreien Beträge nach dem Halbeinkünfteverfahren, beträgt die Kapitalertragsteuer 20%, wenn der Gläubiger die Kapitalertragsteuer zahlt (folglich 20/80 = 25 %, wenn der Schuldner die Kapitalertragsteuer übernimmt). Der gleiche Satz gilt für Zinsen aus Wandelanleihen und Gewinnobligationen und die Einkünfte aus der Beteiligung als (typischer) stiller Gesellschafter und Zinsen aus partiarischen (d.h. mit Gewinnbeteiligung versehenen) Darlehen; die „außerrechnungsmäßigen und rechnungsmäßigen Zinsen" aus Sparanteilen in Lebensversicherungsbeiträgen werden wie Gewinnanteile besteuert, sofern sie nicht von der Steuer befreit sind.

(2) Eine Kapitalertragsteuer von 30% (wenn der Gläubiger die Kapitalertragsteuer trägt) wird erhoben, falls Wertpapiere bei einem inländischen Kreditinstitut verwahrt werden. Von diesen Steuersätzen sind betroffen: Zinsen aus inländischen und ausländischen Wertpapieren und gleichgestellte Zinsen (z.B. Anleihen und Forderungen, die in ein öffentliches Schuldbuch oder in ein ausländisches Register eingetragen sind oder als Sammelurkunden oder Teilschuldverschreibungen ausgegeben worden sind), z.B. Bundes-, Länder- und Industrieanleihen, Bundesobligationen; daneben für Zinsen aus Kreditforderungen gegenüber inländischen Kreditinstituten, z.B. aus Termineinlagen und Festgeldern, Sichteinlagen mit Zins oder Bonus von mehr als 1%, Sparkonten mit gesetzlicher und vereinbarter Kündigungsfrist usw., sowie ein Teil der Erträge aus Investmentfonds, d.h. Wertpapier- und Beteiligungs-Sondervermögen (§§ 38b des Gesetzes über Kapitalanlagegesellschaften (KAGG) vom 14.1.1970, BStBl I, S. 127) und aus Grundstücks-Sondervermögen (§ 44 Satz 2 KAGG). Gleich behandelt werden geldwerte Vorteile anstelle von Zinsen und Kapitalerträgen, Einnahmen aus der Veräußerung von Zinsscheinen und Stückzinsen und Erträge aus auf- und abgezinsten Anleihen.

(3) Die Kapitalertragsteuer steigt auf 35%, wenn die Kapitalerträge gegen Aushändigung der Zinsscheine einem anderen als einem ausländischen Kreditinstitut ausgezahlt oder gutgeschrieben werden (Zinsabschlag bei früher üblichen „Tafelgeschäften", bei denen der Name des Erwerbers nicht festgehalten wurde, was Steuerhinterziehungen bei Zinseinkünften erleichtert hat).

(4) Zinseinnahmen innerhalb der Einkünfte aus Kapitalvermögen wurden in der Bundesrepublik Deutschland mindestens bis 1992 in weitem Maße hinterzogen. Über das Ausmaß der Steuerselbstbefreiung durch Verschweigen von Zinseinkünften in den Einkommensteuererklärungen liegen unterschiedliche Schätzungen vor. Eine Stichprobenuntersuchung des Bundesrechnungshofs 1984/85 ergab, daß durchschnittlich nur ein Viertel der Kapitalerträge (mit einer Schwankungsbreite von 3,7% bis 47,7%) deklariert worden war[23]. Der Stichprobe lagen 827 Erbfälle zugrunde, die zu Kontrollmitteilungen der Kreditinstitute an die Finanzämter führten. Erst im Todesfall sind Kreditinstitute verpflichtet, Konten- und Depotbestände dem Finanzamt

[23] Vgl. dazu und zu einer rechtlichen Würdigung *Klaus Tipke*: Die rechtliche Misere der Zinsbesteuerung. In: BB, Jg. 44 (1989), S. 157-159.

mitzuteilen. Dann können die vermutlich angefallenen Zinsen aus diesen Beständen mit den in den letzten Einkommensteuererklärungen des Verstorbenen deklarierten verglichen werden und für die letzten 10 Jahre die Einkünfte aus Kapitalvermögen um die hinterzogenen Zinsen erhöht und besteuert werden (§ 169 Abs. 2 Satz 2 AO).

Das Bundesverfassungsgericht hatte das bislang praktizierte Besteuerungsverfahren für Zinseinkünfte für verfassungswidrig erklärt und der Bundesregierung bis Ende 1992 eine Frist zur Änderung eingeräumt. Nach längerem gesetzgeberischem Hickhack kam es zu einer Erweiterung der Kapitalertragsteuer auf Zinsen (Zinsabschlagsteuer), die 1993 anstelle der ursprünglich erwarteten 24 bis 27 Mrd. DM nur Einnahmen von 14,3 Mrd. DM erbrachte. Vermutet wird, daß 150-200 Mrd. DM derartiger zinsbringender Kapitalanlagen ins Ausland abgewandert sind.

Die Kapitalertragsteuer auf Zinsen können Steuerunehrliche in folgender Weise hinterziehen:

(a) Sie können den Zinsabschlag wegen des gesetzlich verankerten „Bankenerlasses“ (S. 84) in Kauf und das Risiko hinnehmen, daß hoffentlich erst im Erbfall diese Steuerhinterziehung entdeckt wird, sofern es sich um Zinseinkünfte aus Bankeinlagen oder im Wertpapierdepot gehaltenen Schuldtiteln handelt.

(b) Wertpapierdepots und Geldanlagen können bei ausländischen Banken und ausländischen Zweigstellen inländischer Kreditinstitute in jenen Ländern gehalten werden, die keine Kapitalertragsteuer erheben (in der EU derzeit Luxemburg), denn bei Zinszahlung an ein ausländisches Kreditinstitut wird kein Zinsabschlag vorgenommen (§ 43 Abs. 1 Nr. 7 Buchstabe b Satz 2 EStG). Dieses Ausweichen vor der Kapitalertragsteuer ist legal. Eine Steuerhinterziehung tritt erst ein, wenn bei der Einkommensteuererklärung „vergessen“ wird, die bei Auslandsbanken gutgeschriebenen Zinserträge anzugeben.

(5) Steuerehrlichkeit bei Zinseinkünften läßt sich entweder durch hohen Verwaltungsaufwand erreichen, z.B. über Kontrollmitteilungen durch die Kreditinstitute an die Finanzämter. Solche sind in strenger Form z.B. in den USA üblich sind und werden von der EU in Verhandlungen mit der Schweiz und anderen Zinsbesteuerungsoasen angestrebt. Ersatzweise wird auch eine EU-einheitliche Kapitalertragsteuer oder auch „Abgeltungssteuer“erörtert, welche die Zinseinkünfte aus der synthetischen Einkommensteuer herausnimmt, dafür eine endgültige Ertragsbesteue-

rung verwirklicht und so gegen Gleichmäßigkeit und vertikale Steuergerechtigkeit verstößt.

Ein alternativer, von den EU-Bürokraten und ihren Mitgliedsregierungen nicht beachteter Weg wäre eine mit der Marktwirtschaft konforme Weise durch Regelungen, die den Steuerpflichtigen veranlassen, aus Eigennutz steuerehrlich zu sein. Dies ließe sich wie folgt erreichen:

(a) Zinszahlungen werden in Unternehmungen aus der Berechnung des steuerpflichtigen Gewinns herausgenommen und beim Schuldner einer Verschuldungssteuer unterworfen, die über dem Spitzensatz der Einkommensteuer mit SolZ und einschließlich der Kirchensteuer liegt.

(b) In Höhe der einbehaltenen Verschuldungssteuer erhalten die Gläubiger eine Anrechnungsbescheinigung auf ihre Einkommen- oder Körperschaftsteuerschuld. Diese wäre mit einer Verzinsung dieser Vorauszahlung bis zur Einkommensteuerfälligkeit zu verknüpfen.

(c) Die Verschuldungssteuer wäre rechtlich nicht als Kapitalertragsteuer auszugestalten, um den in EU-Vereinbarungen und Doppelbesteuerungsabkommen enthaltenen Abbau der Kapitalertragsteuer, der wiederum eine Steuerflucht ins Ausland begünstigen könnte, zu entgehen.

3. *Die Gewerbesteuer als Zusatzbelastung der Gewinne*

a) Bemessungsgrundlage für die Gewerbesteuer ist derzeit nur der Gewerbeertrag (früher auch das Gewerbekapital, noch früher sogar die Lohnsumme). **Gewerbeertrag ist der Gewinn aus dem Gewerbebetrieb nach Einkommen- bzw. Körperschaftsteuerrecht, vermehrt um Hinzurechnungen und vermindert um Kürzungen** (§ 7 GewStG). Von diesem Grundsatz gibt es Ausnahmen, z.B. gehören Gewinne (Verluste) aus der Veräußerung einer Beteiligung an einer Personengesellschaft nicht zum Gewerbeertrag (Einzelheiten in den Abschnitten 38-46 GewStR).

(1) Hinzuzurechnen sind 9 Positionen, vor allem (§ 8 GewStG):

(a) Die Hälfte der Entgelte für Dauerschulden (Zinsen, Disagio, gewinnabhängige Zinszuschläge usw.). Dauerschulden sind Verbindlichkeiten, die wirtschaftlich mit der Gründung, dem Erwerb, mit der Erweiterung oder der Verbesserung des Betriebs zusammenhängen und die nicht nur eine vorübergehende Stärkung des Betriebskapitals sind (§ 8 Nr. 1 GewStG); Pensionsrückstellungen gehören nicht zu den Dauerschulden.

Schulden, die nicht zum laufenden Geschäftsverkehr zählen, sind dann Dauerschulden, wenn sie nicht binnen 12 Monaten getilgt werden. Schulden aus dem laufenden Geschäftsverkehr (Warenschulden, Wechselschulden, Zollkredite) sind grundsätzlich keine Dauerschulden, können es aber unter Umständen werden. So sind Kontokorrentkredite im allgemeinen laufende Schulden, es sei denn, daß aus dem Geschäftsverhältnis geschlossen werden muß, ein bestimmter Mindestkredit sei dem Unternehmen dauerhaft gegeben (Abschnitt 45 Abs. 7 GewStR).

(b) Die Hälfte der Miet- und Pachtzinsen der nicht aus Grundbesitz bestehenden Wirtschaftsgüter des Anlagevermögens. Wenn jedoch diese Beträge bereits beim Eigentümer der Gewerbesteuer unterliegen, sind die Miet- und Pachtzinsen nur dann anzusetzen, wenn ein Betrieb oder Teilbetrieb als Ganzes überlassen wurde und der Jahresbetrag 250.000 DM/125.000 € übersteigt.

(c) Die Anteile am Verlust einer OHG, KG oder einer anderen Mitunternehmergemeinschaft (z.B. der atypischen stillen Gesellschaft). Der einkommensteuerpflichtige Gewinn wird nicht für die OHG usw., sondern für jeden Gesellschafter einzeln errechnet. Verluste aus einem Gewerbebetrieb werden dabei gegen Gewinne aus anderen Gewerbebetrieben aufgerechnet. Der Gewerbesteuer unterliegt jedoch nicht der Gewinn einer Person, sondern der Ertrag eines bestimmten Gewerbebetriebs. Deshalb müssen die Verluste aus anderen Gewerbebetrieben, die den Gewinn eines Unternehmers gekürzt haben, hinzugerechnet werden.

(2) Zu kürzen sind 10 Positionen, insbesondere (§ 9 GewStG):

(a) 1,2% des Einheitswertes der Grundstücke, weil Grundstücke schon der Grundsteuer unterliegen. Grundstücksunternehmungen können an Stelle des pauschalen einen individuellen Abzug beantragen.

(b) Gewinnanteile aus Mitunternehmergemeinschaften (Gegenposten zu einer Hinzurechnung), sowie die Hinzurechnungen zum Gewerbeertrag einer KGaA, wenn sie bei der Ermittlung des Gewinns der KGaA bereits angesetzt worden sind.

(c) Schachtelerträge, die im Gewinn enthalten sind. Als Schachtelerträge gelten die Gewinnzuweisungen aus einer mindestens 10%-igen Beteiligung.

Gewerbeverluste aus den vorausgegangenen Jahren mindern den Gewerbeertrag (§ 10a GewStG). Der Verlustrücktrag gilt bei der Gewerbesteuer nicht.

b) Um die Gewerbesteuerschuld zu berechnen, ist der Gewerbeertrag abzurunden auf 100 DM /50 € und mit einer Steuermeßzahl zu multiplizieren.

(1) Die Steuermeßzahl beträgt bei Kapitalgesellschaften 5%. Bei Einzelunternehmen und Personengesellschaften ist vom gerundeten Gewerbeertrag ein Freibetrag von 48.000 DM/24.500 € zu kürzen. Der Tarif ist gestaffelt. Die Steuermeßzahl beträgt für die ersten 24.000 DM/12.000 € (nach Abzug des Freibetrags) 1%. Sie erhöht sich für jede weiteren 24.000 DM/12.000 € um 1% bis auf 5% ab 96.000 DM/48.000 €. Zu Besonderheiten bei Hausgewerbetreibenden u.ä. vgl. § 11 Abs 3, 4 GewStG.

Der Steuermeßbetrag multipliziert mit einem von der jeweiligen Gemeinde festgelegten Hebesatz ergibt die Gewerbesteuerschuld.

(2) Die Gewerbesteuer mindert ihre eigene Bemessungsgrundlage, denn der Gewerbeertrag geht vom einkommen- bzw. körperschaftsteuerpflichtigen Gewinn aus (vgl. die Berechnung der rechtlichen Steuerbelastung S. 13).

Bei der Berechnung der Belastung durch die Gewerbesteuer ist genau auf die Fragestellung zu achten:

(a) Die Grenzbelastung durch die Gewerbesteuer beträgt bei 450% Hebesatz für 100 an Gewerbeertrag: $\frac{5\% * 450\%}{1 + 5\% * 450\%} = 18{,}37\%$ des Gewerbeertrags = Gewinns (also wenn sich Hinzurechnungen und Kürzungen ausgleichen) bei Kapitalgesellschaften, bei Einzelunternehmen und Personengesellschaften ab 96.000 DM/72.500 €.

(b) Wieviel muß bei diesen Annahmen eine Unternehmung verdienen, um 100 DM/€ Gewinnanteile eines (typischen) stillen Gesellschafters zahlen zu können? Sie muß *vor* Gewerbesteuer 100 DM/€+ 5%*450%*100 GewSt, also 122,50 DM/€ verdienen.

(c) Wie hoch ist der Betrag an Gewinnanteilen, den eine Personengesellschaft aus einem Ertrag von 122,50 € an ihren (typischen) stillen Gesellschafter zahlen kann? Sie kann 125 €– 18,37 % davon = 100 € Gewinnanteile hieraus zahlen. Die Grenzbelastung durch die Gewerbeertragsteuer, bezogen auf den Gewinn vor GewESt, errechnet sich hier, wie in (a), als $\frac{22,50}{122,50} = 18,37\%$. Zu beachten ist also stets die Bezugsgröße.

c) Um für die Bezieher von Einkünften aus Gewerbebetrieb die Zusatzbelastung durch die Gewerbesteuer zu vermindern, sieht § 35 EStG eine pauschale Ermäßigung der Einkommensteuer vor: Die tarifliche Einkommensteuer, soweit sie *anteilig* auf im zu versteuernden Einkommen enthaltene Einkünfte aus Gewerbebetrieb entfällt, wird um das 1,8-fache des jeweils festgesetzen Steuermeßbetrages gekürzt.

Die Ermäßigung greift nur dann, wenn in einem Steuerjahr überhaupt Einkommensteuer zu zahlen wäre und im zu versteuernden Einkommen positive Einkünfte aus Gewerbebetrieb enthalten sind. Ein vollständiger Abbau der Zusatzbelastung durch die Gewerbesteuer entsteht nur dann, wenn die auf die Einkünfte aus Gewerbebetrieb entfallende anteilige tarifliche Einkommensteuer mindestens den Betrag des 1,8-fachen des Gewerbesteuermeßbetrages erreicht.

Wann eine vollständige Rücknahme der gewerbesteuerlichen Zusatzbelastung erreicht wird, hängt vom Hebesatz und vom Einkommensteuersatz, zuzüglich SolZ und Kirchensteuer, ab. Bei der Spitzenbelastung aus ESt, SolZ, KiSt von 53,22% in 2001/2002 (S. 15) wird ein Ausgleich für die gewerbesteuerliche Zusatzbelastung nur bei einem Hebesatz von rund 385% erreicht, wie ein Vergleich der rechtlichen Steuerbelastung von Einkünften aus Gewerbebetrieb mit Einkünften aus selbständiger Arbeit zeigt. Da mit der Spitzenbelastung gerechnet wird, bleibt zur Verkürzung der gewerbesteuerliche Freibetrag und die Eingangsstaffelung außer Betracht.

Einkünfte aus	Gewerbetrieb	selbständiger Arbeit
Gewinn	100,00	100,00
Gewerbesteuer, Hebesatz 385%	- 16,14	
Einkünfte	83,86	100,00
Spitzenbelastung 53,22%	- 44,63	- 53,22
Ermäßigung nach § 35 EStG (= 1,8*5%*83,86)	7,55	
versteuerte Einkünfte	46,78	46,78

Liegt der Hebesatz höher, bleibt eine gewerbesteuerliche Zusatzbelastung, fällt er darunter, entsteht eine Überkompensation. Niedrigere Belastungen aus ESt, SolZ, KiSt senken den die Zusatzbelastung ausgleichenden Hebesatz. Zu beachten ist, daß das Beispiel davon ausgeht, gewerbesteuerliche Hinzurechungen und Kürzungen glichen sich aus, so daß der Gewerbeertrag dem Gewinn vor Steuern entspricht.

d) Seit Jahrzehnten ist bekannt, daß die Gewerbesteuer gegen fast alle anerkannten Besteuerungsgrundsätze verstößt[24].

(1) Die Gewerbesteuer belastet zusätzlich gewerbliche Gewinne gegenüber anderen Einkunftsarten. Da Investitionen in Gewerbebetrieben im Regelfall innovativer sind und eher Arbeitsplätze schaffen als Investitionen in anderen Bereichen, sind die Entscheidungswirkungen der Gewerbesteuer regelmäßig nachteilig. Nicht zuletzt behindert sie eine Marktlenkung von Eigenkapitalausstattungen gegenüber zusätzlicher Verschuldung einer Unternehmung; denn die nur halbe Hinzurechnung der Dauerschuldzinsen begünstigt die Fremdkapitalkosten gegenüber denen des Eigenkapitals.

(2) Mit einer gerechten Besteuerung ist die Gewerbesteuer unvereinbar; denn es gibt keine eigenständige steuerliche Leistungsfähigkeit des Gewerbebetriebes. Selbst wenn Gewerbetreibende grundsätzlich gegenüber anderen Berufen mehr verdienen sollten, dann könnte eine progressive Einkommensteuer diese steuerliche Leistungsfähigkeit voll erfassen. Die Gewerbesteuer diskriminiert den Gewinn aus Gewerbebetrieb gegenüber dem Gewinn aus Land- und Forstwirtschaft und aus selbständiger Arbeit. Daraus darf aber keine zusätzliche Gewerbesteuerpflicht für freie Berufe usw. hergeleitet werden; denn es gibt keine Leistungsfähigkeit bestimmter Berufe bzw. Einkunftsarten neben bzw. zuzüglich der durch das Einkommen zu erfassenden.

Diese Benachteiligung wird durch die Bewertungsvorteile bei der land- und forstwirtschaftlichen Gewinnermittlung und durch die Freibeträge für Land- und Forstwirte noch verstärkt.

(3) Wer dennoch eine besondere Besteuerung der gewerblichen Tätigkeit beibehält, muß sich zusätzlicher Kritik wegen der Bemessungsgrundlagen stellen. Die Gewerbesteuer will das Objekt „Gewerbebetrieb" besteuern und nicht die natürliche

[24] Vgl. im einzelnen *Armin Feit*: Die Gewerbesteuer – ewiges Stiefkind der Steuerreform? In: Besteuerung und Unternehmenspolitik, hrsg. von G. John. München 1989, S. 101-129.

Person. Deshalb stellt die Gewerbesteuer nicht auf die Einkünfte aus Gewerbebetrieb, sondern auf einen in verschrobener Art berechneten Gesamtertrag ab. Aber diesem besonderen steuerrechtlichen Ertragsbegriff fehlt jeder wirtschaftliche Sinn; denn dahinter steht die Vorstellung, daß eine Ansammlung von Produktionsfaktoren als solche bereits einen Ertrag neben den Einkünften aus Gewerbebetrieb bringe, wobei Finanzierungsaufwendungen nur teilweise abzuziehen seien.

e) Der ökonomische Unfug, den Gewerbeertrag neben dem Gewinn in der Einkommen- und Körperschaftsteuer zu belasten, wird nicht dadurch behoben, daß für Einzel- und Personenunternehmungen die Steuermeßzahlen gestaffelt sind und ein Freibetrag besteht. Da den Gemeinden ein Hebesatzrecht nach dem GG zusteht, fordern diese das Weiterbestehen der Gewerbesteuer. Allenfalls gestehen sie einen Ersatz zu, der ihnen im Durchschnitt mehr Einnahmen zu bringen verspricht.

Wenn die Gemeinden zusätzliche Einnahmen benötigen, damit sie Infrastrukturmaßnahmen für Gewerbebetriebe und deren Arbeitnehmer durchführen können, dann böte sich ein den Gemeinden zufließender Zuschlag zur Einkommen- und Körperschaftsteuer an. Das Grundgesetz (Art. 106 Abs. 5 GG) sieht ein Hebesatzrecht der Gemeinden für die Einkommensteuer vor, leider nicht für die Körperschaftsteuer (insoweit wäre eine Grundgesetzänderung geboten). Ein Gemeindezuschlag zur Einkommen- und Körperschaftsteuer brächte kaum neue Erhebungsarbeit.

Der Einwand, daß Gemeinden dann nicht mehr an Infrastrukturinvestitionen zur Ansiedlung von Gewerbebetrieben interessiert wären, ist nicht stichhaltig; denn es könnte ein kommunaler Zuschlag zur Einkommensteuer bei Gewerbetreibenden/selbständig Arbeitenden und nicht selbständig Arbeitenden zwischen der Wohnsitz- und der Betriebsstättengemeinde z.B. hälftig aufgeteilt werden, um ein Gemeindeinteresse zur Gewerbeansiedlung wach zu halten[25].

---

[25] Der Vorschlag wurde ab 1989 gemacht, vgl. *Dieter Schneider*: Reform der Unternehmensbesteuerung aus betriebswirtschaftlicher Sicht. In: StuW 1989, S. 328-339, hier S. 335; *ders.*: Zwei Gutachten zur Reform der Unternehmensbesteuerung. In: StuW 1991, S. 354-365, hier S. 364.
Im Bundesfinanzministerium scheint man im Sommer 2001 diesem Gedanken näher zu treten, nachdem zwei Verbände sich dafür stark machen, vgl. *Bundesverband der Deutschen Industrie, Verband der Chemischen Industrie*: Verfassungskonforme Reform der Gewerbesteuer. Frankfurt und Berlin 2001.

Warum sollen über einen Gemeindezuschlag zur Einkommen- und Körperschaftsteuer Freie Berufe, Angestellte, Beamte oder gut versorgte Pensionäre, sowie sämtliche Körperschaften nicht direkt zur Gemeindefinanzierung beitragen? Schließlich sind diese Steuerpflichtigen auch Nutznießer oder Leidtragende der Gemeindepolitik hinsichtlich des Straßenbaus, der Verkehrsberuhigung usw. Das Treffen des eigenen Geldbeutels würde bei allen Steuerpflichtigen das Interesse an der Gemeindepolitik wecken und von den Gemeindeparlamenten mehr Rechenschaft für ihre häufig anfechtbare Ausgabenpolitik verlangen. Vermutlich deshalb sind Funktionäre des Städtetages und anderer Gemeindeverbände überwiegend dagegen; denn wie die Masse aller Funktionäre scheuen sie mehr Rechenschaft wie der Teufel das Weihwasser.

IV. Die Arbeitsbelastung bestimmende Steuerrechtssachverhalte

1. *Hilfstätigkeiten für den Fiskus*

a) *Wer gesetzwidriger Steuervermeidung aus dem Weg gehen will,* ist gerade deshalb einer steuerbedingten Arbeitsbelastung ausgesetzt, weil er sich steuerrechtskundig machen muß; denn Unwissenheit schützt vor Strafe nicht. Die Wissenserarbeitung läßt sich durch teuren Rat = Arbeit steuerberatender Berufe ersetzen (aber nicht jede Arbeitsbelastung, wie z. B. Belege zu sammeln und aufzubewahren).

(1) Eine erste Erscheinungsform zusätzlicher Arbeitsbelastung folgt aus dem Wunsch, Steuern zu sparen in Verbindung mit Steuerrechtsfehlinformationen, vgl. die Beispiele zu Ankündigungseffekten S. 26 f.

(2) Die Steuerbelastung aus Beanspruchung der Arbeitskraft im Dienste der Steuererhebung findet im betriebswirtschaftlichen Schrifttum noch immer nicht gebührende Beachtung. Dies mag damit zusammenhängen, daß jeder Teilschritt zur Erhöhung des deutschen Steuerchaos die Nachfrage nach Steuerberatungsleistungen steigert.

Selbst von den Regierenden als Steuervereinfachung angepriesene Regelungen erzeugen zusätzliche Arbeit für den Steuerpflichtigen und seine Berater. Offensichtlich haben zwei sog. Steuerentlastungsgesetze (Steuerentlastungesetz 1999 und Steuerentlastungesetz 1999/2000/2002) eines ihrer Ziele, das der Steuervereinfachung, verfehlt; auch nachdem das nachgeschobene Steuerbereinigungsgesetz die Aufzeichnungspflichten bei Mehrkontenmodellen entschärft hat. Das Paradebeispiel für eine Nichtvereinfachung des Steuerrechts durch die sog. Steuerentlastungsgesetze ist freilich die Änderung der Verlustverrechnung, vgl. S. 52.

(3) Wer der Arbeitsbelastung durch „Eigenerzeugung" des Steuerrechtswissens oder durch „Fremdbezug" mit Ausgabenerhöhung ausweichen will, geht zwei Unsicherheitsursachen ein: Zum einen droht die Gefahr, mehr an Steuern zu zahlen als bei Kenntnis des Steuerrechts und der Lehre von der Steuerlast und Steuerwirkung zu leisten wären. Zum anderen ist nicht auszuschließen, aus Unkenntnis mitunter

Steuerordnungswidrigkeiten zu begehen, die mit Bußgeldern geahndet werden. Die Vorschriften zur Arbeitsbelastung der Steuerpflichtigen betreffen im einzelnen die folgenden Sachverhalte.

b) Die *Unterrichtung der Finanzbehörden* erfolgt über die Gemeinden oder unmittelbar durch den Steuerpflichtigen. Wer einen Betrieb der Land- und Forstwirtschaft, einen gewerblichen Betrieb oder eine Betriebsstätte gründet, hat dies der Gemeinde mitzuteilen. Diese unterrichtet unverzüglich das zuständige Finanzamt.

(1) Unmittelbar ist dem zuständigen Finanzamt mitzuteilen,

(a) die Aufnahme einer freiberufliche Tätigkeit,

(b) die Gründung und der Erwerb von Betrieben und Betriebsstätten im Ausland,

(c) die Beteiligung an ausländischen Personengesellschaften,

(d) der Erwerb von Anteilen ausländischer Kapitalgesellschaften, wenn damit unmittelbar eine Beteiligung von mindestens 10% oder mittelbar eine Beteiligung von mindestens 25% erreicht wird.

Die Mitteilungen haben innerhalb eines Monats nach Gründung zu erfolgen, bei den Punkten (b)-(d) spätestens dann, wenn eine Einkommen- oder Körperschaftsteuererklärung einzureichen ist (§§ 137, 138 AO).

(2) Wer Waren gewinnen oder herstellen will, an deren Gewinnung, Herstellung, Vertrieb oder Verbrauch eine Verbrauchsteuerpflicht anknüpft, hat dies dem zuständigen Finanzamt sogar vor Eröffnung des Betriebes anzumelden. Das gleiche gilt für den, der ein Unternehmen betreiben will, bei dem besondere Verkehrsteuern anfallen, z. B. die Versicherungssteuer bei Versicherungsunternehmungen (§ 139 Abs. 1 AO).

(3) Zur Erfassung von Personen und Unternehmen, die der Besteuerung unterliegen, können die Gemeinden für die Finanzbehörden eine Personenbestands- und Betriebsaufnahme durchführen (§§ 134, 135 AO).

Um wahre Aussagen zu erhalten, kann die Finanzbehörde verlangen, daß der Steuerpflichtige die Richtigkeit von Tatsachen an Eides Statt erklärt (§ 95 AO). Holt die Finanzbehörde bei Dritten Auskünfte ein, so können die Dritten vereidigt werden, und zwar durch das zuständige Finanzgericht oder Amtsgericht (§ 94 AO).

c) Die umfangreichste Mitwirkungspflicht wird dem Steuerpflichtigen durch die **steuerlichen Rechnungslegungsvorschriften** auferlegt. Grundlegend ist § 140 AO: „Wer nach anderen Gesetzen als den Steuergesetzen Bücher und Aufzeichnungen zu führen hat, die für die Besteuerung von Bedeutung sind, hat die Verpflichtungen, die ihm nach den anderen Gesetzen obliegen, auch für die Besteuerung zu erfüllen".

Das Recht der Rechnungslegung umfaßt zunächst die Vorschriften zur Dokumentation durch Handelsbücher im HGB. Diese beziehen sich auf *Handelsbriefe, Inventar, Buchführung und Jahresabschluß* und werden hier als bekannt vorausgesetzt.

Die handelsrechtliche Buchführungspflicht wird im Steuerrecht (§ 141 AO) erweitert auf alle gewerblich Tätigen (nicht aber auf Bezieher von Einkünften aus selbständiger Arbeit), deren Umsatz im Kalenderjahr 260.000 € oder deren Gewinn (vor Abzug von Sonderabschreibungen) 25.000 € übersteigt. Bei Land- und Forstwirten tritt ein Wirtschaftswert der selbstbewirtschafteten land- und forstwirtschaftlichen Fläche von 20.500 € hinzu (§ 46 Bewertungsgesetz).

Die handelsrechtliche Buchführungspflicht schließt allerdings eine Gewinnermittlung durch *Einnahmenüberschußrechnung* und einfache Buchführung aus, wie sie § 4 Abs. 3 EStG den Beziehern von Einkünften aus selbständiger Arbeit und anderen Nicht–Handelsbücher-Führenden gestattet.

d) **Einbehalten der Lohnsteuer und Kapitalertragsteuer**: Die Finanzbehörden haben den Unternehmungen nicht nur Arbeit aufgeladen, damit sie die Steuerzahlungen dieser Unternehmungen leicht überprüfen können. Die Unternehmungen werden auch zu Hilfstätigkeiten für den Fiskus bei der Besteuerung anderer Personen gezwungen. Dies ist besonders bei dem *Quellenabzugsverfahren* durch Einbehalten der Lohnsteuer und der Kapitalertragsteuer der Fall.

(1) **Lohnsteuer** wird bei Einkünften aus nichtselbständiger Arbeit durch Abzug vom Arbeitslohn erhoben (§ 38 EStG). Der Arbeitnehmer schuldet die Lohnsteuer. Der Arbeitgeber haftet jedoch für das Einbehalten und Abführen der Lohnsteuer an das Finanzamt (§ 42d EStG). Der Arbeitnehmer hat dem Arbeitgeber eine Lohnsteuerkarte einzureichen und der Arbeitgeber diese aufzubewahren (§ 39b EStG). Der Arbeitgeber muß am Ort der Betriebsstätte für jeden Arbeitnehmer und für jedes Ka-

lenderjahr ein Lohnkonto führen. Auf dem Lohnkonto sind alle für die Lohnsteuer wichtigen Daten einzutragen, wie Freibeträge, Tage der Lohnzahlung und Beträge, Vergütungen für Arbeitnehmererfindungen, Prämien für Verbesserungsvorschläge usw. Das Lohnkonto ist bis zum Ablauf des sechsten Kalenderjahres, das auf die zuletzt eingetragene Lohnzahlung folgt, aufzubewahren (§ 41 EStG).

Der Arbeitgeber hat die Lohnsteuer zu berechnen und sie in einem Betrag spätestens am 10. Tag nach Ablauf eines jeden Kalendermonats an das Finanzamt der Betriebstätte zu zahlen. Bei Kleinstbetrieben (weniger als 6.000 DM/3.100 € Lohnsteuer jährlich) genügt eine vierteljährliche Zahlung, und wenn die einbehaltene Lohnsteuer weniger als 1.200 DM/800 € ausmacht, dann genügt eine einmalige Zahlung bis zum 10. Januar des folgenden Jahres (§ 41a Abs. 2 EStG). Zu denselben Terminen ist dem Finanzamt eine Lohnsteueranmeldung einzureichen. Der Arbeitgeber hat nach Ablauf des Kalenderjahres auf der Lohnsteuerkarte des Arbeitnehmers zu bescheinigen, wie lange der Arbeitnehmer beschäftigt war, wieviel er verdient hat und wie hoch die einbehaltene Lohnsteuer war.

Bleiben die Zahlungen eines Arbeitgebers auffällig gering und hat auch eine besondere Erinnerung keinen Erfolg, so hat das Finanzamt den säumigen Betrieb zu prüfen und gegebenenfalls die Überweisung der Lohnsteuer zu erzwingen.

(2) Die **Kapitalertragsteuer** wird von der die Gewinnanteile auszahlenden Kapitalgesellschaft oder dem inländischen Kreditinstitut als auszahlende Stelle (bei Zinsen aus Einlagen und Guthaben bei Kreditinstituten, aus Darlehen und Anleihen) einbehalten und an das Finanzamt überwiesen. Die Kapitalertragsteuer ist bis zum 10. des Monats, nach dem die Gewinnanteile oder Zinsen an den Empfänger gezahlt wurden, an das Finanzamt abzuführen; dies auch dann, wenn der Aktionär bzw. Gläubiger die Einlösung der Gewinn- oder Zinsanteilscheine unterläßt. In dieser Frist ist zugleich eine Kapitalertragsteueranmeldung einzureichen.

Die Kapitalertragsteuer macht viel Arbeit. Bei breitgestreutem Anteilsbesitz (Publikumsaktiengesellschaften) oder Anleihenbesitz ergeben sich Zehntausende von Dividenden- und Zinsabrechnungen, wobei oft nur Pfennigbeträge an Kapitalertragsteuer und darauf zu erhebendem Solidaritätszuschlag ausgewiesen werden.

(3) Noch mehr Aufwand entsteht den Kreditinstituten durch die als soziale Maßnahme ausgegebene „Freistellung" vom Kapitalertragsteuerabzug. Ist anzunehmen,

daß ein unbeschränkt Steuerpflichtiger wegen eines zu geringen zu versteuernden Einkommens nicht zur Einkommensteuer veranlagt wird, so erhält er vom Finanzamt eine „Nichtveranlagungsbescheinigung". Der Steuerpflichtige kann einem (oder mehreren) Kreditinstitut(en) einen Freistellungsauftrag erteilen (§ 44a Abs. 2 EStG). In diesen Fällen kann er oder das Kreditinstitut die Erstattung der Kapitalertragsteuer (und des darauf lastenden Solidaritätszuschlags) beantragen (Einzelheiten in § 44b EStG).

2. *Abgabe von Steuererklärungen, Erlöschen der Steuerschuld und Rechtsbehelfe*

a) Der Steueranspruch des Staates (die Steuerschuld des Bürgers) entsteht, sobald der Tatbestand eingetreten („verwirklicht") ist, an den das Gesetz die Leistungspflicht knüpft (§ 38 AO).

(1) Die Steuerschuld entsteht z.B. bei der Einkommen- und Körperschaftsteuer:

(a) beim Quellenabzug (d.h. bei der Lohnsteuer und Kapitalertragsteuer) im Zeitpunkt des Zufließens des Lohnes, der Dividende oder der Zinsen (§§ 38 Abs. 2, 44 Abs. 1 EStG);

(b) bei Steuervorauszahlungen mit dem Beginn des Vierteljahres, in dem die Vorauszahlung zu entrichten ist (§ 37 Abs. 1 Satz 2 EStG, § 30 Nr. 2 KStG);

(c) für die veranlagte Einkommen- und Körperschaftsteuer mit dem Ablauf des Veranlagungszeitraums (§ 36 Abs. 1 EStG, § 30 Nr. 3 KStG).

Auf das Entstehen des Steueranspruchs (der Steuerschuld) ist es ohne Einfluß, wann die Steuer festgesetzt wird und wann sie zu entrichten ist. Vorauszahlungen auf die Einkommensteuerschuld sind z.B. nicht am Beginn des Vierteljahres zu entrichten, sondern spätestens bis zum 10.3., 10.6., 10.9. und 10.12. (§ 37 Abs. 1 EStG). Die Steuerschuld aus der veranlagten Einkommensteuer 2001 entsteht am 31. 12. 2001 um Mitternacht. Abzugeben ist die Steuererklärung bis 31. Mai 2002. Verlängerung wird meistens anstandslos bis Ende September 2002 gewährt, auf Antrag kann die Frist noch erweitert werden. Bei Abgabe bis September 2002 wird die Veranlagung dann vermutlich Ende 2002 bis Mitte 2003 erfolgen, und die Reststeuerschnuld ist innerhalb eines Monats nach Zustellung des Steuerbescheids zu zahlen.

(2) Die Steuergesetze bestimmen, wer zur Abgabe einer Steuererklärung verpflichtet ist, und wann die Steuererklärung abzugeben ist. Wer seine Steuererklärung nicht fristgerecht abgibt, läuft Gefahr, einen Verspätungszuschlag zahlen zu müssen. Erkennt ein Steuerpflichtiger nach Abgabe der Steuererklärung, daß eine von ihm abgegebene Erklärung unrichtig oder unvollständig ist, so ist er verpflichtet, die Erklärung unverzüglich richtigzustellen.

b) Die Steuererklärungen werden vom Finanzamt im Rahmen des Feststellungsverfahrens geprüft. Dabei haben die Behörden auch die für die Steuerpflichtigen günstigen Umstände zu berücksichtigen. Sie sollen die Stellung von Anträgen anregen, die offensichtlich nur versehentlich oder aus Unkenntnis nicht gestellt worden sind (§ 89 AO).

Ergeben sich Unklarheiten oder Bedenken, so muß das Finanzamt die tatsächlichen Verhältnisse erforschen. Dazu kann es vom Steuerpflichtigen mündliche oder schriftliche Erläuterungen verlangen. Die Vorlage von Unterlagen soll in der Regel erst dann verlangt werden, wenn der Steuerpflichtige keine Auskunft erteilt hat oder die Auskunft unzureichend war bzw. Bedenken gegen ihre Richtigkeit bestehen (§ 97 AO).

Soweit die Finanzbehörden die Besteuerungsgrundlagen nicht ermitteln oder berechnen können, haben sie diese zu schätzen. Dabei sind alle Umstände zu berücksichtigen, die für die Schätzung von Bedeutung sind. Zu schätzen ist insbesondere dann, wenn der Steuerpflichtige keine ausreichenden Angaben macht oder seine Buchführungsunterlagen zu verwerfen sind (§ 162 AO).

(1) Die Prüfung der Unterlagen erfolgt regelmäßig im Finanzamt. Die Finanzverwaltung kann aber in bestimmten Fällen auch beim Steuerpflichtigen selbst eine Prüfung vornehmen. Das führt zu einer „Betriebsprüfung", die in der AO Außenprüfung heißt.

Die Vorschriften zur **Außenprüfung** finden sich in §§ 193-207 der AO. Die allgemeine Verwaltungsvorschrift hierzu ist die Betriebsprüfungsordnung (Steuer) vom 17.12.1987 (BStBl I, S. 802). Der Außenprüfung unterliegen jene natürlichen und juristischen Personen, die Einkünfte aus Land- und Forstwirtschaft, aus Gewerbebetrieb beziehen oder freiberuflich tätig sind. Auch bei anderen Steuerpflichtigen ist eine Außenprüfung zulässig, soweit sie die Verpflichtung dieser Steuerpflichtigen betrifft, für Rechnung eines anderen Steuern zu entrichten oder Steuern einzubehalten oder abzuführen (also vor allem als Lohnsteuer-Außenprüfung), oder wenn die für die Besteuerung erheblichen Verhältnisse der Aufklärung bedürfen. Die Außenprüfung kann eine oder mehrere Steuerarten, ein oder mehrere Jahre umfassen. Sie kann sich auch auf die steuerlichen Verhältnisse der Arbeitnehmer erstrecken, die im Dienst der geprüften Steuerpflichtigen stehen (§ 194 Abs. 1 AO).

Der Prüfungsturnus betrug 1998 im Bundesdurchschnitt für Großbetriebe etwa 11,8 Jahre, für Mittelbetriebe etwa 4,4 Jahre[26]. Kleinbetriebe werden nicht regelmäßig geprüft.

Die Tätigkeit als Betriebsprüfer verlangt wirtschaftliche Erfahrung und gründliche steuerliche Kenntnisse. Trotzdem wird die Mehrzahl der Prüfer nur als Inspektor, Oberinspektor, allenfalls als Amtmann besoldet, und sie erhalten damit weniger als mancher Diplomkaufmann in seiner Anfangsstellung. Kein Wunder deshalb, daß der Betriebsprüfungsdienst personell unterbesetzt ist. Zudem werden fachkundige Betriebsprüfer von der Wirtschaft abgeworben. In Kanada wurde vor rund vier Jahrzehnten festgestellt, daß sich die Personalausgaben eines Betriebsprüfers je Stunde bis zum Dreißigfachen durch ein Mehraufkommen an Steuern rentieren[27]. In der Bundesrepublik betrugen die Mehrsteuern aufgrund von Betriebsprüfungen im Jahre 1998 22,2 Mrd. DM, rein rechnerisch bundesweit über 2 Mio. DM pro Prüfer[28].

(2) Werden Verhältnisse anderer Personen festgestellt, so ist die Auswertung dieser Erkenntnisse zulässig (§ 194 Abs. 3 AO). Gleichwohl brauchen Sie (nach noch geltendem Recht) nicht Blut und Wasser zu schwitzen, daß bei der Prüfung Ihrer Sparkasse oder Bank ein Finanzbeamter feststellt, wieviel Sparzinsen Sie nicht als „Einkünfte aus Kapitalvermögen" bei der Einkommensteuer angegeben haben; denn nach dem „Bankenerlaß" (§ 30a AO) dürfen die Guthabenkonten oder Depots bei einer Außenprüfung nicht festgestellt oder abgeschrieben werden, um die ordnungsmäßige Versteuerung nachzuprüfen.

Zur Erforschung von *Steuerstraftaten* oder *Steuerordnungswidrigkeiten* soll ein Kreditinstitut erst dann um Auskunft und Vorlage von Urkunden gebeten werden, sofern ein Ersuchen um Auskunft an einen Steuerpflichtigen keinen Erfolg verspricht.

---

26 Vgl. *Bundesministerium der Finanzen*: BMF – Finanznachrichten 20/99 vom 14. September 1999, S. 2.

27 Vgl. Report of the Royal Commission on Taxation. Vol 5: Sales Taxes and General Tax Administration. Ottawa 1966, S. 145.

28 Vgl. *Bundesministerium der Finanzen*: BMF-Finanznachrichten 20/99, S. 1-3.

Die Finanzbehörden können jedoch dann Auskünfte von Banken einholen, ohne sich vorher an den Steuerpflichtigen zu wenden, wenn ein Steuerpflichtiger Steuervergünstigungen in Anspruch nimmt oder wenn „wegen der erheblichen steuerlichen Auswirkungen eine baldige Klärung" geboten ist (§ 97 Abs. 2 AO). Dadurch wird das durch § 30a AO gewährte Bankgeheimnis eingeschränkt.

(3) Vom Bankgeheimnis gegenüber dem Finanzamt nach § 30a AO zu unterscheiden ist die Auskunftspflicht von Kreditinstituten gegenüber der Staatsanwaltschaft, wenn ein Ermittlungsverfahren wegen des Verdachts einer Steuerstraftat bereits eingeleitet ist. Zu den EU-weiten Absichten, Einkünfte aus Kapitalvermögen vollständiger zu erfassen vgl. S. 70 f.

c) Festgesetzt werden die Steuern durch **Steuerbescheide** (§ 155 Abs. 1 AO). Steuerbescheide sind schriftlich zu erteilen. Der Steuerbescheid muß die Steuer nach Art und Betrag bezeichnen und eine Rechtsbehelfsbelehrung angeben (§ 157 Abs. 1 AO). Grundlage für Steuervergütungen sind *Steuervergütungsbescheide*. Wer kraft Gesetzes für eine Steuer haftet, der kann auch durch einen *Steuerhaftungsbescheid* zur Steuerzahlung verpflichtet werden. So haftet z.B. der Vorstand einer Aktiengesellschaft persönlich dafür, wenn aufgrund von Vorsatz oder grober Fahrlässigkeit die Steuern nicht bezahlt werden (§ 191 AO).

Einen Steuerbescheid können die Finanzbehörden nicht ohne weiteres ändern. Nur bei Zöllen und Verbrauchsteuern ist eine nachträgliche Änderung zulässig. Bei anderen Steuern darf eine Änderung nur erfolgen, wenn der Steuerpflichtige zustimmt oder wenn einem Antrag (Einspruch) des Steuerpflichtigen entsprochen wird. Wird der Steuerbescheid von der unzuständigen Behörde abgegeben oder durch unlautere Mittel (Bestechung, arglistige Täuschung) erschlichen, ist allerdings auch eine Änderung möglich (§ 172 AO).

Um diese Einengung für die Änderungen von Steuerbescheiden auszuwerten, werden häufig Steuerbescheide unter dem Vorbehalt der Nachprüfung erlassen. Solange der Vorbehalt wirksam ist, kann die Steuerfestsetzung aufgehoben oder geändert werden (§ 164 AO). Außerdem sind Steuerbescheide dann aufzuheben, wenn nachträglich Tatbestände bekannt werden, die zu einer höheren Steuer führen. Bewirken die nachträglich dem Finanzamt bekannt werdenden Tatsachen eine niedrigere Steuer, dann ist die Steuer nur dann zu ermäßigen, wenn den Steuerpflichtigen kein grobes Verschulden an dem erst nachträglichen Bekanntwerden der Tatbestände trifft (§ 173 AO).

d) Steuerschulden erlöschen erstens durch Zahlung, zweitens durch Aufrechnung, drittens durch Erlaß und viertens durch Verjährung (§ 47 AO).

(1) Die *Zahlungen* sind an die zuständige Kasse zu richten, und die Zahlung gilt als entrichtet an dem Tag, an dem die Überweisung gutgeschrieben wird (§ 224 AO). Wird eine Steuer nicht bis zum Ablauf des Fälligkeitstages bezahlt, so ist für jeden angefangenen Monat ein Säumniszuschlag von 1% der rückständigen Summe, auf 100 DM abgerundet, zu entrichten. Bei einer Säumnis bis zu 5 Tagen wird ein Säumniszuschlag nicht erhoben (Schonfrist, § 240 AO); ausgenommen hiervon sind Zahlungen durch Übergabe oder Übersendung von Zahlungsmitteln.

(2) Die Finanzbehörden können Steuern, steuerliche Nebenleistungen und Ansprüche auf Rückforderung einer Steuervergütung stunden, wenn ihre Einziehung eine erhebliche Härte für den Schuldner bedeuten würde und der Anspruch durch die Stundung nicht gefährdet erscheint. Die *Stundung* soll in der Regel nur auf Antrag und gegen Sicherheitsleistung gewährt werden (§ 222 AO). Für die Dauer der Stundung von Steueransprüchen werden Zinsen erhoben (S. 4 f.).

Ob gestundet wird oder nicht, hat das Gesetz dem Ermessen der Finanzverwaltung überlassen. Kein Wunder, daß es dann bei Skandalen, wie zum Beispiel einem Millionenkonkurs in der Bauwirtschaft mit parteipolitischem Hintergrund, später auch innerhalb der Finanzbehörden zum Krach gekommen ist. Zu der Vermutung, daß bei Steuerstundungen gelegentlich manches im argen liegt, gibt ein Schreiben des Bundesfinanzministers Anlaß[29]. Die Finanzämter sind befugt, Beträge bis zu 200.000 DM zeitlich unbegrenzt, höhere Beträge bis zu 6 Monaten zu stunden. Mit Zustimmung der Oberfinanzdirektion können Beträge bis zu 500.000 DM zeitlich unbegrenzt, höhere Beträge bis zu 12 Monate gestundet werden.

---

[29] Vgl. Schreiben des Bundesministers der Finanzen vom 30. November 1993, BStBl, Teil I, 1994, S. 93.

Für gemeinsame Steuern (Einkommen-, Körperschaft-, Umsatzsteuer) bedarf es bei einer Stundung von Beträgen über 1.000.000 DM über mehr als 12 Monate der Zustimmung des Bundesministeriums der Finanzen (BMF).

Eine Verwaltungspraxis, die solche Erlasse erforderlich macht, weckt Mißtrauen. Den Ermessensentscheidungen über den Erlaß von einigen 100.000 € Steuerschulden (vermutlich kaum gegenüber Widersachern der eigenen Partei) steht gegenüber, daß mitunter Einkommensteuerpflichtige auf eine Steuererstattung über ein Jahr warten müssen, andererseits bei einer Überziehung der Frist für die Zahlung von 100 € Umsatzsteuer um 14 Tage schon mit Steuersäumniszuschlägen bedacht werden.

(3) *Aufrechnen* können Steuerpflichtige nur mit unbestrittenen oder rechtskräftig festgestellten Ansprüchen gegen Steuerschulden. Wenn ein Unternehmer bis 10. Juli Umsatzsteuer zu zahlen hat und gleichzeitig aufgrund seiner Einkommensteuererklärung des Vorjahres mit einer dreimal so hohen Einkommensteuererstattung rechnet, deren Steuerbescheid ihm noch nicht zugegangen ist, so darf er nicht aufrechnen; denn der Anspruch auf Einkommensteuererstattung ist noch nicht rechtskräftig festgestellt (vgl. im einzelnen § 226 AO).

Wenn das Einziehen einer Steuer nach Lage des Einzelfalls unbillig wäre, können Steuern erlassen oder niedriger festgesetzt werden (§ 227 AO). Für einen *Steuererlaß* sind bei Beträgen bis zu 40.000 DM (ein entsprechender Erlaß mit €-Beträgen ist noch nicht ergangen) und bei niedrigerer Steuerfestsetzung nach § 163 AO: 80.000 DM die Finanzämter zuständig, bis zu 200.000 DM, bei niedrigerer Steuerfestsetzung: 400.000 DM die Oberfinanzdirektionen. Für höhere Beträge ist die Zustimmung des BMF erforderlich.

(4) Steuerschulden können auch durch *Verjährung* erlöschen. Die AO unterscheidet zwischen der Festsetzungsverjährung und der Zahlungsverjährung. Eine Steuerfestsetzung, sowie ihre Aufhebung oder Änderung, ist nicht mehr zulässig, wenn die Festsetzungsfrist abgelaufen ist (§ 169 AO). Die Festsetzungsfrist beträgt für Zölle, Verbrauchsteuern und entsprechende Vergütungen ein Jahr und für alle anderen Steuern und Steuervergütungen vier Jahre. Ist eine Steuer hinterzogen worden, so verlängert sich die Festsetzungsfrist auf zehn Jahre, ist eine Steuer leichtfertig verkürzt worden, beträgt die Frist fünf Jahre. Die Festsetzungsfrist beginnt mit Ablauf

des Kalenderjahres, in dem die Steuer entstanden ist. Der Ablauf der Festsetzungsfrist wird in bestimmten Fällen gehemmt (§§ 170, 171 AO).

Die Zahlungsverjährung (§§ 228-232 AO) betrifft den Anspruch auf Steuerzahlung aufgrund eines Steuerbescheids. Die Verjährungsfrist beginnt hier mit Ablauf des Kalenderjahres, in dem der Zahlungsanspruch erstmals fällig geworden ist, und beträgt einheitlich fünf Jahre. Nach Ablauf dieser Frist erlischt der Zahlungsanspruch.

Die Verjährung wird in bestimmten Fällen unterbrochen, z.B. durch Mahnung oder Stundung (§ 231 AO), und ist gehemmt, solange der Anspruch wegen höherer Gewalt innerhalb der letzten sechs Monate der Verjährungsfrist nicht verfolgt werden kann (§ 230 AO).

e) Wer mit seinen Steuerbescheiden einverstanden ist, wird die Steuern bezahlen und sich damit weiteren Ärger vom Halse schaffen. Was aber kann der Steuerpflichtige tun, der mit dem ihm zugesandten Steuerbescheid nicht einverstanden ist?

Der Steuerpflichtige muß zunächst den außergerichtlichen Rechtsbehelf des *Einspruchs* nutzen (§ 348 AO), und wenn er dann mit dem Ergebnis noch nicht zufrieden ist, kann er die Steuergerichte anrufen.

Ein Einspruch gibt **nicht** das Recht, die Zahlung zu verweigern; es sei denn, das Finanzamt stimmt zu. Wer also nicht damit einverstanden ist, 1.000 € an Einkommensteuer nachzuzahlen, wird Einspruch einlegen, bei Fälligkeit hat er aber die Nachzahlung fristgerecht zu überweisen.

Auf Antrag soll die Finanzbehörde jedoch die Vollziehung des angefochtenen Verwaltungsaktes aussetzen, wenn ernstliche Zweifel an dessen Rechtmäßigkeit bestehen oder wenn die Vollziehung für den Betroffenen eine unbillige, nicht durch überwiegende öffentliche Interessen gebotene Härte zur Folge hätte (§ 361 AO).

Über den Einspruch entscheidet die Finanzbehörde, die den Verwaltungsakt erlassen hat. Der Verwaltungsakt kann auch zum Nachteil dessen, der Einspruch eingelegt hat, geändert werden, wenn der Steuerpflichtige auf die Möglichkeit einer verbösernden Entscheidung unter Angabe von Gründen hingewiesen wurde und er sich dazu äußern konnte (§ 367 Abs. 2 AO). Zuvor darf der Einspruch zurückgenommen werden. Gegen die Einspruchsentscheidung kann der Steuerpflichtige das zuständige Finanzgericht anrufen. Dazu wird er die Dienste eines Steuerberaters oder Fachanwalts für Steuerrecht in Anspruch nehmen.

3. Rechtswidrige Steuervermeidung

a) **Wer den Weg einer rechtswidrigen Steuervermeidung beschreitet**, hat den erhofften Steuerminderausgaben oder erschlichenen Subventionseinnahmen nicht nur die Wahrscheinlichkeit der Nachzahlung und von Strafzahlungen beim Erwischtwerden gegenüber zu stellen, sondern auch eine *höhere Arbeitsbelastung*, in die nicht nur die Mühen eingehen, sich einer Bestrafung zu entziehen, sondern auch das Nicht-im-eigenen-Interesse-Arbeiten-Können bei einem Gefängnisaufenthalt.

(1) **Steuerstraftaten** sind (§§ 369-376 AO):

(a) Die *Steuerhinterziehung*. Steuern hinterzieht, wer zum eigenen Vorteil oder zum Vorteil eines anderen gegenüber den Finanzbehörden unrichtige Angaben über steuerlich erhebliche Tatsachen macht oder sie pflichtwidrig nicht angibt und dadurch Steuerverkürzung oder Steuervorteile erlangt. Die Strafen sind Gefängnis bis zu fünf Jahren oder Geldstrafen. In besonders schweren Fällen kann die Freiheitsstrafe bis zu 10 Jahre betragen (§ 370 AO).

Wer nach einer Steuerhinterziehung bei der Finanzbehörde die unrichtigen Angaben richtig stellt, bleibt straffrei; es sei denn, er weiß bereits, daß die Tat entdeckt bzw. wenn die Betriebsprüfung bereits im Haus erschienen ist.

(b) Der *Bannbruch und die Steuerhehlerei*. Bannbruch begeht, wer Gegenstände entgegen einem Verbot einführt, ausführt oder im Transit durchführt, ohne sie dem Zoll vorzulegen (§ 372 AO). Zum Bannbruch zählt vor allem der Schmuggel. Steuerhehler ist, wer Erzeugnisse oder Waren, bei denen Verbrauchsteuern oder Zoll hinterzogen oder Bannbruch begangen wurde, ankauft, absetzt oder abzusetzen hilft. Freiheitsstrafen werden hier bis zu fünf Jahren verhängt.

(c) Die *Begünstigung einer Person, die eine der Straftaten (a) oder (b) begangen hat*, wird mit einer Freiheitsstrafe von mindestens einem Jahr geahndet.

(2) Weniger schwerwiegend als Steuerstraftaten sind **Steuerordnungswidrigkeiten** (§§ 377-384 AO). Hierzu zählen vor allem die *leichtfertige Steuerverkürzung* und die *Steuergefährdung*. Leichtfertig verkürzt die Steuern, wer einen der Tatbestände für Steuerhinterziehung fahrlässig und nicht vorsätzlich begeht. Die Ordnungswidrigkeit kann mit einer Geldbuße bis zu 100.000 DM/ 50.000 € belegt werden.

Steuergefährdung begeht, wer vorsätzlich oder leichtfertig unrichtige Belege ausstellt oder buchungs- bzw. aufzeichnungspflichtige Geschäftsvorfälle nicht oder unrichtig verbucht und dadurch ermöglicht, Steuern zu verkürzen. Hierfür ist eine Geldbuße bis zur Höhe von 10.000 DM/ 5.000 € möglich.

(3) Strafvorschriften bestehen allerdings auch gegenüber den Angehörigen der Finanzverwaltung, und zwar bei Verletzung des Steuergeheimnisses. Amtsträger dürfen die Verhältnisse eines anderen nicht offenbaren, die ihnen in einem Verfahren in Steuersachen oder einem Steuerstrafverfahren bekannt geworden sind. Geschäftsgeheimnisse dürfen nicht ausgewertet werden.

Zulässig ist die Verletzung des Steuergeheimnisses dann, wenn der Betroffene zustimmt. Umstritten ist, ob die Verwaltung befugt ist, zur Richtigstellung von in der Öffentlichkeit verbreiteten unwahren Angaben, Steuergeheimnisse zu veröffentlichen. Das Steuergeheimnis darf durchbrochen werden, wenn ein zwingendes öffentliches Interesse besteht. Ein zwingendes öffentliches Interesse ist z.B. gegeben bei Verbrechen, vorsätzlich schweren Vergehen gegen Leib und Leben oder gegen den Staat und seine Einrichtungen (§ 30 Abs. 4 Nr. 5 AO).

b) *Wer für sich ein Gebot, rechtswidrige Steuervermeidung ist zu unterlassen, nicht strikt gelten läßt,* sieht sich der zusätzlichen Arbeitsbelastung ausgesetzt, sorgfältig Handlungsmöglichkeiten zur rechtswidrigen Steuervermeidung zu planen und durchzuführen, um einerseits die Entdeckungsgefahr durch die Finanzbehörden zu minimieren, und andererseits unter der Unsicherheit, doch entdeckt zu werden, die Chance von Steuerminderzahlungen abzuwägen gegen die Gefahr der Nachzahlung hinterzogener Steuern zuzüglich Zinsen zuzüglich Steuerstrafen zuzüglich Ausgaben für die Dienste eines Steuerrechtsanwalts und andere Strafverfahrenskosten.

(1) Die Prognose der Steuerstrafen im Entdeckungsfall ist nur in Spannweiten möglich neben dem Sachverhalt, daß in der Bundesrepublik Deutschland zumindest bislang ein Nord - Süd - Gefälle mit höheren Strafen im Norden besteht. Es dürfen nicht weniger als 5 und nicht mehr als 360 Tagessätze verhängt werden, bei Bildung einer Gesamtstrafe nicht mehr als 720 Tagessätze. Nach früheren Statistiken werden hinterzogene Beträge bis zu 2.000 DM mit 5 –10 Tagessätzen geahndet, 100.000 DM mit 360 Tagessätzen. Der Tagessatz wird nach dem durchschnittlichen Tagesein-

kommen des Täters zum Zeitpunkt der Verurteilung bestimmt. Zudem darf der Tagessatz 10.000 DM nicht übersteigen (§§ 40, 54 StGB). Die Strafzumessung gewährt somit erhebliche Rabatte mit steigendem Hinterziehungsbetrag[30].

(2) Zu der Arbeitsbelastung bei der Planung steuerrechtswidriger Steuervermeidung tritt im Falle des Entdecktwerdens die zusätzliche Arbeitsbelastung, die Folgen der Steuerstraftaten zu verringern, einschließlich des damit verbundenen Ärgers eines Reputationsverlustes, wenn Mitmenschen und Medien hämevoll dieses sog. „Kavaliersdelikt" breitquatschen. Dennoch scheint für nicht wenige Steuerpflichtige eine *steuerpsychologische Hypothese* zuzutreffen, daß 100 €, dem Fiskus vorenthalten, mehrere hundert € wert sind, die an anderer Stelle verdient oder konsumiert werden könnten. Ob kriminelle Energie oder Staatsverdrosssenheit aufgrund ständigen Fehlverhaltens von Berufspolitikern dafür eine hinreichende Erklärung bieten, sei dahingestellt.

c) Im Hinblick auf rechtswidrige Steuervermeidung ist *Gegenstand einer steuerlichen Betriebswirtschaftslehre vor allem eine Analyse der Einflußgrößen und Unsicherheitsursachen* bei der Wahl, ob Handlungsmöglichkeiten ergriffen werden sollen, die rechtswidrig Steuern vermeiden. Dabei ist im einzelnen zu prüfen:

(1) **Die Verlockung:** Welche Handlungsmöglichkeiten mindern im Falle des Nicht-Entdeckt-Werdens Steuerzahlungen in welcher Höhe für welchen Zeitraum?

Bei der Antwort ist auf Steuerabzüge durch Quellensteuern, auf Steuersätze und Bemessungsgrundlagen in den einzelnen Ländern zu achten, auf Benachrichtigungen (Kontrollmitteilungen) zwischen den einzelnen Finanzverwaltungen, Verjährungsfristen und auf Währungsrisiken und politische Risiken, die in „Steueroasen" außerhalb der EU nicht immer unbeachtlich sind.

(2) **Die Entdeckungsgefahr**: Rechtswidrige Steuervermeidung muß durch die Steuerfahndung bewiesen werden. Die Steuerfahndung wird aus ihr zugegangenen

---

[30] Vgl. mit Quellen *Jochen Hundsdoerfer*: Die Steuerhinterziehung und ihre Integration in betriebswirtschaftliche Entscheidungsmodelle. Berlin 1996, S. 63 f., 70-73.

Informationen auf einen Anfangsverdacht schließen und anschließend wie die Staatsanwaltschaft ermitteln. Informationen können aus Unstimmigkeiten innerhalb der Steuererklärungen bei den verschiedenen Steuerarten entstehen, aus erheblichen Abweichungen z.B. zwischen Umsatz und Beschaffung einzelner Handelswaren oder Produkten unter vergleichbaren Betrieben („Verprobungsverfahren"), natürlich aus den Ergebnissen einer Außenprüfung, aber auch aus anonymen Schreiben, denen unrechtmäßig erstellte Kopien von Belegen usw. beiliegen und die von betrogenen Ehepartnern, frustrierten Mitarbeitern, „lästigen" Minderheitsgesellschaftern, neidischen Nachbarn oder „Freunden" dann der Finanzverwaltung zugespielt werden.

Vor gehässiger Beschuldigung schützt nur die eigene Verschwiegenheit, deren größter Feind die pfauenhafte Eitelkeit des Protzens gegenüber Partnern, Saufkumpanen oder Mitarbeitern ist. Vor der Anklage mit beweiskräftigen Belegen bewahrt nur das Vermeiden schriftlicher Festlegungen. Deshalb stellen Reparaturhandwerker mitunter die Frage: „Brauchen Sie eine Rechnung oder zahlen Sie bar?", was dem Kunden die einkalkulierte Umsatzsteuer spart, dem Handwerker neben der Umsatzsteuerzahlung gewinnabhängige Steuern und Sozialabgaben.

Wer derart verdientes „Schwarzgeld" oder Ererbtes oder Erspartes verzinslich anlegen will, ohne solche späteren Einkünfte aus Kapitalvermögen zu versteuern, wird zur Minderung der Entdeckungsgefahr sein Geld bar in Steueroasen verbringen (derzeit in der EU noch die Britischen Kanalinseln, Luxemburg, außerhalb der EU Liechtenstein, die Schweiz, Cayman Islands und andere Staaten, die nicht willens sind, Kontrollmitteilungen über die Einkünfte ausländischer Investoren den deutschen Finanzbehörden zukommen zu lassen). Eine zusätzliche Unsicherheitsursache ist das Bestohlenwerden beim Transport größerer Barbeträge, eine weitere die nicht immer zweifelsfrei zu beurteilende Bonität des ausländischen Kreditinstituts oder Vermögensverwalters.

(3) **Das zielentsprechende Nutzen hinterzogener Beträge:** Auf welchen Wegen können die rechtswidrig vermiedenen Steuerzahlungen den persönlichen Konsum- und Investitionszielen nutzbar gemacht werden, ohne die Entdeckungsgefahr zu erhöhen? Rücküberweisungen aus dem Ausland von Geldern, die nicht in Steuererklärungen eingegangen sind, bleiben tabu, ebenso auffällige Barkäufe von Luxuskarossen oder Kunstwerken im Inland (bei Kunstkäufen im Ausland wird der Versicherungsschutz zum Problem, weil Art und Preis und Expertisen von der Versicherung

festzuhalten sind). Das „Schwarzgeldrecycling" beim Immobilienkauf durch notarielle Beurkundung nur eines Teilbetrages mit restlicher Bargeldübergabe ist meist nur im Ausland möglich (Mallorca wurde hier im Fernsehmagazin „Frontal" in 2000 genannt). Selbst die Finanzierung von luxuriösen Auslandsreisen (im Inland gebucht) kann zu „umgedrehten Kontrollmitteilungen" bei der Außenprüfung von Reisebüros führen[31]. Ohne sorgfältiges Vorausbedenken, wie hinterzogene Beträge den eigenen Zielen ohne Erhöhung der Entdeckungsunsicherheit wieder zugeführt werden können, bleibt die rechtswidrige Steuervermeidung ein Spiel, dessen Reiz nur im Kitzel liegt, ob und wann man doch entdeckt werden wird.

d) Die entscheidungslogische Analyse von Steuerhinterziehungen ist wegen der Vernachlässigung der Gestaltungssachverhalte für Handlungen zur rechtswidrigen Steuervermeidung, wegen der Annahmen über quantitative Entdeckungswahrscheinlichkeiten, bekannter Steuerstrafen und Strafverfahrenskosten, sowie wegen der meist unzureichenden Kenntnis praktisch brauchbarer Entscheidungsregeln unter Ungewißheit (z.B. eindeutiger Risikonutzenfunktionen in Abhängigkeit vom Vermögen) nicht von hohem Anwendungsbezug.

Die entscheidungslogische Analyse ist jedoch rechtspolitisch als ökonomische Analyse des Steuerrechts bedeutsam, weil sie gängige gesellschaftliche Wertungen infragestellt. So wirkt z.B. die Implikation in § 235 AO, daß Zinsen auf Hinterziehungszinsen nicht erhoben werden, fördernd auf die Vorteilhaftigkeit einer rechtswidrigen Steuervermeidung. Andererseits sind im Entdeckungsfall Hinterziehungszinsen wie alle Steuerstrafzahlungen nicht gewinnmindernd abzugsfähig im Unterschied zur Alternative „Finanzierung von Investitionen durch Kreditaufnahme mit Zinszahlung" bei ESt, KSt , SolZ, KiSt. Entgegen landläufiger Meinung sinkt der dem Fiskus verschwiegene Gewinn bei Risikoabneigung mit einer Senkung der Strafandrohung; er steigt bei sinkendem Steuersatz, während eine Wettbewerbsverzerrung durch noch nicht entdeckte Steuerhinterziehung nicht eindeutig zu belegen ist[32].

e) Wie rechtswidrige Steuervermeidung und die öffentlich oder hinter der hohlen Hand darüber verbreiteten Meinungen **ethisch** zu werten sind, sei zunächst nach der

[31] Vgl. näher *Klaus Kottke*: Steuerersparnis, Steuerumgehung, Steuerhinterziehung. 10. Aufl., Freiburg 1994, S. 268.

[32] Vgl. *Hundsdoerfer*: Die Steuerhinterziehung, S. 160 f., 195, 302, 310.

Sichtweise über das Verhältnis Bürger/Staat beantwortet und anschließend im Verhältnis zwischen steuerehrlichen und steuerhinterziehenden Bürgern.

(1) Bis in die Zeit des beginnenden Absolutismus im 15./16. Jahrhundert galt überwiegend eine direkte Besteuerung als Raub. Folglich wäre eine Hinterziehung solcher Steuern jenseits des ethisch Bösen einzuordnen als spekulative „Innenfinanzierungsmaßnahme". Klassische Nationalökonomen behaupteten noch im 19. Jahrhundert, daß eine Steuerforderung, die über den Preis einer Gegenleistung für den Schutz durch den Staat hinausgehe, eine „Banditenforderung" sei (so *Christian von Schlözer*[33], der *Adam Smith*'s Lehre im Zarenreich verkündete).

Demgegenüber waren es „Feinde der offenen Gesellschaft", wie der Staatsromantiker *Adam Müller* oder *Fichte* und *Hegel*, die aus einer behaupteten absoluten Untertanenschaft des einzelnen gegenüber dem Staat eine ethische Verpflichtung zur Steuerzahlung herleiteten[34]. Das wäre zu rechtfertigen, falls der Staat stets als sog. „wohlwollender Diktator" im ausschließlichen Interesse des Staatsvolks handeln könnte und würde. Da dies nicht zu verwirklichen ist, wird Ethik lediglich mißbraucht, wenn sie als Lehre von der einseitigen Verpflichtung des Untertanen benutzt wird, um Staatsmacht durch moralisches An-den-Pranger-stellen und nicht nur über Strafandrohungen durchzusetzen.

(2) Die Beziehungen zwischen Ethik und gesetzwidriger Steuervermeidung lassen sich wirtschaftstheoretisch durch folgende Modellüberlegungen klären:

Wäre der Gesetzgeber weise, handelte er ausschließlich dem gesellschaftlichen Wohl verpflichtet, und wüßte er, wie er in unzweideutiger Sprache das gesellschaftliche Wohl durch Rechtsetzungen regeln kann, dann ließe er nur jene Staatsausgaben zu, die der gesellschaftlichen Wohlfahrt dienen. Er übernähme keine Aufgaben, die Private nicht mindestens genauso gut erfüllen können. Zudem würde er nicht einzelne Gruppen privilegieren. Zur Finanzierung der unerläßlichen Staatsausgaben zöge dieser weise Herrscher nur Steuern heran, die legale Steuerausweichhandlungen soweit möglich verhinderten und Gleichmäßigkeit der Besteuerung wahrten.

---

[33] *Christian von Schlözer*: Anfangsgründe der Staatswissenschaft oder die Lehre vom Nationalreichtum. Riga 1805 und 1807, § 159.

[34] Vgl. *Karl R. Popper*: Die offene Gesellschaft und ihre Feinde, Bd. II: Falsche Propheten: Hegel, Marx und die Folgen. 7. Aufl., Tübingen 1992, S. 64-66, S. 93 f.; *Eheberg*: Steuer. In: Handwörterbuch der Staatswissenschaften, Bd. VII, 4. Aufl., Jena 1926, S. 1046-1082, hier S. 1051.

Handelt es sich hingegen beim Gesetzgeber um einen Tyrannen, unter dessen Joch sogar der Tyrannenmord als ethisch nicht verwerflich gelten muß, dann ist auch jeder mildere Verstoß gegen die Wünsche des Tyrannen, wie eine gesetzwidrige Steuervermeidung, ethisch nicht zu tadeln.

In unserem Staat siedelt das Problem Ethik und gesetzwidrige Steuervermeidung zwischen den bisher genannten Extremen; denn der Gesetzgeber ist offenkundig kein Tyrann, aber auch nicht weise. Gerade deshalb haben ethische Normen vor allem für jene zu gelten, die Steuerzahlungspflichten auferlegen[35].

(3) Im Verhältnis zwischen den Bürgern läßt sich der Vorwurf erheben, der Steuerhinterziehende handele unmoralisch gegenüber dem Steuerehrlichen[36]. Nimmt das Nichteinhalten ethischer Normen im Steuerrecht und bei der Staatseinnahmenverwendung einem gesetzwidrigen Handeln einzelner Steuerpflichtiger den moralischen Makel gegenüber den Steuerehrlichen?

Wenn der Gesetzgeber gegen Gleichmäßigkeit der Besteuerung verstößt, so handelt der Steuern Hinterziehende kaum ethisch fragwürdig, soweit er durch sein gesetzwidriges Tun Gleichmäßigkeit der Besteuerung herstellt. Insoweit handelte ein Steuern Hinterziehender erst dann unmoralisch gegenüber Steuerehrlichen, wenn Gleichmäßigkeit der Besteuerung näherungsweise verwirklicht wäre. Da dies nicht der Fall ist, tritt in den Vordergrund der Grundsatz, daß ethische Normen vorrangig für die Rechtsetzenden und Machtausübenden zu gelten haben. Folglich sticht der Einwand nicht, der Bürger habe innerhalb der Rechtsordnung zu handeln und deshalb sei es ethisch verwerflich, Steuern zu hinterziehen. Für den einzelnen ist die Handlungsmöglichkeit einer Steuerhinterziehung eine Investition unter Unsicherheit, deren Unsicherheitsursachen freilich meist unterschätzt werden.

(4) Vielmehr bleibt die Aufgabe, Steuerhinterziehung mit ethischen Verstößen durch Steuergesetzgebende abzuwägen. Der moralischen Aufforderung an die Staatsbürger „Hinterziehe keine Steuern!" ist eine moralische Aufforderung an Berufspolitiker und Staatsdiener entgegenzustellen: „Vermeide öffentliche Verschwen-

[35] Vgl. zu Beispielen *Schneider*: Theorie der Unternehmung, S. 692-695, sowie in diesem Buch Kapitel C. III.

[36] Vgl. *Wulf Gaertner*: Untergrundwirtschaft, Steuerhinterziehung und Moral. In: Wirtschaftswissenschaft und Ethik, hrsg. von H. Hesse. Berlin 1988, S. 109-130, hier S. 125.

dung!", „Verstoße nicht gegen Gleichmäßigkeit der Besteuerung!". Solange ethische Normen gegen Verschwendung öffentlicher Einnahmen nicht kodifiziert, Gleichmäßigkeit der Besteuerung nicht ernsthafter, treffender (und unter Berücksichtigung teils Jahrzehnte oder Jahrhunderte alter wirtschaftswissenschaftlicher Erkenntnisse) verwirklicht wird, ist entgegen der ethischen Untertanenpflicht zur Steuerzahlung zu betonen, daß ethische Normen vor allem für die Gesetze Anordnenden und Durchführenden zu gelten haben. Deshalb geht die Wertung des Autors dahin, daß unter den derzeitigen Steuerrechtsgegebenheiten eine ethische Verurteilung von Steuerhinterziehungen nicht zu begründen ist: Das An-den-Pranger-stellen jener, die gesetzwidrig Steuern vermeiden, ist keine Norm, mit der Staatsverdrossenheit abgebaut werden kann und Staatsmacht in einer Demokratie durchgesetzt werden sollte.

B. Entscheidungswirkungen einkommensabhängiger Steuerzahlungen

I. Entscheidungsneutralität und die Messung von Steuervergünstigungen und Steuerbenachteiligungen

1. *Die Beurteilung von Steuerwirkungen über die Eichstriche der Entscheidungneutralität und der gerechten Verteilungsfolgen*

a) Steuerzahlungen beeinträchtigen das Erreichen finanzieller Ziele der Steuerpflichtigen. Vernünftigerweise werden Steuerpflichtige deshalb durch rechtlich zulässige Anpassungshandlungen reagieren, und manche Steuerpflichtige erfahrungsgemäß auch durch illegale Steuerordnungswidrigkeiten oder Steuerhinterziehungen. Rechtlich zulässige Anpassungshandlungen werden **Steuerausweichhandlungen** genannt. Für eine Untersuchung der Ausweichhandlungen bei verwirklichten oder angekündigten Steuerrechtsetzungen ist es nützlich zu wissen: *Gibt es Steuerrechtsetzungen, die bei vernünftigem Handeln keine Ausweichhandlungen auslösen?* Sobald man weiß, unter welchen Bedingungen bei rationaler Planung ein Steuerpflichtiger auf Steuerausweichhandlungen verzichtet, kennt man eine Art „Nullpunkt" von Entscheidungswirkungen.

(1) Steuerrechtsetzungen, die bei vernünftigen Steuerpflichtigen keine Ausweichhandlungen verursachen, heißen entscheidungsneutral. **Entscheidungsneutralität** eines gerade betrachteten Steuerrechtssystems bedeutet: Die Rangordnung der Handlungsalternativen, wie sie für eine Welt ohne Steuern unter sonst gleichen Bedingungen geplant würden, ändert sich bei Berücksichtigung der Steuerzahlungen nicht. Die in der Vorteilhaftigkeit zielentsprechende Rangordnung der Wahlhandlungen „vor Steuern", d.h. in einer Modellwelt ohne Einrechnung von Steuern, deckt sich mit der zielentsprechenden Rangordnung „nach Steuern", d.h. mit Einrechnung von Steuerzahlungen aus einem Steuerrechtssystem. Innerhalb der rangordnungserhaltenden Steuersysteme bestehen welche, bei denen sowohl die Rangordnung der Handlungen als auch ihr Umfang sich nicht ändert.

Der Vergleich der Rangordnung „vor Steuern" und „nach Steuern" setzt voraus, daß das Entscheidungsfeld (S. 24-29) gleich bleibt, im einzelnen:

(a) Das Steuerrecht ändert die Zielgrößen nicht, die ein Entscheidender anstrebt, sondern lediglich das Ausmaß der finanziellen Zielerreichung. Wer vor Beachtung der Steuern gegen Entgelt arbeitet, wird nicht nach deren Einbeziehen in seine Planung zum Rentner oder Strauchdieb. Wer in der Planung „vor Steuern" dem Risiko abgeneigt ist, wird „nach Steuern" nicht zum Hasardeur.

(b) Das Steuerrecht beeinflußt weder die Handlungsmöglichkeiten, unter denen gewählt wird, noch die Anfangsausstattung an Mitteln (vor Steuerzahlungen).

(c) Das Steuerrecht ändert nicht das Ausmaß an Rationalität, unter dem Menschen handeln.

Die drei Voraussetzungen sind keineswegs in der Wirklichkeit immer erfüllt. Die dritte Voraussetzung schließt z.B. aus, daß Gutverdienende auf Milchmädchenrechnungen über Steuerersparnisinvestitionen hereinfallen, wie sie in den letzten Jahrzehnten bei zahlreichen Bauherrenmodellen, Abschreibungs- und Verlustzuweisungsobjekten beobachtet worden sind.

Ein im Modell als entscheidungsneutral definiertes Steuerrecht löst also nur unter bestimmten Voraussetzungen keine Steuerwirkungen aus. Selbst wenn das Steuerrecht entscheidungsneutral gestaltet wäre, aber eine der Voraussetzungen nicht eintritt (z.B. die Entscheidenden ihre Zielgrößen ändern oder wegen der Besteuerung sich andere Handlungsmöglichkeiten einfallen lassen), entstehen dennoch Steuerwirkungen. Darüber hinaus folgen Steuerwirkungen allein aus der Minderung des verfügbaren Einkommens durch Steuerzahlungen und der damit finanzierten Staatsnachfrage. Steuerwirkungen sind also auch bei einer modellmäßig entscheidungsneutralen Besteuerung in einem unveränderten Entscheidungsfeld nicht gänzlich ausgeschlossen, sondern auf die Änderung der Finanzierung von Konsum- oder Investitionsausgaben und der Absatz- und Beschaffungsmarktgegebenheiten als Folge der Verwendung von Steuereinnahmen durch den Staat beschränkt.

(2) Entscheidungsneutralität irgendeines gerade betrachteten Steuerrechtssystems ist kein empirisch zu beobachtender Sachverhalt. Weder sind die Umweltbedingungen außerhalb des Steuerrechts für die Entscheidungsneutralität der Steuerzahlungen erfüllt noch ist irgendein Steuerrecht auf dieser Erde entscheidungs-

neutral abgefaßt. Jedes derzeit verwirklichte Steuerrecht beeinflußt unternehmerische Handlungen und „lenkt" deshalb das Wirtschaften in diese oder jene Richtung.

Der Begriff der Entscheidungsneutralität dient für den Aufbau einer Lehre von den Steuerwirkungen als Untersuchungswerkzeug. Entscheidungsneutralität der Besteuerung ist also eine Diagnosehilfe wie ein Augenspiegel, kein Therapiemittel wie eine Brille. Modelle zur Entscheidungsneutralität der Besteuerung dienen als Ausgangspunkt, um vor allem die beiden folgenden Aufgaben lösen zu können:

Werden in Modellen, die Entscheidungsneutralität, also Einflußlosigkeit der Besteuerung erläutern,

(a) einzelne Annahmen über die Umwelt durch andere Bedingungen oder

(b) entscheidungsneutrale Steuerrechtsetzungen durch geltende oder geplante Steuerrechtsetzungen

ersetzt, so läßt sich erkennen, wie nicht-steuerliche Umweltbedingungen und Steuerrechtsetzungen gemeinsam unternehmerische Handlungen beeinflussen. Auf diese Weise kommt die Lehre von der Unternehmensbesteuerung vor allem unbeabsichtigten Wirkungen einzelner Steuerrechtsetzungen auf die Spur, z.B. dem Sachverhalt, daß Steuersatzsenkungen im Gegensatz zu Wunschdenken in Praxis und Teilen der Wissenschaft, Risikobereitschaft und Innovationsfreudigkeit durchaus nicht immer fördern, sondern auch hemmen können (S. 137-151).

(3) Entscheidungsneutralität der Besteuerung besagt vor allem:

(a) Wenn für alle Steuerpflichtigen die Voraussetzungen von Entscheidungsneutralität der Besteuerung gewahrt bleiben, und das Steuerrecht entscheidungsneutral abgefaßt ist, gibt es keine marktbestimmten Steuerlasten.

(b) Innerhalb der Untersuchung der Steuerbelastung aus den Steuerzahlungen einer Person oder Institution erlaubt der Bezug auf eines der Modelle entscheidungsneutraler Besteuerung, die wirtschaftliche Steuerbelastung der rechtlichen Steuerbelastung gegenüberzustellen. Dieser Vergleich ist erforderlich, um überhaupt beurteilen zu können, ob und in welcher Höhe Steuervergünstigungen oder Steuerbenachteiligungen vorliegen.

Modelle entscheidungsneutraler Besteuerung sind Denkhilfen (Heuristiken), um einen Einstieg in die Schwierigkeiten von Steuerbelastungsvergleichen und Steuerwirkungsanalysen zu finden; denn die Begriffe Steuervergünstigung und Steuerbenachteiligung lassen sich nur durch Rückgriff auf ein Modell klären, das anzeigt, unter welchen Bedingungen ein Steuerrecht weder begünstigt noch benachteiligt.

(4) Es ist notwendig, zwischen einer Meßtheorie für Steuerwirkungen, die auf einem Bezugsmodell „Entscheidungsneutralität" als methodologischer Vorentscheidung aufbaut, und einer gestaltenden (normativen) Theorie der Steuerplanung streng zu unterscheiden. Eine Theorie der Steuerplanung will Handlungsempfehlungen sowohl dem Gesetzgeber als auch einer einzelnen Unternehmung geben. Der Unterschied zwischen einer Meßtheorie der Steuerwirkungen und einer gestaltenden Theorie der Steuerplanung wird aus folgendem Grund betont:

Vereinfachende Modellannahmen, wie sie z.B. Entscheidungsneutralität von Steuerzahlungen kennzeichnen, sind für ein Bezugsmodell zum Aufbau quantitativer Steuerbelastungsvergleiche nicht nur zulässig, sondern geboten. Ohne solche heroischen Vereinfachungen läßt sich kein widerspruchsfreier Ausgangspunkt für die weitere Forschung erlangen. Als Ausgangspunkt werden dabei alle Voraussetzungen für das Ergebnis „Einflußlosigkeit dieser oder jener Steuerrechtsetzung" aufgelistet.

Jene Voraussetzungen, die für ein widerspruchsfreies Bezugsmodell zu quantitativen Messungen von Steuerwirkungen notwendig sind, ruinieren durchweg in einer gestaltenden Theorie die Aussagefähigkeit von Modellergebnissen. Sie blamieren damit eine Lehre von der Steuerplanung. So setzt z.B. das Bezugsmodell für die Einflußlosigkeit der Gewinnbesteuerung auf die Investitionsentscheidungen u.a. Planungs-"Sicherheit" und einen Kapitalmarkt im Konkurrenzgleichgewicht voraus. Unter beiden Annahmen wird jedoch eine Lehre von der Steuerplanung mit Handlungsempfehlungen beim heutigen Stand der Forschung zur Kurpfuscherei; denn für die Umweltbedingungen, von denen unternehmerische Planung ausgehen muß, gibt es weder „Sicherheit" in der Planung noch einen Kapitalmarkt, in dem nach Belieben zu ein und demselben Zinssatz Geld aufgenommen und angelegt werden kann. Unter der Modellannahme eines vorgegebenen Kalkulationszinsfußes (also bei der Unterstellung eines konkurrenzgleichgewichtigen Kapitalmarktes außerhalb einer gerade untersuchten Investition) läßt sich nur für eine einzige erwartete Zukunftsentwicklung die Vorteilhaftigkeit errechnen. Eine solche Steuerplanung ergibt nur Rechenbeispiele für eine einzige von zahlreichen Datenkonstellationen, die für eine vernünftige Steuerplanung unter Ungewißheit einzeln durchzurechnen und dann im Hinblick auf eine Entscheidungsregel unter Ungewißheit zusammenzufassen wären.

Wie das unter den praktisch vorwiegenden Umweltgegebenheiten zu geschehen hat, darüber schweigt überwiegend die Lehre von der Steuerplanung und belegt insoweit ihre wissenschaftliche Rückständigkeit.

b) Innerhalb der Wirtschafts- und Finanzpolitik lassen sich Steuerrechtsetzungen nach zwei Gesichtspunkten ordnen:

(1) Steuerrechtsetzungen, die wirtschaftspolitische Zwecke erreichen wollen, z.B. die Investitionsförderung für die neuen Bundesländer, seien **Lenkungssteuern** genannt. Für Lenkungssteuern kann Entscheidungsneutralität natürlich niemals als Norm der Steuerpolitik betrachtet werden, weil Lenkungssteuern Handlungen verändern wollen. Wohl aber bedarf es auch für Lenkungssteuern der Diagnosehilfe Entscheidungsneutralität, um zu beurteilen, unter welchen Bedingungen Steuerrechtsetzungen mit Lenkungszwecken ihre beabsichtigte Wirkung erreichen und wann sie den Lenkungszweck verfehlen. Die Messung von Steuervergünstigungen und Steuerbenachteiligungen ist ein Teilschritt bei dieser Urteilsfindung.

(2) Steuerrechtsetzungen zur Einnahmenerzielung des Fiskus ohne beabsichtigten Lenkungszweck heißen hier **fiskalische Steuern**. Von solchen Steuerrechtsetzungen wird erhofft, daß sie zur Finanzierung der Staatsausgaben beitragen und dabei das Erreichen wirtschaftspolitischer Ziele wie Nicht-Fehllenkung oder -Verschwendung knapper Mittel (Allokationseffizienz) oder Nicht-Verzerrung des Wettbewerbs erreichen helfen und keine unbeabsichtigten Verteilungsfolgen verursachen. Für fiskalische Steuern bedarf es in gleicher Weise der Diagnosehilfe Entscheidungsneutralität, insbesondere einer Messung, inwieweit Steuervergünstigungen und Steuerbenachteiligungen aus einzelnen Rechtsetzungen und aus deren Zusammenwirken folgen.

(3) Zu prüfen bleibt, ob für Steuerrechtsetzungen, die von der gesetzgeberischen Absicht her nur der Einnahmenerzielung dienen sollen, Entscheidungsneutralität der Rechtspolitik als Norm vorgegeben werden sollte. Für „Entscheidungsneutralität" als Handlungsempfehlung an den Gesetzgeber spricht:

(a) Beachten fiskalische Steuerrechtsetzungen eine Norm Entscheidungsneutralität, so werden Steuerausweichhandlungen vernünftiger Steuerpflichtiger vermieden. Die Absicht der Einnahmenerzielung wird nicht dadurch unterlaufen, daß wegen Anpassungshandlungen der Steuerpflichtigen der Kuchen des Volkseinkommens kleiner wird als er bei entscheidungsneutraler Steuerrechtsetzung sein könnte.

(b) Soweit Entscheidungsneutralität dieselben Steuerrechtsetzungen verlangt wie eine gleichmäßige Besteuerung steuerlicher Leistungsfähigkeit, verhindert ein entscheidungsneutrales Steuerrecht unerwünschte Verteilungsfolgen, weil die tatsächliche Steuerbelastung der Steuerpflichtigen wegen Ausweichhandlungen vor der Besteuerung unter die vom Gesetzgeber beabsichtigte Steuerbelastung sinkt.

(4) Gegen eine **Norm** Entscheidungsneutralität geben folgende Gesichtspunkte den Ausschlag:

(a) Entscheidungsneutralität bezieht sich in erster Linie auf finanzielle Zielgrößen bei Wahlhandlungen und verlangt dabei Voraussetzungen, die in der Wirklichkeit nicht einzuhalten sind.

Von einer Norm Entscheidungsneutralität kann also bestenfalls eine Verringerung marktbestimmter Steuerlasten erhofft werden. Ehe auf die Verringerung marktbestimmter Steuerlasten vertraut wird, ist zu prüfen, ob nicht aus Änderungen des Steuerrechts in Richtung Entscheidungsneutralität gesamtwirtschaftlich nachteilige Änderungen der Zielgrößen, der Handlungsmöglichkeiten und der Entscheidungsrationalität der Steuerpflichtigen folgen. Hier besteht zur Zeit eine wissenschaftliche Grauzone.

(b) Entscheidungsneutralität von Steuerrechtsetzungen ist derzeit nur für sehr einfache Modelle unter Ungewißheit zu definieren. Unter der Unsicherheit in der Realität ist Entscheidungsneutralität nicht zu verwirklichen. Entscheidungsneutralität wird als Norm für eine Steuerrechtspolitik in all den Fällen untauglich, in denen nicht beurteilt werden kann, wie unter Unsicherheit eine bei Planungssicherheit entscheidungsneutrale Steuerrechtsetzung wirkt. Nur für wenige Steuerrechtsetzungen können Gründe genannt werden können, daß sie unter Unsicherheit weniger entscheidungsverzerrend wirken als andere Steuerrechtsalternativen (S. 153 f.).

(c) Das gesellschaftliche Maß für die Beurteilung von Verteilungs- und Umverteilungsfolgen, also die Maßgrößen steuerlicher Leistungsfähigkeit, können und werden regelmäßig von den Zielgrößen abweichen, die bei Entscheidungsneutralität unterstellt werden. Damit entsteht ein steuerpolitischer Zielkonflikt, ob und inwieweit innerhalb der fiskalischen Besteuerung Entscheidungsverzerrungen hingenommen werden sollen, um mehr Gleichmäßigkeit oder gar vertikale Gerechtigkeit erreichen zu können.

(d) Wegen der ungelösten Probleme, Steuerrechtsetzungen unter Unsicherheit entscheidungsneutral abzufassen, kommt Entscheidungsneutralität der Besteuerung nicht als generelle Norm für die Steuerrechtspolitik in Betracht. Stattdessen ist eine Norm angebracht, die erkannte Einzelverzerrungen von Entscheidungen unter Unsicherheit vermeidet. Nicht Entscheidungsneutralität der Besteuerung ist als Norm der Steuerrechtspolitik zu fordern, sondern ein Vermeiden nachgewiesener Entscheidungsverzerrungen durch einzelne Steuerrechtsetzungen. Eine Norm „Vermeidung nachgewiesener, fallbezogener Entscheidungsverzerrungen" ist eine wesentlich weniger umfassende und weniger anspruchsvolle Forderung als Entscheidungsneutralität. Sie setzt insbesondere keine derart haarsträubenden Modellannahmen voraus, wie einen konkurrenzgleichgewichtigen Kapitalmarkt bzw. eine Abwesenheit steuerbedingter Arbitragemöglichkeiten.

c) Die bisher bekannten Modelle zur Entscheidungsneutralität von Steuerzahlungen unterscheiden sich danach, wie Zahlungen für die Außenfinanzierung einer Unternehmung und die Einnahmen aus Finanzanlagen behandelt werden. Hinsichtlich der Bemessungsgrundlagen für den steuerpflichtigen Gewinn ergeben sich bei angenommener Planungssicherheit drei Alternativen:

(1) Bemessungsgrundlage ist der *Zahlungssaldo in jedem Zahlungszeitpunkt* (modellmäßig vereinfacht: das Jahresende), wobei „Zinsen" nicht besteuert werden, genauer: der Konkurrenzgleichgewichtspreis für die einperiodige Geldüberlassung ausgeklammert bleibt. Diese Zahlungssalden mit Ausschluß von „Zinserträgen" und Nichtabzugsfähigkeit von „Zinsaufwand" führt zur Modellgruppe der sog. **Cash-flow-Steuern**[37].

Da empfangene Konkurrenzgleichgewichts-„Zinsen" außerhalb der Steuerbemessungsgrundlage bleiben, gezahlte nicht den steuerpflichtigen Gewinn mindern, ist in

[37] Erstmals bei E. *Cary Brown:* Business- Income Taxation and Investment Incentives. In: Income, Employment and Public Policy, ed. by A. Metzler u.a. New York 1948, S. 300-316, hier S. 304 f., 310; zu weiteren Quellen vgl. *Dieter Schneider:* Investition, Finanzierung und Besteuerung. 7. Aufl., Wiesbaden 1992, S. 216, 711-728.

der Investitionsrechnung mit einem Kalkulationszinsfuß = Konkurrenzgleichgewichtspreis für die einperiodige Geldüberlassung **vor** Steuern zu rechnen.

(2) Bemessungsgrundlage ist der **Zahlungssaldo in jedem Zahlungszeitpunkt, korrigiert um einen Periodisierungsbetrag** in Höhe der Ertragswertänderung zwischen Ende der Vorperiode und Periodenende. Hierbei werden „Zinsen" besteuert, genauer: ein empfangener Konkurrenzgleichgewichtspreis für die einperiodige Geldüberlassung erhöht, ein gezahlter mindert die Steuerbemessungsgrundlage. Dieses Vorgehen führt zum Modell des **kapitaltheoretischen Gewinns**[38]. Die Besteuerung ändert den in der Investitionsrechnung anzuwendenden Kalkulationszinsfuß: Wenn i den Kapitalmarktgleichgewichtszins benennt, gilt für den Kalkulationszinsfuß nach Steuern

$$i_s = (1 - s)^*i. \qquad (11)$$

Aufwand bei Finanzierungszahlungen mindert also stets den steuerpflichtigen Gewinn. Dies ist im deutschen Steuerrecht keineswegs immer der Fall. So erhöhen Dauerschuldzinsen zur Hälfte den Gewerbeertrag, Zinsen auf private Kreditaufnahmen sind steuerlich nicht abzugsfähig.

(3) Kapitalwertgleiche Umperiodisierungen des Zahlungssaldengewinns oder des kapitaltheoretischen Gewinns erhalten die Entscheidungsneutralität, z.B. wenn statt einer Ausgabe in t_0 in einem späteren Jahr t_n Aufwand in Höhe der um n Jahre aufgezinsten Ausgabe tritt.

d) Die Entscheidungsneutralität definierenden Modelle des Cash-flow und des kapitaltheoretischen Gewinns haben folgende Reihe arger Vereinfachungen gemeinsam:

(1) Bei den Steuerpflichtigen ist von gleichen Zielsetzungen, gleichen Handlungsmöglichkeiten und einem gleichen Ausmaß an entscheidungslogischer Rationalität auszugehen.

[38] Von Vorläufern abgesehen erstmals formal sauber bei *Gabriel A.D. Preinreich:* Models of Taxation in the Theory of the Firm. In: Economia Internazionale, Vol. 4 (1951), S. 372-397, hier S. 387; *Sven Erik Johansson:* Skatt – investering – värdering. Stockholm 1961, S. 216 f.; *Paul A. Samuelson:* Tax Deductibility of Economic Depreciation to Insure Invariant Valuation. In: The Journal of Political Economy, Vol. 72 (1964), S. 604-606.

(2) Die Unsicherheit der Zukunft bleibt ausgeklammert. Nur jeweils eine Entwicklung der Zahlungsströme einer Investition wird betrachtet.

(3) Liquiditätsfolgen bleiben außen vor, weil ein (Rest)- Kapitalmarkt im Konkurrenzgleichgewicht unterstellt wird. Nur die Änderung der Vorteilhaftigkeit von Investitionen aufgrund dieser oder jener Steuerrechtsetzung wird untersucht.

(4) In einem Zahlungszeitpunkt mit einem „Verlust" hat ein Zuschuß des Finanzamts zu erfolgen in Höhe des Produkts Grenzsteuersatz mal „Verlust". Dieser Zuschuß heißt ungenau **„sofortiger Verlustausgleich"** (loss offset); denn es wird nicht der Verlust ausgeglichen, sondern steuerlich werden die Verluste zum Periodenende so bezuschußt, wie Gewinne weggesteuert werden.

Bei Besteuerung des *Cash-flow* hat ein „sofortiger Verlustausgleich" in Höhe des Betrages konstanter Grenzsteuersatz mal Ausgabenüberschuß zu erfolgen. Bei Besteuerung *des kapitaltheoretischen Gewinns* reduziert sich der sofortige Verlustausgleich auf den Betrag Grenzsteuersatz mal ökonomischer Verlust (Ausgabenüberschuß, korrigiert um die Ertragswertänderung zwischen Ende der Vorperiode und Periodenende).

(5) Die Steuerzahlung erfolgt zeitgleich mit dem Einnahmenzufluß, also der Verwirklichung der Zielgröße (*sofortige Besteuerung*). Es wird also davon abgesehen, daß für die Abgabe einer Steuererklärung und die Begleichung der Steuerschuld Fristen nach Erteilung des Steuerbescheides bestehen, aufgrund derer die Steuerzahlung u.U. ein Jahr oder mehr nach der Gewinnentstehung zu leisten ist. In gleicher Weise wird von Steuervorauszahlungen abstrahiert. Da praktisch die Steuerwirkungen oft nur aus Zinsvorteilen und Zinsnachteilen bestehen, kann diese Vereinfachung mitunter zu weit gehen. Bei der Prüfung steuerlicher Wahlmöglichkeiten wäre sie durch eine genauere (z.B. vierteljährliche) Finanzplanung zu ersetzen.

e) Modellüberlegungen aufgrund solcher Abstraktionen können zwar nur eine erste und keineswegs immer befriedigende Antwort bieten. Aber eine erste, ausbaubedürftige Antwort ist immer noch besser als gar keine Antwort. Heroische Vereinfachungen sind die Muttermilch der Theorie.

Ohne den Modellbegriff der Entscheidungsneutralität von Steuerrechtsetzungen zu Hilfe zu nehmen, läßt sich nicht beurteilen, ob irgendeine Steuerrechtsetzung (jenseits steuerfrei gestellter Handlungen) als Vergünstigung oder Benachteiligung wirkt. Nach dem gegenwärtigen Erkenntnisstand lassen sich wirtschaftliche Steuerbelastungen nur mittels Modellen aus der Gleichgewichtstheorie (der nicht-evolutorischen Ökonomie) oder anhand von Beispielen berechnen. Hier bessere Eichstriche zu entwickeln, ist eine Aufgabe für die künftige Forschung.

(1) Das modellgeschneiderte Maß, um über das Vorliegen von Steuervergünstigungen zu urteilen, liefert dann, wenn Zinserträge besteuert und Zinsaufwand den steuerpflichtigen Gewinn mindert, die Investitionstheorie mit dem **Modell des kapitaltheoretischen Gewinns**.

Der Zahlungssaldengewinn (Cash-flow-Steuer) eignet sich nicht als Eichstrich, um Steuervergünstigungen von Steuerbenachteiligungen zu trennen. Bei einer Cash-flow-Steuer sinkt der Kapitalwert vor Steuern proportional dem als konstant vorausgesetzen Steuersatz auf den Kapitalwert nach Steuern, während die Rendite vor Steuern der Rendite nach Steuern gleicht, so daß der Renditenvergleich nichts über Steuervergünstigungen oder -benachteiligungen aussagen kann.

(2) Das Rechenkonstrukt des kapitaltheoretischen Gewinns hat die Eigenschaft, daß der Ertragswert einer Investition ohne Steuern und der Ertragswert derselben Investition nach Abzug von Gewinnsteuern (wenn diese nach dem kapitaltheoretischen Gewinn bemessen werden) gleich hoch ist. Für noch nicht unvorteilhafte Investitionen (Kapitalwert = null) folgt daraus, daß die Rendite nach Steuern r_s proportional dem Steuersatz (also gemäß der rechtlichen Steuerbelastung) sinkt:

$$r_s = (1 - s)^*r. \qquad (12)$$

Bei einem Steuersatz von 50 % sinkt die Rendite nach Steuern also auf die Hälfte der Vorsteuerrendite. Dieses Sinken der Rendite nach Steuern proportional zum Steuersatz ist der Grund dafür, daß rechtliche und wirtschaftliche Steuerbelastung einander entsprechen.

Der kapitaltheoretische Gewinn gleicht in einer für die Messung der wirtschaftlichen Steuerbelastung geeigneten Definition[39] dem Zahlungssaldo am Ende einer Pe-

[39] Vgl. *Schneider*: Rechnungswesen, S. 41 f., 264-273.

riode (vor Reinvestitionen, Privatentnahmen, Zins-, Tilgungs- und Gewinnsteuerzahlungen während des Jahres) abzüglich eines Periodisierungsbetrages in Höhe der rechnerischen Ertragswertabnahme zwischen Ende und Anfang der Periode. Ist diese *Ertragswertabschreibung* negativ, entsteht eine Ertragswertzuschreibung.

Bei unveränderten Prognosen entspricht der Ertragswert einer Investition oder Unternehmung insgesamt dem mit dem Kapitalmarktgleichgewichtszins aufgezinsten Ertragswert zu Beginn des Jahres, vermehrt um den Einnahmenüberschuß des Jahres. Deshalb bleibt der Ertragswert zu Beginn des Jahres an dessen Ende erhalten, wenn vom Einnahmenüberschuß am Jahresende gerade ein Betrag in Höhe der Zinsen auf den Ertragswert zu Beginn des Jahres entnommen bzw. als Steuer bezahlt wird. Daher lautet eine gängige Kurzdefinition des kapitaltheoretischen Gewinnes „Zinsen auf den Ertragswert am Ende der Vorperiode". Aber für Steuerbelastungsvergleiche ist die mathematisch identische Definition „Zahlungssaldo am Ende der Periode abzüglich Ertragswertabschreibung" geeigneter, weil sie einen Vergleich mit den Gewinnermittlungsgrundsätzen ermöglicht: Einnahmenüberschußrechnung gegen Realisationsprinzip im Vermögensvergleich, Ertragswertabschreibung gegen Periodisierungsprinzip durch die steuerliche Absetzung für Abnutzung (AfA), Absetzung für außergewöhnliche Abnutzung (AfaA) und Sonderabschreibungen; der sofortige Verlustausgleich erübrigt den Grundsatz der Verlustvorwegnahme durch Teilwertabschreibungen.

(3) Der Eichstrich des kapitaltheoretischen Gewinns bestimmt im Modell eine **Entscheidungsneutralität wahrende Innenfinanzierung**; denn jener Teil des Einnahmenüberschusses (bezogen auf das Periodenende), welcher der Ertragswertabschreibung gleicht, darf nicht als Gewinn besteuert oder ausgeschüttet werden, soll der Ertragswert erhalten bleiben. Die rechnerische Ertragswertabschreibung ermittelt im Modell den Betrag einer **entscheidungsneutralen Innenfinanzierung aus Aufwandsverrechnung**.

(a) Ist jedoch der Einnahmenüberschuß am Periodenende kleiner als der kapitaltheoretische Gewinn (besteht insbesondere ein Ausgabenüberschuß), dann führt die insgesamt negative Ertragswertabschreibung (die Ertragswertzuschreibung) zu einem Abbau früherer entscheidungsneutraler Innenfinanzierung. Eine negative entscheidungsneutrale Innenfinanzierung verlangt gewinnabhängige Ausgaben trotz fehlender Einnahmenüberschüsse (deren Finanzierung ist wegen des unterstellten

Kapitalmarkts im Konkurrenzgleichgewicht kein Problem, weil in diesem Modell beliebige Beträge zum Konkurrenzgleichgewichtszins aufgenommen oder auch angelegt werden können).

(b) Wenn der Periodengewinn der finanziellen Zielgröße entspricht, *kann der Steuertarif beliebig in Abhängigkeit vom Einnahmenüberschuß verlaufen*, solange er unter 100 % bleibt. Bei Bemessungsgrundlagen, die von der finanziellen Zielgröße abweichen, darf der Steuersatz nicht mehr mit der Einnahmenhöhe variieren[40], es sei denn, die steuerliche Abschreibung gleicht stets der Ertragswertabschreibung.

f) Eine Aussage darüber, was im einzelnen steuerlich „gerecht" sei, mag ein persönliches Werturteil oder politisches Vorurteil sein. Die Messung, ob die Wirklichkeit eines Steuerrechts diesen explizierten Anspruch verletzt oder nicht, ist ein erfahrungswissenschaftliches, betriebswirtschaftliches Problem.

(1) In der steuerwissenschaftlichen Diskussion ist die Auffassung verbreitet, daß entscheidungsneutrale Steuerbemessungsgrundlagen zugleich als Bezugsgröße für Gleichmäßigkeit der Besteuerung, allgemeiner: für gerechte Verteilungsfolgen, dienen könnten[41]. Doch diese Harmonie zwischen Entscheidungsneutralität, durch die Allokationseffizienz erreicht werden soll, und den Regeln gerechten Verhaltens im Sinne gleichmäßiger Belastung bzw. „fairer" Verteilung besteht nicht, wie das folgende belegt.

(2) Eine der Unterstellungen des kapitaltheoretischen Gewinns, der als Meßmodell für die Höhe der Steuervergünstigungen benutzt wird, ist, daß positive Kapitalwerte als aus der Prognose von Zahlungsströmen folgende geplante Kapitalgewinne, steuerfrei gestellt werden. Negative Kapitalwerte, also aus der Prognose errechnete Kapitalverluste, dürfen keine steuerliche Verlustberücksichtigung auslösen, obwohl sie bei Investitionen unter Unsicherheit für einige Zukunftslagen nicht auszuschließen sind.

---

40 Vgl. zu Beispielen *Schneider*: Rechnungswesen, S. 258-261.

41 Vgl. z.B. *Richard A. Posner*: The Economics of Justice. Cambridge (Mass.) – London 1981, S. 48 – 114; *Franz W. Wagner:* Neutralität und Gleichmäßigkeit als ökonomische und rechtliche Kriterien steuerlicher Normkritik. In: StuW, Jg. 69 (1992), S. 2-13, hier S. 4 f.

Während also zur Messung von Steuervergünstigungen bei der Untersuchung von Entscheidungswirkungen ein Eichstrich benutzt wird, der eine modellmäßige Explikation der Quellentheorie des Einkommens darstellt[42], wäre bei der Untersuchung, welche Steuerrechtsetzungen gegen Gleichmäßigkeit der Besteuerung verstoßen, auf die Reinvermögenszugangstheorie zurückzugreifen. Im Hinblick auf die Entscheidungs- oder Effizienzwirkung der Besteuerung und im Hinblick auf gerechte Verteilungsfolgen der Besteuerung sind also durchaus nicht dieselben Eichstriche für die Messung von Steuervergünstigungen zu wählen.

(3) Der Nachweis der Entscheidungsneutralität des kapitaltheoretischen Gewinns geht von angenommener Planungssicherheit aus. Nun wird im Regelfall der Wissensstand im Planungszeitpunkt, z.B. dem Anfang einer Abrechnungsperiode, an deren Ende überholt sein. Deshalb empfiehlt sich für die Messung von Verteilungsfolgen, den Ertragswert der Unternehmung am Anfang und am Ende der Abrechnungsperiode nach dem Wissensstand am Ende der Periode zu ermitteln. Dabei wird regelmäßig eine Fehlschätzung gegenüber dem Ertragswert nach dem Wissensstand zum Ende der Vorperiode zutage treten. Diese Fehlschätzung ist mit dem Namen „Kapitalgewinn" bzw. „Kapitalverlust" belegt worden[43]. Der Name ist mißverständlich, denn gemeint sind nicht Gewinne oder Verluste aus dem Kapitaleinsatz schlechthin, sondern Vermögensänderungen aufgrund von nicht planbaren Ex-post-Überraschungen.

Wie sind solche unsicherheitsbedingten Fehlprognosen des Ertragswerts bei der Gewinnermittlung zu berücksichtigen?

(a) Für die Messung der wirtschaftlichen Steuerbelastung im Hinblick auf die Entscheidungswirkungen können „Kapitalgewinn oder -verlust" nicht beachtet werden. Schließlich treten sie ex post auf. Sie beeinflussen deshalb die Planung für eine Zukunftslage und damit die Hoffnung auf Allokationseffizienz über Entscheidungsneutralität nicht. Vernachlässigt wird dabei, daß eingetretene Enttäuschungen oder Glücksfälle die psychische Risikoneigung verändern können.

---

[42] Vgl. näher zur Gegenüberstellung von Quellentheorie des Einkommens und Reinvermögenszugangstheorie *Schneider*: Rechnungswesen, S. 243-250; zur Entwicklung beider Theorien *ders.*: Betriebswirtschaftslehre, Band 4, S. 884-895.

[43] Die Begriffsbildung geht auf *Gunnar Myrdal*: Prisbildningsproblemet och föränderligheten. Uppsala-Stockholm 1927, S. 44, zurück.

(b) Im Gegensatz dazu bezieht sich die wirtschaftliche Steuerbelastung für Verteilungsfolgen auf Ex-post-Ergebnisse. Die Reinvermögenszugangstheorie des Einkommens schließt sowohl geplante Gewinne und Verluste als auch durch Ex-post-Überraschungen eintretende „Kapitalgewinne und Kapitalverluste" in die Bemessungsgrundlage für gewinnabhängige Zwangsausgaben ein. Im tatsächlich verwirklichten Reinvermögenszugang und nicht in einem, der ungeplante, aus Ex-post-Überraschungen resultierende Vermögenszugänge steuerfrei stellt, wird ein ethisch akzeptables Maß zur Wahrung von Gleichmäßigkeit der Besteuerung gesehen[44].

(3) Um hinsichtlich gerechter Verteilungsfolgen Begünstigungen oder Benachteiligungen durch ein geltendes Steuerrecht zu messen, ist zunächst der Eichstrich des entscheidungsneutralen Steuerrechts zu ersetzen durch einen Eichstrich eines Steuerrechts, das die steuerliche Leistungsfähigkeit voll erfaßt. Wer entscheidungsneutrale Bemessungsgrundlagen zugleich als Bezugsgrößen gleichmäßiger Besteuerung ansieht, hat hier keine Probleme. Wer Abweichungen zwischen Plan und Ist, also Kapitalgewinne und Kapitalverluste, beachtet, muß die von ihm für gerecht gehaltene Maßgröße steuerlicher Leistungsfähigkeit in quantitativen Begriffen erläutern (dazu näher S. 239-248). Hinzu tritt, daß bei der Beurteilung von Verteilungsfolgen an die Stelle der rechtlichen und wirtschaftlichen Grenzsteuerbelastung die rechtliche und wirtschaftliche Durchschnittssteuerbelastung (S. 22 f.) tritt.

g) Die Beurteilung von Steuervergünstigungen und Steuerbenachteiligungen verlangt, daß drei Fragen auseinandergehalten werden:

(1) Wie *wirkt eine einzelne Steuerrechtsetzung (Steuerrechtsänderung) bei sonst investitionsneutralem Steuerrecht* auf die Vorteilhaftigkeit von Investitions- und Finanzierungsmaßnahmen?

Um für eine einzelne Steuerrechtsetzung zu prüfen, ob sie eine Vergünstigung darstellt, wird die Änderung des Zahlungsstromes durch die untersuchte Steuerrechtsetzung ermittelt und für diesen betrachteten Zahlungsstromverlauf (Investition, Finanzierung) die Rendite nach Steuern ermittelt. Für den Zahlungsstrom vor Einbeziehen dieser Steuerrechtsetzung wird unterstellt, es gelte ein entscheidungs-

[44] Vgl. näher *Schneider*: Rechnungswesen, S.269-271.

neutrales Steuerrecht, so daß $r_s = (1\text{-}s)^*r$. Der Vergleich einer so berechneten wirtschaftlichen Grenzsteuerbelastung mit dem Grenzsteuersatz erlaubt nur ein erstes „ceteris paribus"- Urteil darüber, ob eine einzelne Steuerrechtsetzung eine Vergünstigung schafft.

(2) Wie wirkt *eine einzelne Steuerrechtsänderung bei sonst tatsächlich geltendem Steuerrecht* auf die Vorteilhaftigkeit von Investitions- und Finanzierungsmaßnahmen?

Ein Urteil über eine einzelne Steuerrechtsvorschrift unter der Annahme eines sonst entscheidungsneutralen Gewinnermittlungsrechts erlaubt noch kein Urteil darüber, ob irgendeine Vorrats- oder Anlageinvestition steuerlich begünstigt wird; denn einer Vergünstigung können andere Steuerrechtsetzungen gegenüberstehen, die zusammen als Gewinnverböserungen wirken (z.B. ein fehlender sofortiger Verlustausgleich). Eine einzelne Steuer- oder Subventionsrechtsetzung darf dann nicht als Steuervergünstigung einer bestimmten Handlung eingestuft werden, wenn diese „Vergünstigung" lediglich „Benachteiligungen" durch andere Steuerrechtsetzungen ausgleicht. Nur für die Gesamtheit aller Steuer- und Subventionsrechtsetzungen, die für eine Investition bzw. für einen Kombinationsfall aus Investition und Finanzierung zu beachten sind, läßt sich beurteilen, ob eine zu beurteilende Investition steuerlich begünstigt wird oder nicht.

(3) Wie wirkt ein gesamtes (bestehendes oder geplantes) Steuerrecht auf die Vorteilhaftigkeit unterschiedlicher Investitions- oder Finanzierungsmaßnahmen und welche Verteilungsfolgen löst es aus? Diese Aufgabe ist bei dem bestehenden Steuerrechtschaos nicht allgemeingültig zu beantworten. Deshalb beschränken sich die folgenden Ausführungen hauptsächlich auf eine Antwort zur Frage (1).

2. *Messung von Steuervergünstigungen und Steuerbenachteiligungen bei Handlungen ohne Periodisierungsprobleme*

a) *Steuervergünstigungen sind abzubauen!* Diese Forderung ist ebenso beliebt wie in dieser unerläuterten Form nur eine auf Beifall hoffende Phrase. Genauer müßte die

Forderung lauten: Steuerminderbelastungen einzelner Gruppen von Steuerpflichtigen oder einzelner ihrer Handlungsalternativen sind zu beseitigen, weil sie

(1) im Hinblick auf die Entscheidungswirkungen nicht erforderlich sind, damit die erwünschten Handlungsalternativen verwirklicht werden, oder weil sie

(2) gegen die horizontale und vertikale Gerechtigkeit der Besteuerung unter den Steuerpflichtigen verstoßen, sofern diese Steuervergünstigungen nicht einen stichhaltig begründeten wirtschaftspolitischen Zweck erfüllen.

b) Wann steuerliche Minderbelastungen (Steuervergünstigungen) oder Mehrbelastungen (Steuerbenachteiligungen) vorliegen, das zu beurteilen, setzt eine Messung der wirtschaftlichen Steuerbelastung und deren Vergleich mit der rechtlichen Steuerbelastung voraus. Dabei wird unterstellt, daß der Gesetzgeber die rechtliche Steuerbelastung als die von ihm rechtlich gewollte Steuerbelastung verstanden wissen will. Bei dem vom deutschen Gesetzgeber angerichteten Steuerchaos fällt dies nachzuvollziehen oft schwer.

Eine Messung der wirtschaftlichen Steuerbelastung und deren Vergleich mit der rechtlichen erfolgt in den steuerpolitischen Forderungen durch Verbandsfunktionäre und in den Begründungen von Steuerreformgesetzentwürfen durchweg nicht. Dort heißt Steuervergünstigung gemeinhin das, was andere Steuerpflichtige weniger zahlen als die eigenen Vorurteile zulassen.

(1) Wenig brauchbar sind die üblichen Definitionen im Schrifttum: Falsch ist z. B. die Kennzeichnung von Steuervergünstigungen als Steuermindereinnahmen[45]; denn die Vergünstigung kann nur in Minderausgaben oder Mehreinnahmen beim Steuerpflichtigen liegen, und es wird nicht gesagt, in bezug auf welchen Eichstrich eine steuerliche Mindereinnahme gegeben ist.

Untauglich ist die regierungsamtliche Kennzeichnung von Steuervergünstigungen als „spezielle steuerliche Ausnahmeregelungen ..., die für die öffentliche Hand zu Mindereinnahmen führen"[46]. Hiergegen ist zu fragen: Ausnahmeregelung von wel-

---

[45] So z. B. *Joseph E. Stiglitz, Bruno Schönfelder*: Finanzwissenschaft. 2. Aufl., München 1989, S.35.

[46] Bundestagsdrucksache 14/1500 vom 13.08.99 (17. Subventionsbericht), S. 10, Rdnr. 6.

chen steuerlichen Regeln? Kann danach eine Steuerfreiheit von Veräußerungsgewinnen (bzw. die Hälfte der „Veräußerungspreise" im Sinne des § 3 Nr. 40 EStG) eine Steuervergünstigung sein, weil es sich um einen Kern des Halbeinkünfteverfahrens und nicht um eine „spezielle Ausnahmeregelung" handelt? Im Hinblick auf das Einkommen, verstanden als Reinvermögenszugang, ist hier ebenso eindeutig eine Steuervergünstigung gegeben wie bei der steuerfreien Pauschale, die sich Parlamentsabgeordnete selbst gewähren (näher S. 279 f.). Steuerfreie Einnahmen sind Verstöße gegen die Allgemeingültigkeit der Besteuerung und schon deshalb Vergünstigungen: Ein Steuerkeil wird null.

(2) Jenseits von „Nicht-null-Steuerkeilen" sagt ein Vergleich der rechtlichen mit der wirtschaftlichen Steuerbelastung nur dann über Steuervergünstigungen oder Steuerbenachteiligungen etwas aus, wenn als Hilfsannahme ein **Eichstrich konstruiert wird, für den die rechtliche Steuerbelastung zugleich eine wirtschaftliche Steuerbelastung anzeigt**.

(a) Im Hinblick auf *Entscheidungswirkungen* sind Modellannahmen *über entscheidungsneutrale Bemessungsgrundlagen* erforderlich, damit für den Eichstrich die rechtliche mit der wirtschaftlichen Steuerbelastung übereinstimmt.

(b) Im Hinblick auf *Verteilungsfolgen* ist als Eichstrich die *Maßgröße steuerlicher Leistungsfähigkeit zu wählen.*

(c) Über einen *Vergleich der Eichstrich bezogenen rechtlichen Steuerbelastung mit der tatsächlichen wirtschaftlichen Steuerbelastung läßt sich ein quantitatives Maß für eine Steuervergünstigung oder Steuerbenachteiligung erarbeiten.*

(3) Steuervergünstigung sei im Hinblick auf **Entscheidungswirkungen** inhaltlich so festgelegt: Alle steuerfreien Einnahmenüberschüsse, die einen Reinvermögenszugang bewirken, sind Steuervergünstigungen. Darüber hinaus liegt bei steuerpflichtigen Einnahmenüberschüssen eine **Steuervergünstigung dann vor, wenn die wirtschaftliche Steuerbelastung niedriger ist als die rechtliche,** *falls bei der rechtlichen Steuerbelastung Bemessungsgrundlagen, Steuersatzverlauf und Steuerentlastungen entscheidungsneutral geregelt wären.* Demgemäß ist eine **Steuerbenachteiligung** *durch eine höhere wirtschaftliche Steuerbelastung gegenüber der rechtlichen gegeben,* für den Fall, daß bei der rechtlichen Steuerbelastung Bemessungsgrundlagen, Steuersatzverlauf und Steuerentlastungen das Steuerrecht entscheidungsneutral wären.

c) Der Unterschied zwischen rechtlicher und wirtschaftlicher Steuerbelastung und damit das Ausmaß einer Steuervergünstigung sei an einem einfachen Beispiel für Einkünfte aus Kapitalvermögen erläutert:

(1) Eine erste öffentliche Anleihe, Restlaufzeit ein Jahr, Marktpreis einschließlich Nebenkosten heute 100, Rückzahlung zu 100 in genau einem Jahr und 8% am Laufzeitende zu zahlende Zinsen, hat eine Vorsteuerrendite von 8% und unterliege einem Grenzsteuersatz von 40%, Rendite nach Steuern 4,8%. Der Grenzsteuersatz gleicht hier der wirtschaftlichen Grenzsteuerbelastung, wenn der Planungszeitraum ein Jahr beträgt, von Kaufkraftänderungen und dem Zwang von Umdispositionen innerhalb des Jahres abgesehen wird, sowie die Vorsteuerrendite dem Kapitalmarktgleichgewichtszinssatz (dem Konkurrenzgleichgewichtspreis für die einjährige Geldüberlassung) entspricht.

(2) Eine zweite öffentliche Anleihe, Restlaufzeit ein Jahr, koste 97, Rückzahlung 100 in genau einem Jahr und bringe nur einen Jahreszins von 4%. Die Vorsteuerrendite dieser Anleihe beträgt 4% Zinsen plus 3% Kursgewinn, also 7 Prozentpunkte, die auf die Anschaffungskosten von 97 zu beziehen sind und zu 7,22% Rendite vor Steuern führen. Bei 40% Grenzsteuersatz für die 4% Zinseinkünfte sinkt der versteuerte Zinsertrag auf 2,4 Prozentpunkte. Bei Einkünften aus Kapitalvermögen wird der Kursgewinn von 3 Prozentpunkten nach einem Jahr steuerfrei vereinnahmt, so daß nach Steuern 5,4 Prozentpunkte übrig bleiben. Bezogen auf die Anschaffungskosten von 97 errechnet sich eine Rendite nach Steuern von 5,57%. Während vor Steuern die zweite Anleihe renditemäßig unterlegen ist, wird sie wegen der Steuerfreiheit des „Veräußerungsgewinns" bei Rückzahlung vorteilhafter.

(3) Das Ausmaß der Steuervergünstigungen bei der zweiten Anleihe läßt sich durch drei Schritte bestimmen:

Im ersten Schritt wird ein Steuerkeil als Differenz der Rendite vor Steuern 7,22% abzüglich der Rendite nach Steuern 5,57% gebildet. Im zweiten Schritt wird dieser Steuerkeil von 1,65 Prozentpunkten auf die Vorsteuerrendite von 7,22 Prozentpunkten bezogen. Dabei ist zu beachten, daß nur für Investitionen mit einem Kapitalwert von null (Vorsteuerrendite = Kapitalmarktgleichgewichtszins) die Messung der wirtschaftlichen Steuerbelastung in Prozentzahlen korrekt wird. Da der Kapitalmarktgleichgewichtszins vor Steuern hier 8 % beträgt, ist zu rechnen[47] (s_w = wirtschaftliche Grenzsteuerbelastung):

$$s_w = (r - r_s)\frac{1+i}{i(1+r)}, \text{ also im Beispiel } (0{,}0722\text{-}0{,}0557)^* \frac{1{,}08}{0{,}08 * 1{,}0722} = 20{,}78\%. \qquad (13)$$

Im dritten Schritt wird die Differenz zwischen dem rechtlichen Grenzsteuersatz von 40% und der wirtschaftlichen Grenzsteuerbelastung von rund 21% gebildet: 19 Prozentpunkte, bezogen auf den Grenzsteuersatz von 40, gibt mit fast der Hälfte ein quantitatives Maß für die Höhe der Steuervergünstigung.

(4) Bei dieser Vorgehensweise ist stillschweigend unterstellt, daß der Grenzsteuersatz auf einen entscheidungsneutral berechneten Gewinn (wie dem aus der ersten Anleihe) bezogen wird. Das Ausmaß an Steuervergünstigungen und Steuerbenachteiligungen durch ein gegebenes Steuerrecht läßt sich bei Entscheidungswirkungen nur in bezug auf den Eichstrich eines entscheidungsneutralen Steuerrechts bzw. bei Verteilungsfolgen eines der Maßgröße für steuerliche Leistungsfähigkeit entsprechenden Eichstrichs als Prozentsatz quantifizieren.

d) Im Hinblick auf Entscheidungswirkungen ist die Berechnung wirtschaftlicher Steuerbelastungen notwendig, weil Steuersätze bzw. rechtliche Steuerbelastungen ein falsches Bild von der Steuerbelastung erzeugen. Ursache für die Verfälschung der Steuerbelastung durch Betrachtung nur der rechtlichen Steuerbelastung sind

(1) steuerfreie Veräußerungsgewinne (wie im Beispiel),

(2) ermäßigte Steuersätze, wie z.B. der halbe Durchschnittssteuersatz bei Veräußerungsgewinnen aus der Aufgabe eines Gewerbebetriebes durch einen über 55-Jährigen für Veräußerungsgewinne bis 5 Mio. € ab 2002 (2001: 10 Mio. DM, § 34 Abs. 3, § 52 Abs. 3 EStG).

---

[47] Vgl. *Alexander Oldenburg*: Zur Ermittlung effektiver Grenzsteuersätze vorteilhafter und unvorteilhafter Handlungsmöglichkeiten in Anknüpfung an den Ansatz von König. In: ZfbF, Jg. 50 (1998), S. 41-48, hier S. 43.; *Rolf König*: Ungelöste Probleme einer investitionsneutralen Besteuerung – Gemeinsame Wurzel unterschiedlicher neutraler Steuersysteme und die Berücksichtigung unsicherer Erwartungen. In: ZfbF, Jg. 49 (1997), S. 42-63, Gleichung 29 auf S. 56.

(3) Abweichungen zwischen rechtlicher Steuerbelastung durch Regelsteuersätze (nicht durch ermäßigte Steuersätze) und wirtschaftlicher Steuerbelastung entstehen daneben aus Freibeträge bzw. Freigrenzen sowie aus Abzügen von der Steuerschuld (zeitweise bei der Investitionsförderung benutzt, z.B. in §§ 26 Nr. 3a, 27 Nr. 2 h des „Stabilitätsgesetzes“[48]), staatlichen Transferzahlungen und offenen Subventionen: im Unternehmungsbereich also vor allem Investitionszulagen, Investitionszuschüsse, Zinsverbilligungen.

(4) Durchweg aber führen die **Einzelregelungen des Bilanzsteuerrechts** regelmäßig zu steuerpflichtigen Gewinnen während eines Planungszeitraums, die erheblich von den Einnahmenüberschüssen abweichen, aus denen sich betriebswirtschaftliche Vorteilsmaßstäbe wie Renditen oder Ertragswerte berechnen, vgl. die folgenden Beispiele.

d) Bereits für die isolierte Beurteilung der Entscheidungswirkungen durch eine steuerrechtliche Regelung, hängt das Urteil, ob eine Steuervergünstigung oder Steuerbenachteiligung vorliegt, von den jeweiligen (nichtsteuerlichen) Umweltgegebenheiten ab. So ist bei den **gewinnsteuerlichen Bemessungsgrundlagen** (den steuerlich bedeutsamen GoB) ein Urteil über Steuervergünstigung oder -benachteiligung nur im Einzelfall und an Beispielen für alternative Zahlungsströme einer Handlungsalternative zu geben. Hier sei zunächst untersucht: Ist das **Realisationsprinzip der GoB** entscheidungsneutral?

(1) Ein Kunsthändler erwirbt zu Beginn eines Wirtschaftsjahres (Zahlungszeitpunkt t_0) ein Gemälde zu 100.000 € gegen Barzahlung: Er verkauft es am Ende des zweiten Jahres (im Zahlungszeitpunkt t_2), wobei ihm in t_2 nach Abzug der Vertriebsausgaben netto 121.000 € zufließen (von Folgezahlungen, z.B. Steuern, sei abgesehen). Diese Investition führt zu folgendem Zahlungsstrom:

t_0	t_1	t_2
-100.000	0	121.000

Die Rendite der Investition beträgt 10 %, und wenn die Rendite dem Kapitalmarktzins entspricht, wirkt das Realisationsprinzip für den Barverkauf entschei-

[48] Vgl. BStBl 1967, Teil I, S. 582-589.

dungsneutral; denn bei einer entscheidungsneutralen Besteuerung entsteht in t_1 ein Gewinn von 10 % auf 100.000, also 10.000 €, und löst bei einem Steuersatz von 50 % 5.000 € an Steuerzahlungen aus. In t_2 beträgt der entscheidungneutrale Gewinn 121.000/1,1 = 11.000 € mit der Folge von 5.500 € Steuerzahlung. Daraus folgt ein Nachsteuerzahlungsstrom von

t_0	t_1	t_2
-100.000	-5.000	+115.500

Da der Abzinsungssatz von i = 10 % bei einem Grenzsteuersatz von 5o % auf (1 – s)*i = 5 % nach Steuern sinkt, bleibt der Kapitalwert vor und nach Steuern gleich und die versteuerte Rendite fällt auf 5 %.

(2) Bei Verkauf in t_1 auf Ziel (mit Zahlung in t_2) folgt aus dem Realisationsprinzip eine Steuerbenachteiligung; denn die Zahlungsreihe vor Steuern entspricht der des Barverkaufs. Aber gemäß dem Realisationsprinzip entsteht hier in t_1 ein Gewinn, weil der Kunsthändler in t_1 die Forderung von 121.000 € als Vermögensgegenstand zu aktivieren hat. Nehmen wir an, die Vertriebsausgaben zahlt der Kunde gesondert, und sehen von einer Abzinsung ab, so beträgt der Gewinn in t_1 21.000. Die Investitionsausgabe von 100.000 € in t_0 ist in der Bilanz für t_0 zu aktivieren unter „Handelswaren" und in t_1 als Aufwand zu verrechnen. Die Forderung von 121.000 € in t_1 verschwindet in t_2 aus der Bilanz durch den „Aktivtausch" mit dem Bankkonto aufgrund des Geldeingangs. An jedem Periodenende ist das Anfangsvermögen von 100.000 € rechnerisch erhalten, in t_1 neben dem Gewinn von 21.000 €.

Bei einem Steuersatz von 50 % sind in t_1 10.500 € an Steuern zu zahlen, in t_2 fallen keine Steuern an. Demgegenüber hätte eine entscheidungsneutrale Gewinnbesteuerung nur 5.000 € in t_1 und 5.500 € in t_2 erfordert. Die Zahlungsreihe bei Zielverkauf lautet:

t_0	t_1	t_2
-100.000	-10.500	121.000

Die Rendite nach Steuern beträgt 4,875 %, folglich ergibt sich eine wirtschaftliche Steuerbelastung von (10 – 4,875)/10 = rund 51 %, statt der rechtlichen von 50 %.

Der kapitaltheoretische Gewinn beträgt in t_1 10% auf 100.000, also 10.000 €, obwohl der Zahlungssaldo null ist. Hier wird die Ertragswertabschreibung in t_1 negativ, weil der Ertragswert in t_1 um die Zinsen auf den Ertragswert in t_0 wächst. Eine negative Ertragswertabschreibung heißt ins buchhalterische übersetzt: Es wäre bei einer kapitaltheoretischen „Bilanzierung" des Gemäldes eine Zuschreibung von 10.000 € notwendig, denn der Ertragswert der Zahlungsreihe beträgt in t_1 = 121.000/ 1,1 = 110.000 €. Im geltenden Bilanzrecht ist eine solche Zuschreibung verboten.

Die Summe aller als Periodisierungsbeträge verrechneten Ertragswertabschreibungen am Ende der Laufzeit einer Investition entspricht ihrem Ertragswert zu Beginn der Laufzeit. Im Gemäldebeispiel beträgt der Periodisierungsbetrag in t_2: 121.000/1,1 = 110.000; dies saldiert mit der negativen Ertragswertabschreibung in t_1 von 10.000 € ergibt den Ertragswert von 100.000 €, der im Beispiel dem nominellen Kapital, dem in t_0 investierten Geldbetrag, gleicht.

Da der gesamte Ertragswert zum zu erhaltenden Kapital zählt, das von den Einnahmenüberschüssen über Periodisierungsbeträge (= Ertragswertänderungen) von gewinnabhängigen Ausgaben freigestellt wird, gleicht der Ertragswert im Modell ohne gewinnabhängige Ausgaben dem Ertragswert nach Zahlung der gewinnabhängigen Ausgaben, sofern diese nach dem kapitaltheoretischen Gewinn bemessen werden. Die Ertragswerterhaltung entspricht nur in dem Sonderfall, daß der Barwert der Einnahmen dem Barwert der Ausgaben gleicht, d.h. eines Kapitalwertes von null, der nominellen Kapitalerhaltung des Bilanzrechts. Nur in diesem Fall eines Kapitalwerts von null gilt die „Totalgewinnlehre", daß die Summe der Periodengewinne dem Endeinnahmenüberschuß abzüglich Einlagen gleicht.

Dies ist nicht mehr der Fall, sobald Abzinsungssatz und Rendite auseinanderfallen. So errechnet sich für die Gemäldeinvestition bei 8% Zinssatz ein Ertragswert von $121.000/1,08^2$ = 103.738 €, also ein positiver Kapitalwert von 3.738 €. Die kapitaltheoretischen Gewinne betragen in t_1: 0,08 *103.738 = 8.299 € und in t_2:

0,08 * 121.000/1,08 = 8.963 €. Die Summe der kapitaltheoretischen Gewinne (8.299 + 8.963) liegt unter dem buchhalterischen Totalgewinn von 21.000 € und ergibt erst zusammen mit dem Ertragswert in t_0 (103.738 € den Zahlungssaldo am Unternehmungsende in t_2 von 121.000 €.

(3) Ist in der Vorratsbewertung das **Lifo-Verfahren** eine Bewertungsvergünstigung? Modellmäßig vereinfacht auf eine einmalige Ersatzbeschaffung am Jahres-

ende lassen sich Anwendungen des Lifo-Verfahrens (oder auch der Festwertrechnung) als wiederholte einperiodige Investitionen ansehen.

Eine erste Vorratsinvestition bestehe in Handelswaren, die jeweils in bar in t_0 gekauft und in t_1 verkauft werden und bei denen in t_1 der gleiche mengenmäßige Anfangsbestand zu 5 % höheren Wiederbeschaffungspreisen erworben und in t_2 veräußert wird. Aus Gründen der Kürze sei die Unternehmung in t_2 beendet. Der Zahlungsstrom laute vor Steuern:

	t_0	t_1	t_2
Anfangsvorräte	-100.000	110.000	
Ersatzbeschaffung		-105.000	115.500
Zahlungssaldo	-100.000	5.000	115.500

Bei einem Marktzinssatz vor Steuern von 10% ist der Kapitalwert dieser Investition null. Der kapitaltheoretische Gewinn in t_1 beträgt 10.000 € und liegt über dem Zahlungssaldo. Der kapitaltheoretische Gewinn in t_2 berechnet sich als 10% auf 115.500/1,1 = 10.500 €. Diesem entscheidungsneutralen Gewinn steht nach dem Realisationsprinzip mit Einzelbewertung oder, was hier auf dasselbe herausläuft: nach dem Fifo-Verfahren, in t_1 und t_2 ein jeweils gleich hoher Gewinn gegenüber. Die Steuerzahlungen bei der Gewinnermittlung nach dem Realisationsprinzip mit Einzelbewertung decken sich mit den entscheidungsneutralen Steuerzahlungen. In diesem Fall wirken trotz Preissteigerungen die Einzelbewertung bzw. das Fifo-Verfahren weder als Steuerbenachteiligung noch als Steuervergünstigung.

Eine Gewinnermittlung nach dem Lifo-Verfahren führt in t_1 zu einem Gewinn von 110.000 - 105.000 = 5.000 € und in t_2 zu 115.500 - 100.000 (wegen Beendigung der Unternehmung) = 15.500 €. Die daraus folgenden Steuerzahlungen (Steuersatz 50%) von t_1: -2.500, t_2: -7.750 verursachen eine Steuervergünstigung, weil in t_1 gegenüber der entscheidungsneutralen Besteuerung ein zinsloser Steuerkredit von 2.500 € entsteht. Diese Steuervergünstigung besteht aber nur für eine Grenzinvestition mit einem Kapitalwert von null oder wenig darüber. So kippt die Vorteilhaftigkeit bereits bei einer Endeinnahme von rund 115.804 € um, also einem Kapitalwert von rund 251 €, d.h. rund 0,25% der Anschaffungssumme.

Wird die nominelle Kapitalerhaltung als vorerst rechtlich nicht zu ändern hingenommen, läßt sich bei Einzelbewertung von einer *relativen Steuervergünstigung* sprechen, bezogen auf den Tatbestand, daß Benachteiligungen aus der rechnerischen Nichterhaltung des Ertragswerts beiseitegelassen werden (müssen).

(4) Für eine zweite Vorratsinvestition gelten die bisherigen Annahmen bis auf die Höhe der Verkaufspreise:

	t_0	t_1	t_2
Anfangsvorräte	-100.000	115.000	
Ersatzbeschaffung		-105.000	110.000
Zahlungssaldo	-100.000	10.000	110.000

Wiederum ist bei einem Marktzinssatz vor Steuern von 10% der Kapitalwert null. Die Gewinnermittlung nach Lifo führt dazu, daß in t_1 und t_2 jeweils 10.000 € Gewinn entstehen. Absichtlich ist dieses Beispiel so aufgebaut, daß die Anwendung des Lifo-Verfahrens zu einer Identität von Einnahmenüberschüssen und entscheidungsneutraler Gewinnermittlung führt. Unter den gewählten Annahmen ist Lifo folglich keine Steuervergünstigung.

Eine Gewinnermittlung nach dem Realisationsprinzip mit Einzelbewertung oder nach dem Fifo-Verfahren verlagert Gewinn nach vorn: t_1: +15.000, t_2: +5.000. Dies verursacht gegenüber der entscheidungsneutralen Bemessungsgrundlage eine Steuerbenachteiligung.

(5) Für eine dritte Vorratsinvestition sei gezeigt, daß das Lifo-Verfahren oder eine Festwertrechnung auch zu einer Steuerbenachteiligung führen können. Es gelten die bisherigen Annahmen bis auf eine Änderung der Zahlungsströme; denn das Lifo-Verfahren wird nur dann zu einer Steuerbenachteiligung, wenn der aus diesen Bewertungsvereinfachungen folgende Gewinn in t_1 höher ist als der entscheidungsneutrale Gewinn, z.B. bei:

	t_0	t_1	t_2
Anfangsvorräte	-100.000	116.000	
Ersatzbeschaffung		-104.000	107.800
Zahlungssaldo	-100.000	12.000	107.800

Der kapitaltheoretische Gewinn in t_1 beträgt 10.000 €, der Gewinn bei Lifo oder Festwertrechnung 12.000 €. Der kapitaltheoretische Gewinn in t_2 errechnet sich als 10% auf 107.800/1,1, also gleich 9.800 €; der Gewinn in t_2 nach Lifo oder Festwertrechnung beträgt wegen der Unternehmensbeendigung 7.800 €.

Der Zahlungsstrom nach Steuerzahlung bei einer Gewinnermittlung nach Lifo oder Festwertrechnung lautet

t_0	t_1	t_2
-100.000	6.000	103.900

Der Ertragswert dieser vor Steuern nicht unvorteilhaften Investition wird bei dem Kalkulationszinssatz nach Steuern von 5% in Höhe von -45 € negativ.

Die einfachen Rechenbeispiele belegen: Eine ständige Preissteigerung der Ersatzbeschaffungen ohne eine allgemeine Geldentwertung führt für eine Grenzinvestition bei Gewinnsteuern mit entscheidungsneutraler Bemessungsgrundlage je nach dem Einnahmenverlauf und damit unabhängig von der tatsächlichen mengenmäßigen Verbrauchsfolge entweder zu Steuerneutralität oder zu einer Steuervergünstigung oder zu einer Steuerbenachteiligung. Die auf zwei Perioden beschränkten Modellrechnungen untergewichten die Tendenz zur Steuervergünstigung in den Bewertungsvereinfachungen, weil in t_2 der Schlußgewinn (Einnahme in t_2 minus Anschaffungsausgabe in t_0) zur „Tilgung" eines zinslosen Steuerkredits führt, den die Bewertungsvereinfachungen gegenüber dem entscheidungsneutral wirkenden kapitaltheoretischen Gewinn herbeiführen. Je länger der Planungszeitraum gewählt wird, um so länger stehen solche zinslosen Steuerkredite zur Verfügung.

3. *Messung von Steuervergünstigungen und Steuerbenachteiligungen bei Handlungen mit Periodisierungsproblemen und inflatorischer Entwicklung*

a) Wenn Einzelregelungen des Periodisierungsprinzips, z. B. zu den **Anlagenabschreibungen,** betrachtet werden, wird die Antwort auf die Frage, ob eine Steuervergünstigung und damit eine über eine entscheidungsneutrale Innenfinanzierung hinausreichende Zurückbehaltung von Einnahmen vorliegt, erst recht vom Einzelfall abhängig. Dabei lassen sich anscheinend paradoxe Ergebnisse herleiten. So wächst in einem oft als „Steuerparadoxon" bezeichneten Beispiel der Kapitalwert bei Eigenfinanzierung mit wachsendem Steuersatz bis zu einem Maximum (bei Steuersätzen unter 100%). Bei Fremdfinanzierung steigt sogar mit zunächst wachsendem Steuersatz das versteuerte Einkommen[49]. Natürlich läßt die Erhöhung des Kapitalwerts im Fall der Finanzierung durch Eigenkapital mit steigendem Gewinnsteuersatz nicht das Nettoeinkommen des Unternehmers steigen; schließlich fließen Steuerzahlungen ab. Das dem Anschein nach paradoxe Ergebnis eines wachsenden Kapitalwerts bei steigenden Steuersätzen folgt aus der Änderung der Rangordnung zwischen Sachinvestition und Finanzanlagen durch die Besteuerung.

Absolut gesehen verringert die Gewinnsteuererhöhung bei Eigenfinanzierung das versteuerte Einkommen des Unternehmers. Aber mit wachsenden Steuersätzen kann es sich lohnen, andere Investitionsvorhaben zu wählen, die eine „teilweise Steuereinholung" verursachen.

(1) Nicht auszurotten scheint die Behauptung, eine geometrisch-degressive Abschreibung sei eine Steuervergünstigung, deren Höchstsatz abgebaut (oder als Lenkungsmaßnahme bei schlechter Konjunktur erhöht) gehört. Ohne Angabe des höchstzulässigen Abschreibungsprozentsatzes ist eine solche Aussage von vornherein unausgegorenes Geschwätz, und mit dessen Angabe im Regelfall für vorteilhafte Investitionen falsch. Dies beweist die Herleitung eines entscheidungsneutralen Abschreibungsverfahrens; denn soweit schon bei Vernachlässigung der Unsicherheit für lukrative Investitionen die degressive Abschreibung keine Steuervergünstigung darstellt, wird sie es bei Risikoabneigung unter Unsicherheit erst recht nicht.

Entscheidungsneutrale Anlagenabschreibungen lassen sich wie folgt herleiten:

Wirft eine Investition im Zeitpunkt t Einnahmenüberschüsse in Höhe von Q_t ab, und werden diese Einnahmenüberschüsse entnommen, so sinkt der Ertragswert der Investition E_t um die entnommenen Beträge Q_t auf:

$$E_t = (1+i)E_{t-1} - Q_t. \qquad (14)$$

[49] Vgl. *Dieter Schneider*: Korrekturen zum Einfluß der Besteuerung auf Investitionen. In: ZfbF, Jg. 21 (1969), S. 297-325, hier S. 298-306; *ders*.: Betriebswirtschaftslehre, Band 3, S. 624-627; zum Fall der Fremdfinanzierung *Jürgen Steiner*: Gewinnsteuern in Partialmodellen für Investitionsentscheidungen. Berlin 1980, S. 113.

Die Differenz zwischen dem Ertragswert in t_{-1} und dem Ertragswert in t nach Entnahme der Einnahmenüberschüsse Q_t heißt Ertragswertabschreibung und wird mit D_t bezeichnet:

$$D_t = E_{t-1} - E_t = Q_t - i^*E_{t-1} \tag{15}$$

Die Ertragswertabschreibung bezeichnet also die Differenz zwischen dem Ertragswert zu Beginn einer Periode (dem letzten Zahlungszeitpunkt = Ende der Vorperiode) und dem Ertragswert am Ende einer Periode nach Entnahme des Einnahmenüberschusses. Damit gilt: Die Ertragswertabschreibung gleicht dem Einnahmenüberschuß am Ende einer Periode abzüglich der Zinsen auf den Ertragswert zu Beginn der Periode (dem kapitaltheoretischen Gewinn).

Führt eine Investition in einem Zeitpunkt t zu einem Ausgabenüberschuß, z.B. weil eine Generalüberholung die Umsatzeinnahmen übersteigt, so wird Q_t negativ und damit auch D_t. Eine negative Ertragswertabschreibung bedeutet eine Ertragswertzuschreibung. Diese hat zur Folge, daß der steuerpflichtige Gewinn über dem Zahlungssaldo der betreffenden Periode liegt. Richtig wäre deshalb, D_t als Ertragswertänderung zu bezeichnen. Es ist aber üblich, den Namen „Ertragswertabschreibung" auch für negative Beträge, also zugleich für Ertragswertzuschreibungen, zu benutzen.

(a) Da der Begriff der Ertragswertabschreibung ungewohnt ist, sei er an einem Beispiel erläutert. Für den Zahlungsstrom

t_0	t_1	t_2
- 100.000	60.000	55.000

sei der Kalkulationszinsfuß vor Steuern i identisch mit der internen Verzinsung von 10%. Damit gleicht der Ertragswert den Anschaffungsausgaben. Der kapitaltheoretische Gewinn beträgt in t_1 folglich 0,1*100.000=10.000 €. Die Ertragswertabschreibung in t_1 als Einnahmenüberschuß abzüglich kapitaltheoretischem Gewinn errechnet sich als 50.000 €. Im Zeitpunkt t_1, also zu Beginn des zweiten Jahres, entspricht hier der Ertragswert dem Barwert der Einnahme in t_2, also: 55.000/1,1 = 50.000 €. In diesem Beispiel gleicht die Ertragswertabschreibung einer buchhalterischen linearen Abschreibung auf die Anschaffungsausgaben.

Bei gegebenem Zinssatz ist nur für einen einzigen, im Zeitablauf fallenden Verlauf der Einnahmen eine lineare Abschreibung gleich einer Ertragswertabschreibung. Bei im Zeitablauf gleichbleibenden Einnahmenüberschüssen steigt die Ertragswertabschreibung an, also verläuft der entscheidungsneutrale Abschreibungsverlauf progressiv. Erst bei stark fallenden Einnahmenüberschüssen wird eine degressive Abschreibung der Ertragswertabschreibung entsprechen. Daraus bei weniger fallenden Einnahmenüberschüssen auf eine Steuervergünstigung zu schließen, wäre voreilig, weil bei Investitionen mit positivem Kapitalwert dieser nicht AfA-fähig ist.

(b) Nur wenn die Rendite dem Kalkulationszinsfuß gleicht und damit der Kapitalwert null ist, entspricht die Summe der Ertragswertabschreibungen den Anschaffungsausgaben und gleicht somit ungefähr dem Abschreibungsausgangsbetrag des geltenden Bilanzrechts, den „Anschaffungs- oder Herstellungskosten". Die Einschränkung „ungefähr" ist notwendig, weil die steuerrechtlichen Anschaffungskosten nicht immer und die steuerrechtlichen Herstellungskosten regelmäßig nicht dem Ausgabensaldo im Investitionszeitpunkt größengleich sind.

(2) Vergleicht man die Formeln für den Kapitalwert vor Steuern mit dem nach Steuern[50] erkennt man zwei gegenläufige Effekte, welche die Entscheidungsneutralität herbeiführen: einen aus der Abschreibungsverrechnung folgenden Steuerzahlungseffekt, ausgedrückt im Barwert der Steuerzahlungen, und einen steuerbedingten Zinsminderungseffekt; denn bei Besteuerung sind die Einnahmenüberschüsse mit dem proportional zum jeweiligen Steuersatz verkürzten Kalkulationszinsfuß abzuzinsen. Entscheidungsneutralität verlangt, daß der Barwert der abschreibungsbedingten Steuerzahlungen der Barwerterhöhung aufgrund der steuerbedingten Zinsminderung entsprechen muß.

(3) Zu dieser Bedingung für die Entscheidungsneutralität der Besteuerung gesellen sich sämtliche kapitalwertgleichen Umperiodisierungen der Bedingung. Eine kapitalwertgleiche Umperiodisierung besteht darin, in einigen Perioden steuerlich mehr, in anderen weniger abzuschreiben. Im Saldo muß der Barwert der steuerrechtlichen Abschreibungen dem Barwert der Ertragswertabschreibungen gleichen. Dabei ist der Barwert mit dem Zinssatz nach Steuern zu berechnen, weil ein Vorauseilen oder Zurückbleiben der steuerrechtlichen Abschreibung um eine Periode nur durch Verzinsung mit dem versteuerten Zinssatz ausgeglichen werden kann. Der Leser beachte bei der kapitalwertgleichen Umperiodisierung, daß die Ertragswertabschreibungen selbst mit dem Zinssatz vor Steuern berechnet werden, jedoch der

[50] Vgl. im einzelnen *Schneider*: Investition, Finanzierung und Besteuerung, S. 224-226.

Barwert der Ertragswertänderungen und der Barwert der steuerlichen Aufwandsverrechnung mit dem Zinssatz nach Steuern zu ermitteln sind.

(4) Unter den Annahmen des bisher benutzten „Standardmodells" mit steuersatzabhängigem Kalkulationszinsfuß erhöht jedes Vorziehen von steuerlichem Aufwand die Vorteilhaftigkeit von Investitionen. Damit erscheint die Wahl zwischen der degressiven AfA und der linearen AfA entschieden.

Die Aussage „Abschreibungsvorverlegungen erhöhen die Vorteilhaftigkeit von Investitionen" kann jedoch nicht auf alle Fälle der Wirklichkeit übertragen werden. Vielmehr sind die Voraussetzungen des Standardmodells zu beachten. Im einzelnen:

(a) Das Vorziehen von Abschreibungen ist bei konstantem Grenzsteuersatz nur empfehlenswert, solange Gewinn oder ein sofortiger Verlustausgleich gegeben ist. Wird für ein Jahr kein Gewinn erwartet, ohne daß z.B. ein Verlustrücktrag möglich ist, nützt eine degressive Abschreibung gegenüber einer linearen Abschreibung nichts, denn sie erhöht nur den vorzutragenden Verlust.

(b) Das Vorziehen von Abschreibungen ist bei Gewinn oder sofortigem Verlustausgleich nur bei im Zeitablauf gleichbleibenden (sinkenden, allenfalls schwach ansteigenden) Gewinnsteuersätzen empfehlenswert. Wird mit Steuererhöhungen gerechnet, dann ist die lineare Abschreibung regelmäßig besser, weil dann höhere Aufwendungen in die Jahre mit höherer steuerlicher Belastung fallen. Die Steuererhöhung muß dabei allerdings stärker sein als die Zinswirkung durch die vorgezogene Abschreibung.

(c) Steuervorteile aus dem Vorziehen von Abschreibungen lassen sich oft nur verwirklichen, solange keine Beschränkung für den Gewinnausweis zu beachten ist. Zahlreiche Aktiengesellschaften legen, um ihres Prestiges willen und um die Aktionäre als künftige Geldgeber bei Laune zu halten, Wert auf eine möglichst gleichbleibende Dividende. Der Wunsch, eine gleichbleibende Dividende zu zahlen, kann gelegentlich dem Vorsatz widersprechen, steuerliche Abschreibungsvorverlegungen auszunutzen. Nach dem Grundsatz der Maßgeblichkeit handelsrechtlicher GoB für die Steuerbilanz dürfen praktisch in der Handelsbilanz keine höheren aktiven Wertansätze auftreten als in der Steuerbilanz. Das Ausnutzen von Abschreibungsvergünstigungen mindert den Gewinn in Steuer- und Handelsbilanz und damit die Möglichkeit, Gewinne auszuschütten. Vorgezogene Abschreibungen können auch dann von Nachteil sein, wenn Unternehmen oder Kreditgeber auf die Einhaltung starrer Finanzierungsregeln nicht verzichten wollen; denn höhere Abschreibungen mindern das Bilanzvermögen und damit den Eigenkapitalanteil.

(5) Aus dem Vorstehenden folgt, daß eine Vorverlegung von Abschreibungsaufwand keineswegs immer eine Steuervergünstigung ist. Sie kann eine Steuerbenachteiligung abbauen oder auch wirkungslos bleiben. Ob dieses oder jenes eintritt, hängt vom Verlauf der Zahlungsströme ab. *Selbst eine* **Sofortabschreibung** *ist keineswegs immer eine Steuervergünstigung, weil sie auf die Anschaffungskosten beschränkt ist, während bei vorteilhaften Investitionen Entscheidungsneutralität eine „Aufwandverrechnung" in Höhe des Ertragswertes* (der Summe aus Anschaffungskosten und Kapitalwert) erfordert.

b) Ob **Pensionsrückstellungen** eine Steuerersparnis sind oder gar, ob der Fiskus zum größten Teil die unmittelbaren Versorgungszusagen „finanziert", darüber ist im Schrifttum ausführlich gestritten worden[51]. Der Rückgriff auf eine entscheidungsneutrale Berechnung der Aufwandshöhe für Pensionsrückstellungen erlaubt, den Streitfall zu klären.

(1) Um ab dem Zeitpunkt der Versorgungszusage eine entscheidungsneutrale Aufwandshöhe für die Bildung von Pensionsrückstellungen zu berechnen, muß auf eine kapitalwertgleiche Umperiodisierung der Zahlungsströme zurückgegriffen werden. Dabei ist zusätzlich steuerliche Abzugsfähigkeit von Zinsaufwand zu berücksichtigen. Zur Vereinfachung wird im folgenden der Zeitpunkt der ersten Rentenzahlung (in dem der Barwert der künftigen Rentenzahlungen als Rentenzahlungsfonds angesammelt sein muß) als „Rentenzahlungszeitpunkt" bezeichnet; es wird also unterstellt, als ob im Zeitpunkt der ersten Rentenzahlung eine einzige Abfindungs-Rentenzahlung erfolgen würde.

In einer für Rechnungszwecke errichteten Modellwelt, in der ein Konkurrenzgleichgewichtszins auf dem Kapitalmarkt besteht, ist es investitionsrechnerisch unerheblich, ob

(a) eine Steuerbemessungsgrundlage Zahlungssaldo gewählt wird (der steuerliche Aufwand gleicht der Ausgabe im „Rentenzahlungszeitpunkt") oder ob

[51] Vgl. zu den Quellen im einzelnen *Schneider*: Investition, Finanzierung und Besteuerung, S. 360-379.

(b) stattdessen einmalig der Barwert der Ausgabe zu einem früheren Zeitpunkt oder der aufgezinste Endwert zu einem späteren Zeitpunkt als Aufwand verrechnet wird.

(2) Gleichmäßigkeit und Entscheidungsneutralität der Besteuerung im Zeitablauf seien zunächst für eine Periode definiert, so daß die Indifferenz in der Bewertung des Aufwands in Höhe des Barwerts der Ausgabe in t_0 und des Aufwands in Höhe der Ausgabe Z in t_1 auch nach Steuern eingehalten wird. Die Kürzung der Steuerzahlungen in t_1 entspricht dem Steuersatz s in t_1, also s*Z. Die Kürzung der Steuerzahlung in t_0 gleicht vor Berücksichtigung der Abzugsfähigkeit von Zinsen bei Aufwandsverrechnung im Zeitpunkt der Reinvermögensänderung s*Z /(1+i).

Sobald die Konkurrenzgleichgewichtszinsen i in die Steuerbemessungsgrundlage eingehen, sinkt der Zinssatz vor Steuern i auf den Zinssatz nach Steuern:
i_s = (1-s)i =i-is. Dies bedeutet, daß die Innenfinanzierung aus einem €, bestehend aus einem Steueranteil s und einer verringerten Ausschüttung oder Selbstfinanzierung (1-s), nicht mehr jährlich um i, sondern nur um i-is wächst. Folglich ist ein in t_0 verrechneter Aufwand in Höhe des Barwerts einer Ausgabe Z/(1+i) im Zeitpunkt t_1 ökonomisch gleichwertig lediglich dem Betrag Z(1 + i – is)/(1+i).

Es fehlt zur Aufrechterhaltung der Indifferenz zwischen den Alternativen:

(a) Aufwandsverrechnung entweder nur im Zeitpunkt der Zahlung t_1 oder

(b) Aufwandsvorwegnahme im Zeitpunkt t_0

ein Innenfinanzierungsbetrag x aus steuerlicher Gewinnminderung, der in t_1 die Höhe von

$$x = Z - \frac{Z(1+i-is)}{1+i} = \frac{siZ}{1+i} \tag{16}$$

erreicht. Um Gleichmäßigkeit und Entscheidungsneutralität der Besteuerung zu wahren, ist in t_1 zusätzlich die Innenfinanzierung um x zu erhöhen, also um das Produkt Steuersatz mal Zinssatz (vor Steuern) mal Barwert der Ausgabe in t_0 (berechnet mit dem Zinssatz vor Steuern). Wohlgemerkt: Im Hinblick auf die Vermögensmehrung durch Innenfinanzierung bedarf es in t_1 der zusätzlichen Steuerminderzahlung si*Z/(1+i), damit die Innenfinanzierung aus Aufwandsverrechnung in t_0 zu demselben Betrag führt, wie bei „Sofortabschreibung" einer Anschaffungsausgabe Z für den Rentenzahlungsfonds in t_1. Der hinter dieser entscheidungsneutralen Innenfinanzierung stehende Aufwand berechnet sich als Summe aus Z/(1+i) in t_0 und iZ/(1+i) in t_1. Die Summe gleicht der Rentenzahlung Z.

Was soeben für den einfachsten Fall abgeleitet wurde, daß die Reinvermögensänderung eine Periode vor der Zahlung rechtlich entstanden ist, gilt in mathematischer Induktion auch für eine zweite und jede weitere Periode. Der Fehlbetrag an steuerlich absetzbarem Aufwand entspricht für jede zusätzliche Periode den Zinsen (vor Steuern) auf den Barwert der Ausgabe am Ende der Vorperiode, wobei dieser dem aufgezinsten Barwert der Vor-Vorperiode gleicht.

Gleichmäßigkeit und Entscheidungsneutralität der Besteuerung im Zeitablauf verlangen also bei Einbeziehung von Konkurrenzgleichgewichtszinsen in die Bemessungsgrundlage ab dem Zeitpunkt der rechtlichen Entstehung einer künftigen Ausgabe folgende Berechnung des steuerpflichtigen Einkommens (verstanden als Reinvermögenszugang):

(a) Im Zeitpunkt der Reinvermögensänderung t_0 ist der Barwert der künftigen Ausgabe mit dem Zinssatz vor Steuern zu bestimmen und als Aufwand anzusetzen.

(b) In jedem späteren Bilanzierungszeitpunkt einschließlich des Auszahlungszeitpunktes sind zusätzlich die Zinsen vor Steuern auf den Barwert der künftigen Ausgabe, bezogen auf das Ende der Vorperiode, als Aufwand zu verrechnen.

(3) Diese entscheidungsneutrale Aufwandsverrechnung für Zuführungen zu Pensionsrückstellungen deckt sich nicht mit der steuerrechtlichen Ansparung über Annuitäten. Die dem geltenden Recht entsprechende Bildung der Pensionsrückstellungen in Form von Annuitäten führt zum Gegenteil einer Steuerersparnis[52]. Zu dieser steuerlichen Benachteiligung tritt eine weitere, weil die gesetzlich erzwungene Anpassung an Geldwertänderungen nicht die Rückstellung vor Eintritt der Rentenzahlung erhöht (§ 16 BetrVG).

(4) Dem stehen jedoch eine Reihe von Einflußgrößen gegenüber, die Pensionsrückstellungen doch zu einer Steuervergünstigung werden lassen.

(a) Hier ist an erster Stelle das sog. „Teilwertverfahren" zu nennen, nach dem bei der erstmaligen Bilanzierung mehrere Jahresbeiträge in die Pensionsrückstellung einzubuchen sind, und das praktisch wie eine Bewertungsvergünstigung wirkt.

52 Vgl. das Beispiel in *Schneider*: Rechnungswesen, S. 299 f.

(b) Als Bevorzugung kann je nach Höhe der Kapitalmarktzinsen auch der Rechnungszinssatz von 6% wirken, der mit den effektiven Fremdkapitalkosten bei Fremdfinanzierung zu vergleichen ist. Pensionsrückstellungen zählen nicht zu den Dauerschulden bei der GewSt.

(c) Eine weitere Vergünstigung ist darin zu sehen, daß Pensionsrückstellungen durch Pensionszahlungen dann nicht abgebaut werden, wenn an die Stelle eines in den Ruhestand tretenden Arbeitnehmers ein anderer tritt, für den Pensionsrückstellungen neu gebildet werden.

(d) Der hauptsächliche Steuervorteil dürfte allerdings auf Seiten des Arbeitnehmers liegen, der zwar die betrieblichen Versorgungsrenten voll zu versteuern hat, aber im Rentenalter einem niedrigeren Grenzsteuersatz unterliegen dürfte als die Unternehmung im Zeitpunkt der Bildung von Pensionsrückstellungen.

d) Die Bedingungen für Entscheidungsneutralität und damit für die Trennung von Steuervergünstigungen und Steuerbenachteiligungen ändern sich, wenn eine **inflatorische Entwicklung** berücksichtigt wird. Hier kann nur der einfachste Fall untersucht werden.

Der Konkurrenzgleichgewichtspreis für die einperiodige Geldüberlassung, wenn alle Geldgeber eine Kaufkraftverschlechterung sofort und vollständig erkennen („geldillusionsfrei" ihre Konsum- und Investitionsentscheidungen treffen), sei mit i bezeichnet, p steht in der einfachsten Erscheinungsform einer Inflation für eine identische Preissteigerungsrate bei allen Gütern. Der Konkurrenzgleichgewichtspreis für die einperiodige Geldüberlassung in derselben Modellwelt ohne Inflation (Realzins) wird mit i_0 abgekürzt. Dann ist der Abzinsungsfaktor definiert als:

$$1 + i = (1 + i_0)*(1 + p).$$

Der geldillusionsfreie Konkurrenzgleichgewichtspreis für die einperiodige Geldüberlassung beträgt somit:

$$i = i_0 + p + pi_0. \qquad (17)$$

Gegenüber einer Realverzinsung (Modellwelt ohne Inflation) von i_0 steigt im einfachsten Fall einer Inflation der geldillusionslose Konkurrenzgleichgewichtspreis für die einperiodige Geldüberlassung auf Realzins zuzüglich der Inflationsrate und der

Inflationsrate auf die Realverzinsung, weil Zinsen ein Jahr später in kaufkraftverschlechtertem Geld bezahlt werden.

(1) In einer Modellwelt ohne gewinnabhängige Zwangsausgaben wahrt dieser sog. Fisher-Effekt[53] die Entscheidungsneutralität der Gewinnermittlung; denn der Ertragswert ohne Inflation E_0 deckt sich hierbei mit dem in der Inflation, da bei einer allgemeinen Preissteigerungsrate sich die Zahlungsströme mit demselben Inflationsfaktor $(1 + p)^t$ verändern wie der Kapitalmarktzins und sich folglich der Inflationsfaktor bei einer Ertragswertberechnung wegkürzt. Der entscheidungsneutrale Gewinn G_e errechnet sich bei dieser Inflationsannahme als

$$G_e = (i_0 + p + p{+}i_0)^*E_{0.} \tag{18}$$

(2) Steigt der Marktzins gemäß dem Fisher-Effekt, dann müßte bei 4% Realverzinsung und 10% Inflation der Marktzinssatz 14,4% betragen. Doch diese geldillusionslose Erhöhung des Marktzinssatzes beläßt einem Eigenkapitalgeber nicht die Realverzinsung aus der Modellwelt ohne Inflation, sobald Einkommensteuer auf nominelle Einkommen zu zahlen ist. Für einen Gewinnsteuersatz von 50% (auf Unternehmungsgewinn = Anteilseignereinkommen) bleiben bei 14,4% Rendite = Marktzinssatz gemäß dem Fisher-Effekt 7,2% versteuerte Rendite. Wegen der 10% Kaufkraftverlust erleidet der Steuerpflichtige 2,8% Realvermögensminderung. Statt 2 € Einkommensteuer auf Einkünfte aus 100 € Kapitalvermögen im Modell ohne Inflation nimmt der Fiskus nicht etwa den inflationierten Betrag von 2,2 € ein, sondern 7,2 €. Die fiskalische Mehreinnahme von 5 € folgt aus der steuerlichen „Beschlagnahme" des Vor-Inflations-Gewinns von 2 € plus Inflationsrate darauf = 2,2 €, zuzüglich einer „Vermögensabgabe" in Form der Realvermögensminderung von 2,8 € je 100 € Anfangsvermögen.

(3) Nimmt eine Unternehmung (unter modellmäßiger Sicherheit) für sämtliche Investitionen Schulden auf und gleicht die Rendite ihrer sämtlichen Investitionen dem Marktzins gemäß dem Fisher-Effekt, so beträgt bei einem entscheidungsneutralen steuerlichen Gewinnbegriff ihr steuerpflichtiger Gewinn null. Nur in diesem Fall

[53] Vgl. *Irving Fisher*: Appreciation and Interest. In: Publications of the American Economic Association, Vol. 11, No. 4 (August 1896), S. 9, 13, 30 usw.

wird (wie in einem entsprechenden Modell ohne Inflation) die Gewinnsteuerzahlung voll von der Unternehmung auf die Geldgeber verlagert. Ein Schuldnergewinn liegt bei der Unternehmung nicht vor, weil sie den Kaufkraftverlust der Gläubiger durch die von 4% auf 14,4% erhöhte Zinszahlung ausgleicht. Die Geldgeber werden freilich durch den Fiskus teilenteignet. Verzerrungen der Allokation über den Markt sind die Folge.

(4) Wie in einer Inflation (in ihrer einfachsten Form) Allokationsneutralität der Gewinnbesteuerung im Hinblick auf Investitionen erreicht und zugleich den Geldgebern „Gläubigerverluste" erspart werden können, klärt folgendes Investitionsmodell[54].

(a) Unter der Annahme einer gleichbleibenden Preissteigerungsrate p wird Entscheidungsneutralität dann erreicht, wenn der Zahlungssstrom, die Ertragswertabschreibung und der Abzinsungsfaktor nach Steuern um den Inflationsfaktor erweitert werden, weil sich dann wiederum der Inflationsfaktor wegkürzt. Voraussetzung dafür ist, daß die steuerrechtliche Abschreibung (als Kürzel für den nicht ausgabengleichen Aufwand) zu $A_t = D_t{}^*(1+p)^t$ wird. Die steuerrechtliche Abschreibung (und zwar auf das gesamte investierte Kapital, also auch auf Grundstücke, Beteiligungen usw.) hätte in jedem Jahr der inflationierten Ertragswertabschreibung zu gleichen. Im folgenden sei nur der Abzinsungsfaktor betrachtet.

Wenn der Konkurrenzgleichgewichtszins bei einer Inflationsrate p in jeder Periode durch i_r bezeichnet wird, lautet der versteuerte Satz $(1-s)i_r = i_r - si_r$. Folglich beträgt der steuerneutrale Abzinsungsfaktor bei jährlich gleicher Inflation mit der Rate p

$$(1 + i_r - si_r)^t = (1 + i_0 - si_0)^t(1 + p)^t \tag{19}$$

Daraus folgt für den Konkurrenzgleichgewichtszins bei stetiger Inflation mit Erhaltung der versteuerten Realverzinsung die Definitionsgleichung[55]:

$$i_r = i_0 + pi_0 + \frac{p}{1-s}. \tag{20}$$

[54] Vgl. *Schneider* : Rechnungswesen, S. 349 f.

[55] Vgl. zu diesem „modifizierten Fisher-Effekt" oder Wielens-Darby-Effekt *Hans Wielens*: Inflation kein Alptraum. Herford 1971, S. 94; *Michael R. Darby*: The Financial and Tax Effectsof Monetary Policy on Interest Rates. In: Economic Inquiry, Vol. 13 (1975), S. 266-276; *King/Fullerton*: The Taxation of Income from Capital, S. 292.

Bei 4% Realzins, 10% Inflation und 50% Steuersatz errechnet sich bei diesem modifizierten Fisher-Effekt: $4\,\% + 10\,\%{*}4\,\% + \frac{10\%}{1-0{,}5} = 24{,}4\,\%$.

Nach Abzug von 50% Steuern bleiben 12,2%. Diese decken 10% Kaufkraftverlust des Vermögens, den versteuerten Realzins von 2% und 0,2% Inflationsrate auf den versteuerten Realzins. Bei einem entscheidungsneutralen Gewinnermittlungsrecht ist Substanzerhaltung durch Aufwandsbewertung zu Wiederbeschaffungspreisen überflüssig, falls der modifizierte Fisher-Effekt gilt. Ebenso entbehrlich ist eine reale Kapitalerhaltung als Gewinnermittlungsregel für die Einkommensmessung, weil in den Marktpreisen für die Geldüberlassung ein vollständiger Ausgleich für den Kaufkraftverlust und die „Scheingewinnbesteuerung" erfolgt.

(b) Bei inflatorischen Preissteigerungen wirkt nur eine steuerliche Abschreibung $A_t = D_t(1+p)^t$ entscheidungsneutral. Bleibt die steuerliche Abschreibung auf die reale Ertragswertabschreibung D_t beschränkt, oder erhöht sie sich nur mit den anteilig inflationierten Anschaffungsausgaben (Abschreibung vom jeweiligen Wiederbeschaffungsbetrag) oder bleibt gar der Gesamtbetrag der steuerlichen Abschreibungen auf Anschaffungs- oder Herstellungskosten abzüglich Restverkaufserlös beschränkt, dann *ergibt sich in der Inflation eine steuerbedingte Investitionsbehinderung, falls der Marktzins auf das Niveau gemäß des modifizierten Fisher-Effektes steigt.*

Von dieser, den Ertragswert senkenden Wirkung eines Konkurrenzgleichgewichtszinses, der die versteuerte Realverzinsung erhält, ist die Frage nach dem entscheidungsneutralen Abschreibungsverlauf in der Inflation zu trennen: Mit steigender Inflationsrate und gegebenem Steuersatz verlagert sich hier die Ertragswertabschreibung nach hinten und zwar wegen des erhöhten Konkurrenzgleichgewichtszinses. Ist z. B. ohne Inflation die lineare Abschreibung entscheidungsneutral, wird die entscheidungsneutrale Abschreibung in der Inflation progressiv. Daraus läßt sich schließen:

Im Hinblick auf den Abschreibungsverlauf verlangt Entscheidungsneutralität keine steuerlichen Abschreibungsvergünstigungen, sondern steuerliche „Abschreibungsverböserungen". Nur im Hinblick auf den Abschreibungsausgangsbetrag wäre eine über den Anschaffungs- und Herstellungskosten liegende Summe an Ertragswertabschreibung geboten. Dieser Weg ist rechtssicher nicht zu gestalten.

(5) Besteht jedoch bei den Geldgebern Geldillusion hinsichtlich der Steuerwirkungen in der Inflation, so daß der Marktzins unter jenem Zins liegt, der dem modifizierten Fisher-Effekt entspräche, und bleibt der Gesamtbetrag der steuerlichen Abschreibung wie im geltenden Steuerrecht auf die Anschaffungs- und Herstellungskosten begrenzt, so entstehen zwei gegenläufige Effekte:

(a) Die über dem Abzinsungssatz liegende Inflationierung der Zahlungsströme bewirkt eine Ertragswerterhöhung (= Marktpreissteigerung der Unternehmungsanteile),

(b) die Nichtanpassung der steuerlichen Abschreibungen verursacht eine Ertragswertminderung dann, wenn der Marktzins in der Inflation bei unveränderten Grenzsteuersätzen höher liegt als der Marktzins im Fall ohne Preissteigerungen.

(6) Falsch ist die Aussage, **Sofortabschreibung** „böte im Prinzip eine vollständige Entlastung der Anlageinvestitionen; insoweit entfiele auch das Problem der Scheingewinnbesteuerung“[56]. Vollständige Entlastung einer Anlageinvestition läßt sich daran messen, daß der Ertragswert vor Steuern dem Ertragswert nach Steuern gleicht. Dies wird nicht durch Sofortabschreibung der Anschaffungs- oder Herstellungskosten erreicht, solange Einkünfte aus Kapitalvermögen besteuert werden (und bei deren Steuerfreiheit erst recht nicht, von dem Trivialfall eines Kapitalwertes von null abgesehen).

Der Kapitalwert nach Steuern gleicht bei Sofortabschreibung dem Faktor (1-s) mal dem Barwert sämtlicher Zahlungen, abgezinst mit dem Kalkulationszinssatz *nach* Steuern. Wegen der steuerbedingten Änderung des Abzinsungssatzes kann ohne Inflation der Kapitalwert nach Steuern bei Sofortabschreibung sowohl über als auch unter dem Kapitalwert bei einem Steuersatz von null liegen. Sofortabschreibung entlastet vollständig nur in seltenen Einzelfällen.

Natürlich entfällt mit der Sofortabschreibung nicht „das Problem der Scheingewinnbesteuerung“. Nur wenn für alle Zahlungen eine identische Preissteigerungsrate angenommen wird und der Kapitalmarktzins gemäß dem um die Steuerwirkungen modifizierten Fisher-Effekt über dem Marktzins im Fall ohne Inflation liegt, kürzt sich der Inflationsfaktor bei Zahlungen und Zinssatz weg. Bei jedem anderen

[56] *Wissenschaftlicher Beirat beim Bundesministerium der Finanzen*: Gutachten zur Reform der Unternehmensbesteuerung. BMF Schriftenreihe, Heft 43. Bonn 1990, Rz. 380.

Verhältnis zwischen Marktzinssatz in der Modellwelt ohne Inflation und dem Marktzinssatz in der Inflation, bei unterschiedlichen Preissteigerungsraten zwischen Absatzpreisen und Wiederbeschaffungsausgaben entstehen inflationsbedingte Verzerrungen, die man unter „Scheingewinnbesteuerung" zusammenfassen kann. Dabei wird häufig die „Scheingewinnbesteuerung" negativ werden, also in einer inflationsbedingten Marktpreissteigerung für die Investitionen enden.

e) Um Steuerbelastungszahlen, vor allem für einen internationalen Vergleich, zu erarbeiten, sind über Entscheidungsneutralität hinausreichende Modellannahmen erzwungen. Zusätzlicher Annahmen bedarf es sowohl für Simulationen von Steuerveranlagungen mit Hilfe von mehrperiodigen Unternehmungsmodellen als auch für Modelle, die einen computergestützten vollständigen Finanzplan mit der Zielgröße „Maximierung des Vermögensendwerts" zugrunde legen[57]. In diesem Buch wird das Verfahren der Berechnung *effektiver Grenzsteuerbelastungen* bevorzugt[58] (wegen der zusätzlichen Voraussetzungen bei internationalen Steuerbelastungs-vergleichen wird im folgenden von „effektiver", statt von wirtschaftlicher Grenz-steuerbelastung gesprochen).

Eine Weiterführung des Modells der effektiven Grenzsteuerbelastungen sucht die Beschränkung auf nicht unvorteilhafte Investitionen (Kapitalwert größer null) zu vermeiden, muß aber zusätzliche Einschränkungen an anderer Stelle setzen[59].

Die zum Teil recht diffizilen Annahmen bleiben außerhalb dieser Einführung. Jedoch ist eines zu beachten: Alle diese Meßmodelle liefern im günstigsten Fall unter sich vergleichbare Musterbeispiele. Sie erlauben keine allgemeinen quantitativen Aussagen über die wirtschaftliche Steuerbelastung, belegen aber erhebliche Spannweiten der wirtschaftlichen Steuerbelastung je nach der Art der Investitionen und deren Finanzierung.

---

[57] Vgl. z.B. *Christoph Spengel*: Europäische Steuerbelastungsvergleiche. Düsseldorf 1995, z. B. S. 41-53; *ders.*: Grenzüberschreitende Geschäftstätigkeit und effektive Steuerbelastung nach der deutschen Steuerreform. Erscheint in der zfbF; *Ulrich Schreiber, Thomas Kuenne*: Die Steuerbelastung von Investitionen in Deutschland, Frankreich und Großbritannien. In: StuW, Jg. 73 (1996), S. 43-61.

[58] Vgl. *King, Fullerton* (Hrsg.): The Taxation of Income from Capital., S. 7-30, 268-311; erläutert bei *Schneider*: Investition, Finanzierung und Besteuerung, S. 411-426; teilweise aktualisiert bis 1997 in *ders.*: Betriebswirtschaftslehre, Band 3: Theorie der Unternehmung. München-Wien 1997, S. 656-660.

[59] Vgl. *Michael P. Devereux, Rachel Griffith*: Taxes and the location ot production: evidence from a panel of US multinationals. In: Journal of Public Economics, Vol. 68 (1998), S. 335-367; *dies.*: The Taxation of Discrete Investment Choices – Revision 2. IFS Working Paper Series No. 98/16; dazu *Ulrich Schreiber, Christoph Spengel, Lothar Lammersen*: Measuring the Impact of Taxation on Investment and Financing Decisions. Veröffentlichung in zfbf/sbr in Vorbereitung.

Nach dem Meßmodell der effektiven Grenzsteuerbelastungen ergaben sich für 1997 Spannweiten effektiver Grenzsteuerbelastungen zwischen 74 % (für Vorratsinvestitionen, über Beteiligungskapital finanziert) und minus 228 % aufgrund der Investitionsförderung in den neuen Bundesländern. Minus 228 % effektive Grenzsteuerbelastung bedeuten, daß aus 10 % Vorsteuerrendite 32,8 % Nachsteuerrendite werden!

Ausgeklammert ist in diesem Meßmodell eine Innenfinanzierung aus Gewinnermittlung, soweit sie über Anlagenabschreibungen und hinsichtlich der Vorräte über das Lifo-Verfahren hinausreicht, also insbesondere die Finanzierung über Pensions- und andere Rückstellungen sowie über Teilwertabschreibungen. Das Meßmodell weist deshalb für den Regelfall die effektive Steuerbelastung zu hoch aus. Gleichwohl zeigen sich Steuervergünstigungen und in einzelnen Fällen Steuerbenachteiligungen in bestürzendem Ausmaß.

f) Die Berechnungen effektiver Grenzsteuerbelastungen sind wegen ihrer engen Voraussetzungen nur als Musterbeispiele zum Einblick in die Problemstruktur wirtschaftlicher Steuerbelastungen geeignet. Allein dieser Einblick reicht jedoch für folgende Einsichten aus:

(1) Das in der politischen Diskussion gängige Vergleichen von Spitzensteuersätzen in einzelnen Ländern oder seriöser: von rechtlichen Steuerbelastungen, verfälscht. Die Holzhammermethoden, mit denen Verbandsfunktionäre und Berufspolitiker die „repräsentative" Steuerbelastung für Investitionen hauptsächlich an der Steuerbelastung für zurückbehaltene Gewinne, also an einem speziellen Unternehmungssteuerkeil, festmachen, informieren nicht über die wirtschaftliche Steuerbelastung bei Investitionen.

(2) **„Die" repräsentative Unternehmensteuerbelastung für Investitionen gibt es nicht.** Angesichts der von allen Bundesregierungen, vom Bundestag und Bundesrat seit 1949 zu verantwortenden Unübersichtlichkeit und mangelnden Systemhaftigkeit des deutschen Steuerrechts und angesichts des im Ausland kaum besseren Steuerrechts kann nichts anderes herauskommen als eine erschreckend breite Spannweite unterschiedlicher Grenzsteuerbelastungen für Investitionen. Auf diese nehmen Standort, Branche, Investitionsart und Investitionsrendite, Rechtsform und Finanzie-

rungsweise sowie Vertragsgestaltungen zwischen Gesellschaftern, aber auch Prognosen über Gewinne, Zinssätze und Inflationsraten und natürlich zahlreiche Details des Steuerrechts Einfluß.

(3) Für die Steuer- und Unternehmenspolitik wichtig wäre eine Messung, die für Investitionsentscheidungen *unter Unsicherheit* angibt, ob und in welcher Höhe insgesamt eine Steuervergünstigung vorliegt, wenn eine Investition in einigen geplanten künftigen Zuständen der Welt positive Kapitalwerte und in anderen alternativen Zukunftslagen negative Kapitalwerte zeigt. Für vereinfachende Entscheidungssituationen unter Ungewißheit läßt sich Entscheidungsneutralität definieren (S. 140-147). Jedoch ist eine Übertragung auf die Messung einer wirtschaftlichen Steuerbelastung durch einen Prozentsatz, der mit dem Steuersatz verglichen werden könnte, beim derzeitigen Wissen allenfalls unter vielen, keineswegs repräsentativen Zusatzannahmen möglich.

Zwar läßt sich für jede geplante alternative Entwicklung der künftigen Zahlungsströme eine effektive Grenzsteuerbelastung berechnen. Aber deren Vergleich mit dem jeweiligen Steuersatz gibt nicht mehr eine prozentuale Höhe der Steuervergünstigung wieder. Darüber hinaus bleibt offen, nach welcher Entscheidungsregel unter Ungewißheit die effektive Grenzsteuerbelastung in einzelnen Zukunftslagen zu einer einzigen Meßzahl umgerechnet werden soll.

Erreichbar sind derzeit mit dem Anspruch über Einzelfallwissen hinausgehend, nur vor-quantitative Urteile (Rangordnungen) über die Empfindlichkeit, mit denen sich Vor- und Nachsteuerrenditen bei Änderungen des Steuerrechts oder der Umweltgegebenheiten mit unverändertem Steuerrecht entwickeln.

II. Besteuerung und Investition

1. Steuersatzsenkungen und Risikobereitschaft zu Investitionen

a) In der steuerpolitischen Diskussion wird laufend gefordert, die Steuersätze zu senken, damit die Risikobereitschaft und die Innovationsfreudigkeit zu mehr Investitionen gesteigert werde. Leider fehlt bisher ein zwingender Beweis, daß gerade eine Senkung der Steilheit der Einkommensteuerprogression und des Spitzensteuersatzes den Leistungswillen zur Unsicherheitsübernahme stärken. Hingegen wurde eine Gegenthese zu dieser Behauptung schon vor rund 250 Jahren von so erlauchten Geistern wie *Gottfried Wilhelm Leibniz* und *David Hume* vorgetragen und von dem Kameralwissenschaftler *von Justi* 1766 auf den Kern gebracht, daß „gar zu geringe Abgaben die Faulheit befördern“[60]. Das mag für Unternehmer und Manager unter den heutigen Umweltbedingungen durchaus nicht zutreffen. Aber warum sollte das Gegenteil stimmen?

Fünf Bedingungen grenzen zunächst die Hoffnung ein, daß Senkungen der Gewinnsteuersätze die Risikobereitschaft erhöhen. Hinzu treten weitere Einengungen bei entscheidungslogisch vernünftigem Verhalten unter Risikoabneigung.

(1) Senkungen der Grenzsteuersätze für den Gewinn können nur dann Investitionsanreize auslösen, wenn nach Steuern ein größerer finanzieller Spielraum bleibt. Dieser Spielraum wird aber dann vernichtet, wenn der Gesetzgeber zwar einerseits über Steuersatzsenkungen das verfügbare Einkommen zu erhöhen scheint, aber andererseits durch eine Minderung der Höhe der Aufwandsverrechnung oder deren zeitliches Hinausschieben in Form einer „Verbreiterung der Bemessungsgrundlagen“ die durch Steuersatzsenkungen gewonnene Liquidität wieder entzieht. So verringert z. B. eine Kürzung der höchstzulässigen Sätze für eine degressive Anlagenabschreibung oder die amtlich vorgegebene Verlängerung der betriebsgewöhnlichen Nutzungsdauer und anderer Abbau sog. „Steuervergünstigungen“ den finanziellen Spielraum aus einer Innenfinanzierung über Gewinnermittlung.

[60] *Johann Heinrich Gottlob von Justi*: System des Finanzwesens. Halle 1766, Neudruck Aalen 1969, S. 398; *David Hume*: Political Discourses, S. 115 f.; zu weiteren Quellen vgl. *Christian Scheer*: Steuerverteilung und Steuerinzidenz in der deutschen Finanzwissenschaft der ersten Hälfte des 19. Jahrhunderts und der Einfluß der britischen Nationalökonomie. In: Studien zur Entwicklung der ökonomischen Theorie VI, hrsg. von H. Scherf. Berlin 1988, S. 105-169, hier S. 146 f.

Da die Kapitalkosten bei einer Innenfinanzierung aus Aufwandsverrechnung im Regelfall null sind (zu zinslosen Steuerkrediten führen), wird unter sonst gleichen Umständen der Investitionsumfang deshalb vermindert, wenn die Investitionen stattdessen Finanzierungsarten benötigen, die positive „Kapitalkosten" verursachen.

(2) Selbst dann, wenn eine Steuersatzsenkung nicht an einen Abbau der Innenfinanzierung aus Aufwandsverechnung gekoppelt ist, wird der Zuwachs an verfügbarem Einkommen entweder in zusätzlichen Konsum, in Abbau von Schulden oder in zusätzliche Investitionen fließen. Die Investitionen müssen aber nicht im Inland Arbeitsplätze schaffen, sondern können auch im Ausland erfolgen. Selbst wenn im Inland investiert wird, mag eine Milderung der Progression und eine Senkung der Gewinnsteuerspitzensätze Anlaß geben, innovative, risikoreichere Investitionen gegen risikoärmere Routine-Investitionen auszutauschen (vgl. ab S. 148). Dies beeinträchtigt die Hoffnung auf wachsende Innovationsfreudigkeit durch niedrigere Gewinnsteuersätze zusätzlich.

(3) Die psychische Disposition zu verstärkter Leistung und Risikoübernahme hängt bei Unternehmern und Managern weniger von steuerlich-finanziellen Anreizen ab als von Befriedigung durch Tätigkeit und Anerkennung im gesellschaftlich-politischen Umfeld. Hier sind aber durch aufgeblähte und inexakte Rechtssetzungen, vor allem in Arbeitsmärkten, Entscheidungsfreiheiten eingeengt, Frustrationen vorprogrammiert. Zugleich errichtet die Politik Dämme gegen Wettbewerbsdruck, häufig unter dem Deckmantel, damit diene man einer nicht näher erläuterten sozialen Gerechtigkeit. Schon dies behindert Leistungswillen und Risikobereitschaft zu Investitionen vermutlich stärker als politisch finanzierbare Tarifsenkungen Personen stimulieren können, die sowieso kaum Zeit finden, Mehreinnahmen nach Steuern so auszugeben, daß sich Mehrarbeit hierfür lohnen würde.

(4) Die Risikobereitschaft zu Investitionen hängt neben dem Finanzierungsspielraum und psychischen Dispositionen von rechenbaren Risikoverschiebungen beim Kapitaleinsatz unter Ungewißheit ab.

Soweit Investitionsrisiken planbar sind, schlagen sie sich in den einzelnen künftigen Zuständen der Welt in alternativ hohen, niedrigen oder gar negativen Renditen nieder. Dabei verringern sich in Verlustjahren die Vor-Steuer-Verluste regelmäßig nicht proportional zum Steuersatz. Der fehlende sofortige Verlustausgleich, der auf ein Jahr und in der Höhe begrenzte Verlustrücktrag, die Beschränkung der Verlustverrechnung zwischen den Einkunftsarten (S. 52) und der fehlende Verlustrücktrag bei der Gewerbesteuer sind Belege. Wegen der unvollständigen Verlustausgleichsregelungen sinkt bei einer Steuersatzsenkung die Steuerbelastung bei unsicherheitsbehafteten Investitionen um weniger als die Steuersatzsenkung prozentual ausmacht.

Zudem verschärfen nicht abzugsfähige Betriebsausgaben die wirtschaftliche Steuerbelastung bei Zukunftsentwicklungen mit voraussichtlich schlechter Rendite erheblich. Dazu zählen auch Betriebsausgaben, die mit „steuerfreien Einnahmen" aus dem Halbeinkünfteverfahren und der Steuerfreiheit von Veräußerungsgewinnen bei Kapitalgesellschaften zusammenhängen, sowie nicht abzugsfähige Steuerzahlungen (wie vor 1997 die Vermögensteuer). Eine Steuersatzsenkung mindert die nachteiligen Wirkungen nicht abzugsfähiger Betriebsausgaben auf die Vorteilhaftigkeit, sie kürzt aber erst recht die zinslosen Steuerkredite, die aus abzugsfähigen Betriebsausgaben folgen können.

(5) Manager, Verbandsfunktionäre, Berufspolitiker und Beamte denken vor allem an sich selbst, wenn sie in Diskussionen um eine „Reform der Unternehmensbesteuerung" für eine Investitionsförderung durch weitere Tarifsenkung eintreten; denn solange die Gewerbesteuer besteht, hilft eine Senkung der Einkommensteuersätze gutverdienenden Nichtgewerbetreibenden mehr als Gewerbetreibenden, weil nach Senkung des Einkommensteuertarifs zum einen die Gewerbesteuer nur bei Hebesätzen unter 385 % eine zusätzliche Belastung vermeidet (S. 74). Zum anderen werden gut verdienende Bezieher von Einkünften aus nichtselbständiger Arbeit in weitaus geringerem Maße als Gewerbetreibende, Selbständige, Vermieter und Verpächter von einer „Verbreiterung der Bemessungsgrundlagen" getroffen.

Anders gewendet: Steuersatzsenkungen begünstigen alle Einkommensteuerzahler, ihre fiskalische Finanzierung durch „Verbreiterung der Bemessungsgrundlagen" trifft hauptsächlich nur Gewerbetreibende, selbständig Arbeitende und teilweise Vermieter und Verpächter. Das Steuermehraufkommen durch die Verbreiterung der Bemessungsgrundlagen muß weit höher sein als die Steuermindereinnahmen aus der Senkung der Gewinnsteuersätze, die Gewerbetreibenden zur Investitionsförderung gewährt werden.

b) **Unsicherheit** bei Planungen sei im weiteren in *Ungewißheit* und *Informationsrisiken* unterteilt. Ungewißheit geht von einer bekannten Menge an alternativen künftigen Zuständen der Welt (Zukunftslagen) aus, von denen einer als späteres Ist eintreffen wird, man weiß im Planungszeitpunkt nur nicht welcher. Informationsrisiken betreffen den Fall, daß nicht auszuschließen ist, es trete ein Istzustand ein, der nicht in der Menge der geplanten alternativen Zukunftslagen enthalten ist: eine Ex-post-Überraschung. Der Fall der Informationsrisiken ist der Regelfall in der Wirklichkeit. Aber er sträubt sich gegen eine theoretische Analyse: Bei Informationsrisiken kann über eine Verringerung von Einkommensunsicherheiten bei einzelnen Handlungsalternativen nur noch durch Auflistung von Unsicherheitsursachen geredet werden. Rangordnungsaussagen oder gar quantitative Messungen von Unsicherheit sind ausgeschlossen, wenn nicht die Gesamtzahl der denkbaren künftigen Zustände der Welt erfaßt werden kann. Deshalb beschränkt sich die Entscheidungslogik regelmäßig auf den Fall der Ungewißheit.

Nur unter engen Modellvoraussetzungen läßt sich entscheidungslogisch rekonstruieren, ob eine Senkung der Gewinnsteuersätze dazu führt, daß in den Augen eines Entscheidenden eine Investition risikoärmer erscheint. Läßt sich keine Rangordnung von Risikograden für Investitionen nachprüfbar herleiten, hängt die Behauptung von der Förderung der Risikobereitschaft durch Steuersatzsenkungen noch unbegründeter in der Luft, als in den folgenden Entscheidungsmodellen unter Ungewißheit aufgedeckt wird.

(1) Folgende Voraussetzungen seien für Modellüberlegungen zum Einfluß von Senkungen der Gewinnsteuersätze auf Investitionsentscheidungen unter Ungewißheit angenommen:

(a) Im Planungszeitpunkt lassen sich sämtliche Zahlungen einer Investition bis zum Planungshorizont auflisten und zwar für alle denkbaren künftigen Zustände der Welt. Während der Investitionsdauer geht kein neues Wissen zu, so daß Ex-post-Überraschungen ausgeschlossen werden können.

(b) Für jeden denkbaren künftigen Zustand der Welt (gemessen durch eine Zeitreihe von Zahlungen bis zum Planungshorizont) ist eine quantitative Wahrscheinlichkeit bekannt (und die Summe der Wahrscheinlichkeiten für alle denkbaren künftigen Zustände der Welt gleicht 1). Abgesehen sei zur Vereinfachung davon, daß diese Voraussetzung für strategische Unternehmungsinvestitionen nicht zu erfüllen ist. Selbst bei im Zeitablauf wiederholten Investitionen lassen sich aus Vergangenheitszahlen (Häufigkeitsziffern) nur unter zusätzlichen, empirisch sehr fragwürdigen Annahmen Schlüsse über die Anwendbarkeit der Wahrscheinlichkeitsrechnung ziehen.

(c) Die Bemessungsgrundlagen der Besteuerung seien zunächst „entscheidungsneutral" im Sinne des kapitaltheoretischen Gewinns geregelt, so daß die Steuersatzsenkung als Änderung der rechtlichen Steuerbelastung die wirtschaftliche Steuerbelastung in gleichem Ausmaß kürzt. Im 2. Abschnitt wird diese Unterstellung aufgehoben, um den Einfluß der Bemessungsgrundlagen auf die Investitionsbereitschaft zu untersuchen.

(d) Als Entscheidungsregel für die Alternativenwahl dient die Risikonutzentheorie in der Form „Maximiere den Erwartungswert des Risikonutzens des Endvermögens", später abgewandelt in „Maximiere den Erwartungswert des Risikonutzens des Einkommens". Die Risikonutzentheorie definiert rationales Verhalten für eine vereinfachte Form von Ungewißheit. Inwieweit damit das tatsächliche Verhalten von Entscheidenden erklärt werden kann, ist zweifelhaft. Jedoch für den Nachweis, daß Steuersatzsenkungen keineswegs immer die Investitionsbereitschaft erhöhen, sind die Modellüberlegungen aus der Risikonutzentheorie nützlich; denn unter abweichendem praktischen Verhalten wird die Abhängigkeit zwischen Steuersatzsenkungen und der Risikobereitschaft zu Investitionen unter Ungewißheit keinesfalls eindeutiger.

(2) Der Kernsatz der Steuerwirkungslehre (Eine Zielgrößenbesteuerung ist entscheidungsneutral, S. 31) läßt sich auch auf Zielgrößen unter Ungewißheit übertragen, wie den Erwartungswert des Risikonutzens des Endvermögens. Nur ist damit nicht viel gewonnen, weil jeder Investor einer anderen Risikonutzenfunktion folgen mag und Steuerzahlungen nicht nach dem Risikonutzen erhoben werden können, da Steuerzahlungen rechtssicher (von Außenstehenden nachprüfbar) zu ermitteln sind. Zusätzlich muß die Entscheidungsneutralität der Bemessungsgrundlagen für jede Handlungsalternative in jeder Zukunftslage gewahrt sein. Ein einfaches Beispiel zur Vorratsbewertung (S. 116-121) zeigt, daß gängige steuerrechtliche Gewinnermitt-

lungsvorschriften diese Bedingung selbst für eine Zukunftslage nicht einzuhalten erlauben. Dieser Tatbestand vermindert zusätzlich die Stichhaltigkeit einer Aussage, daß eine Senkung der Gewinnsteuersätze die Risikobereitschaft erhöhe.

(3) Mit Hilfe der Risikonutzentheorie wird eine Wahrscheinlichkeitsverteilung der alternativen Zielbeiträge einer Handlung auf einen gleichgeschätzten sicheren Zielbeitrag, ein Sicherheitsäquivalent, zurückgeführt. Die für Investitionsentscheidungen unter Ungewißheit vernünftig erscheinende Annahme ist die der Risikoabneigung.

Risikoabneigung läßt sich innerhalb der Theorie des Risikonutzens durch einen abnehmenden Grenznutzen wachsender Endvermögenschancen kennzeichnen. Die Risikonutzenfunktion in Abhängigkeit von Endvermögenschancen wird als mindestens zweimal differenzierbare Funktion angesehen und mit N(V) bezeichnet. Risikoabneigung liegt vor, wenn die erste Ableitung der Risikonutzenfunktion in bezug auf die Endvermögenschancen positiv, die zweite Ableitung negativ ist.

Im folgenden sei zunächst gezeigt, daß bei Risikoabneigung nicht konstante Grenzsteuersätze, sondern steigende Grenzsteuersätze Entscheidungsneutralität unter Ungewißheit wahren.

Die folgenden Beispiele beschränken sich auf den einfachsten Fall, daß zwischen einer risikolosen und einer risikobehafteten Investition in einem einperiodigen Planungsmodell zu wählen ist. Es seien nur zwei künftige Zustände der Welt zu erwarten: schlechte und gute Konjunktur. Beide gelten als gleich wahrscheinlich.

Der Risikonutzen des Investors verlaufe in Abhängigkeit vom Endvermögen N(V) gemäß der Funktion N(V) = ln V. Das Anfangsvermögen sei 100.000 €. Das Einkommen vor Steuern betrage am Periodenende für die risikolose Investition 50.000 €, für die risikobehaftete in Zukunftslage a 25.000 €, in Zukunftslage b 80.000 €. Die Endvermögen lauten also für die risikolose Investition 150.000 € und für die risikobehaftete alternativ 125.000 € oder 180.000 €.

Vor Steuern ist der Investor indifferent zwischen der risikolosen und der risikobehafteten Investition, denn

$$\ln 150.000 = 0{,}5 \ln 125.000 + 0{,}5 \ln 180.000. \qquad (21)$$

Nun möge eine direkt-progressive Steuer in Form intervallmäßig steigender Grenzsteuersätze nach einem Freibetrag von 12.500 € erhoben werden, bei der folgende Durchschnittssteuersätze entstehen: 20 % für 25.000 € Einkommen, 30 % für

50.000 € Einkommen und 35 $\frac{5}{32}$% (= 45/128) für 80.000 € Einkommen. Der Grenzsteuersatz beträgt im Einkommensintervall 25.001 bis einschließlich 50.000 € 40%, im Einkommensintervall 50.001 bis 80.000 € 43,75 %. Hier schätzt der Investor trotz direkt-progressiver Besteuerung vor und nach Steuern risikolose und risikobehaftete Investition gleich, denn

$$\ln[100.000+(1-0{,}3)50.000]=$$
$$0{,}5\ln[100.000+(1-0{,}2)25.000]+0.5\ln\left[100.000+(1-\frac{45}{128})80.000\right]. \tag{22}$$

In diesem Beispiel würde eine direkt-progressive Steuer die risikobehaftete Anlage bevorzugen, wenn der Steuersatz für das risikolose Einkommen höher wäre als der oben angegebene „Indifferenzsteuersatz" (höher als 30 % für 50.000 € Einkommen, solange die anderen beiden Steuersätze unverändert bleiben), oder wenn der Steuersatz für wenigstens eines der alternativen Einkommen der risikobehafteten Anlage geringer wäre als der jeweilige „Indifferenzsteuersatz". Entsprechend würde durch die direkt-progressive Besteuerung die Risikobereitschaft des Entscheidenden geschmälert (die risikolose Anlage gewählt), wenn der Steuersatz für das Einkommen der risikolosen Anlage kleiner bzw. der Steuersatz für mindestens eine der risikobehafteten Einkommenschancen größer wäre als der entsprechende Indifferenzsteuersatz.

Natürlich gibt es nicht nur einen einzigen Verlauf für Indifferenzsteuersätze für diese Beispielsinvestitionen, sondern daneben eine Fülle direkt progressiver Tarifverläufe: so z.B. Steuersätze von 20 % für 25.000 € Einkommen, 40 % für 50.000 € Einkommen und für 80.000 € Einkommen $48\frac{23}{24}$% usw.

(4) Um den Einfluß von Senkungen konstanter Grenzsteuersätze des Einkommens auf die Risikobereitschaft zu Investitionen zu erkennen, sei im folgenden untersucht, wie sich die Risikobereitschaft mit wachsendem Selbstfinanzierungsspielraum verändert; dabei sei von Ausschüttungen und von allen anderen Finanzierungsmöglichkeiten abgesehen. Diese Einschränkung erfolgt aus didaktischen Gründen, um eine Rechtfertigung dafür zu haben, daß der Risikonutzen auf das Einkommen bzw. den Gewinn bezogen wird und nicht mehr auf das Endvermögen. Dabei ist jedoch zu beachten, daß mit dem Übergang vom Risikonutzen des Endvermögens auf den Risikonutzen des Gewinns eine grundsätzlich andere psychische Risikoneigung abge-

bildet wird; es sei denn, die Risikonutzenfunktion würde mathematisch entsprechend angepaßt.

An einem einfachen Beispiel zur Wertpapiermischung sei die Änderung der Risikoneigung durch die Wahl unterschiedlicher Bezugsgrößen (Endvermögen, Einkommen) für den Risikonutzen erläutert mit der Folge unterschiedlicher Steuerwirkungen.

Ein Investor mit einem Anfangskapital von 100 sucht die beste Wertpapiermischung aus einer risikolosen Anlage, deren Rendite 10 % vor Steuern beträgt, und einer risikotragenden Anlage, die für die gute Zukunftslage eine Rendite von +70 %, für die schlechte Zukunftslage eine Rendite von –30 % erwirtschaftet. Beide Zukunftslagen seien gleichwahrscheinlich; a bezeichnet den Anteil der risikotragenden Anlage am gesamten Wertpapierbestand (Portefeuille), s einen konstanten Grenzsteuersatz für Gewinne, a und s sind auf den Bereich zwischen 0 und 1 beschränkt.

Der Investor sei gleichbleibend dem Risiko abgeneigt, und zwar gelte $N = \ln G$, wenn der Risikonutzen im Gewinn gemessen wird: $N = \ln V$, wenn der Risikonutzen vom Endvermögen abhängt.

Der Gewinn des Investors beträgt in der guten Zukunftslage 10, wenn er für sein Anfangskapital nur die risikolose Anlage kauft. Der Gewinn in der guten Zukunftslage beträgt 70, wenn der Anteil der risikotragenden Anlage a = 1 ist. Für jede Mischung aus risikoloser und risikotragender Anlage folgt in der guten Zukunftslage ein Gewinn von 10 (1-a) + 70a = 10 + 60a.

Entsprechend beträgt der Gewinn des Investors in der schlechten Zukunftslage für jeden Anteil a der risikotragenden Anlage: 10 (1-a) - 30a = 10 - 40a.

Der Erwartungswert des Risikonutzens des Gewinns lautet bei proportionaler Gewinnbesteuerung:

$$\mu(N) = 0{,}5 \ln (1-s)(10+60a) + 0{,}5 \ln (1-s)(10-40a). \tag{23}$$

Daraus folgt in der optimalen Wertpapiermischung der Anteil der risikobehafteten Investition a mit:

$$\frac{d\mu(N)}{da} = 0 \text{ und} \frac{d^2\mu(N)}{da^2} < 0, \text{ also a} = \frac{1}{24}. \tag{24}$$

Gleichgültig, wie hoch der Gewinnsteuersatz ist, die optimale Wertpapiermischung wird durch die Besteuerung nicht beeinflußt. Der Anteil der risikotragenden Anlage beträgt stets 1/24 des Anfangskapitals.

Wird der Risikonutzen als abhängig vom Endvermögen angesehen, wandelt sich die Definitionsgleichung für den Erwartungswert des Risikonutzens um in:

$$\mu(N) = 0{,}5\ln[100 + (1-s)(10+60a)] + 0{,}5\ln[100 + (10-40a)]. \tag{25}$$

In der optimalen Wertpapiermischung gilt für a:

$$\frac{d\mu(N)}{da} = 0 \text{ und } \frac{d^2\mu(N)}{da^2} < 0, \text{ also } a = \frac{11-s}{24(1-s)}. \tag{26}$$

Im Falle eines Gewinnsteuersatzes von 0 beträgt der Anteil der risikotragenden Anlage 11/24, bei einem Steuersatz von 50% schon 21/24, und bei Steuersätzen über 56,52% wird nur noch in die risikotragende Anlage investiert.

Damit ist gezeigt, daß für die gewählte Ausprägung von Risikoabneigung, falls der Risikonutzen vom Gewinn abhängt, Steuersatzänderungen zu unveränderten Entscheidungen führen. Dieselbe Erscheinungsform von Risikoabneigung, falls der Risikonutzen vom Endvermögen abhängt, läßt bei Erhöhungen der Gewinnsteuersätze jedoch die Bereitschaft zur Risikoübernahme wachsen, bis nur noch in die risikotragende Anlage investiert wird. Sinken die Steuersätze unter 56,52%, gilt hier, daß die Risikobereitschaft, gemessen durch den Anteil der risikotragenden Anlage am Gesamtportefeuille, vermindert wird.

Ein und derselbe Fall von Risikoabneigung in bezug auf den Gewinn stellt somit ein ganz anderes Verhalten gegenüber der Ungewißheit dar als gleichbleibende relative Risikoabneigung in bezug auf das Endvermögen: Im ersten Fall sinkt der Risikogrenznutzen um z.B. 1%, wenn sich der Gewinn um 1% erhöht; im zweiten Fall sinkt der Risikogrenznutzen um 1%, wenn sich das Endvermögen um 1% erhöht.

c) Unter den Erscheinungsformen von Risikoabneigung sind für die Zwecke der Steuerwirkungslehre zwei Grundformen zu unterscheiden: absolute und relative Risikoabneigung[61].

(1) Als Musterbeispiel für *absolute Risikoabneigung* und deren drei Arten lassen sich Aussagen ansehen über den absoluten Betrag, der bei variablem erwarteten Endvermögen in risikobehaftete Anlagen investiert wird. Wenn angenommen wird, das erwartete Endvermögen sei proportional zum Finanzierungsspielraum (Anfangsausstattung in Geld, zuzüglich Verschuldungsmöglichkeiten), so zeigen die drei

[61] Vgl. zu Quellen und formelmäßiger Ableitung z. B. *Schneider*: Theorie der Unternehmung, S. 202-206.

Formen absoluter Risikoabneigung an, wie sich bei variablem Finanzierungsspielraum der absolute Betrag ändert, der in risikobehaftete Investitionen fließt.

(a) Gleichbleibende absolute Risikoabneigung besagt: Der Entscheidende investiert unabhängig von der Höhe seines Finanzierungsspielraums stets den gleichen absoluten Betrag in risikobehaftete Investitionen.

(b) Sinkende absolute Risikoabneigung heißt: Der Entscheidende erhöht mit wachsendem Finanzierungsspielraum den Betrag, den er risikobehaftet investiert.

(c) Steigende absolute Risikoabneigung bedeutet: Der Entscheidende vermindert mit wachsendem Finanzierungsspielraum den Betrag, den er risikobehaftet investiert.

(2) Um die Bedingungen zu erkennen, wann Senkungen der Gewinnsteuersätze bei entscheidungsneutralen Bemessungsgrundlagen die Investitionsbereitschaft erhöhen, ist das Arbeiten mit den Arten der relativen Risikoabneigung zweckmäßig. Um zu beurteilen, wann zurückbehaltene Gewinne (also Selbstfinanzierung) die Bereitschaft zu risikobehafteten Investitionen entscheidungslogisch fördern, wird von Risikonutzenfunktionen in Anhängigkeit vom Einkommen ausgegangen.

Die *relative Risikoabneigung* erlaubt eine Aussage über den Anteil, der in risikobehaftete Anlagen investiert wird. Wenn das erwartete Einkommen proportional zum Selbstfinanzierungsspielraum verläuft, so zeigen die drei Formen der relativen Risikoabneigung an, wie sich bei variablem Selbstfinanzierungsspielraum der Anteil ändert, der risikobehaftet investiert wird.

(a) Gleichbleibende relative Risikoabneigung heißt: Der Entscheidende investiert mit wachsender Selbstfinanzierung stets den gleichen Prozentsatz in risikobehaftete Anlagen. Eine Steuersatzsenkung bewirkt, daß der Selbstfinanzierungsspielraum wächst. Bei relativ gleichbleibender Risikoabneigung wird trotz Erhöhung der Selbstfinanzierung der Anteil der risikobehafteten Investitionen nicht verändert.

(b) Sinkende relative Risikoabneigung besagt: Der Entscheidende investiert mit wachsender Selbstfinanzierung einen steigenden Prozentsatz in risikobehaftete Anlagen. Aus einer Steuersatzsenkung folgt bei sinkender relativer Risikoneigung, daß der Anteil der risikobehafteten Investitionen steigt. Hier fördert die Steuersatzsenkung die Risikobereitschaft.

(c) Steigende relative Risikoabneigung heißt: Der Entscheidende investiert mit wachsender Selbstfinanzierung einen geringeren Prozentsatz in risikobehafteten Anlagen. Aus einer Steuersatzsenkung folgt bei steigender Risikoabneigung, daß der Anteil der risikobehafteten Investitionen sinkt. Die Steuersatzsenkung mindert die Risikobereitschaft zu Investitionen aus zurückbehaltenen Gewinnen.

Steigende relative Risikoabneigung kann mit gleichbleibender, sinkender oder steigender absoluter Risikoabneigung einhergehen. Steigende relative Risikoabneigung mit steigender absoluter führt bei beliebiger Wahrscheinlichkeitsverteilung zu denselben Entscheidungen wie die Entscheidungsregel nach Erwartungswert und Streuung (Standardabweichung), die in Modellen zur Wertpapiermischung vorzugsweise benutzt wird.

(3) Die Übersetzung der Modellbegriffe gleichbleibender, steigender oder sinkender Risikoabneigung in Musterbeispiele über Beträge und Anteile, die risikobehaftet investiert werden, trifft nur für die Wahl zwischen einer risikolosen und einer risikobehafteten Anlage zu, wobei deren Unsicherheitsursachen sich nicht mit dem investierten Betrag ändern dürfen. Die Übersetzung gilt nicht notwendigerweise, wenn mehr als eine risikobehaftete Anlage nachgefragt wird.

Die Abhängigkeit zwischen den Formen der Risikoabneigung und dem Umfang risikobehafteter Investitionen existiert zudem nur dann, wenn die Formen der Risikoabneigung in bezug auf das Einkommen gemessen werden. Die Abhängigkeit besteht nicht mehr in derselben Form, wenn die Formen der Risikoabneigung auf das Endvermögen bezogen werden und der gesamte Finanzierungsspielraum variiert.

Über diese Einengungen hinaus gilt: Selbst bei Bemessungsgrundlagen, bei denen die rechtliche Steuerbelastung der wirtschaftlichen gleicht (also bei entscheidungsneutralen Bemessungsgrundlagen) fördert eine Steuersatzsenkung entscheidungslogisch nur bei einzelnen Erscheinungsformen der psychischen Risikoabneigung die Risikobereitschaft. Sobald zur fiskalischen Finanzierung der Steuersatzsenkungen die Bemessungsgrundlagen verbreitert werden, wird eine Förderung der Risikobereitschaft noch zweifelhafter, wie im folgenden zu belegen ist.

2. *Vergünstigungen in den Bemessungsgrundlagen und Risikobereitschaft zu Investitionen*

a) Welche Änderungen bei den Steuerbemessungsgrundlagen die Risikobereitschaft fördern oder hemmen, läßt sich nur an endlichen Maßen für die mit marginalen Größen definierte Elastizität (für eine Bogenelastizität) des Risikogrenznutzens untersuchen. Es sei wiederum vom Vergleich einer risikolosen und einer risikobehafteten Investition ausgegangen, die vor Steuern gleichgeschätzt werden. Bei der risikobehafteten Investition sind nur zwei Zukunftslagen mit gleicher Wahrscheinlichkeit zu beachten.

(1) Im folgenden wird ein Maß für die Elastizität des Grenznutzens von Einkommenschancen in bezug auf ein als sicher geltendes Einkommen entwickelt. Eine Elastizität in endlichen Änderungsgrößen auszudrücken, erfordert schon im einfachsten Fall mit nur zwei gleichwahrscheinlichen Zukunftslagen

(a) eine *absolute Bezugsgröße* (hierzu wird ein risikoloses Einkommen gewählt) und daneben zwei Verhältniszahlen:

(b) eine *prozentuale Einkommensminderung* gegenüber dem risikolosen Einkommen als Maß für die „Verlustgefahr" und

(c) eine *relative Risikoprämie* als Maß für die Vergütung bei Übernahme einer „Verlustgefahr". Dabei ist eine vom Entscheidenden gewünschte relative Risikoprämie von der programmbezogenen, die eine Investitionsalternative bietet, zu trennen.

Beide Verhältniszahlen werden auf die absolute Bezugsgröße, das als sicher geltende Einkommen, bezogen.

Die *prozentuale Einkommensminderung* kann gemessen werden durch die Differenz zwischen dem sicheren Einkommen, das die risikolose Investition gewährt, und dem niedrigen Einkommen in der schlechten Zukunftslage der risikobehafteten Investition, bezogen auf das sichere Einkommen. Bei einem als sicher geltenden Einkommen von 50.000 € (z. B. Investition nur in Bundesanleihen) und einem risikobehafteten Mindesteinkommen von 40.000 € (z. B. Investition in ein gut gemischtes Wertpapierportefeuille, vereinfacht auf zwei Zukunftslagen) beträgt die prozentuale Einkommensminderung:

$$\frac{50.000 - 40.000}{50.000} = 20\%.$$

Bei Risikoabneigung des Entscheidenden wächst in dessen Augen das Risiko mit steigender prozentualer Einkommensminderung. Wenn ein Investor indifferent ist zwischen den gleichwahrscheinlichen Einkommenschancen 40.000 € und 70.000 € und dem sicheren Einkommen von 50.000 €, dann zieht er das sichere Einkommen von 50.000 € eindeutig den gleichwahrscheinlichen Einkommenschancen von 30.000 € und 90.000 € vor. Die Minderung des Risikonutzens, wenn das Einkommen von 50.000 € auf 40.000 € sinkt, hat der Entscheidende der Chance gleichgeschätzt, wenn das Einkommen von 50.000 € auf 70.000 € steigt. Die Minderung des Risikonutzens, wenn das Einkommen von 40.000 € auf 30.000 € sinkt, muß dann bei sinkendem Grenznutzen des Einkommens höher sein als die Erhöhung des Risikonutzens, wenn das Einkommen von 50.000 € auf 70.000 € steigt, und folglich erst recht höher als der Nutzenzuwachs bei einer weiteren Steigerung des Einkommens von 70.000 € auf 90.000 €.

Die *relative Risikoprämie* beschreibt das Verhältnis zwischen der prozentualen Einkommenserhöhung in der guten Zukunftslage und der prozentualen Einkommensminderung in der schlechten Zukunftslage, die eine risikobehaftete Investition im Vergleich zu einer sicheren Handlungsalternative bietet. Steht einer Einkommenserhöhung von 70.000 - 50.000 in der guten Zukunftslage eine Einkommensminderung von 50.000 - 40.000 in der schlechten Zukunftslage gegenüber, beträgt die programmbezogene relative Risikoprämie

$$\frac{70.000 - 50.000}{50.000 - 40.000} = 2.$$

Ob die aus einem Investitionsprogramm folgende relative Risikoprämie derjenigen entspricht, die der Entscheidende aufgrund seiner psychischen Risikoneigung wünscht, ist eine zweite Frage. Die vom Entscheidenden gewünschte relative Risikoprämie bezeichnet ein Maß für die Vergütung bei Hinnahme einer prozentualen Einkommensminderung, um eine Gleichschätzung mit dem Einkommen der risikolosen Alternative zu wahren. Bei sinkendem Grenznutzen der Einkommenschancen muß die relative Risikoprämie stets größer als 1 sein (bei Risikoneutralität, d.h. einer Entscheidung nach dem Erwartungswert, gleicht sie 1).

Die Messung einer Elastizität durch endliche Änderungen, wie sie in der Praxis immer erzwungen ist, wird erheblich erschwert und bleibt durchweg nur auf den

Einzelfall bezogen zutreffend, wenn mehr als zwei Zukunftslagen mit ungleichen Wahrscheinlichkeiten in Kennzahlen abzubilden sind. Das ist ein Grund dafür, daß mit dem in der volkswirtschaftlichen Theorie heiß geliebten Elastizitätsbegriff betriebswirtschaftlich kaum empirisch prüfbares hergeleitet werden kann.

(2) Steuervergünstigungen in den Bemessungsgrundlagen für den Gewinn äußern sich bei Entscheidungswirkungen in Minderungen der wirtschaftlichen Grenzsteuerbelastung gegenüber dem Grenzsteuersatz. Solche Steuervergünstigungen steigern nur dann stets die Risikobereitschaft für Investitionen, wenn dadurch

(a) das risikolose Einkommen nicht wächst, zugleich

(b) die prozentuale Einkommensminderung (also das Maß für die „Verlustgefahr") sinkt und daneben

(c) die programmbezogene relative Risikoprämie (als Maß der Vergütung für die Übernahme einer „Verlustgefahr") gleichbleibt oder steigt.

Sobald Steuervergünstigungen auch das sichere Einkommen erhöhen, kann die Risikobereitschaft gehemmt werden, selbst wenn die prozentuale Einkommensminderung sinkt und die programmbezogene relative Risikoprämie steigt, weil im Regelfall die Höhe des Einkommens bzw. des Anfangs- und Endvermögens auf die Risikobereitschaft Einfluß nimmt.

Senkungen der Gewinnsteuersätze bewirken, daß als sicher geltende Einkommen nach Steuern ebenso wie mehr oder weniger risikobehaftete Einkommen nach Steuern wachsen. Deshalb wirken Steuersatzsenkungen zwiespältig auf die Risikobereitschaft. Steuervergünstigungen in den Bemessungsgrundlagen, welche die Risikobereitschaft steigern sollen, müssen deshalb risikolose (bzw. risikoarme) Investitionen diskriminieren.

(3) Welchen Einfluß auf die Risikobereitschaft nimmt eine Senkung eines konstanten Gewinnsteuersatzes bei bestehenden oder erhöhten Steuervergünstigungen in den Bemessungsgrundlagen?

Vor Steuern erbringe eine risikolose Investition 100 und eine risikobehaftete mit gleicher Wahrscheinlichkeit entweder 80 oder 160. Bei einer Gewinnvergünstigung von 20 sind nur 80 bei der risikolosen bzw. 60 und 140 beider risikobehafteten Investition zu versteuern, so daß bei 50% Steuersatz für die risikolose Investition ein Einkommen nach Steuern von 60 und für die risikobehaftete die gleichwahrscheinlichen Einkommenschancen 50 oder 90 verbleiben. Hierbei möge Indifferenz herrschen, d.h. eine prozentuale Einkommensminderung von $16\frac{2}{3}\%$ wird ausgeglichen durch eine relative Risikoprämie von

$$\frac{90-60}{60-50}=3.$$

Der Steuersatz werde auf 40% gesenkt, so daß für die risikolose Investition 100 - 0,4*(100-20)=68 Einkommen nach Steuern verbleiben. Für die risikobehaftete Investition errechnet sich entweder 80-0,4*(80-20) = 56 oder 160-0,4*(160-20) = 104. Die Steuersatzsenkung führt zu einem höheren risikolosen Einkommen und einer größeren prozentualen Einkommensminderung von (68-56)/68 = 17,6%, die programmbezogene relative Risikoprämie bleibt bei 3.

Ein höheres risikoloses Einkommen, diesmal mit einer höheren prozentualen Einkommensminderung bei gleicher programmbezogener relativer Risikoprämie verbunden, bewirkt: Ein Investor mit steigender relativer und gleichbleibend relativer Risikoabneigung in bezug auf das Einkommen wird seine Risikobereitschaft mindern, lediglich ein Investor mit sinkender relativer Risikoabneigung wird sie zumindest für die sein Investitionsprogramm begrenzende Investition erhöhen.

Dieses Ergebnis gilt über das Beispiel hinaus. Seine Verallgemeinerung muß unseren Wirtschafts- und Finanzpolitikern ins Stammbuch geschrieben werden: *Werden Gewinnvergünstigungen in den Steuerbemessungsgrundlagen mit Steuersatzsenkungen gekoppelt, dann sinkt meistens die Risikobereitschaft eines rationalen Investors, weil durch diese Koppelung risikoärmere Investitionen relativ stärker begünstigt werden als risikoreiche!*

(4) Die Vermutung liegt nahe, daß ein Abbau nicht abzugsfähiger Betriebsausgaben stets die Risikobereitschaft fördert, weil sie sowohl in Gewinn- als auch in Verlustjahren anfallen. Für die Vermutung mag ein psychischer Gesichtspunkt sprechen, daß die Besteuerung in Verlustjahren nicht im selben Umfang zugreift. Jedoch zeigt das folgende Beispiel, daß nicht für alle Formen von Risikoabneigung in bezug auf den Gewinn aus dem Entfallen von Ausgaben, die aus versteuertem Gewinn zu zahlen sind, eine Förderung der Risikobereitschaft zu erwarten ist.

Bei entscheidungsneutraler Gewinnermittlung möge eine risikolose Investition zu einem durchschnittlichen jährlichen Einnahmenüberschuß in Höhe von 100 vor Steuern führen. Eine alternative risikobehaftete Investition biete gleichwahrscheinliche jährliche Einkommenschancen von 80 oder 160 vor Steuern. Beide Investitionen unterliegen einem Gewinnsteuersatz von 50%. Zusätzlich seien nicht abzugsfähige Betriebsausgaben von 10 jeweils abzusetzen, so daß ein sicherer versteuerter Gewinn von 40 den versteuerten Gewinnchancen 30 oder 70 gegenüberstehe. Bei 25% prozentualer Einkommensminderung und einer relativen Risikoprämie von 3 bestehe Indifferenz bei der Wahl zwischen risikoloser oder risikobehafteter Investition.

Entfällt die nicht abzugsfähige Betriebsausgabe, steigt das Einkommen nach Steuern für die risikolose Investition auf 50 und die Einkommenschancen für die risikoreiche Investition belaufen sich auf 40 oder 80. Das risikolose Einkommen nach Steuern wächst, die prozentuale Einkommensminderung sinkt von 25% auf 20%, während die programmbezogene relative Risikoprämie unverändert bleibt.

Die Verringerung der prozentualen Einkommensminderung senkt die Verlustgefahr. Gleichzeitig ist jedoch das risikolose Einkommen gestiegen. Gemäß den drei Formen der relativen Risikoabneigung gilt:

(a) Ein Investor mit gleichbleibender relativer Risikoabneigung wird seine persönliche relative Risikoprämie mindern, weil das Risiko gesunken ist. Die programmbezogene relative Risikoprämie hat sich jedoch nach der Steuersatzsenkung nicht verändert. Der Investor mit gleichbleibender relativer Risikoabneigung, der bei Anfallen der nicht abzugsfähigen Betriebsausgabe indifferent zwischen den beiden Investitionen ist, wird bei deren Entfallen die risikoreiche Investition bevorzugen.

(b) Ein Investor mit sinkender relativer Risikoabneigung wird eine geringere persönliche Risikoprämie nicht nur wegen des gesunkenen Risikos für ausreichend halten, sondern auch, weil sein risikoloses Einkommen nach Steuern gestiegen ist. Er wird die risikoreiche Investition nach Entfallen der nicht abzugsfähigen Betriebsausgabe ebenfalls vorziehen.

(c) Ein Investor mit steigender relativer Risikoabneigung wird einerseits eine geringere persönliche Risikoprämie verlangen, weil die prozentuale Einkommensminderung als Maß der Verlustgefahr gesunken ist. Andererseits wird er sich aber infolge des gestiegenen risikolosen Einkommens veranlaßt sehen, eine höhere persönliche relative Risikoprämie zu fordern. Wie sich nach Abbau der Gewinnverböserung „nicht abzugsfähiger Betriebsausgabe“ dieser Investor verhält, scheint nicht eindeutig vorhersagbar zu sein. Indes folgt aus der Definition steigender relativer Risikoabneigung, daß der Anteil sinkt, der risikobehaftet investiert wird. Zumindest für die das Investitionsprogramm begrenzende Investition mit einem Kapitalwert von null wird dann aus der Indifferenz bei Anfallen der nicht abzugsfähigen Betriebsausgabe nach deren Streichen ein Bevorzugen der risikolosen Investition. Sobald das Investitionsprogramm veränderlich ist, reicht steigende relative Risikoabneigung für eine eindeutige Entscheidung nicht mehr aus. Es muß die genaue algebraische Gestalt der Risikonutzenfunktion bekannt sein.

b) Innerhalb der einkommensabhängigen Besteuerung erfüllen nur wenige Steuerrechtsetzungen die Bedingung, die Risikobereitschaft zu Investitionen wenigstens im Modellfall der Ungewißheit zu erhöhen. Sie lassen damit vermuten, eine Übernahme von Einkommensunsicherheiten werde erleichtert.

(1) Die erste und wichtigste Steuerrechtsetzung zur Förderung der Risikobereitschaft ist eine vollständige Abzugsfähigkeit von Verlusten in der Gewinnermittlung; denn diese erfüllt die Bedingungen, risikolose Einkommen nicht zu erhöhen (risikoarme allenfalls geringfügig), jedoch eine prozentuale Einkommensminderung zu senken und Risikoprämien mindestens gleich zu halten. Entscheidungsneutralität in bezug auf die Verlustverrechnung wird durch eine unternehmungsinterne Verrechnung von Verlusten bei einzelnen Investitionen bzw. Geschäftsbereichen mit Gewinnen bei anderen gewahrt oder allgemeiner: durch eine Zuzahlung des Fiskus in Höhe von Grenzsteuersatz mal „ökonomischer Verlust" (S. 105).

(a) Durch den sofortigen Verlustausgleich würde bei einem konstanten Grenzsteuersatz der Fiskus zu einer Art stiller Partner, der in gleicher Weise an Gewinn und Verlust teilhat (gleichwohl bleibt der Fiskus bevorrechtigter Gläubiger im Konkursfall hinsichtlich des Eintreibens von Steuerschulden). Fehlt dieser „sofortige Verlustausgleich" ganz oder teilweise, so verschlechtern sich die Einkommenschancen des risikobehafteten Programms gegenüber dem Fall einer Gleichschätzung mit einer risikolosen Investition.

(b) Allerdings hat auch der sofortige Verlustausgleich Nachteile: Er verlangt sofortige Betriebsprüfungen zumindest bei neugegründeten Unternehmungen, um Versuchungen zum Steuerschwindel zu ersticken. Er läßt sich bei progressiver Besteuerung nur in Grenzen verwirklichen. Er begünstigt lediglich die Innenfinanzierung von Unternehmungen, steht also dem ordnungspolitischen Grundsatz einer Marktlenkung von Risikokapital entgegen. Ein marktwirtschaftskonformes Mittel wäre hier, handelbare Verlustverrechnungsgutscheine einzuführen[62], so wie ein marktwirtschaftlicher Weg zum Umweltschutz im Handel mit Umweltbelastungs-Zertifikaten bestünde.

(2) Eine zweite Steuerrechtsetzung, welche die Risikobereitschaft in allen Fällen von Risikoabneigung in bezug auf den Gewinn zumindest nicht hemmt, ist eine verbesserte steuerliche Abzugsfähigkeit von Aufwandsposten bei risikobehafteten Investitionen allein. Das träfe z.B. dann zu, wenn die Hinzurechnung der halben Dauerschuldzinsen in der Gewerbesteuer beseitigt würde.

Allerdings gilt die Förderung der Risikobereitschaft aus der Beseitigung der halben Nichtabzugsfähigkeit von Dauerschuldzinsen bei der Gewerbesteuer dann nicht mehr uneingeschränkt, wenn beachtet wird, daß eine Eigenkapitalausstattung als Verlustpuffer für Fremdfinanzierung benötigt wird; denn durch eine volle Abzugsfähigkeit würde die steuerliche Bevorzugung der Fremdfinanzierung gegenüber der Beteiligungsfinanzierung verstärkt.

(3) Eine dritte generell wirkende Maßnahme zur Förderung der Risikobereitschaft stellen Subventionen (z.B. Investitionszulagen und Investitionszuschüsse) allein für die risikoreiche Investition dar. Staatszuschüsse für risikoreiche Investitionen allein mindern natürlich deren Unsicherheit.

c) Zwiespältig wirken auf die Risikobereitschaft jene Vergünstigungen in den Bemessungsgrundlagen, die von der Unternehmenspraxis und ihren Verbandsvertretern immer wieder gefordert werden: Abschreibungsvorverlegungen und Steuerfreiheit für Veräußerungsgewinne. Zunächst zu Abschreibungsvorverlegungen.

(1) Abschreibungsregelungen, die Aufwand gegenüber einer Ertragswertabschreibung erhöhen oder vorverlegen, begünstigen eine risikoreiche Investition dann, wenn allein die Wahl besteht zwischen einer risikobehafteten Sachanlage und einer risikolosen (risikoarmen) Finanzanlage (vgl. das Steuerparadoxon, S. 122).

---

[62] Vgl. *Dieter Schneider*: Was verlangt eine marktwirtschaftliche Steuerreform: Einschränkung des Verlust-Mantelkaufs oder Ausweitung des Verlustausgleichs durch handelbare Verlustverrechnungsgutscheine? In: Betriebs-Berater, Jg. 43 (1988), S. 1222-1229.

Für nach einem „Gießkannenprinzip" gewährte Investitionszulagen oder Sonderabschreibungen tritt hingegen eine ähnliche Wirkung wie bei Steuersatzsenkungen ein: Das Einkommen aus einer risikoarmen Investition und die alternativen Einkommenschancen aus einer risikoreicheren steigen, mit der Folge, daß nicht bei allen Erscheinungsformen entscheidungslogischer Risikoabneigung eine Förderung der Risikobereitschaft eintritt.

Näher untersucht sei im folgenden eine Abschreibungsvorverlegung in ihrer Wirkung auf die Risikobereitschaft zu Investitionen am Grenzfall einer Sofortabschreibung. Sofortabschreibung bei steuersatz*un*abhängigem Kalkulationszinsfuß (Cash-flow-Besteuerung, S. 103) bewirkt, wenn der Risikonutzen auf das Endvermögen bezogen wird, daß bei Risikoabneigung aus einer Gleichschätzung zwischen einer risikolosen und einer risikobehafteten Investition vor Steuern wegen des Sinkens des Kapitalwerts auf den versteuerten Kapitalwert in allen Zukunftslagen eine Begünstigung der risikobehafteten Investition wird. Deshalb verstößt eine Cashflow-Steuer gegen Investitionsneutralität unter Ungewißheit.

Sofortabschreibung im Rahmen einer Besteuerung von Zinsen und anderen Kapitaleinkünften wirkt nicht mehr eindeutig, weil der Kapitalwert nach Steuern über oder unter dem Kapitalwert vor Steuern in den verschiedenen Zukunftslagen liegen kann. Wegen der steuerbedingten Minderung des Kalkulationszinsfußes stehen sich der Ertragswert vor Steuern V und der Ertragswert bei Sofortabschreibung V_s in jeder Zukunftslage wie folgt gegenüber, wenn Z_t die Zahlungssalden zu den Zeitpunkten t, I die Anschaffungsausgaben, i den Zinsfuß, s den konstanten Grenzsteuersatz und p die Wahrscheinlichkeit bezeichnen:

$$V = \sum Z_t (1+i)^{-t} - I \qquad (27)$$

$$V_s = (1 - s) \sum Z_t (1 + i - is)^{-t} - I + s^* I \text{ für jede einzelne Zukunfslage.} \qquad (27a)$$

Den Ausschlag über Rangordnungsänderungen zwischen Investitionsalternativen gibt bei Sofortabschreibung das Zinsteilglied -is.

Beispiel: Vor Steuern ist die sichere Investition

t_0	t_1	t_2
- 1.000	0	+1.200

bei einem Kalkulationszinsfuß i = 10% (Ertragswert = 991,7) und einer Risikonutzenfunktion N = ln (V) folgender risikobehafteten Investition unterlegen:

	t_0	t_1	t_2	Ertragswert
a) p = 0,5	-1.000	+600	+800	1.206,6
b) p = 0.5	-1.000	+500	+453	828,9;

denn deren Sicherheitsäquivalent (d.h. der Erwartungswert des Risikonutzens für die beiden Ertragswertchancen: 0,5*ln 1206,6 + 0,5*ln 828,9) gleicht 1000.

Bei Sofortabschreibung und einem Steuersatz von 50% wandelt sich für die sichere Investition der Zahlungsstrom

t_0	t_1	t_2
+500	0	+600

zu einem Ertragswert nach Steuern V_s (also vor Abzug der Anschaffungsausgaben von 1000) von 1044. Für die risikobehaftete Investition gilt

	t_0	t_1	t_2	Ertragswert	0,5 lnV
a) p = 0.5	+ 500	+300	+ 400	1.148,53	3,523
b) p = 0,5	+ 500	+250	+225,5	942,63	3,424

Der Erwartungswert des Risikonutzens beträgt folglich in ln gemessen 6,947, das absolute Sicherheitsäquivalent beträgt hierfür 1.040,4. Damit wird nach Einführung einer Gewinnsteuer von 50% mit Sofortabschreibung die risikolose Investition vorgezogen. Ursache ist, daß beim Zahlungsstrom der sicheren Investition die Sofortabschreibung gegenüber der investitionsneutralen Ertragswertänderung (t_1: Zuschreibung 99,17; t_2: Abschreibung 1.090,9) stärker begünstigt als bei den beiden Zukunftslagen der risikobehafteten Investition.

Das Ergebnis kehrt sich bei anderen Zahlungsverläufen um, z.B. für eine vor Steuern risikolose Investition mit t_0: -1000; t_1: +1000; t_2: +100 (Ertragswert 1.043). Deren Ertragswert nach Steuern folgt aus: t_0: +500; t_1: +500; t_2: +50 bei i_s = 5% mit 1.022. Die sichere Investition ist vor und nach Steuern vorteilhaft, bleibt aber der risikobehafteten unterlegen.

Da die Vorteilhaftigkeit von den jeweiligen Zahlungsströmen abhängt, reicht das Maß der relativen Risikoabneigung nicht mehr aus, um über die Änderung der Risikobereitschaft aufgrund von Abschreibungsvorverlegungen eindeutige Aussagen zu treffen.

(2) Ob **Abschreibungsvergünstigungen die Risikobereitschaft fördern oder nicht,** hängt ab von:

(a) der zeitlichen Verteilung der Einnahmenüberschüsse in jeder Zukunftslage der risikoreichen und der risikolosen (bzw. risikoärmeren) Investition,

(b) der zeitlichen Verteilung der steuerlichen Abschreibung,

(c) den Zinssätzen, zu denen in der jeweiligen Zukunftslage eine Geldanlage oder Geldaufnahme möglich ist und aus denen sich der Barwert der Ertragswertabschreibung wie auch der Barwert der steuerlichen Abschreibung ergeben,

(d) der individuellen Risikonutzenfunktion und nicht nur der Form der relativen Risikoabneigung.

Da es weder eine einheitliche Beziehung zwischen der zeitlichen Verteilung der Einnahmenüberschüsse und der zeitlichen Verteilung der steuerlichen Abschreibung gibt, noch ein einheitlicher Zinssatz in allen Zukunftslagen gelten wird und erst recht keine einheitliche Risikonutzenfunktion für alle Investoren existiert, können *Abschreibungsvergünstigungen die Risikobereitschaft sowohl fördern als auch behindern*. Abschreibungsvergünstigungen sind deshalb nicht als nützliches Instrument zur Förderung der Risikobereitschaft anzusehen.

Da die eingangs genannten Informationsrisiken Aussagen über die Zweckmäßigkeit von Abschreibungsvorverlegungen zusätzlich erschweren, erscheint das Beharren zahlreicher Manager und ihrer Verbandsfunktionäre auf „Abschreibungsvergünstigungen" als Irrtum. Doch ist ein solcher Schluß insoweit voreilig, als tatsächliche Vorteilhaftigkeit von Abschreibungsvorverlegungen im Bereich der Finanzierung liegt; denn als eine Erscheinungsform einer Innenfinanzierung verbessern sie die Liquidität durch Vermeiden gewinnabhängiger Ausgaben aus Aufwandsverrechnung und führen zu Kapitalkosten von null (S.180).

d) **Steuerfreiheit für Veräußerungsgewinne** wird gefordert, um einem angeblichen „lock-in-Effekt" durch die Besteuerung zu begegnen. Dieser *Einschließungseffekt* besagt: Eine Besteuerung von Veräußerungsgewinnen bei Grundstücken, Wertpapieren und anderen Anlagegegenständen hindere die Eigentümer an einem Verkauf, weil sie ihnen einen Teil des Veräußerungserlöses wegnehme. Da die Besteuerung der Veräußerungsgewinne gewissermaßen die Eigentümer in ihre früher gewählten Investitionen einsperre, vermindere sich das Angebot an Grundstücken, Wertpapieren usw. Dieses niedrigere Angebot treibe die Preise in die Höhe und erschwere eine Lenkung von Kapital in die wirtschaftlich beste Verwendung.

Der lock-in-Effekt bezieht sich auf die Steuerwirkungen hinsichtlich des Zeitpunktes eines Verkaufs von Grundstücken, Wertpapieren usw. in einer komparativ-statischen Analyse. Verglichen werden alternativ entweder Besteuerung oder Steuerfreiheit der Veräußerungsgewinne. Gegenstand des lock-in-Effekts sind nicht die trivialen „dynamischen" Folgerungen: Ein Verkauf wird vorgezogen, solange noch Steuerfreiheit herrscht; sobald jedoch eine Aufhebung dieser Steuerfreiheit droht, oder entsprechend: Bei Besteuerung der Veräußerungsgewinne und deren absehbare baldige Steuerfreistellung wird ein Verkauf hinausgeschoben.

(1) Im Zusammenhang mit dem Halbeinkünfteverfahren wird der Begriff „lock-in-Effekt"oft anders benutzt: Er betrifft den Einschluß realisierter Gewinne in die Unternehmung durch Förderung ihrer Zurückbehaltung, also Verminderung möglicher Ausschüttungen. Die Bundesregierung behauptet, die Besteuerung müsse „auf eine Verstärkung der Innenfinanzierung der Unternehmen ausgerichtet sein, damit die schlechte Eigenkapitalstruktur in der deutschen Wirtschaft ... beseitigt wird". Das Halbeinkünfteverfahren und die damit verbundene Steuerfreiheit für Veräußerungsgewinne bei Anteilsrechten von Kapitalgesellschaften an Kapitalgesellschaften fördere die „Reinvestition betrieblicher Gewinne im Unternehmen" und verbessere „dadurch die Innenfinanzierung der Unternehmen"[63].

Selbst unter den selten sorgfältig formulierten Begründungen eines Gesetzesentwurfs stellt dieser Text einen Tiefpunkt an betriebswirtschaftlicher Schlüssigkeit dar:

(a) Es verkörpert ein antimarktwirtschaftliches Vorurteil, eine schlechte Eigenkapitalstruktur *allein* durch eine Verstärkung der Innenfinanzierung (gemeint ist nur die Innenfinanzierung aus Zurückbehalten von Gewinnen: Selbstfinanzierung) beseitigen zu wollen. Der marktwirtschaftlich richtige Weg besteht in einer Verbesse-

[63] BT-Drucksache 14/2683, S. 133, 136.

rung der Bedingungen für eine Beteiligungsfinanzierung, also Förderung oder zumindest Nichtbehinderung der Ausschüttungen, und nicht in einer Machtmehrung für Konzernherren durch Vorenthalten von Gewinnen denen, die Ansprüche auf gewinnabhängige Einnahmen besitzen.

(b) Innenfinanzierung erfolgt nicht nur durch Zurückbehalten von Gewinnen, sondern vor allem auch durch Gewinnermittlungen. Eine Finanzierung aus verdienten Anlagenabschreibungen ist das einfachste Musterbeispiel. Das sich so bildende „Risikokapital erster Ordnung"[64] entsteht durch Umsatzeinnahmen, soweit den Erträgen Aufwendungen gegengerechnet werden, die weder zugleich mit Ausgaben verbunden sind noch zukünftige Auszahlungsansprüche begründen, die unabhängig von künftigen Gewinnen zu leisten sind. Zum Risikokapital erster Ordnung zählt nur jene Innenfinanzierung aus Verrechnung von Aufwand oder Nichtverrechnung von Ertrag, die zum handelsrechtlich höchstzulässigen Gewinn führt.

Die „Unternehmenssteuerreform" wird aber im wesentlichen durch einen Abbau der Innenfinanzierung aus Gewinnermittlung fiskalisch finanziert. Soweit die Stärkung der Selbstfinanzierung den Abbau der Innenfinanzierung aus Gewinnermittlung bei einer Unternehmung nicht übersteigt, verbessert die Unternehmenssteuerreform die Innenfinanzierung nicht.

(c) Zweifelhaft ist, ob der „lock-in-Effekt" von Gewinnen in Kapitalgesellschaften durch die Tarifstruktur des Halbeinkünfteverfahrens und die Steuerfreiheit für Veräußerungsgewinne an Anteilen an Kapitalgesellschaften unter Kapitalgesellschaften tatsächlich zu den erhofften zusätzlichen Realinvestitionen mit dem Schaffen von inländischen Arbeitsplätzen führt. Dies ist im folgenden näher zu untersuchen.

(2) Natürlich ist es Managern und Eigentümern sehr viel angenehmer, wenn Veräußerungsgewinne nicht besteuert werden und sie werden blauäugig den Schutzbehauptungen ihrer Interessenvertreter glauben, daß durch eine Besteuerung von Veräußerungsgewinnen der Grundstücksmarkt, der Kapitalmarkt, ja die Wirtschaft insgesamt schweren Schaden erlitte. Richtig daran ist lediglich, daß die Nichtbesteuerung von Veräußerungsgewinnen den ehemaligen Eigentümern solcher Anlagen mehr verfügbare Mittel verschafft, und mehr verfügbare Mittel erleichtern u.a. auch Neuinvestitionen. Aber dieser „Investitionsanreiz" geht von jeder Minderung

[64] Zu den Erscheinungsformen des Risikokapitals vgl. *Schneider*: Investition, Finanzierung und Besteuerung, S. 55-64, vgl. auch dieses Buch S. 169-196.

der Steuerzahlungen aus. Die triviale Folgerung, daß weniger Ausgaben an einer Stelle an anderer Stelle finanziellen Spielraum schaffen, ist kein stichhaltiges Argument für die Steuerfreiheit von Veräußerungsgewinnen. Zum einen können diese Mehrbeträge in den Konsum, in die Schuldentilgung oder in Auslandsinvestitionen fließen. Zum anderen stellt diese Steuerfreiheit, wie jede andere auch, einen schweren Verstoß gegen Gleichmäßigkeit und vertikale Gerechtigkeit in der Besteuerung dar.

(3) Versäumt wird in der gängigen politischen Diskussion danach zu fragen, wie eine Besteuerung oder Steuerfreiheit von Veräußerungsgewinnen auf die Verkaufsbereitschaft von Beteiligungen, Grundstücken usw. wirkt. Wird der Verkaufszeitpunkt durch die Nichtbesteuerung vorverlegt oder verzögert? Bei der Antwort seien unveränderte Prognosen über die nicht-steuerliche Umwelt vorausgesetzt.

Durch das Halbeinkünfteverfahren und die Steuerfreiheit von Veräußerungsgewinnen innerhalb des Bereichs der Kapitalgesellschaften werden die mit steuerfreien Einnahmen in unmittelbarem Zusammenhang stehenden Betriebsausgaben zu nicht abzugsfähigen. Die Folgerungen daraus sind denen des Entfallens nicht abzugsfähiger Ausgaben entgegengesetzt und folglich sind keine eindeutigen Ergebnisse zu erwarten, wie das folgende an Beispielen belegt.

(4) Die wirtschaftliche Nutzungsdauer einer Investition ist dann beendet, wenn der Kapitalwert in Abhängigkeit vom Zeitablauf sein Maximum erreicht. Das zeitliche Kapitalwertmaximum liegt in jenem Zahlungszeitpunkt, in dem der zeitliche Grenzgewinn null wird (bzw. die Grenzrendite in bezug auf die Zeit den Grenzkapitalkosten in bezug auf die Zeit gleicht), vorausgesetzt, der zeitliche Grenzgewinn (die zeitliche Grenzrendite) ist vorher höher, danach negativ (niedriger). Bei sich gegenseitig ausschließenden Ersatzinvestitionen tritt an die Stelle des Kalkulationszinsfußes die Durchschnittsrendite der nachfolgenden Investitionen.

In einer auf Zahlungen beruhenden Investitionsrechnung sind die Restbuchwerte ohne Einfluß. Dies ändert sich mit Berücksichtigung einkommensabhängiger Steuerzahlungen. Steuerliche Anlagenabschreibungen sind Änderungen der Restbuchwerte von einem Abschlußstichtag zum nächsten und bei nicht abschreibungsbedürftigen Beteiligungen oder Grundstücken bestimmt der Buchwert die Höhe des Veräußerungsgewinns mit.

Das Auftreten eines Einschließungseffekts durch die Besteuerung von Veräusserungsgewinnen gegenüber Fällen einer Steuerfreiheit (einer vorläufigen, wie bei § 6b EStG, einer zeitlich nicht begrenzten, wie im Gefolge des Halbeinkünfteverfahrens) hängt von den Annahmen über die Umwelt im einzelnen ab[65].

Selbst dann, wenn im Vorteilsvergleich bei angenommener Planungssicherheit ein Einschließungseffekt belegt ist, so kann dieser durch Erweiterung auf ein Planungsmodell unter Ungewißheit hinfällig werden.

Beispiel: Zur Wahl stehe, ob eine Beteiligung Ende dieses Jahres, in t_0, oder Ende des nächsten Jahres, in t_1, verkauft werden soll.

Bei sofortigem Verkauf werden nur die Anschaffungsausgaben = Buchwert von 1.000.000 € erlöst. Die Reinvestition, im Privatvermögen gehalten, führt zu zwei gleichwahrscheinlichen Zukunftslagen: (a) jährlich 12 % Rendite (ohne jegliche Auszahlung), was bis zum Planungshorizont t_{10} ein Endvermögen von 3.105.848 € ergibt, und (b) eine jährliche Rendite von 4 % mit einem Endvermögen von 1.480.244 €.

Bei Aufschub des Verkaufs werden in t_1 1.120.000 € erzielt, die mit gleicher Wahrscheinlichkeit entweder für 9 Jahre 12 % und damit ebenfalls ein Endvermögen von 3.105.848 erwirtschaften, oder, weil die in t_0 die für 10 Jahre Laufzeit geltenden Kapitalmarktzinsen in t_1 niedriger liegen und für 9 Jahre nur 3,5 % erbringen, ein Endvermögen im Planungshorizont 1.526.445 €.

Der Erwartungswert des Risikonutzens N(V) = ln V errechnet sich „vor Steuern" und für den Fall der steuerfreien Veräußerungsgewinne bei Aufschub der Veräußerung höher als bei sofortigem Verkauf.

Werden hingegen Veräußerungsgewinne mit 50 % besteuert, so ist bei der Veräußerung in t_0, da der Verkaufserlös den Anschaffungsausgaben entspricht, erst in t_{10} die Hälfte des Veräußerungsgewinns an den Fiskus abzuführen und es bleiben in Zukunftslage (a) vom Veräußerungsgewinn (3.105.848 – 1.000.000) ein versteuertes Endvermögen von 2.052.924 €. In Zukunftslage (b) beträgt der Veräußerungsgewinn (1.480.244 - 1.000.000) und nach Abzug der Steuer verbleiben 1.240.122 €.

Bei Aufschub der Veräußerung ist bereits in t_1 auf den Veräußerungserlös von 1.120.000 € die Hälfte des Veräußerungsgewinns an Steuern zu zahlen, so daß nur

---

65 Vgl. dazu mit Quellen *Dieter Schneider*: Investition, Finanzierung und Besteuerung,. 6. Aufl., Wiesbaden 1990, S. 287-291 f.; *Hans Dirrigl*: Die Bewertung von Beteiligungen an Kapitalgesellschaften – Betriebs-wirtschaftliche Methoden und steuerlicher Einfluß. Hamburg 1988, S. 548-562; neuerdings *Jochen Hundsdoerfer*: Halbeinkünfteverfahren und Lock-In-Effekt. In: StuW g. 78 (2001), S. 113-125.

1.060.000 € reinvestiert werden können. Für Zukunftslage (a), 12 % Rendite für 9 Jahre, ergibt sich ein Endvermögen vor Steuerzahlung von 2.939.463 €, eine Steuerzahlung von 939.731 € und ein versteuertes Endvermögen von 1.999.732 €. In Zukunftslage (b) beträgt das Endvermögen vor Steuern 1.444.671 €, die Steuerzahlung 192.335 € und das versteuerte Endvermögen 1.2523.336 €. Der höhere Erwartungswert des Risikonutzens des Endvermögens errechnet sich diesmal bei Verkauf in t_0.

Damit ist ein Beispiel gegeben, daß die Besteuerung der Veräußerungsgewinne und nicht deren Steuerfreiheit zu einem früheren Verkaufszeitpunkt führt. Es besteht hier ein „Anti-lock-in- Effekt".

(5) Bisher wurde die Frage, ob Steuerfreiheit oder Besteuerung von Veräußerungsgewinnen die Verkaufsbereitschaft vorverlegt, für Fälle einer Reinvestition der Veräußerungserlöse untersucht. Konsumziele der Investoren dürfen bei der Frage Besteuerung oder Steuerfreiheit von Veräußerungsgewinnen nicht ausgeklammert werden.

Entsteht für den Eigentümer von Anlagegütern ein fester einmaliger Geldbedarf zu Konsumzwecken, dann wird eine Besteuerung der Veräußerungsgewinne ihn aus zwei Gründen veranlassen, sein Angebot an Anlagegütern zum Verkauf zu erhöhen (also sich „anti-lock-in"-mäßig zu verhalten): Zum einen muß er mehr Wertpapiere, ein zweites Grundstück usw. verkaufen, weil er die Steuerzahlung zu finanzieren hat, verglichen mit dem Fall der Steuerfreiheit. Zum anderen hat er mehr anzubieten, weil wegen der Besteuerung der Veräußerungsgewinne die Preise der Anlagegüter, unter die bei Steuerfreiheit fallen. Die Steuerlast wird über die Preise „amortisiert"[66], d.h. im niedrigeren Preis des Anlageguts wird die auf Veräußerungsgewinnen lastende Steuerzahlung „getilgt". Gerade wenn der Einfluß der Besteuerung von Ver äußerungsgewinnen auf die Preise von Veräußerungsgewinnen berücksichtigt wird, verstärkt sich ein „Anti-lock-in-Effekt".

[66] Vgl. *Fritz Karl Mann*: Ueberwälzung der Steuer. In: Handwörterbuch der Staatswissenschaften, 4. Aufl., Achter Band 1928, S. 336-362, hier S. 342 f.; zur Wissenschaftsgeschichte dieser Steuerkapitalisierung, dem Vorläufer der Erörterungen zu „Investition und Besteuerung", vgl. *Christian Scheer*: Steuer, Steuerverteilung und Steuerinzidenz in der deutschen Finanzwissenschaft, hier S. 152-162.

3. *Die Wirksamkeit steuerlicher Investitionsförderung*

a) Eine steuerliche Investitionsförderung kann erfolgen über *Regeln zur Gewinnermittlung*: Musterbeispiele sind Sonderabschreibungen, derzeit z. B. nach § 7h EStG bei Gebäuden in Sanierungsgebieten, und steuerfreie Rücklagen, derzeit z. B. nach § 6b oder § 7g EStG (Ansparabschreibungen für Klein- und Mittelbetriebe), über *Abzüge von der Steuerschuld, zinslose und zinsverbilligte Kredite*, sowie über jene Maßnahmen, auf die sich zwar verspätet[67], aber dennoch vernünftigerweise die Investitionsförderung für die neuen Bundesländer konzentriert: *Investitionszulagen* (Investitionszulagengesetz 1999) und *Investitionszuschüsse* nach der Gemeinschaftsaufgabe „Verbesserung der regionalen Wirtschaftsstruktur"[68], statt (wie zuvor) durch hohe Sonderabschreibungen und Kumulierung der einzelnen Fördermaßnahmen Fehllenkungen von Investitionsmitteln zu provozieren.

(1) *Investitionszulagen* sind nach Antrag beim Finanzamt von diesem gezahlte steuerfreie Einnahmen, welche die Anschaffungs- oder Herstellungskosten der Investition und damit die Abschreibungsverrechnung nicht mindern. Auf Investitionszulagen hat der Steuerpflichtige bei bestimmten als förderungswürdig geltenden Erstinvestitionen in den neuen Bundesländern Anspruch. Der Förderungsprozentsatz liegt (bei Abschluß der Investitionen nach dem 1.01.2002) zwischen 10 % und 27,5 % der Anschaffungs- oder Herstellungskosten; letzteres bei Betrieben mit nicht mehr als 250 Arbeitnehmern, wenn die Wirtschaftsgüter während eines Fünfjahreszeitraums in Betriebsstätten im „Randgebiet" verbleiben, zu dem eine Reihe von Landkreisen gehören, z. B. Rügen.

(2) *Investitionszuschüsse* müssen vor Beginn der Investition beantragt werden und es besteht kein Rechtsanspruch, daß das Wirtschaftsministerium des Bundeslandes den Zuschuß gewährt. Investitionszuschüsse sind steuerpflichtige Einnahmen, die entweder im Jahr ihrer Zahlung als Einnahme zu verbuchen sind oder den Bilanzansatz der Investitionen und damit den Abschreibungsausgangsbetrag kürzen.

---

[67] Vgl. Gesetz zur Fortsetzung der wirtschaftlichen Förderung in den neuen Ländern, BStBl I, 1997, S. 790.

[68] Bundestags-Drucksache 13/9992 v. 27.2.1998.

Der Katalog der geförderten Wirtschaftsgüter ist etwas breiter als bei Investitionszulagen, die Förderhöhe wird durch EU-Vorgaben und den Rahmenplan zur regionalen Investitionsförderung begrenzt.

b) Nach der wissenschaftlich vorherrschenden Meinung sind Investitionszulagen besser zur Investitionsförderung geeignet als Investitionszuschüsse[69]. Jedoch wird in Politikberatung und Gesetzesbegründungen noch immer behauptet, daß der „Weg der mittelbaren Investitionsförderung" durch Senkung der Spitzensätze für gewerbliche Gewinne „dem der unmittelbaren Investitionsförderung" über Investitionszulagen oder Investitionszuschüsse „grundsätzlich vorzuziehen" ist[70]. Die folgenden Ausführungen bezwecken bloßzustellen, daß diese Aussage eine Schutzbehauptung derjenigen ist, die von Steuersatzsenkungen profitieren wollen, ohne selbst die Unsicherheit Arbeitsplätze schaffender Investitionen zu übernehmen.

(1) Das Zitat gewinnt erst Sinn, wenn eine gleiche Belastung des Staatshaushalts unterstellt wird. Da eine Senkung der Spitzensätze für gewerbliche Gewinne auch Nicht-Investierende genießen und vor allem die Spitzensätze der Einkommensteuer insgesamt gemeint scheinen, wäre eine gleiche Haushaltsbelastung bei unveränderten Sätzen der Investitionszulagen nur bei bescheidenen Senkungen der Spitzensteuersätze zu verwirklichen.

Die Forderung nach Senkung der Spitzensteuersätze statt unmittelbarer Investitionsförderung beruht auf der Unterstellung, daß in- und ausländische Unternehmer nur auf die rechtliche Steuerbelastung achten, Subventionen und Bemessungsgrundlagen vernachlässigen. Gemeinhin kühl rechnende in- und ausländische Vorstände von Kapitalgesellschaften und Personenunternehmer sind nicht so naiv, daß sie Subventionen und Steuerbemessungsgrundlagen bei ihren Investitions- und

[69] Die Gegenrede von *Jochen Hundsdoerfer*: Instrumente der Standortförderung im Vergleich: Ein Plädoyer für (steuerpflichtige) Investitionszuschüsse. In: zfbf, Jg. 51 (1999), S. 379-404, leidet darunter, daß er die rechtlichen Voraussetzungen beider Fördermaßnahmen verändern will. Zwar ist richtig, daß jede steuerfreie Einnahme eine Steuervergünstigung darstellt und deshalb im Hinblick auf die Verteilungsfolgen auch Investitionszulagen steuerpflichtige Einkünfte werden sollten. Dies legt zugleich nahe, die Zulagen als Kürzung des Abschreibungsausgangsbetrags zu verbuchen. Allerdings würde dann die gleiche Förderwirkung nur über höhere Zulagensätze erreicht. Für Investitionszuschüsse einen Anspruch des Beantragenden, wie für Investitionszulagen, zu fordern, verschiebt die Zuständigkeit von den Wirtschaftsministerien der Länder auf die Finanzverwaltung und läßt die Gemeinschaftsaufgabe in diesem Punkt leer erscheinen. Eine rechtlich abgewandelte Investitionszulage träte an deren Stelle.

[70] So die Begründung zum Standortsicherungsgesetz, einem der vielen steuerlichen Wegwerfgesetze, Bundesrats-Drucksache 1/93 vom 4.01.1993, S. 27 f.

Standortentscheidungen übersehen. Schließlich schaffen solche Steuervergünstigungen in den Steuerbemessungsgrundlagen einen Innenfinanzierungsspielraum aus Gewinnermittlungen, der im Regelfall grenzkostenlos zur Verfügung steht.

(2) Wie hoch muß eine Senkung der Gewinnsteuersätze sein, um bei einer Unternehmung für eine Investition den Wegfall einer Investitionszulage renditemäßig auszugleichen?

Für den Vergleich Investitionszulage gegen Steuersatzsenkung wird am Beispiel eine wirtschaftliche Grenzsteuerbelastung für eine Investition bei Selbstfinanzierung einer Kapitalgesellschaft berechnet.

Durch eine Investitionszulage von 10 % steigt bei einer achtjährigen Nutzungsdauer einer Investition und bei einer Auszahlung ein Jahr (dem Durchschnitt der üblichen Verzögerung) nach den Anschaffungsausgaben der Investition deren Rendite. Wie stark die Rendite durch eine Investitionszulage wächst, läßt sich erst berechnen, wenn ein Kalkulationszinsfuß bekannt ist, mit dem die Investitionszulage um ein Jahr abgezinst bzw. ihr Endwert nach 7 Jahren bestimmt wird. Der Kalkulationszinsfuß soll hier der versteuerten Rendite ohne Investitionszulage gleichen. Die Rendite vor Steuern betrage 10%, der Gewerbesteuerhebesatz 450% und die Körperschaftsteuer mit Solidaritätszuschlag 26,375 %. Dann errechnet sich eine versteuerte Rendite von: (1-0,1837)*[1 – 0,26375]*10% = 6,01%, und daraus ein Grenzsteuersatz von rund 40 %.

Um Rechenkomplikationen aus dem Weg zu gehen, wird für das folgende Beispiel vereinfachend angenommen, die Einnahmenüberschüsse verlaufen so, daß die Ertragswertabschreibung kapitalwertgleich der steuerrechtlich degressiven AfA (Höchstsatz 20 %) ist, falls auf den Übergang zur linearen Abschreibung verzichtet würde. Mit Übergang zur linearen AfA ab dem 5. Jahr ergibt sich nach Steuern ein Ertragswert etwas über den Anschaffungsausgaben von 100.000 €. Verluste sollen eine Verlustverrechnungseinnahme auslösen. Sinn der Annahmen ist, daß die wirtschaftliche Grenzsteuerbelastung ohne Investitionszulage (bis auf eine Rundungsdifferenz) dem Grenzsteuersatz von 40% gleicht.

Dem folgenden Zahlenbeispiel liegen zugrunde:

Investition ohne Förderung:

Jahresende	Zahlungen Vor Steuern	Buchwert	Höchstzu-lässige AfA	Gewinn	Steuern	Versteuerte Zahlungen
0	-100.000	100.000	0	0	0	- 100.000
1	30.000	80.000	20.000	10.000	- 4.000	26.000
2	24.000	64.000	16.000	8.000	- 3.200	20.800
3	19.200	51.200	12.800	6.400	- 2.560	16.640
4	15.360	40.960	10.240	5.120	- 2.048	13.312
5	12.288	30.720	10.240	2.048	- 819	11.469
6	9830	20.480	1o.240	- 410	+ 164	9.994
7	7.864	10.240	10.240	- 2.406	+ 962	8.826
8	23.069	0	10.240	-12.829	- 5.137	17.932

Endwert der Einzahlungsüberschüsse

vor Steuern 214.358 €

nach Steuern 159.917 €

Rendite

vor Steuern 10,00 %

nach Steuern 6,01 %

(a) Die Investitionszulage erhöht in t_1 den Einnahmenüberschuß nach Steuern von 26.000 um 10.000 auf 36.000 und folglich den Endwert in t_8 um $10.000*1{,}06^7$ auf 15.036 €. Damit errechnet sich der Endwert der Einzahlungsüberschüsse nach Steuern mit Förderung von 165.605 € und eine Rendite nach Steuern von 7,2 %.

Zu beachten ist, daß der Endwert nach Steuern hier durch Aufzinsung mit 6 % berechnet ist, um die Annahme zu vermeiden, die Wiederanlage von Rückflüssen in t_1 ff. erfolge in Investitionen mit gleicher Rendite, für die ebenfalls diese Investitionszulage gewährt wird. Die als achte Wurzel aus dem Verhältnis: Endwert zu Anschaffungsausgabe berechnete Rendite verkörpert also einen internen Zinsfuß, der durch eine explizite Wiederanlageannahme modifiziert wurde.

(b) Die wirtschaftliche Steuerbelastung berechnet sich aus 10,00% Rendite vor und 7,2 % Rendite nach Steuern mit Förderung als (10% - 7,2 %) : 10% = 28 % gegenüber einer rechtlichen Steuerbelastung von 40 %.

(3) Um wieviel müßte für die Beispielsinvestition der Körperschaftsteuersatz gesenkt werden, um auch bei Wegfall der Investitionszulage die Nachsteuerrendite von

7,2 % zu erhalten? Der Gewinn darf nur mit 28 % belastet werden. Aus dieser Grenzsteuerbelastung sind Gewerbeertragsteuer und Solidaritätszuschlag herauszurechnen, so daß für die gesuchte Tarifbelastung an Körperschaftsteuer x verbleibt: 0,1837+ (1 – 0,1837)*x*1,055 = 0,28; also x = 11,2 %. Im Beispiel müßte also die Tarifbelastung der Körperschaftsteuer um weit über die Hälfte gesenkt werden, um den Wegfall einer Investitionszulage von 10 % hinsichtlich der Rentabilitätswirkungen bei der Beispielsinvestition auszugleichen. Für andere Fälle errechnen sich abweichende „gleichwertige" Tarifsenkungen.

c) Diese an einem einfachen Beispiel verdeutlichte Wirkung eines Ersatzes direkter Investitionsförderung über Investitionszulagen durch eine Steuersatzsenkung offenbart die Unhaltbarkeit folgender Aussagen: „Bei der steuerfreien Zulage richtet sich (bei gleicher Nutzungsdauer der Investitionen) der Umfang der Entlastung allein nach der Höhe des Zulagensatzes"[71] und der Ergänzung (ohne Nutzungsdauerhinweis): „Ob und in welcher Höhe ein Gewinn oder Verlust erwirtschaftet wird ist unerheblich"[72]. Vielmehr richtet sich der Umfang der Entlastung bei gleicher Nutzungsdauer

(a) nach der Höhe des Zulagensatzes,

(b) nach der Zeitspanne bis zur Auszahlung. Darüber hinaus nimmt

(c) natürlich die Höhe der Gewinne oder Verluste Einfluß auf die Steuentlastung, weil von der Höhe der Gewinne und Verluste der Grenzsteuersatz der Unternehmung abhängt, der den Kalkulationszinsfuß für die Abzinsung mitbestimmt.

(d) Die Entlastung beeinflußt auch das Verhältnis des Barwerts der steuerlichen Abschreibungen zum Barwert der Ertragswertabschreibungen, also den Zahlungsstrom der Investition (und damit die „Gewinne und Verluste"), sowie den um den Grenzsteuersatz der Gewinne korrigierte Abzinsungssatz.

(e) Zusätzlich ist für die Höhe der Entlastungswirkung die versteuerte Rendite bei Wiederanlage der Beträge aus der Investitionszulage bedeutsam.

Durch ergänzende Rechnungen mit hohen und niedrigeren Steuersätzen läßt sich zugleich die Behauptung des Beirats widerlegen: „Wegen der Einkommen-

[71] *Wissenschaftlicher Beirat beim Bundesministerium der Finanzen*: Gutachten zur Reform der Unternehmensbesteuerung. BMF Schriftenreihe, Heft 43. Bonn 1990, Textziffer 44.

steuerprogression bedeutet dies freilich, daß die steuerfreie Zulage für Investoren mit hohem Einkommen relativ mehr wert ist als für Investoren mit niedrigerem Einkommen". Aber auch ohne Finanzmathematik läßt sich erkennen, daß „Investoren mit niedrigerem Einkommen" (z. B. dem halben Einkommen) gegenüber Investoren mit höherem Einkommen eine steuerfreie Einnahme „relativ mehr wert ist", wenn die gängigen Verhaltensannahmen eines gleichbleibenden oder sinkenden Grenznutzen von Einkommenszuwächsen"gelten.

[72] *Gutachten der Kommission zur Verbesserung der steuerlichen Bedingungen für Investitionen und Arbeitsplätze.* BMF Schriftenreihe, Heft 46. Bonn 1991, Randziffer 379.

III. Besteuerung und Finanzierung

1. *Finanzierungsneutralität der Besteuerung oder unterschiedliche Besteuerung der Erscheinungsformen des Risikokapitals?*

a) Finanzierung einer Unternehmung umfaßt drei Tätigkeiten:

(1) **Außenfinanzierung** oder externe Finanzierung heißt die Geldaufnahme in Finanzmärkten. Wer Außenfinanzierung verwirklichen will, wird Nachfrager nach Geld in meist unmittelbarer Zukunft und bietet für eine fernere Zukunft Geldgebern Auszahlungsansprüche an. Wer Finanzinvestitionen tätigt, tritt als Anbieter von Geld und Nachfrager von künftigen Einnahmenansprüchen (nach Auszahlungsansprüchen durch Geldgeber) auf. In Finanzmärkten wird also von Geldgebern in unmittelbarer Zukunft Geld angeboten und dafür werden Ansprüche auf Einnahmen in fernerer Zukunft nachgefragt. Wer Geld braucht, sucht Geld „heute" und ist bereit, künftige Auszahlungsansprüche auf sich zu nehmen.

Die einzelnen Finanzmärkte unterscheiden sich nach den Merkmalen der einzelnen gehandelten Finanzierungstitel. Die Gesamtheit der Finanzmärkte wird in der Theorie mit dem Gattungsnamen **Kapitalmarkt** bezeichnet und schließt damit auch den „Geldmarkt" ein, d. h. Markthandlungen zur Geldüberlassung mit vertraglichen Laufzeiten unter einem Jahr.

Innerhalb der Außenfinanzierung sind zwei Grundformen zu trennen: Bei *Beteiligungsfinanzierung* hängen die künftigen Auszahlungsansprüche der Geldgeber in Höhe und Zeitpunkt vom Gewinn ab und dem Willen der Unternehmungsleitung, sich von diesem zu trennen. Bei *Fremdfinanzierung* (Verschuldung) werden die künftigen Auszahlungsansprüche in Höhe und Zeitpunkt unabhängig vom Gewinn vereinbart.

Die Gegenüberstellung: Verschuldung sei mit Auszahlungsansprüchen verbunden, die in Höhe und Zeitpunkt festliegen, während Beteiligungsfinanzierung als Eigenkapitalausstattung Auszahlungsansprüche gewähre, die ergebnisabhängig seien, erlaubt eine griffige Kurzformel: „Festbetrags-Ansprüche" gegen „Restbetrags-

Ansprüche"[73]. Wie bei jeder Kurzformel wird auch hier vereinfacht. Bei dieser Abgrenzung ist nicht berücksichtigt, daß im Konkurs- oder Vergleichsfall der Inhaber von Festbetragsansprüchen durchweg nur einen Restbetrag als Quotenanteil erhält, so daß die Gegenüberstellung heißen müßte: Fremdfinanzierung (Verschuldung) verkörpert künftige Auszahlungsansprüche, die vertraglich bzw. planmäßig in Höhe und Zeitpunkt festliegenden Zins- und Tilgungszahlungen bestehen. Die Einschränkung „planmäßig" ist nötig, weil eine Ex-ante-Übereinstimmung im Zeitpunkt des Vertragsabschlusses mit einer Ex-post-Vertragsverletzung einhergehen kann, wie bei den Rechtsfolgen einer Insolvenz.

Bei Restbetragsansprüchen legen das jährliche Ergebnis, die Macht des Managements, darüber zu verfügen, und der Marktpreis der Anteile zu alternativen Verkaufszeitpunkten oder der Liquidationserlös der Unternehmung als ganzer die künftigen Zahlungen an die Geldgeber fest.

Für den Aufbau einer Finanzierungstheorie ist es sinnvoll, zunächst zu vereinfachen und eine modellmäßig „reine" Eigenkapitalausstattung mit einer vertraglich ausschließlichen Ergebnisabhängigkeit von einer modellmäßig „reinen" Verschuldung mit einer vertraglich ausschließlichen Ergebnisunabhängigkeit zu unterscheiden. Reine Eigenkapitalausstattung und reine Verschuldung bezeichnen zwei Grenzbegriffe, zwischen die verschiedene, in der Praxis zu findende Finanzierungsverträge eingeordnet werden können, wie die Ausgabe von Wandelanleihen, die Vereinbarung zu teilweise gewinnabhängigen („partiarischen") Darlehen usw.

(2) **Innenfinanzierung** oder interne Finanzierung heißt das zeitliche Vorverlegen von Einnahmen und das zeitliche Hinausschieben von Ausgaben, ohne dabei als Nachfrager in Finanzmärkten aufzutreten und ohne geplante sonstige („leistungswirtschaftliche") Tätigkeiten in und zwischen Absatz- und Beschaffungsmärkten zu verändern.

Die Trennung zwischen Innenfinanzierung durch Einnahmen aus „Absatzmärkten" und Außenfinanzierung durch Einnahmen aus Finanzmärkten ist nicht immer eindeutig, z. B. bei Unternehmungen, für die ihre geschäftsüblichen Markthandlungen zugleich ein Tätigwerden in Finanzmärkten beinhalten, wie bei Versicherungsunternehmungen oder Kreditinstituten. Gleichwohl ist auch für diese „Finanz-

[73] *Wolfgang Stützel*: Die Aktie und die volkswirtschaftliche Risikoallokation. In: Geld und Versicherung, hrsg. Von M. Jung u.a. Karlsruhe 1981, S. 193-211, hier S. 208.

intermediäre" die Trennung in Außen- und Innenfinanzierung sinnvoll, weil die beiden Erscheinungsformen der Innenfinanzierung auch für hauptsächlich in Finanzmärkten tätige Unternehmungen zu beachten sind: *Innenfinanzierung über Regeln zur Gewinnermittlung* besteht insbesondere in der Verrechnung von verdientem Aufwand, bevor diesbezügliche Ausgaben anfallen, und Innenfinanzierung über Gewinnverwendung durch Zurückbehalten von Gewinnen: *Selbstfinanzierung*.

(3) Das **Bilden finanzieller Institutionen** verringert Unsicherheiten künftiger Zahlungen aus Außen- und Innenfinanzierung. Finanzielle Institutionen betreffen schwergewichtig die Außenfinanzierung. Eine finanzielle Institution sind z.B Kreditsicherheiten, um die Unsicherheiten für Fremdkapitalgeber abzubauen. Entsprechendend bezwecken Regeln zur Höhe der haftenden Mittel für künftige Auszahlungsansprüche, wie eine Mindesteigenkapitalausstattung, einer *Insolvenz* vorzubeugen, d. h. der Unfähigkeit, in Höhe und Zeitpunkt festliegende Auszahlungsansprüche leisten zu können. Ein solcher „*Insolvenzpuffer*" soll die Gefahr der rechtlichen Beendigung der Unternehmung durch Konkurs verringern. Ein besonders wichtiger Fall der Bildung finanzieller Institutionen ist die Wahl der Rechtsform der Unternehmung: Dem Einzelunternehmer oder Personengesellschafter dient die Wahl einer Kapitalgesellschaft zur Beschränkung seiner Verlustgefahr; denn ein Konkurs der Kapitalgesellschaft kann sein über Restbetragsansprüche und Gesellschafterdarlehen hinausgehendes Vermögen im Regelfall nicht beeinträchtigen.

Im Hinblick auf die Innenfinanzierung sind unsicherheitsverringernde Institutionen insbesondere solche zur Steuerausweichung, z.B. um über die Errichtung ausländischer Holdinggesellschaften die Steuerbelastung zu mindern.

In diesem Buch wird der Einfluß einkommensabhängiger Besteuerung auf das Bilden finanzieller Institutionen im Kapitel IV. Institutionenbildende Steuerausweichhandlungen behandelt.

b) **Finanzierungsneutralität der Besteuerung** ist ein überaus mehrdeutig verwandter Begriff.

(1) Finanzierungsneutralität im allgemeinsten Sinne bedeutet Einflußlosigkeit der Besteuerung auf alle drei Finanzierungstätigkeiten: auf Außenfinanzierung, Innenfinanzierung und das Bilden finanzieller Institutionen. Bei Finanzierungsneutralität im

allgemeinsten Sinne dürften aus der Besteuerung weder Liquiditätswirkungen noch Risikowirkungen noch Rentabilitätswirkungen noch Änderungen des Entscheidungsfeldes folgen. Eine solche umfassende Definition ist sowohl als steuerpolitische Handlungsempfehlung ungeeignet als auch dazu, Einzelaussagen zur Steuerbelastung der verschiedenen Finanzierungsarten zu erarbeiten. Finanzierungsneutralität im Sinne einer Einflußlosigkeit der Besteuerung schließt Steuerzahlungen bei Einkünften aus Kapitalvermögen und eine steuerliche Abzugsfähigkeit von Finanzierungsausgaben aus. Das Modell einer Cash-flow-Besteuerung (S. 103 f.) nähert sich bei Ausklammerung der Unsicherheit dieser Finanzierungsneutralität wenigstens im Hinblick auf den Unternehmungssteuerkeil.

(2) Bei Ausschluß von Risikowirkungen und von Änderungen im Entscheidungsfeld läßt sich von Finanzierungsneutralität dann sprechen, wenn der Geldbetrag, der einem Steuerpflichtigen für Investitionen bereitsteht, nicht durch seine Steuerzahlungen verändert wird. Diese *Liquiditätsneutralität der Besteuerung* ist nur für zwei Grenzfälle außerhalb der Wirklichkeit denkbar:

(a) Ein Steuerpflichtiger kann seine Absatzpreise so erhöhen oder seine Beschaffungspreise so drücken, daß seine Marktpartner ihm praktisch die Steuerzahlung erstatten, ohne daß er sich in Menge und Qualität der von ihnen nachgefragten oder angebotenen Güter anpassen muß. Dieser Fall vollständiger Überwälzung ist für die Gesamtheit der Steuerzahler ausgeschlossen, sobald beachtet wird, daß Beschaffung, Produktion und Absatz Zeit erfordern.

(b) Investition und Konsum werden durch die Modellannahme eines Kapitalmarktes im Konkurrenzgleichgewicht getrennt. Dann kann zu ein und demselben Zinssatz in beliebiger Höhe Geld aufgenommen oder angelegt werden. Daraus auf Liquiditätsneutralität der Besteuerung zu schließen, ist nur vordergründig richtig: Zwar ist das Liquiditätsproblem *für Investitionsentscheidungen wegdefiniert*. Aber Liquiditätsneutralität ist dennoch nicht gegeben, weil in nicht sinnlosen Modellierungen der Konsum finanzielle Mittel erfordert, Kredite vor dem jüngsten Gericht zurückgezahlt werden müssen und der Marktpreis „Zinsen" letztlich nur wegen der Ersparnisbildung durch Konsumverzicht und zusätzlich wegen der hier ausgeschlossenen Unsicherheit entsteht.

(3) Finanzierungsneutralität in einem engeren Sinne läßt Liquiditätswirkungen zu und verlangt, daß kein Finanzierungsvertrag wegen der Besteuerung inhaltlich abgewandelt wird. Diese Art der Finanzierungsneutralität steht neben anderem hinter der Forderung nach einer Rechtsformneutralität der Besteuerung. Finanzierungsvertragsneutralität kann zur Beurteilung institutionenbildender Steuerausweichhandlungen dienen.

(4) Finanzierungsneutralität im engsten Sinne beschränkt sich auf einen Teil der Rentabilitätswirkungen: Selbstfinanzierung, Beteiligungsfinanzierung und Fremdfinanzierung sollen in ihrer steuerlichen Belastung gleichgestellt sein. Auf diese **Kapitalkostenneutralität der Besteuerung** beschränken sich die gängigen Ausführungen zur Finanzierungsneutralität im Schrifttum. Sie klammern damit nicht nur die Innenfinanzierung aus Gewinnermittlungen aus, sondern vor allem das für Finanzierungsfragen Entscheidende: die *Liquiditäts- und Risikowirkungen der Besteuerung.*

Kapitalkosten heißen die über den Betrag einer Finanzierungsart hinausgehenden gewinnmindernden („erfolgswirksamen") Ausgaben für diese Finanzierungsart: Bei Fremdfinanzierung sind dies z. B. Zinsen, Provisionen, Gebühren und Disagio, auf eine Periode (regelmäßig ein Jahr) umgerechnet. *Grenzkapitalkosten* sind die zusätzlichen Ausgaben je Periode, die ein zusätzlich aufgenommener € über seine Rückzahlung hinaus verursacht.

Die unternehmenspolitische Bedeutung der Kapitalkosten einer Finanzierungsart besteht darin, daß sie die **Mindestrendite** *anzeigen, die eine mit dieser Finanzierungsart durchgeführte Investition erwirtschaften muß, damit der Unternehmung aus dem Einsatz dieser Finanzierungsart kein Verlust entsteht.*

(a) Gewinne, auf die ein neu aufgenommener Anteilseigner Anspruch erhebt, sind für die bisherigen Eigentümer Kapitalkosten. Für den neuen Miteigentümer bleiben diese Gewinne außerhalb des Begriffs seiner Kapitalkosten: Sie sind für ihn Gewinn (Einkommen), nicht Kosten, wenn der Begriff Gewinn sauber als Saldo von Ertrag und Kosten verwandt wird.

(b) **Opportunitätskosten,** d.h. entgehende Gewinne bei der zweitbesten Verwendung, weil stattdessen die beste gewählt ist, **zählen** (entgegen begrifflichen Schlampereien im Schrifttum) **nicht zu den Kapitalkosten**, weil sie *alternative, aber nicht verwirklichte Einnahmen* bezeichnen und keine *Ausgaben*. Kapitalkosten als Unterfall eines monetären Kostenbegriffs anzusehen, fördert gedankliche Klarheit: Wenn die zusätzlichen (erfolgswirksamen) Ausgaben für aufgenommenes Kapital (die Grenzkapitalkosten) streng von den entgehenden Einnahmen bei einer alternativen Verwendung des Kapitals (den Opportunitätskosten) getrennt bleiben, wird das Problem der Kapitalkosten bei Innenfinanzierung aus Regeln zur Gewinnermittlung zum Scheinproblem: Ein rational handelnder Unternehmer wird stets diese Mittel zuerst investieren oder mit ihnen Kredite tilgen, weil sie keine zusätzlichen Ausgaben über die Rückzahlung hinaus hervorrufen. Ob der Unternehmer dieses „Bestandskapital" in einer von ihm beherrschten Unternehmung oder im Kapitalmarkt investiert, hängt von der Rendite der Anlagemöglichkeiten ab (und bei Einbeziehen von Unsicherheitursachen zusätzlich von diesen).

(c) **Steuerbedingte Kapitalkosten** entstehen aus jenen Steuerzahlungen, die eine Finanzierungsart auslöst. Sie bewirken, daß die Anforderungen an die Mindestrendite der Investitionen über die Vor-Steuer-Kapitalkosten wachsen.

Bei Dauerschulden erhöhen die Mindestrendite steuerbedingte Kapitalkosten aus der halben Hinzurechnung der Dauerschuldzinsen zum Gewerbeertrag, also 0,5*Hebesatz*Steuermeßzahl (Beispiel S. 184 f.).

Bei Selbstfinanzierung werden steuerbedingte Kapitalkosten s gebildet aus dem Unternehmungssteuerkeil mit GewSt, KSt und SolZ bzw. dem Kapitalmarktsteuerkeil (Unternehmungssteuerkeil, erweitert um die Grenzeinkommensteuerbelastung des Anteilseigners aus ESt, SolZ, oft KiSt), sobald diese jeweils zur Rendite nach Steuern ins Verhältnis gesetzt werden. So entsteht eine steuerbedingte Mindestrenditenerhöhung $\frac{s}{1-s}$ (S. 18).

c) Finanzierungsneutralität in Form der Kapitalkostenneutralität ist als Norm für steuerpolitische Handlungsempfehlungen zurückzuweisen: Eine solche Annahme übersieht, daß Innenfinanzierung aus Gewinnermittlungen steuerbedingte Kapitalkosten von null hat (außer bei der Bildung von Pensionsrückstellungen) und deshalb niedrigere als Außenfinanzierung. Gleiche Kapitalkosten für Fremdfinanzierung und Selbst- bzw. Beteiligungsfinanzierung zu fordern, mißachtet die unterschiedlichen Risikowirkungen, die Festbetragsansprüche wegen der in Höhe und Zeitpunkt festgeschriebenen Auszahlungen gegenüber Restbetragsansprüchen aufweisen. Kapitalkostenneutralität wäre demnach nur zwischen Selbstfinanzierung und Beteiligungsfinanzierung zu erwägen. Aber deren Risikowirkungen sind aus der Sicht der investierenden Unternehmung bei Selbstfinanzierung geringer als bei Ausschüttung von Gewinnen in der Hoffnung auf anschließende Beteiligungsfinanzierung. Für Anteilseigner sind hingegen die Unsicherheitsursachen aus dem Verzicht auf Auschüttungen höher, weil ihnen die Möglichkeit genommen ist, selbst über die Art der Mittelverwendung zu entscheiden.

Das den Problemkreis „Besteuerung und Finanzierung" Kennzeichnende sind *nicht die Kapitalkosten*, d.h. die Rentabilitätswirkungen, **sondern die Liquiditäts- und Risikowirkungen der Besteuerung.**

In einer sorgfältigen Finanzplanung muß Liquidität (Zahlungsmittel und ohne Verluste rasch in Geld umzuwandelnde Finanzanlagen) vor allem aus Risikoerwägungen gehalten werden, insbesondere um finanziellen Anforderungen aus nicht planbaren Ex-post-Überraschungen begegnen zu können. Deshalb ist die *Forderung nach Finanzierungsneutralität zu ersetzen durch eine Sichtweise, die einzelne Finanzierungsarten danach unterscheidet, wie sie Auszahlungsansprüche von Geldgebern gegen eine Nichterfüllung abschirmt und prüft, ob die verschiedenen Risikowirkungen eine unterschiedliche Besteuerung im Hinblick auf Entscheidungswirkungen und Verteilungsfolgen rechtfertigen.*

(1) Unternehmereigene Gelder werden einer Unternehmung zur Verfügung gestellt, Restbetragsansprüche ausgegeben, um für Festbetragsansprüche die Unsicherheit zu mindern, daß in Höhe und Zeitpunkt festliegende Auszahlungsansprüche nicht erfüllt werden. Eine Eigenkapitalausstattung dient als „Verlustpuffer", ehe eine Insolvenz eintreten kann. Zwar läßt sich unmittelbar einer drohenden Insolvenz nur durch Zahlungsmittel begegnen, aber Vermögen, das eine Eigenkapitalausstattung verkörpert, bietet die Möglichkeit, durch Verkauf (Desinvestition) Zahlungsmittel zu beschaffen.

Die Redeweise von der Eigenkapitalausstattung als Verlustpuffer verkürzt, weil nicht nur mit Eigenkapital finanziertes Vermögen als Risikokapital zur Unsicherheitsverringerung geeignet ist. Vielmehr sind fünf **Erscheinungsformen des Risikokapitals** einer Unternehmung zu unterscheiden, die in unterschiedlichem Range einen Puffer für Verluste bilden, ehe die Ansprüche eines Geldgebers uneinbringlich werden. Dabei ist zwischen der Eigenkapitalausstattung als Verlustpuffer, so wie ihn die Unternehmungsleitung in der Rechnungslegung zu erkennen gibt, und dem Risikokapital als Verlustpuffer, so wie ihn der einzelne Geldgeber beurteilt, zu unterscheiden.

(2) *Risikokapital für einen Investor heißen jene durch Unternehmungsvermögen gedeckten Auszahlungsansprüche gegenüber einer Unternehmung, die aufgrund des Insolvenzrechts und vertraglicher Vereinbarungen bei der Befriedigung von Ansprüchen im Insolvenzfall den Ansprüchen des Investors gleich- oder nachgeordnet sind.*

Risikokapital wird also nicht nur für eine Unternehmung als sich finanzierende Organisation definiert, sondern auch für den jeweiligen Geldgeber an der Unternehmung. Dies ist ein erster Unterschied zwischen Eigenkapitalausstattung und Risikokapital.

Deshalb kann Risikokapital auch Posten umfassen, die im Rechtssinne zu Schulden zählen, z.B. Gesellschafterdarlehen. Dies ist ein zweiter Unterschied zwischen Risikokapital und Eigenkapitalausstattung.

Der dritte, hauptsächliche Unterschied zwischen Eigenkapitalausstattung und Risikokapital besteht darin: Eigenkapitalausstattung schließt aus der Innenfinanzierung über Umsatzeinnahmen nur zurückbehaltene Gewinne ein (also die Selbstfinanzierung). Risikokapital wird jedoch vorab aus Umsatzeinnahmen durch Regelungen zur Gewinnermittlung gebildet werden, z.B. durch Finanzierung aus verdienten Abschreibungen und Rückstellungen.

(3) Das Risikokapital, das durch Regeln zur Gewinnermittlung gebildet wird, ist in der Bilanz nicht als Eigenkapital zu erkennen und begrifflich nicht immer der Eigenkapitalausstattung zuzuordnen. Risikokapital aus Gewinnermittlungen steht aber für die Aufgabe, „Verlustpuffer" zu sein, an erster Stelle, weil die Vorschriften zur Gewinnermittlung vornehmlich auf Gläubigerschutz ausgerichtet sind. Beispiel: Eine offen ausgewiesene Rücklage nach § 6b EStG bzw. eine daraus folgende Unterbewertung im Anlagevermögen, die in Gewinnjahren gebildet wird (und damit Steuerzahlungen einspart oder hinausschiebt), zählt zu dem Risikokapital erster Ordnung, weil ihre Auflösung als Verlustpuffer bei drohender Überschuldung dient und weil bei Verkauf einer derart steuerbegünstigt bewerteten Anlage auch Zahlungsschwierigkeiten aufgefangen werden.

Wenn andererseits in Gewinnjahren Pensionsrückstellungen gebildet werden, so entstehen zwar Mittel zur Innenfinanzierung, aber soweit Rechtsansprüche der Arbeitnehmer durch Pensionszusagen begründet worden sind, hat sich die Unternehmung durch solche ungewisse Verbindlichkeiten verschuldet. Innenfinanzierung durch nicht überhöhte Pensionsrückstellungen schafft kein zusätzliches Risikokapital erster Ordnung.

Risikokapital erster Ordnung folgt also aus Umsatzeinnahmen, soweit den Erträgen Aufwendungen gegengerechnet werden, die nicht zugleich mit Ausgaben verbunden sind und keine zukünftigen ergebnisunabhängigen Auszahlungsansprüche begründen, die unabhängig vom künftigen Ergebnis zu leisten sind.

(4) *Risikokapital zweiter Ordnung* heißen durch Unternehmungsvermögen gedeckte Auszahlungsansprüche, die vertragsgemäß ausschließlich ergebnisabhängig sind: die Eigenkapitalausstattung, erweitert um die Wahlhandlungen zur Gewinnverwendung durch Selbstfinanzierung. Hinzu treten festverzinsliche Gesellschafterdarlehen, wenn sie als eigenkapitalersetzende Gesellschafterdarlehen im Sinne des § 32a GmbHG bzw. der §§ 129a, 172a HGB gelten.

Über die Höhe der Selbstfinanzierung herrscht außerhalb der Unternehmungsleitung selten näheres Wissen, weil drei Arten zu unterscheiden sind, deren Höhe nur bei der offenen steuerlichen Selbstfinanzierung aus Jahresabschlüssen näherungsweise zu erkennen ist, nicht aber hinreichend die der stillen und versteckten Selbstfinanzierung:

(a) Offene Selbstfinanzierung wird im Jahresabschluß gemessen in Änderungen der Posten Gewinnrücklagen, Gewinnvortrag bzw. Bilanzgewinn (soweit nicht für Ausschüttungen beansprucht). Die offen im Jahresabschluß erkennbare Selbstfinanzierung eines Jahres muß sich keineswegs mit den versteuerten Gewinnen des Jahres abzüglich daraus folgender Ausschüttungen decken. Empirische Aussagen über die Größenverhältnisse von zusätzlicher Selbstfinanzierung zu zusätzlicher Verschuldung oder zusätzlicher Beteiligungsfinanzierung leiden unter der mangelnden Identität zwischen steuerlicher Gewinnermittlung und Jahresabschlußergebnissen.

(b) Stille Selbstfinanzierung entsteht durch das Bilden stiller Rücklagen. Hier ist jedoch eine Mehrdeutigkeit des Begriffs stille Rücklage (stille Reserve) zu beachten. So besteht insbesondere ein Unterschied zwischen dem betriebswirtschaftlichen und dem im Steuerrecht üblichen Sprachgebrauch: Wenn ein Grundstück, das mit 10.000 € Anschaffungskosten zu Buche steht, für 100.000 € verkauft wird, spricht man steuerrechtlich vom Aufdecken stiller Reserven. Indes darf ein Grundstück, das mit

10.000 € Anschaffungskosten verbucht ist, im Vermögensvergleich höchstens mit 10.000 € bewertet werden. Die 90.000 € Differenz zum Veräußerungspreis sind – solange das Grundstück nicht verkauft ist – unrealisierter, noch nicht entstandener Gewinn. Stille Rücklagen entstehen analog zu offenen Rücklagen durch das Zurückbehalten von realisiertem Gewinn, nicht aus unrealisiertem Gewinn. Nach dem das Grundstück verkauft ist, wird keine stille Reserve aufgedeckt, sondern es ist ein unrealisierter Gewinn verwirklicht worden. Zu den elementaren Regeln der Bilanzierung gehört die sorgfältige Trennung von realisierten und unrealisierten Gewinnen. Deshalb ist der im steuerrechtlichen Schrifttum (aber nicht nur dort) zu findende Sprachgebrauch abzulehnen, der stille Reserven mit unrealisierten Gewinnen vermengt. Unrealisierte Gewinne sind eine künftige Finanzquelle (Folgezahlung früherer Investitionen bei deren Desinvestition), kein gegenwärtiger Selbstfinanzierungsbetrag.

(c) Stille Rücklagen dürfen nicht als Minderung gewinnabhängiger Ausgaben in gleicher Höhe angesehen werden. Vielmehr ist zwischen steuerrechtlich zulässigem Bilden stiller Rücklagen und dem handelsrechtlichen Legen von stillen Rücklagen aus versteuerten Gewinnen zu trennen. Wird eine steuerrechtlich zulässige stille Rücklage gebildet, werden nur in Höhe des Betrages anzuwendender Grenzsteuersatz mal Rücklage gewinnabhängige Ausgaben für diese Abrechnungsperiode vermieden. Gewinnabhängige Ausgaben in Höhe des versteuerten Restgewinnes innerhalb der stillen Rücklage werden nur dann eingespart, wenn handelsrechtlich aus dem Mehrausweis des versteuerten Gewinns in gleicher Höhe Ausschüttungen folgen würden. Das ist aktienrechtlich nur unter engen Voraussetzungen denkbar (vgl. § 58 AktG). Der Betrag stiller Selbstfinanzierung ist somit keineswegs durch die Höhe der stillen Rücklagen festgelegt.

(d) Versteckte Selbstfinanzierung entsteht durch Ausgaben, die künftige Einnahmen versprechen, aber nicht zu aktivierungsfähigen Wirtschaftsgütern führen, sondern bei der Gewinnermittlung als Aufwand erscheinen. Damit ist die Grenzsteuerbelastung null. Ein Beispiel bilden Forschungs- und Entwicklungsausgaben bei der Selbsterstellung von Patenten; ein anderes sind Ausgaben zur Schaffung eines originären Geschäftswertes, wie bei Werbefeldzügen oder Pflege eines Kundenstamms.

Versteckte Selbstfinanzierung wirkt in anderer Weise auf die künftige Zahlungsfähigkeit als stille Selbstfinanzierung. Bei stiller Selbstfinanzierung werden Vermögensgegenstände entweder wegen Ansatzwahlrechten nicht aufgenommen oder bei

Bewertungswahlrechten unterbewertet bzw. künftige Zahlungsverpflichtungen überbewertet. Stille Reserven werden bei einem Verkauf der Vermögensgegenstände bzw. bei Beseitigung des Rückstellungsgrundes und bei Liquidation der Unternehmung wieder zu Geld, in welcher Höhe, ist eine andere Frage.

Bei versteckter Selbstfinanzierung sind Gewinne in nicht bilanzfähige Wirtschaftsgüter geflossen. Diese Posten sind nur teilweise einzeln veräußerbar, z.B. wenn ein selbsterstelltes Patent verkauft wird, und sie führen bei einer Liquidation der Unternehmung keineswegs immer zu Geld. Im allgemeinen entsteht realisierter Gewinn aufgrund versteckter Selbstfinanzierung dadurch, daß die Unternehmung in Zukunft höhere Einnahmen erwirtschaftet oder beim Verkauf der Unternehmung als ganzes. Sachverhaltsgestaltungen mit der Folge versteckter Selbstfinanzierung lassen sich in einer Jahresabschlußanalyse regelmäßig nicht zum Risikokapital zählen, weil ihre Wiedergeldwerdung im Insolvenzfall fraglich ist.

(5) *Risikokapital dritter Ordnung* sammelt Genußscheine, Options- und Wandelanleihen, gewinnabhängige Darlehen usw., soweit die Vertragsbedingungen im einzelnen eine eindeutige Zuordnung zu den vertraglich ausschließlich ergebnisabhängigen Auszahlungsansprüchen (Risikokapital zweiter Ordnung) oder den vertraglich ausschließlich ergebnisunabhängigen (Risikokapital vierter Ordnung) nicht zulassen. Die rechtlichen Einzelheiten der Besteuerung dieses Risikokapitals dritter Ordnung läßt dieses Buch weg.

(6) *Risikokapital vierter Ordnung* seien jene Auszahlungsansprüche an eine Unternehmung genannt, die durch Unternehmungsvermögen gedeckt und vom Ergebnis gänzlich unabhängig sind. Risikokapital vierter Ordnung zählt im Rechtssinne zu den Schulden. Es kann aber im Insolvenzfall den Auszahlungsansprüchen eines anderen Geldgebers nachgeordnet oder gleichgeordnet sein und dient insoweit diesem Geldgeber als Verlustpuffer.

Für die im Konkursfall vorrangig zu befriedigenden Lohn- und Gehaltsansprüche stellen z.B. ungesicherte Lieferantenkredite, soweit noch Vermögen vorhanden ist, Risikokapital dar.

d) Mit der Einführung des Begriffs „Risikokapital" wird die Vorstellung fallen gelassen, es gäbe „die" Eigenkapitalausstattung bzw. „die" Verschuldung als ein für alle Mal unverrückbare Gruppen von Auszahlungsansprüchen an eine Unternehmung, so wie sie die Geldgeber einer Unternehmung beurteilen. Finanzierungstheoretische Modellbildungen zur „optimalen Kapitalstruktur" lassen üblicherweise die einzelnen Erscheinungsformen des Risikokapitals außer acht. Eine Folge davon ist, daß die Zusammenhänge zwischen Besteuerung und Finanzierung nur unvollständig und verzerrt erschlossen werden.

2. *Steuerrechtsänderungen und Wahl zwischen den Arten des Risikokapitals*

a) Die sog. Unternehmenssteuerreform der Jahre 1998-2000 besteht in einem Zusammenwirken von Kürzungen der Innenfinanzierung aus Gewinnermittlungen durch erweiterte Bemessungsgrundlagen einerseits mit zusätzlichen Steuervergünstigungen durch die Steuerfreiheit von Veräußerungsgewinnen bei Anteilsverkäufen zwischen Kapitalgesellschaften andererseits, gekoppelt mit Steuersatzsenkungen unter der Ideologie einer Verminderung der Marktlenkung von Risikokapital. Welcher Einfluß entsteht daraus auf den Investitionsumfang und die Wahl zwischen den Erscheinungsformen des Risikokapitals?

Die gängige Investitions- und Finanzierungstheorie lehrt hierfür folgendes: Das Investitionsvolumen bestimmt sich nach den Grenzrenditen der Investitionsvorhaben und den Grenzkapitalkosten der Finanzierungsarten. Die Grenzrenditen, allein aus Zahlungen berechnet, steigen unter sonst gleichen Umständen durch Steuersatzsenkungen. Jedoch sind hier die veränderten Grenzkapitalkosten nach Steuern aus der Verbreiterung der Bemessungsgrundlagen gegenzurechnen.

(1) Die Innenfinanzierung aus Gewinnermittlungen führt im Regelfall zu Kapitalkosten von null, z. B. bei der Innenfinanzierung aus der Aufwandsverrechnung verdienter Anlagenabschreibungen oder einem Lagerabbau von nach Lifo bewerteten Vorräten und bei Veräußerungsgewinnen für Unternehmensanteile in Kapitalgesellschaften bis die Veräußerungsgewinne den Kreis der Kapitalgeselllschaften verlassen. Bei unveränderten Steuersätzen entstehen Steuerstundungen: **zinslose Steuerkredite**; bei im Zeitablauf sinkenden Grenzsteuersätzen zusätzlich endgültige Steuerersparnisse. Bei im Zeitablauf steigenden Grenzsteuersätzen tritt dem zinslosen Steuerkredit eine Steuermehrzahlung gegenüber.

(a) Zinslose Steuerkredite sind nicht zwingend Steuervergünstigungen, weil der Eichstrich für die Trennung von Steuervergünstigungen und Steuerbenachteiligungen eine entscheidungsneutrale Innenfinanzierung aus Gewinnermittlungen impliziert. Zinslose Steuerkredite sind Steuervergünstigungen nur, soweit sie über ein entscheidungsneutrales Maß hinausgehen.

Bei verzinslicher Aufwandsvorverlegung, wie der Bildung von Pensionsrückstellungen, wird aus einem zinslosen Steuerkredit ein mit 6 % verzinslicher, dessen Vorteilhaftigkeit von den Kapitalkosten nach Steuern bei alternativen Finanzierungsarten abhängt.

(b) Der zinslose Steuerkredit ist an die einzelne Anlagen- oder Vorratsinvestition gebunden. Er wird zu einer dauerhaften steuerbedingten Innenfinanzierung, wenn die Geschäftsvorfälle, die Innenfinanzierung aus Aufwandsvorverlegung oder nach dem Einnahmenzufluß erfolgender Ertragsverrechnung bedingen, sich im Zeitablauf wiederholen. Erfolgt z.B. jährlich eine gleich hohe Investition in Anlagen mit derselben Nutzungsdauer, so wird der Aufwand bei degressiver Abschreibung im ersten Nutzungsjahr und später jährlich erneuert. Diese Revolvierung der Innenfinanzierung aus Aufwandsverrechnung bleibt, bis die Absatzlage zwingt, das Investitionsvolumen zu drosseln. Damit sinkt gerade in Jahren verringerter Erträge die Aufwandsverrechnung mit der Folge höherer buchhalterischer Gewinne und gegenüber den Investitionsjahren u.U. steigender Steuerzahlungen.

(c) Eine Kürzung der Innenfinanzierung aus steuerlicher Gewinnermittlung vermindert den zinslosen Steuerkredit. Sinkt das Investitionsvolumen um weniger als den Kürzungsbetrag, so sind wegen der entfallenden Innenfinanzierung aus Gewinnermittlungen Finanzierungsarten im Kapitalmarkt zu wählen, die zu positiven Kapitalkosten führen. Bei fallenden Grenzrenditen wird ein geringerer Investitionsumfangs verwirklicht.

(2) Werden die Modellüberlegungen um Ungewißheit erweitert, so ist neben fallenden Grenzrenditen mit steigenden Grenzkapitalkosten zu rechnen, wenn ein Kapitalstrukturrisiko besteht.

Kapitalstrukturrisiko heißt die Zusammenfassung jener zusätzlichen Unsicherheitsursachen, die bei *gegebenem Geschäftsrisiko* (leistungswirtschaftlichem Risiko) dann entstehen, wenn eine Unternehmung im Planungszeitpunkt, statt nur mit Eigenkapital zu arbeiten, verschuldet ist oder in der Finanzplanung die Aufnahme weiterer Restbetragsansprüche vorsieht.

Zinslose Steuerkredite erhöhen das Kapitalstrukturrisiko nicht. Sie verschwinden in Höhe der Verlustrealisierung und brauchen insoweit nicht zurückgezahlt zu werden. Mit einem wachsenden Kapitalstrukturrisiko (und damit steigenden Grenzkapitalkosten) ist jedoch zu rechnen, wenn an die Stelle kapitalkostenfreier Steuerkredite eine Finanzierung im Kapitalmarkt tritt.

(3) Sinken die Steuersätze, verbindet sich eine Kürzung des zinslosen Steuerkredits mit einer Steuerersparnis, verglichen mit der Steuerbelastung, wie sie im Jahre der Bildung der steuerbedingten Innenfinanzierung bestand. Aber diese für die Unternehmungen erfreuliche Wirkung ist eine Folge früherer Investitionen in Zeiten noch erhöhter Gewinnsteuersätze. Sie besagt noch nichts über den Finanzierungsbedarf für Investitionen, nachdem die Bemessungsgrundlagen verbreitert und die Steuersätze gesunken sind.

(a) Die Erhöhung des steuerpflichtigen Gewinns durch Abbau oder Hinaus-schieben der Aufwandsverrechnung kann bewirken, daß trotz verringerter Steuersätze höhere Gewinnsteuerzahlungen finanziert werden müssen.

Mit der Umstellung der Körperschaftsteuer vom Anrechnungsverfahren auf das Halbeinkünfteverfahren sank der Körperschaftsteuersatz für zurückbehaltene Gewinne von 40 % im Jahre 2000 auf 25 % ab 2001 und der Unternehmenssteuerkeil (GewSt, wie bisher beispielhaft ein Hebesatz von 450 %, KSt, SolZ) von 52,8 % auf 39,9 %, also rund um ein Viertel. Je 100 DM Gewinn vor Steuern erhöht sich der versteuerte Gewinn um 12,9 DM.

Angenommen, vor Senkung der Gewinnsteuersätze und Verbreiterung der Bemessungsgrundlagen verfüge eine Kapitalgesellschaft über eine steuerbedingte Innenfinanzierung aus Aufwandsverrechnung von 100 DM. Nach Verbreiterung der Bemessungsgrundlagen und Senken der Gewinnsteuersätze entfalle dieser Anlaß für eine steuerbedingte Innenfinanzierung. Der zu versteuernde Gewinn steige um 100 DM. Die „Umwidmung" der Innenfinanzierung aus Gewinnermittlung in Selbstfinanzierung durch Verbreiterung der Bemessungsgrundlagen kürzt die Innenfinanzierung von 100 auf 60 und „verzehrt" damit die Steuerminderzahlung aus 310 DM Gewinn.

(b) Gelingt es der Unternehmung, den versteuerten Gewinn von 60 vor Ausschüttungswünschen der Anteilseigner, Arbeitnehmer und der Begehrlichkeit jener zu schützen, die nicht abzugsfähige Betriebsausgaben der Unternehmung auferlegen wollen, so entsteht gegenüber der Zeit vor Verbreiterung der Bemessungsgrundlagen ein zusätzlicher Finanzbedarf in Höhe der Steuerzahlung von 40, der auf dem Kapitalmarkt zu decken ist. Mittelständische Unternehmungen, die sich nicht über Kapitalerhöhungen an der Börse finanzieren können oder wollen, sind auf den Weg der Kreditaufnahme angewiesen, wollen sie ihre Investitionen nicht kürzen.

(c) Aber keineswegs immer ist ein versteuerter Mehrgewinn vor Auszahlungsansprüchen zu bewahren. So fallen höhere Ausgaben für Gewinnbeteiligungen der Arbeitnehmer an, sofern deren Ansprüche sich nach dem Steuerbilanzgewinn und nicht nach dem handelsrechtlichen Jahresüberschuß bemessen, was überwiegend der Fall ist[74]. Wegen Steuerrechtsänderungen die Bemessungsgrundlagen der Arbeitnehmergewinnbeteiligungen vom Steuerbilanzgewinn weg auf den Jahresüberschuß zu verlagern, dürfte innerbetrieblichen Zündstoff erzeugen. Bereits höhere steuerbilanzgewinnabhängige Arbeitnehmergewinnbeteiligungen mindern die Selbstfinanzierung als Folge der Senkungen der Gewinnsteuersätze in den Jahren 2002-2005.

Verringerte Gewinnsteuersätze, die von einer Verbreiterung der Bemessungsgrundlagen, also einem Abbau steuerbedingter Innenfinanzierung, begleitet werden, sind trotz des Eigenkapitalzuwachses keineswegs immer der blumenbekränzte Königspfad zur Investitionsfinanzierung, als der sie gern hingestellt werden.

(4) Unter dem Gesichtspunkt, daß die Besteuerung das Kapitalstrukturrisiko mindern sollte, sind Verbesserungen in der Innenfinanzierung durch Regeln zur Gewinnermittlung zu erwägen: Vorverlegen weiterer Aufwandsverrechnungen vor die Ausgaben, Nachverlegung der Ertragsverrechnung gegenüber den Einnahmen. Dieser steuerpolitische Wunsch beißt sich jedoch mit den Zielen der Besteuerung, Investitionsentscheidungen möglichst wenig zu verzerren und in einer marktwirtschaftlichen Ordnung für eine Lenkung des Risikokapitals über den Markt zu sorgen, sowie auf gerechte Verteilungsfolgen zu achten. Geboten erscheint im Hinblick auf die Risikowirkungen der Besteuerung die Verwirklichung jener Bemessungs-

[74] Nach einer älteren Untersuchung wird in 84% der Gewinnbeteiligungen der Steuerbilanzgewinn als Ausgangsbasis genommen, vgl. *Hans-Günter Guski, Hans-J. Schneider:* Betriebliche Vermögensbeteiligung in der Bundesrepublik Deutschland. Köln 1977, S. 85.

grundlagen, die Unsicherheiten verringern, unabhängig von der Art der Risikoabneigung (S. 153 f.).

b) Im Hinblick auf die steuerliche Belastung führt Risikokapital vierter Ordnung (Verschuldung) regelmäßig zu niedrigeren steuerlichen Kapitalkosten als Risikokapital zweiter und dritter Ordnung.

(1) Die Steuerbelastung des Risikokapitals vierter Ordnung ist unterschiedlich geregelt:

(a) Alle Arten der Fremdfinanzierung, außer die in (b) und (c) genannten, unterliegen keiner steuerlichen Zusatzbelastung.

(b) Für Dauerschulden im Sinne des Gewerbesteuerrechts entsteht eine steuerliche Zusatzbelastung durch die Hinzurechnung der halben Dauerschuldzinsen zum Gewerbeertrag.

Bei der Berechnung der steuerbedingten Kapitalkosten für Dauerschulden ist ein Fehler zu vermeiden, wie er im Schrifttum zum „tax shield" innerhalb einer Unternehmensbewertung für Kapitalgesellschaften zu finden ist, die als Diskontierungszinssatz die „Weighted Average Cost of Capital" (WACC) wählt[75]: Bei der Hinzurechnung der Hälfte der Dauerschuldzinsen ist die Gewerbesteuer nicht nach ihrer gewinnsteuerlichen Abzugsfähigkeit „bei sich selbst", sondern vor ihrer gewinnsteuerlichen Abzugsfähigkeit einzubeziehen. Die fälschlich benutzte lehrbuchgängige Formel für den „effektiven" Gewerbesteuersatz (Gleichung (1), S. 13) geht ausdrücklich von der Prämisse aus, Gewerbeertrag und körperschaftsteuerpflichtiger Gewinn stimmten überein. Die Gewerbesteuer auf Dauerschuldzinsen folgt jedoch aus einer **Hinzurechnung zum** körperschaftsteuerpflichtigen Gewinn.

Beispiel: Die durchschnittliche Effektivverzinsung früher aufgenommener Dauerschulden von 100.000 € betrage 7.000 €, der durchschnittliche Gewerbesteuerhebesatz belaufe sich diesmal auf 440%, dann beträgt die gewerbesteuerliche Hinzurechnung 440% x 5% (Steuermeßbetrag) x 0,5 = 11% auf die effektiv gezahlten

[75] Vgl. *Wolfgang Ballwieser*: Unternehmensbewertung und Discounted Cash Flow Verfahren. In: Die Wirtschaftsprüfung, Jg. 51 (1998), S. 81-92.
Der Fehler findet sich in anderem Zusammenhang auch bei *Homburg*: Allgemeine Steuerlehre, S. 349 f. in Verbindung mit S. 317.

Dauerschuldzinsen, also 770 €. Die *Kapitalkosten für Dauerschuldzinsen* steigen hier von 7 % Effektivverzinsung auf 7,77 %.

Falsch ist es, die Abzugsfähigkeit der Gewerbesteuer in der Gewinnermittlung und damit bei ihrer eigenen Bemessungsgrundlage zu kürzen, also zu rechnen

440%*5%*0,5/(1+440%*5%) = 9,016% auf 7.000 € = 631,15 €.

Werden bei 7.000 € Dauerschuldzinsen auf 100.000 € Dauerschulden mit Gewerbesteuer nur 7.631,15 € in die zu bestimmende Mindestrendite einbezogen, errechnet sich ein Fehlbetrag: Nach Zinszahlung von 7.000 € verbleibt ein zu versteuernder Gewinn von 631,15 €. Bei 440% Hebesatz unterliegen 0,5 x 7.000 = 3.500 € + 631 €, zusammen also 4.131 €, einer Gewerbesteuer von jetzt 440%*5%/(1 + 440%*5%) = 18,03%, also 745 €. Aus 631 € Gewinn vor Gewerbesteuer folgt nach Gewerbesteuerzahlung ein Verlust von 114 €. Die Bedingung „Mindestrendite ohne Verlust aus der Finanzierung" ist verletzt.

Bei der richtigen Mindestrenditenforderung von 7.770 € verbleibt nach Zinszahlung von 7.000 € ein zu versteuernder Gewinn vor Gewerbesteuer von 770 €. Dieser Gewinn wird mit der Hinzurechnung aus den halben Dauerschuldzinsen, also 0,5 x 7.000 = 3.500 €, zusammen 4.270 €, einer Gewerbesteuer von 18,03% unterworfen. Es resultiert eine Gewerbesteuerzahlung von 0,1803 x 4.270 € = rund 770 €. Der Gewinn nach Gewerbesteuer beträgt null.

(c) Eine höhere steuerliche Zusatzbelastung fällt für Gesellschafterdarlehen wesentlich Beteiligter an, soweit die Vergütung nicht beim Anteilseigner im Inland im Rahmen einer Veranlagung erfaßt wird: also bei Gesellschafterdarlehen wesentlich Beteiligter ausländischer Anteilseigner. Die Zusatzbelastung besteht bei der inländischen Kapitalgesellschaft in der Einstufung der Vergütung als verdeckte Gewinnausschüttung, wodurch KSt und SolZ mit 26,375 % anfallen; nicht jedoch Gewerbesteuer (§ 9 Ziffer 10 GewStG). Die steuerbedingten Kapitalkosten erhöhen die Mindestrendite der Konzerntochter auf das 1/(1 – 0,26375) = 1,358-fache der Effektivverzinsung.

Eine verdeckte Gewinnausschüttung wird dann angenommen, wenn die Vergütung nicht in einem Bruchteil des Kapitals vereinbart ist. Falls eine Vergütung als Bruchteil des Kapitals vereinbart ist, liegt verdeckte Gewinnausschüttung dann vor, wenn das Fremdkapital zu einem Zeitpunkt des Wirtschaftsjahres das Eineinhalbfache des anteiligen Eigenkapitals des Anteilseigners (bei Holdinggesellschaften das Dreifache) übersteigt; es sei denn, die Kapitalgesellschaft hätte dieses Fremdkapital bei sonst gleichen Umständen auch von einem fremden Dritten erhalten können oder es handelt sich um eine Mittelaufnahme zur Finanzierung banküblicher Geschäfte (§ 8a KStG).

Wenn ein internationaler Konzern auf eine unternehmenspolitisch zweckmäßige Eigenkapitalausstattung für Tochterunternehmungen im Inland verzichtet, um die niedrigeren steuerbedingten Kapitalkosten der Fremdfinanzierung auszunutzen, ist eine Steuerausweichhandlung gegeben, die der Fiskus zu recht als verdeckte Gewinnausschüttung einstuft. Problematisch ist es, die Grenze zu ziehen, wann für Festbetragsansprüche der Sachverhalt einer verdeckten Gewinnausschüttung gegeben ist. In den wenigen Fällen, in denen mit dem Konzern befreundete Kreditinstitute keine Erklärung abgeben, daß sie Fremdkapital zu gleichen Bedingungen zur Verfügung stellen würden, auf eine Kapitalstruktur zurückzugreifen, ist ein Notbehelf. Dessen Rechtfertigung ist darin zu sehen, daß kein anderer Weg gangbar erscheint, um diese Steuerausweichhandlung zu begrenzen. Dennoch ist eine wirtschaftlich stichhaltige Begründung für die Kürzung der sog. „Safe Haven" (Verhältnis zwischen Eigenkapital und Fremdkapital) für das mit fester Verzinsung zur Verfügung gestellte Fremdkapital von 1:3 (in 2000 und zuvor) auf 1:1,5 (ab 2001) ist nicht zu finden. Es handelt sich um eine fiskalische Maßnahme zur Einnahmenbeschaffung, die zudem nur in wenigen Fällen greifen wird. Die Herabsetzung der Safe Haven für ertragsunabhängig verzinste Darlehen gegenüber dem Körperschaftsteuerrecht vor 2001 wird im Regelfall eine Überprüfung der bisherigen Konzernfinanzierung und oft Umgestaltungen, z. B. durch Zwischenschaltung einer Personengesellschaft, erforderlich machen.

(2) Um steuerbedingte Kapitalkosten der Fremdfinanzierung denen der für die Geldgeber risikoreicheren Eigenkapitalausstattung anzugleichen, wäre zu erwägen, die Gewerbesteuer oder zumindest die Hinzurechung der halben Dauerschuldzinsen abzuschaffen und gleichzeitig die steuerliche Abzugsfähigkeit von Fremdkapitalzinsen aufzuheben, wobei die Gewinnsteuer auf gezahlte Fremdkapitalzinsen als anrechenbare Kapitalertragsteuer bei den Geldgebern zu betrachten und in Höhe des Spitzensatzes der Einkommensteuer mit Anhangsteuern festzusetzen wäre (S. 71). Die höheren Risiken der Geldgeber, die eine Eigenkapitalausstattung zur Verfügung stellen, sind damit zwar nicht steuerlich berücksichtigt, wohl aber der steuerbedingte Kapitalkostennachteil der Eigenkapitalausstattung beseitigt. Wie weit diese radikale Änderung des Steuerrechts Art und Umfang der Investitionen nachteilig verändern

würde, ist schwer vorauszusehen, weil die Mindestrendite für Außenfinanzierung und Selbstfinanzierung gleich hoch wäre, aber durch die steuerliche Nicht-mehr-Benachteiligung der Eigenkapitalausstattung sich die Unsicherheitseinschätzungen wandeln würden.

c) Steuersatzsenkungen mehren den Gewinn nach Steuern, der zur Selbstfinanzierung dienen kann oder bei Ausschüttung die Bedingungen für eine künftige Beteiligungsfinanzierung verbessert, sofern der zu versteuernde Gewinn unverändert bleibt oder durch die Verbreiterung der Bemessungsgrundlagen nur wenig steigt. Bei der Unternehmenssteuerreform 1998 ff. darf freilich der Gewinn vor Steuern nicht als unverändert gelten, weil die zur Finanzierung dieser Steuerreform verordneten Verbreiterungen der Bemessungsgrundlagen gleichzeitig, teilweise sogar vor den Steuersatzsenkungen (ab 1.1.1999), wirksam wurden.

Nur im Einzelfall lassen sich die Mehrbelastungen aus einer Verbreiterung der Bemessungsgrundlagen gegen die Minderbelastung aus Steuersatzsenkungen aufrechnen. Darauf muß im weiteren verzichtet werden.

(1) Damit eine Kapitalgesellschaft 1 € an **Selbstfinanzierung** erlangt, hat sie unter den bisherigen Beispielsannahmen (S. 13) für ihre Investitionen eine Rendite zu fordern von 0,399/(1-0,399) =66,4 % zusätzlich zum gewünschten Selbstfinanzierungsbetrag; bei gerundeten 40% rechtlicher Steuerbelastung beträgt die Mindestrenditenerhöhung genau 2/3.

Einen Kapitalmarktsteuerkeil für Selbstfinanzierung auszurechnen, erfordert zwei Voraussetzungen: Zum einen eine Annahme, welche Steuerzahlungen bei Veräußerung der Anteile anfallen, zum anderen, wie sich Selbstfinanzierung im Marktpreis für Anteilsrechte in alternativen Veräußerungszeitpunkten der Anteile niederschlägt und zum anderen, vgl. dazu im einzelnen S. 190-195.

(2) Der rechtliche Kapitalmarktsteuerkeil bei **Ausschüttung** entspricht in 2002 bei einem Kleinaktionär, dessen zu versteuerndes Einkommen (einschließlich der halben Dividende) noch keine Einkommensteuer auslöst, dem rechtlichen Unternehmenssteuerkeil von rund 40 %. Er steigt mit wachsenden Einkünften, die dem Halbeinkünfteverfahren unterliegen, auf maximal rund 56 % (S. 15): Zusätzliche 100 vor Steuern in der Kapitalgesellschaft lassen rund 60 an Ausschüttungen zu, davon sind

30 mit der Spitzenbelastung aus ESt, SolZ und KiSt zu belegen, was knapp 16 ergibt, zusammen also rund 56 %.

Aus den Kapitalmarktsteuerkeilen zwischen 40 % und 56 % folgt eine Mindestrenditenerhöhung für Investitionen in der Kapitalgesellschaft von 2/3 bis 0,56/(1-0,56) = 127 %. Für die Spitzenbelastung ausgerechnet: Von 2,27 € zusätzlichen Gewinn gehen in der Kapitalgesellschaft an definitiver Unternehmenssteuerbelastung rund 40 % = 0,908 € ab. Die restlichen 1,362 € werden bei Ausschüttung zur Hälfte = 0,681 mit 53,22 % belastet = 0,362 €, so daß 1 € als versteuerte Dividende verbleibt.

Die Berechnung des rechtlichen Kapitalmarktsteuerkeils bei Ausschüttung erfordert wie die bei Selbstfinanzierung eine Annahme über die Entwicklung der Marktpreise für alternative Veräußerungszeitpunkte und das Einbeziehen von Steuerzahlungen, die bei der Veräußerung entstehen.

(3) Welche Bedeutung kommt diesen steuerbedingten Kapitalkosten für die Wahl unter den Erscheinungsformen des Risikokapitals zu? Diese Frage sei zunächst für eine Unternehmensleitung beantwortet, die nicht auf die Wünsche einer Vielzahl von Anteilseignern Rücksicht zu nehmen braucht und ihr zu konsumierendes Einkommen aus Geschäftsführergehältern usw. deckt. Die Mitglieder dieser Unternehmungsleitung sollen Vermögenswachstum in der Unternehmung anstreben, also die Selbstfinanzierung zu maximieren trachten.

In diesem Fall von „Kapitalkosten der Selbstfinanzierung" zu sprechen, ist sinnwidrig: Eine angestrebte Zielgröße führt nicht zu „Kosten" als negatives Teilglied bei der Ermittlung der Zielgröße. Da bei dem Ziel "Maximierung der Selbstfinanzierung" das Zurückbehalten von Gewinnen nicht als zu wählende *Alternative* unter den Erscheinungsformen des Risikokapitals auftaucht, folgt für die Wahl der Finanzierungsarten:

(a) Nach Innenfinanzierung aus Gewinnermittlungen (deren Kapitalkosten im Regelfall null sind) ist zwischen den Formen der Außenfinanzierung zu wählen. Bei Fremdfinanzierung ist die von zusätzlichen Investitionen geforderte Mindestrendite entweder gleich der Effektivverzinsung des Fremdkapitals, soweit es sich nicht um Dauerschulden handelt, oder die Effektivverzinsung ist um eine steuerliche Zusatzbelastung zu erhöhen bei Dauerschuldzinsen bzw. bei Gesellschafterdarlehen, die als verdeckte Gewinnausschüttung im Sinne des § 8a KStG angesehen werden.

(b) Beteiligungsfinanzierung wird bei dieser Zielsetzung der Unternehmungsleitung dann zu verwirklichen gesucht, wenn eine gewünschte Eigenkapitalausstattung nicht mit Selbstfinanzierung allein erreicht werden kann. Kapitalmarktteilnehmer werden mit Gewinnversprechungen und der Schutzbehauptung eines besonders aktionärsfreundlichen Handelns zum Zeichnen von Restbetragsansprüchen veranlaßt.

Soweit eine Unternehmungsleitung bei dem Ziel eines unternehmungseigenen Vermögensstrebens, um ihrer Reputation willen, Dividenden ausschüttet und dabei auf die geforderte Mindestrendite der Anteilseigner achtet, wird sie als **Kapitalkosten der Beteiligungsfinanzierung** jene Mindestrendite für Investitionen vor Steuern berechnen, die in der Unternehmung verdient werden muß, um den Anteilseigner die von ihnen geforderte Mindestrendite nach Steuern zukommen zu lassen. Wenn mangels besseren Wissens vorausgesetzt wird, daß die Wahl zwischen Selbstfinanzierung oder Ausschüttung nicht die Börsenkurse verändert, entsprechen die Kapitalkosten bei Beteiligungsfinanzierung jenen, die aus den Kapitalmarktsteuerkeilen bei Selbstfinanzierung herzuleiten sind, zumindest dann, wenn § 8a KStG beiseite gelassen wird.

(4) Handelt eine Unternehmungsleitung ausschließlich im Interesse ihrer Anteilseigner, dann ist deren Einkommen bzw. Vermögenswachstum ihr Ziel. Hier von **Kapitalkosten der Beteiligungsfinanzierung** zu sprechen, ist sinnwidrig, weil die Vergütung der Restbetragsansprüche Zielgröße des Unternehmungshandelns ist.

Zu wählen ist zwischen Innenfinanzierung aus Gewinnermittlung, Fremdfinanzierung und Selbstfinanzierung. Bei letzterer ist zu prüfen, ob sie zu einem höheren Vermögenswachtum für die Anteilseigner führt als die Auschüttung; nur dann ist sie eine zulässige Wahl. Wie die Prüfung auch ausfallen wird, die steuerbedingten Kapitalkosten werden regelmäßig höher als die der Fremdfinanzierung sein.

Bei Handeln im ausschließlichen Interesse der Anteilseigner geben zwei Gesichtspunkte den Ausschlag:

(a) Zahlreiche Anteilseigner werden einer unterschiedlichen Grenzsteuerbelastung unterliegen. Jede Berechnung von steuerbedingten Mindestrenditen durch die Unternehmungsleitung verlangt die Annahme irgendeiner Grenzsteuerbelastung der Anteilseigner und wird dann zwangsläufig auf das Mißfallen jener Anteilseigner stoßen, die niedrigeren Grenzeinkommensteuerbelastungen unterliegen.

(b) Die Berechnung eines Kapitalmarktsteuerkeils hat die Wirkung von Selbstfinanzierung oder Ausschüttung auf die Marktpreise der Restbetragsansprüche einzubeziehen. Diesem regelmäßig vernachlässigten Einfluß ist nun nachzugehen.

d) Wie schlägt sich Ausschüttung oder Selbstfinanzierung in den Börsenkursen nieder? Zwei grobe Thesen werden erörtert, in die hier die Besteuerung einbezogen wird:

(1) Nach der *Gewinnthese* bestimmt der erzielte, nicht der ausgeschüttete Gewinn die Höhe der Börsenkurse mit. Der Börsenkurs richtet sich nach dem Verhältnis von jährlicher Unternehmungsrendite, so wie sie zu einer versteuerten Rendite beim Anteilseigner wird, zur Alternativrendite, die der Anteilseigner nach Steuern im Kapitalmarkt zu erzielen vermag. Die Gewinnthese unterstellt also, daß die Art der Gewinnverwendung jenseits steuerbedingter Kapitalkosten den Börsenkurs nicht beeinflusse.

(2) Nach der *Dividendenthese* entscheiden die Ausschüttungen über die Höhe der Börsenkurse. Der Börsenkurs richtet sich nach dem Verhältnis der Rendite aus jährlichen Ausschüttungen und anderen Geldzuflüssen (z. B. Bezugsrechtserlösen) nach Steuern zur versteuerten Alternativrendite, die bei gleichem Kapitaleinsatz im Kapitalmarkt erreicht werden könnte. Die Dividendenthese unterstellt also, daß künftige Ausschüttungserhöhungen als Folge heutiger Selbstfinanzierung geringer eingeschätzt werden als gegenwärtige Ausschüttungen.

(3) Die meisten Urteile über die Gewinn- oder Dividendenthese laufen auf den Satz hinaus, der Spatz in der Hand (die Auschüttung heute) sei den Aktionären lieber als die Taube auf dem Dache (Selbstfinanzierung mit der Chance höherer Ausschüttungen in Zukunft). Für diese Auffassung scheint die Unsicherheit zu sprechen.

(a) Wie Selbstfinanzierung auf den Börsenkurs wirkt, ist vor allem eine Frage, wie Nachfrager nach Restbetragsansprüchen die Unsicherheit künftiger Ausschüttungen und Börsenkurse einschätzen, sowie eine Frage des Vertrauens in den Vorstand der selbstfinanzierenden Unternehmung, also, ob er ausschließlich im Interesse der Anteilseigner handle und mindestens über den gleichen Informationsstand und das gleiche Können wie die Aktionäre verfüge. Bei diesem (unrealistischen) Ziel läßt sich auch unter Unsicherheit kein Grund sehen, der gegen die Gewinnthese spräche, denn dann wird nur selbstfinanziert, wenn Selbstfinanzierung die beste Anlagemöglichkeit für die Aktionäre bedeutet.

(b) Zweifeln die Aktionäre daran, daß der Vorstand ausschließlich in ihrem Interesse handelt, dann ist die Entscheidung nicht mehr eindeutig. Wird dem Vorstand Maximierung der Selbstfinanzierung bei mit dieser verträglichen Vorstandsvergütungen, sowie sonst kluges, einfallsreiches Handeln unterstellt (das Geld nicht in fragwürdige Projekte gesteckt), dann bleibt im Regelfall die Gewinnthese richtig, denn unternehmungseigenes Vermögensstreben durch die Unternehmungsleitung und Handeln im Vermögensinteresse der Aktionäre führt weitgehend zu denselben Entscheidungen.

(c) Jedoch ist unter dem Erfahrungstatbestand der Unsicherheit zu berücksichtigen, daß Ausschüttung von Anteilseignern regelmäßig deshalb vorgezogen wird, weil ihnen Geld zufließt, wobei sie selbst entscheiden können, ob sie konsumieren, Kredite tilgen oder die versteuerten Dividenden und weitere Beträge der Beteiligungsfinanzierung anbietenden Unternehmung zur Verfügung stellen. Offen bleibt, ob die Anteilseigner empfangene Dividenden weniger unsicherheitsbehaftet anlegen als eine Unternehmungsleitung.

(d) Der Dividendenthese ist der Vorrang dann einzuräumen, wenn der Verdacht besteht, daß Beträge aus Selbstfinanzierung mit weniger Sachkunde angelegt werden als Gelder aus Außenfinanzierung. Statistische Untersuchungen behaupten mehrfach, daß zurückbehaltene Gewinne auf mysteriöse Weise verschwinden[76]. Daß zurückbehaltene Mittel in unwirtschaftlicher Weise verwandt werden, ist praktisch nicht auszuschließen, aber keineswegs zwingend.

Empirische Tests über das leichtfertige Anlegen von Selbstfinanzierungsbeträgen bleiben jenseits von Einzelfällen mit offenkundigen Verlusten eine waghalsige Angelegenheit; denn statistische Untersuchungen müssen auf veröffentlichten Jahresabschlüssen aufbauen. Solange stille Selbstfinanzierung zulässig ist und solange nicht beachtet wird, daß es auch eine versteckte Selbstfinanzierung über nichtaktivierungspflichtige Investitionen in Humankapital, Forschung und Entwicklung, Werbung und Marktforschung gibt, ist das Ausmaß an stiller und versteckter Selbstfi-

---

[76] Vgl. *Ben C. Ball jr.*: The mysterious disappearance of retained earnings. In: Harvard Business Review, Vol. 65 (July-August 1987), S. 56-63.

nanzierung und deren mysteriöses Verschwinden nicht hinreichend genau zu bestimmen.

(4) Außerhalb der institutionenarmen Modellwelt der Marktwertmaximierung durch die Unternehmungsleitung (in der auch die Gewinn- und Dividendenthese siedelt) ist die Ausschüttungs- und damit Selbstfinanzierungspolitik kein Problem der Unternehmungspolitik, die hier ein Optimum (für wessen Ziele?) zu suchen hat. Vielmehr führt die Frage: *Ausschüttung oder Selbstfinanzierung? zu einer ordungspolitischen Aufgabe*: Soll eine Wirtschaftsordnung verwirklicht werden mit Marktlenkung von Risikokapital als der einer Wettbewerbsordnung gemäßen Verwertung von Wissen? Oder soll eine Kapitalmarktverfassung zugunsten von Funktionären („agents") beibehalten oder ausgebaut werden? Dadurch werden jene, die den Verlustpuffer stellen und damit Einkommensunsicherheiten übernehmen, auch noch bei der Gewinnverwendung dem Wissens- und Handlungsvorsprung der Funktionäre und damit letztlich der Gefahr einer Ausbeutungen ausgesetzt.

(a) Im Regelfall besteht bei der Wahl Ausschüttung oder Selbstfinanzierung ein Gegensatz zwischen Unternehmungsleitung und jenen Anteilseignern, die nicht selbst an der Unternehmungsleitung beteiligt sind. Aktionäre können sich jederzeit, wenngleich mitunter mit Verlust, von ihrer Finanzanlage trennen. Demgegenüber sind ausgeschüttete Gewinne zunächst für die Unternehmungsleitung verloren. Sie müßten über Kapitalerhöhungen mit zusätzlicher Publizität unter Unsicherheit, ob der Mittelrückfluß gelingt, zurückgeholt werden.

(b) Demgegenüber ist für die Unternehmungsleitung Selbstfinanzierung zwar nicht ganz so bequem wie eine Innenfinanzierung aus Gewinnermittlungen (solange die Kompetenz zur Gewinnermittlung bei der Unternehmungsleitung liegt), aber doch bequemer als Außenfinanzierung, weil außer der Zustimmung der Personen- oder GmbH-Gesellschafter oder des Aufsichtsrats bei Aktiengesellschaften niemand weiter gefragt zu werden braucht.

Im Aufsichtsrat werden regelmäßig die Arbeitnehmervertreter für Selbstfinanzierung statt Ausschüttung stimmen, sofern sie keine Belegschaftsaktien besitzen. Sie hoffen, daß selbstfinanzierte Investitionen Arbeitsplätze sichern. Leicht übersehen wird dabei: Die Investitionen können im Ausland erfolgen oder zur Rationalisierung benutzt werden und deshalb im Inland Arbeitsplätze kosten. Soweit Mitarbeiterbeteiligungen erfolgt sind, büßen dann einzelne Mitarbeiter ihren Arbeitsplatz und Einkünfte aus Kapitalvermögen ein.

(c) Die Vertreter der Kreditinstitute werden als Gläubiger für Selbstfinanzierung sein, weil durch eine höhere Eigenkapitalquote angeblich das Insolvenzrisiko sinkt; es sei denn, sie unterstützen gerade als Emissionsbanken eine Kapitalerhöhung, die durch (einmalig) erhöhte Dividenden attraktiv gemacht werden soll.

e) *Über die Wahl unter den Erscheinungsformen des Risikokapitals bestimmen in Abhängigkeit von der Zielgröße der Unternehmungsleitung die Mindestrenditen, welche die einzelnen Finanzierungsarten wegen der steuerbedingten Kapitalkosten erfordern*: Aus dieser Feststellung folgt, daß Kapitalgesellschaften, die für Ihre Investitionen nach der Innenfinanzierung aus Gewinnermittlungen Gelder aus Selbstfinanzierung bereit stellen können, sich günstiger stellen als jene, die bei dem Ziel eines unternehmungseigenen Vermögensstrebens (Maximierung der Selbstfinanzierung) auf Beteiligungsfinanzierung zurückgreifen müssen. Hierbei ist zu berücksichtigen, daß Investitionen im Ausland bei Beteiligungsfinanzierung gegenüber dem früheren Recht entlastet worden sind[77].

Bei Handeln im ausschließlichen Interesse der Anteilseigner besteht nicht die Wahl zwischen Selbstfinanzierung und Beteiligungsfinanzierung, sondern zunächst die zwischen Selbstfinanzierung oder Ausschüttung der Gewinne. Darüber entscheidet der Einfluß beider Vorgehensweisen auf die Marktpreise der Anteile sowie die steuerliche Belastung von Veräußerungsgewinnen (und die Berücksichtigung von Veräußerungsverlusten) und bei Ausschüttung zusätzlich die steuerliche Belastung der anderweitigen Wiederanlagen, bei der z. B. eine Tilgung privater Kredite deshalb vorrangig zu beachten ist, weil deren Kreditzinsen steuerlich nicht abzugsfähig sind.

Diesem kasuistisch aufzufächernden Ergebnis stellen Teile der Finanzwissenschaft eine übervereinfachte und fintenreiche Modellierung entgegen, die sich „neue Sicht" der Besteuerung von zurückbehaltenen und ausgeschütteten Gewinnen nennt[78].

---

[77] Vgl. dazu *Ulrich Schreiber, Matthias Rogall*: Der Einfluß der Reform der Körperschaftsteuer auf Investitionsentscheidungen und den Wert der Gewinnrücklagen von Kapitalgesellschaften. In: DBW, Jg. 60 (2000), S. 721-737.

[78] Vgl. *P. B. Sorensen*: Changing Views of the Corporate Income Tax. In: National Tax Journal, Vol. 47 (1995), S. 279-294; *Homburg*: Allgemeine Steuerlehre, S. 348-354, Zitate S. 349 f.

(1) Behauptet wird: Abhängig vom Zeitpunkt der Liquidation einer Unternehmung oder der Ausschüttung früherer selbstfinanzierter Beträge sinken die Kapitalkosten der Beteiligungsfinanzierung allmählich auf die Kapitalkosten der Selbstfinanzierung. Dabei werden Kapitalkosten der Beteiligungsfinanzierung im betriebswirtschaftlichen Sinne als Rendite für Investitionen verstanden, „die eine Kapitalgesellschaft mindestens verdienen muß, wenn die Ausgabe neuer Anteile aus der Sicht der Erwerber lohnen soll". Jedoch wird dem Begriff der Kapitalkosten der Selbstfinanzierung ein anderer Sinn als in den vorstehenden betriebswirtschaftlichen Überlegungen gegeben:

Angenommen wird, investierte Beträge erwirtschaften vor Steuern stets ein und dieselbe Rendite r vor Steuern, unabhängig davon, ob die Gewinne in der Kapitalgesellschaft bleiben und von dieser angelegt oder ausgeschüttet und vom Anteilseigner angelegt werden. Wenn s_U die definitive Unternehmenssteuerbelastung, s_D die „Dividendensteuer" (im Halbeinkünfteverfahren ist dies die Grenzeinkommensteuerbelastung auf die halben Dividendeneinkünfte als Renditenkürzung), sowie s_E die Grenzsteuerbelastung bei einer Investition durch den Anteilseigner benennt, dann erhält der Anteilseigner aus der Rendite r in der Kapitalgesellschaft bei Sofortausschüttung in t_0 und Wiederanlage im Kapitalmarkt bis t_1 aus einem € ein Endvermögen von $(1 - s_D)(1 + r - s_E r)$.

Bei Zurückbehaltung in der Kapitalgesellschaft um ein Jahr und Ausschüttung danach steigt der versteuerte Gewinn in t_1 auf $(1 + r - s_U r)(1 - s_D)$.

Gefragt wird, bis zu welcher Rendite in der Kapitalgesellschaft die Selbstfinanzierung vorteilhaft ist. Diese „optimale" Selbstfinanzierung r_O wird als „Kapitalkosten der Selbstfinanzierung" bezeichnet und ergibt sich durch Gleichsetzen des Endvermögens bei Sofortausschüttung und Anlage durch den Anteilseigner um ein Jahr mit dem Endvermögen bei einjähriger Zurückbehaltung und dann Ausschüttung:

$$(1 + r - s_E r)\,(1 - s_D) = (1 + r_O - s_U r_O)(1 - s_D), \tag{28}$$

aufgelöst nach $r_O = r(1 - s_E)/(1 - s_U)$.

Die „Dividendensteuer" s_D kürzt sich weg, weil sie sowohl bei Sofortausschüttung aus auch bei Selbstfinanzierung mit anschließender Ausschüttung anfällt.

(a) Gibt es Sinn, den Bruch $r(1 - s_E)/(1 - s_U)$ als Kapitalkosten der Selbstfinanzierung zu bezeichnen? Die Mindestrenditenerhöhung wegen der steuerlichen Belastung selbstfinanzierter Investitionen in der Kapitalgesellschaft kommt wegen des

Gliedes $(1 - s_E)$ jedenfalls nicht zum Ausdruck. Die Definition der Kapitalkosten der Selbstfinanzierung widerspricht der Definition für die Kapitalkosten der Eigenfinanzierung als Mindestrendite, die erwirtschaftet werden muß, damit Restbetragsansprüche zu erwerben, sich für Anteilseigner lohnt.

Ohne Besteuerung wären die Kapitalkosten der Selbstfinanzierung gleich der Rendite, die in der Kapitalgesellschaft und im Kapitalmarkt als gleich hoch angesehen wird. Aber eine Namensgebung „Kapitalkosten der Selbstfinanzierung" für diese Rendite plustert nur Schaum auf: Wenn in der Kapitalgesellschaft und im Kapitalmarkt die gleiche Rendite erzielt wird, ist es ohne Rücksicht auf die Besteuerung gleichgültig, ob ausgeschüttet oder selbstfinanziert wird. Es besteht kein Wahlproblem, für das Kosten einer Alternative zu definieren sind.

(b) Nachdem das Modell voraussetzt, die Steuerbelastung bei Selbstfinanzierung liege unter der bei Anlage durch den Anteilseigner, ist die Frage falsch gestellt, bis zu welcher Rendite Selbstfinanzierung vorteilhaft sei. Wenn $s_E > s_U$, so ist immer die Selbstfinanzierung vorteilhaft, allerdings nur für einen Planungshorizont im endlichen mit Ausschüttung spätestens in diesem[79].

(c) Wegen des Entfallens der „Dividendensteuer" wird behauptet, die Dividendensteuer sei „gewinnverwendungsneutral", beeinflusse also die optimale Selbstfinanzierung und damit die Wahl Sofortausschüttung oder Selbstfinanzierung nicht. Andererseits erhöhe sie aber die Kapitalkosten der Beteiligungsfinanzierung.

Indes kann man nicht von Gewinnverwendungsneutralität der „Dividendensteuer" sprechen, wenn diese die Kapitalkosten der Beteiligungsfinanzierung erhöht. Hinzu tritt, daß die Dividendensteuer in die versteuerte Rendite bei Anlage ausgeschütteter Beträge im Kapitalmarkt eingehen wird, wenn der Aktionär erneut Aktien kauft.

Ist Zielgröße der Unternehmungsleitung die Maximierung der Selbstfinanzierung, so besteht keine Wahl zwischen Selbstfinanzierung und Beteiligungsfinanzierung: Selbstfinanzierung ist Zielgröße, zu entscheiden ist zwischen Fremd- und Beteiligungsfinanzierung. Bei der Zielgröße Handeln im ausschließlichen Interesse der Anteilseigner ist Zielgröße die deren Vermögensmehrung entweder durch Selbstfinanzierung oder Ausschüttung. Deshalb und weil die Rückwirkungen von Selbstfi-

[79] Falsch ist, daß die Liquidation der Unternehmung oder die Ausschüttung „nicht einmal in endlicher Zeit geschehen" muß (*Homburg*: Allgemeine Steuerlehre, S. 349). Wenn ein Anteilseigner in endlicher Zeit keine Einnahmen erwartet, kann er diese Investition nicht als Barwert künftiger Zahlungssalden bewerten.

nanzierung oder Ausschüttung auf die Börsenkurse vernachlässigt werden, ist die Folgerung nicht zu halten, bei Verlängerung der Selbstfinanzierungszeit, bevor ausgeschüttet oder liquidiert wird, sinken die Kosten der Beteiligungsfinanzierung allmählich auf die der Selbstfinanzierung.

(2) Bei der Frage nach dem Einfluß der Selbstfinanzierung oder Ausschüttung auf den Börsenkurs dominieren nicht-steuerliche Einflüsse die steuerbedingten Kapitalkosten, insbesondere die Unsicherheitseinschätzungen mit der Folge möglicher Unterschiede in der Börsenbewertung bei Selbstfinanzierung oder Auschüttung.

Dies führt zu dem Schluß, daß sowohl bei unternehmungseigenem Vermögensstreben (Zielsetzung Maximierung der Selbstfinanzierung) als auch bei Handeln im ausschließlichen Interesse der Anteilseigner **die Frage: Sind die steuerbedingten Kapitalkosten der Selbstfinanzierung oder der Beteiligungsfinanzierung niedriger? sinnlos wird.**

3. Marktpreise für Finanzierungstitel, Kapitalstruktur und Besteuerung

a) Gutachten zur Unternehmensbewertung, aber auch unternehmensinterne Zielvorgabesysteme im Controlling streben häufig „Marktbewertungen" von Unternehmungsteilen, Unternehmungsanteilen und Schuldtiteln unter Berücksichtigung unterschiedlicher steuerbedingter Kapitalkosten an. Prognostizierte Zahlungssalden (oder gröber jährliche Durchschnittsgewinne) nach definitiven Unternehmungssteuern werden mit *durchschnittlichen Kapitalkosten*, gewichtet nach den Marktwerten der Anteile des Eigen- und Fremdkapitals, zu einem Gesamtwert der Unternehmung abdiskontiert. Die durchschnittlichen Kapitalkosten oder (in Devotheit vor dem Amerikanischen) „Weighted Average Costs of Capital" (WACC) sind zu berechnen als:

Eigenkapitalkosten mal Marktwert des Eigenkapitals plus Fremdkapitalkosten, *um die steuerliche Abzugsfähigkeit vermindert*, mal Marktwert des Fremdkapitals, beider Summe dividiert durch die Summe der Marktwerte des Eigenkapitals und des verzinslichen Fremdkapitals.

Eine erste Quacksalberei in der Verwendung der WACC-Formel zur Ermittlung der Kapitalkosten besteht im Außerachtlassen (und deshalb nicht Beseitigen) eines logischen Widerspruchs, eine zweite aus der verfehlten Steuerberücksichtigung bei Fremd- und Eigenkapital und eine dritte aus der Ermittlung der Marktwerte des Eigen- und Fremdkapitals.

b) Zur ersten, logischen Quacksalberei: Werden die Eigenkapitalkosten in den Renditen gemessen, die den Anteilseignern geboten werden müssen, so wird ein „Shareholder Value" für die Unternehmung gesucht. Da die Berechnung eines Shareholder Values ausschließlich von den Interessen der Anteilseigner ausgeht, interessiert nur der Marktwert ihrer Anteile, nicht der Marktwert des Gesamtkapitals aus Beteiligungsfinanzierung und Fremdfinanzierung, wie es dem WACC-Modell zugrunde liegt.

Für die Ermittlung der Eigenkapitalkosten im WACC-Modell wird gemeinhin auf das Capital Asset Pricing Model (CAPM) zurückgegriffen, ein Kurs-Erklärungsmodell, das ein Konkurrenzgleichgewicht für den Kapitalmarkt insgesamt unterstellt. Im Konkurrenzgleichgewicht des CAPM ist aber die Kapitalstruktur und damit die Höhe des Verschuldungsgrades für den Marktwert des Eigenkapitals irrelevant. Dies folgt aus dem „two fund theorem" dieses Modells; denn alle Kapitalmarktteilnehmer halten risikolose Investitions- und Finanzierungsvorhaben und daneben ein und dieselbe Mischung risikobehafteter Wertpapiere[80].

Demgegenüber basiert das Rechnen mit gewogenen durchschnittlichen Kapitalkosten hinsichtlich der Mittelung zwischen Eigenkapitalkosten und Fremdkapitalkosten auf einer entgegengesetzten Theorie; denn die gewogenen durchschnittlichen Kapitalkosten entstammen einem Finanzierungsmodell, welches das Gegenteil der Irrelevanz, nämlich ein Optimum der Kapitalstruktur, beweisen will[81]. Das Optimum entsteht dabei durch Gegenüberstellung der die Eigenkapitalrentabilität erhöhenden Verschuldung bei rentablen Investitionen (leverage-Effekt) und einer Minderung der Eigenkapitalrentabilität wegen eines wachsenden Insolvenzrisikos. Genau dieses Insolvenzrisiko aus steigendem Verschuldungsgrad wird jedoch durch die Art der Risikoberücksichtigung im Modell des CAPM wegdefiniert.

---

80 Vgl. mit Quellen *Schneider*: Investition, Finanzierung und Besteuerung, S. 509.

81 Vgl. die in *Ezra Solomon:* The Theory of Financial Management. New York-London 1963, S. 92-98, 104 f., genannten Quellen, insbesondere *David Durand:* Cost of Debt and Equity Funds for Business: Trends and Problems of Measurement. In: Conference on Research in Business Finance, New York 1952, S. 215-247.

(1) Zur Bestimmung der Kapitalkosten ist ein Rückgriff auf das WACC-Modell nicht nur wegen der inneren Widersprüchlichkeit des Modells abzulehnen. Das Rechnen mit WACC entspricht zudem nicht dem Rechnungszweck, die Steuerbelastung des Fremd- und Eigenkapitals und damit den Einfluß der Besteuerung auf die Kapitalstruktur zu berechnen. Beide Male ist die Frage zu beantworten: *Welche Mindestrendite müssen die Investitionsvorhaben erwirtschaften, damit für die Unternehmung kein aus der gewählten Finanzierungsart selbst resultierender Gewinn oder Verlust entsteht?*

Die Mindestrendite ist dabei bei der Verschuldung für offen verzinsliches Fremdkapital (z. B. Dauerschulden), verdeckt verzinsliches Fremdkapital (wie Lieferantenkredite), unverzinsliches Fremdkapital (z. B. Rückstellungen außer Pensionsrückstellungen) sowie für die Eigenkapitalausstattung gesondert zu ermitteln.

(2) Die hauptsächlichen Schwierigkeiten wirft die Mindestrenditenforderung für das Eigenkapital auf. Das CAPM ist seit langem als ungeeignet zur Erklärung der Marktpreise für Eigenkapitaltitel (also der Börsenkurse) erkannt[82]. Deshalb dient das CAPM nur dazu, um eine Pseudo-Rechtfertigung für einen Risikozuschlag zum Abzinsungssatz zu finden, da „bisher kein überzeugender anderer Ansatz für die Schätzung des Risikozuschlags entwickelt worden" sei[83].

Wenn als Modell zur Bestimmung des Marktwerts des Eigenkapitals das Capital Asset Pricing Model (CAPM) gewählt wird, bestimmen sich die sog. Eigenkapitalkosten aus einem risikolosen Zinsfuß zuzüglich einem Risikozuschlag. Dieser errechnet sich als Produkt aus einem Marktpreis für die Risikoübernahme und einem unternehmungsindividuellen Risikozuschlag oder auch Risikoabschlag Beta.

(a) Der Marktpreis für die Risikoübernahme bestimmt sich als Differenz: Erwartungswert der Aktienrendite (hergeleitet aus einem sog. Marktportefeuille) abzüglich einem risikolosen Zinssatz. Zur Quantifizierung des Erwartungswerts der Aktienrendite ist notgedrungen auf Vergangenheitszahlen zurückzugreifen, z.B. auf die durchschnittliche DAX-Rendite der letzten 10 oder 15 Jahre; im folgenden wird beispielhaft mit 12% hierfür gerechnet.

---

[82] Vgl. z.B. *Dieter Schneider:* Investition und Finanzierung. 5. Aufl., Wiesbaden 1980, S. 521-553; *ders.:* Theorie der Unternehmung, S. 220-236; *ders.:* Marktwertorientierte Unternehmensrechnung: Pegasus mit Klumpfuß. In: Der Betrieb, Jg. 51 (1998), S. 1473-1478, hier S. 1476-1478.

[83] *Walther Busse von Colbe:* Was ist und was bedeutet Shareholder Value aus betriebswirtschaftlicher Sicht? In: ZGR, Jg. 26 (1997), S. 271-290, hier S. 279.

(b) Die empirische Ermittlung unternehmungsindividueller Risikozuschläge in Form von Betas ist in dem praxisorientierten finanzwirtschaftlichen Schrifttum gängig, z.B. veröffentlicht die Deutsche Börse AG. solche Betas; andere Institutionen weisen Betas von anderer Höhe aus. Ein Pferdefuß ist die Empfindlichkeit des Betas infolge täglicher Kursschwankungen. So stieg z.B. das systematische Beta der Siemens-Aktie von 1,37 am 18. 7. 2000 auf 1,61 am 5. 2. 2001; das von Daimler-Chrysler blieb praktisch unverändert (0,49 zu 0,485), das von RWE stieg leicht von 0,33 auf 0,41, das des Bayernwerks sank von 0,64 auf 0,48. Die Zahlen und ihre Entwicklung decken sich kaum mit der Intuition vom unternehmungsindividuellen Risiko der einzelnen Aktien.

(c) Jedes Schwanken des Börsenkurses als Indikator einer erhöhten Risikoprämie anzusehen, widerspricht der vorherrschenden Unterstellung in der Wirtschaftstheorie der letzten Jahrzehnte: Die bestmögliche Schätzung des „inneren Wertes" eines Finanztitels in jedem Zeitpunkt sei der jeweilige beobachtete Marktpreis selbst[84], falls beobachtbare Marktpreise aufeinanderfolgender Tage, Monate, Jahre auf einem zeitlich unabhängigen Zufallspfad liegen; denn nur dann drücken die vergangenen und gegenwärtigen Preise die bestmögliche Schätzung der zukünftigen Marktpreise aus.

(d) Trotz der Einwände gegen das CAPM bleibt der Eigenkapitalkostenterm aus dem CAPM mangels besseren Wissens eine zumindest erwägenswerte Lösung für die Erfassung des Risikozuschlags. Ein Argument für dessen Anwendung lautet: Die Unsicherheitsposition einer Unternehmung läßt sich untergliedern in das leistungswirtschaftliche Risiko und in das aus der Kapitalstruktur folgende Risiko. Der Eigenkapitalkostenterm des CAPM bezieht das leistungswirtschaftliche Risiko ein und verringert dieses durch Unsicherheitsursachen, die sich im Kapitalmarktzusamenhang als „unsystematische" Risiken wegdiversifizieren lassen.

Das leistungswirtschaftliche Risiko einer Unternehmung liegt außerhalb eines Kapitalmarktzusammenhangs, isoliert betrachtet, **über der unternehmungsindividuellen Risikoprämie** aus Marktpreis der Risikoübernahme mal dem „systematischen" Risiko Beta einer Unternehmung; denn im leistungswirtschaftlichen Risiko sind zu-

---

[84] Vgl. *Paul A. Samuelson:* Proof that Properly Anticipated Prices Fluctuate Randomly. In: Industrial Management Review, Vol. 6 (1965), S. 41-49; *Benoit Mandelbrot:* Forecasts of Future Prices, Unbiased Markets and „Martingale". In: The Journal of Business, Vol. 39 (1966), S. 242-255.

sätzlich die im Kapitalmarktzusammenhang wegdiversifizierbaren „unsystematischen“ Risiken noch vorhanden[85].

(3) Wird zur Bestimmung der Eigenkapitalkosten ein marktbestimmter Risikozuschlag gesucht, so entsteht folgendes Problem: Ist die in den Marktpreis der Risikoübernahme eingehende Aktienrendite so zu deuten, daß die Eigenkapitalgeber die definitiven Gewinnsteuerzahlungen der Unternehmung bereits in ihren Kauf- und Verkaufsentscheidungen berücksichtigt haben? Oder ist die durchschnittliche Aktienrendite der Vergangenheit zwar als Verzinsung vor Einkommensteuer auszulegen, muß jedoch umgerechnet werden als von der Unternehmung zu verdienende Mindestrendite, um alle definitiven Gewinnsteuern der Unternehmung neben den Ausschüttungen an die Anteilseigner zu zahlen?

(a) Die erste Deutung, die z.B. DAX-Rendite verkörpere eine Marktrendite für Aktien (vor unternehmungsindividuellem Risikozuschlag), in der alle von jeder einzelnen DAX-AG definitiv zu zahlenden in- und ausländischen Steuern bereits eingegangen sind, beruht auf unhaltbaren Wissensannahmen: Woher will die Gesamtheit der Eigenkapitalgeber für alle DAX-Unternehmungen wissen, welche Gewerbesteuerhebesätze in welchen Gemeinden, Körperschaftsteuersätze im In- und Ausland *mit ihren jeweils unterschiedlichen wirtschaftlichen Steuerbelastungen aus Regelungen zu Bemessungsgrundlagen* bei den einzelnen Unternehmungen gelten? Schließlich zeigen internationale Steuerbelastungsvergleiche für jedes Land und je nach Art und Finanzierung der Investition erhebliche Spannweiten der Grenzsteuerbelastungen und der Durchschnittssteuerbelastungen (S. 134-136). Deshalb ist nicht einsichtig, daß nicht mit Steuer- und Börsen-Detailkenntnissen belastete Anleger durch ihre Kauf- und Verkaufsentscheidungen Börsenkurse und damit DAX-Renditen zustande bringen, in denen sämtliche definitiven Gewinnsteuerzahlungen dieser Unternehmungen in den Kursen bereits mit bewertet sind.

Wollte man das Argument ernst nehmen, DAX-Kurse und DAX-Renditen spiegelten Ertragserwartungen nach definitiven Gewinnsteuerzahlungen der Unternehmungen wider, wären die DAX-Aktienkurse (vor unternehmungsindividuellem Risikozuschlag) als Konkurrenzgleichgewichtspreise eines Marktportefeuilles für Eigenkapitaltitel anzusehen, unter der Annahme, daß in diesem speziellen Marktgleichgewicht Steuerrechtssachverhalte und Steuerrechtsänderungen im In- und

[85] Vgl. *Schneider:* Investition, Finanzierung und Besteuerung, S. 514 f.

Ausland per Definition keinen Einfluß nehmen. Das widerspricht allen Einsichten der Kapitalmarktgleichgewichtstheorie; denn im Modell des Konkurrenzgleichgewichts verdrängt z.B. die steuerliche Abzugsfähigkeit der Fremdkapitalzinsen in der definitiven US-amerikanischen Körperschaftsteuer Beteiligungsfinanzierung vollständig (S. 206 f.), entsprechendes träfe der Tendenz nach im Modell für die Körperschaftsteuer nach dem Halbeinkünfteverfahren zu, sobald von Kapitalstrukturrisiken abgesehen wird.

(b) Zu dieser verwegenen Unterstellung tritt als zweiter ausschlaggebender Gesichtspunkt: Bei der Ermittlung der Kapitalkosten der Eigenkapitalausstattung geht es darum, die Mindestrendite einer Unternehmung zu errechnen, die sie erwirtschaften muß, um eine von den Eigenkapitalgebern insgesamt gewünschte bzw. erwartete Rendite bieten zu können. Deshalb sind die bei den Anteilseignern nicht anrechenbaren, also **definitiv von der Unternehmung zu zahlenden gewinnabhängigen Steuern** der von den Eigenkapitalgebern erwarteten Rendite **zuzuschlagen.**

Die von den Eigenkapitalgebern erwartete Durchschnittsrendite von aus der Vergangenheit übernommenen z.B. 12% für das DAX-Portefeuille (also vor unternehmungsspezifischem Risikozuschlag) ist als **erwartete Rendite nach definitiven Gewinnsteuerzahlungen der Unternehmungen und vor den persönlichen Einkommensteuerzahlungen der Eigenkapitalgeber** zu deuten. Die halbe Hinzurechnung des Dividendenzuflusses bei den Einkünften aus Kapitalvermögen ist Teil der persönlichen Einkommensteuerbelastung des Anteilseigners, und spielt bei der Berechnung der Mindestrenditenerhöhung aus einem Unternehmungssteuerkeil keine Rolle.

(c) Zur Bestimmung der Mindestrendite für Eigenkapitalgeber empfiehlt sich, von einer Eigenkapitalrendite auszugehen, die der Kapitalmarkt für ein gut gemischtes Marktportefeuille (zur Vereinfachung das DAX-Portefeuille) akzeptiert. Risikounterschiede zwischen dem Durchschnitt aller DAX-Werte als einem vereinfachten „Marktportefeuille" und der Aktien der jeweiligen Unternehmung lassen sich, wenngleich mit theoretischen Bauchschmerzen, mangels besserer Erklärungen, durch das Risikomaß Beta einbeziehen.

Davon ausgehend, ist bei der Körperschaftsteuer ab 2001 wie folgt zu rechnen: Bei dem bisher meist gewählten Gewerbesteuerhebesatz von 450 % werden 100 € Gewinn vor Gewerbe- und Körperschaftsteuer zu rund 60 € versteuertem Gewinn. Dieser rechtliche Kapitalmarktsteuerkeil wird zugleich als wirtschaftlicher Kapitalmarktsteuerkeil betrachtet, um nur für den Einzelfall zutreffende Annahmen über die Bemessungsgrundlagen zu vermeiden.

Wenn die Aktienrendite des DAX-Portefeuilles mit z.B. 12% als Durchschnitt der letzten 10 - 15 Jahre angesetzt wird, der langfristig risikolose Marktzinssatz (unter Einschluß verrenteter Emissionskosten und eines Zinsänderungsrisikos für den risikolosen Zinssatz) mit 6% und das Beta der Kapitalgesellschaft mit z.B. 1,5, so errechnet sich als Eigenkapitalterm des CAPM vor definitiven Unternehmenssteuern: 6% risikolose Verzinsung + (Marktrendite 12% - risikoloser Zinssatz 6%)*Beta 1,5 = 15%. Aus den 15% vor definitiven Unternehmenssteuern bestimmt sich die Mindestrendite mit Steuerberücksichtigung als 15/0,6 = 25%.

(d) Den risikolosen Zinssatz Mitte 2001 mit 6 % anzusetzen, kann den Widerspruch hervorrufen, daß Bundesanleihen mit zehnjähriger Laufzeit nicht einmal rund 5 % erbringen. Ohne in eine Schätzungsdiskussion über Emissionskosten und Zinsänderungsrisiken einzusteigen, ist auf folgende Implikation hinzuweisen: Wenn der Erwartungswert der Rendite des DAX-Protefeuilles als empirisch gestütztes Datum mit 12 % vorgegeben ist, dann impliziert ein risikoloser Zins von 5 % einen Marktpreis der Risikoübernahme von 7 %, statt 6 %, der bei einem Beta > 1 die Eigenkapitalkosten stärker als die Anhebung des Marktpreises der Risikoübernahme erhöht.

(4) Controllingverfahren,die Kapitalkosten mit den WACC berechnen, gehen regelmäßig von einer Zielkapitalstruktur aus. Die Vorgabe einer Zielkapitalstruktur bleibt aus zwei Gründen willkürbehaftet, kann allenfalls durch Branchenüblichkeit begründet werden. Zum einen wird S.213 f. gezeigt, daß eine optimale Kapitalstruktur inhaltlich nicht zu bestimmen ist, Zum anderen ist zu beachten: Wird zur Preisbestimmung von Finanzierungstiteln das CAPM gewählt, und bleibt zunächst die Annahme einer entscheidungsneutralen Gewinnermittlung für Investitionen beibehalten, so folgen bereits unterschiedlicher Kapitalmarktsteuerkeile für Aktien und Schuldtitel. Damit wechselt die Zusammen-setzung des Marktportefeuilles.

Wird die Voraussetzung einer entscheidungsneutralen Gewinnermittlung aufgehoben, verschiebt die Besteuerung die Investitionsrenditen in den einzelnen Zukunftslagen unterschiedlich. Dadurch verändert sich die Streuung der Investitionsrenditen und folglich das systematische Risiko. Sobald das systematische Risiko durch die Besteuerung beeinflußt wird, kann die Kapitalstruktur wegen dieses Steuereffektes nicht mehr unbeeinflußt bleiben[86].

c) Die zweite Quacksalberei bei Anwendung der WACC-Formel besteht darin, mit einem Fremdkapitalzins nach Abzug der Gewinnsteuerbelastung zu rechnen. Anstelle eines „**tax shields**" als Steuervorteil aus Verschuldung gibt im Hinblick auf die Kapitalkosten eine Mindestrendite, *erhöht um* definitive Unternehmungssteuern, den Ausschlag!

Bei Anwendung des WACC errechnet das Schrifttum (S. 184[75]) den „**tax shield**" aus der Formel „Zinsen mal Steuersatz", wobei der Steuersatz mit: *0,5*Hebesatz*Gewerbesteuerbemessungsgrundlage*(1 - kombinierter Satz für Körperschaftsteuer und SolZ) + kombinierter Satz für Körperschaftsteuer und SolZ*

angesetzt wird. Bei 440 % Hebesatz und einer Körperschaftsteuer von 25 % mit SolZ, zusammen 26,375 %, errechnen sich je €: 0,5 * 0,1803 (1-0,26375)+0,26375 = 0,330 €.

Richtig wäre innerhalb des WACC-Modells der „tax shield" je € Dauerschuldzinsen wie folgt zu berechnen:

1 € Dauerschulden lösen zusätzliche Gewerbesteuer in Höhe von 0,5 * 440 % * 5% = 0,11 € aus. Aus der Zahlung von 1 € Dauerschuldzinsen und 0,11 € zusätzlich anfallender Gewerbesteuer entsteht ein körperschaftsteuerlich abzugsfähiger Aufwand von 1,11 €. Über diesen Aufwand wird die „Abzugsfähigkeit der Gewerbeertragsteuer bei sich selbst" berücksichtigt. Die 1,11 € Aufwand „entlasten" sonstige körperschaftsteuerpflichtige Gewinne um 1,11 * 0,26375 = 0,29276 €. Damit stehen sich beim „Steuervorteil aus Verschuldung" gegenüber:

eine Steuermehrzahlung (GewSt), in Bezug auf den **Steuervorteil**	-0,11000 €
eine Steuerminderzahlung (KSt und SolZ)	+0,29276 €
Steuervorteil aus 1 € Dauerschulden	+0,18276 €.

(b) Jedoch ist für die Ermittlung der steuerbedingten Kapitalkosten bei Fremdfinanzierung die Berücksichtigung eines „Steuervorteils aus der Verschuldung" von vorneherein methodisch verfehlt. Zinsen und darauf anfallende Gewerbesteuer sind ungekürzt zu zahlen, so wie Lohn- oder Lieferantenrechnungen für Materialverbrauch ungekürzt zu zahlen sind.

[86] Vgl. *Stephen A. Ross*: Debt and Taxes under Uncertainty. In: The Journal of Finance, Vol. 40 (1985), S. 637-657.

Niemand käme auf die Idee, Personal- und Materialkosten in der Kalkulation um Körperschaftsteuer und SolZ zu mindern. Vielmehr ist zu beachten: Wäre entgegen geltendem Recht der Zinsaufwand mit Gewerbesteuer, ähnlich nichtabzugsfähigen Betriebsausgaben, nicht in die körperschaftsteuerliche Bemessungsgrundlage einzubeziehen, dann wäre die KSt- und SolZ-Belastung den Fremdkapitalzinsen mit Gewerbesteuer, den Lohnzahlungen usw. **hinzuzurechnen**. Der Abzugsfähigkeit, die den angeblichen „Steuervorteil aus Verschuldung" erzeugt, wird dadurch Rechnung getragen, daß KSt und SolZ den Dauerschuldzinsen, Gewerbesteuerzahlungen, Lohnausgaben usw. *nicht* zusätzlich angelastet werden. Abgesehen davon, daß in aufeinanderfolgenden Verlustjahren ein vermeintlicher „Steuervorteil aus Verschuldung" nicht genutzt werden kann.

Was der „Steuervorteil aus Verschuldung" tatsächlich aussagt, ist lediglich eine Antwort auf eine **Teilfrage bei einer fiktiven Wahl der Kapitalstruktur**. Bei Überlegungen, wie der Übergang von einem bislang nur eigenfinanzierten zu einem teilweise verschuldeten Unternehmen die Rendite bzw. Marktwerte beeinflußt, mindern Fremdkapitalzinsen die Eigenkapitalrendite nicht mit der vollen Effektivverzinsung, sondern nur mit einem Satz nach Kürzung um die steuerliche Abzugsfähigkeit. Dieser Gesichtspunkt mag eine Rolle spielen beim Abwägen eines Verschuldungshebels, der die Eigenkapitalrentabilität erhöht, (leverage effect) gegen eine Erhöhung des Kapitalstrukturrisikos. Diese Frage hat jedoch nichts mit einer Mindestrenditenerhöhung wegen der steuerlichen Zusatzbelastung der Fremdfinanzierung zu tun.

d) Eine dritte Quacksalberei folgt aus der Ermittlung des Marktwerts für Eigenkapital und Fremdkapital. Die unterschiedlichen Mindestrenditeforderungen sind nach der Kapitalstruktur zu gewichten und zu einer Zahl zusammenzufassen.

(1) Die WACC-Methode fordert eine Gewichtung nach Marktwerten des Eigen- und Fremdkapitals und ist damit Streitereien über die Schätzung der Marktpreise und daraus die im Zeitablauf folgenden Schwankungen in der Gewichtung von Eigenkapital- und Fremdkapitalanteil ausgesetzt. Zwar ließen sich die Marktwerte des Eigenkapitals aus Börsendaten gewinnen, aber schon die täglichen Kursschwankungen beeinflussen das Börsenkapital. Hinzu tritt, daß für den größten Teil des Fremdkapitals praktisch keine von der Marktmacht der Kreditinstitute unabhängigen Marktwerte bestehen.

Bei der Gewichtung ist zu beachten, daß die steuerbedingten durchschnittlichen Kapitalkosten für Selbstfinanzierung und Beteiligungsfinanzierung einerseits, sowie für die verschiedenen Formen der Fremdfinanzierung andererseits auseinanderfallen.

(2) Aus Erfassungsgesichtspunkten weniger strittig erscheint die Gewichtung nach der bilanzmäßigen Kapitalstruktur. Aber sie enthält einen Systemfehler: Aktionäre beziehen ihre geforderte Aktienrendite nicht auf den Bilanzansatz des Eigenkapitals, sondern schätzen die von ihnen geforderte Aktienrendite aus Annahmen über künftige Zahlungsströme, bezogen auf die jeweiligen Börsenkurse, zu denen sie kaufen oder verkaufen können. Um diesen Systemfehler zu korrigieren, wäre auch bei einer erfassungstechnisch motivierten Kapitalgewichtung nach Bilanzansätzen zumindest das Eigenkapital gemäß den aktuellen Kursen anzusetzen (oder mit einem mehrmonatigen Durchschnitt, falls auch für das Beta ein solcher Durchschnitt gewählt wird, in der Hoffnung, Zufallsschwankungen eher in Grenzen halten zu können).

Verunglückt ist allerdings, das Diskontieren mit durchschnittlichen Kapitalkosten bei Investitionsentscheidungen oder im Controlling als „kalkulatorischen WACC" zu bezeichnen, da gewogene durchschnittliche Kapitalkosten schon in den ersten Untersuchungen zum Verschuldungshebel ein rundes Jahrhundert vor Erfindung des angelsächsischen WACC[87] benutzt wurden. Man sollte den Rückgrat verkrümmenden Bückling vor angelsächsischer Pseudoweisheit auch sprachlich nicht übertreiben, zumal die WACC keine Problemlösung für die steuerbedingten Kapitalkosten bieten und mit dem „tax shield" inhaltlich fehlerhaft angewandt wird.

e) Die kapitalmarktbezogene Finanzierungstheorie begann vor einem knappen halben Jahrhundert mit Modellergebnissen, daß die Wahl der Kapitalstruktur aus Eigen- und Fremdkapital für die Höhe des Marktpreises von Unternehmungsanteilen und von Schuldtiteln irrelevant sei[88]. Steuern blieben in diesem Konkurrenzgleichgewichtsmodell ausgeblendet. Inwieweit die Besteuerung die Irrelevanz der Kapitalstruktur in Konkurrenzgleichgewichtsmodellen vernichtet, war lange Zeit eine der umstrittenen Fragen der Finanzierungstheorie. Dieses Problem hat freilich nur dann

---

[87] Vgl. *Schneider*: Betriebswirtschaftslehre, Band 4, S. 764.

[88] Vgl. *Franco Modigliani, Merton H. Miller*: The Cost of Capital, Corporation Finance, and the Theory of Investment. In: The American Economic Review, Vol. 48 (1958), S. 261-297.

einiges Gewicht, wenn man an Konkurrenzgleichgewichtsmodelle als zwar vereinfachte, aber adäquate Erklärungen für die Wirklichkeit des Börsengeschehens glaubt.

Dieser Glaube ist ein Aberglaube (S. 211 f.). Dennoch decken Modelle dieser Art einige Zusammenhänge auf und erlauben damit einen besseren Einblick in die Abhängigkeiten zwischen Besteuerung und Finanzierung.

(1) Die Beweise zur Irrelevanz der Kapitalstruktur für den Konkurrenzgleichgewichtspreis einer Unternehmung unterstellen stets, daß die Investitionsentscheidungen in der Unternehmung von deren Finanzierungsentscheidungen strikt getrennt sind. Über die Investitionen ist gewissermaßen vorab entschieden, gesucht wird nur noch die in den Augen der Anteilseigner optimale Finanzierungsart.

Mit der strikten Trennung von Investitionsentscheidung und Finanzierungsentscheidung ist stillschweigend unterstellt, daß die steuerliche Gewinnermittlung zu einer entscheidungsneutralen Innenfinanzierung führt. Das Steuerrecht wahrt also Entscheidungsneutralität der Bemessungsgrundlagen für Investitionen und zwar, weil in diesem Modell Einkünfte aus Kapitalvermögen (Zinsen und Dividenden) steuerpflichtig sind: Entscheidungsneutralität im Sinne des kapitaltheoretischen Gewinns. Steuervergünstigungen oder Steuerbenachteiligungen in den Bemessungsgrundlagen machen wegen ihrer Auswirkungen auf die Innenfinanzierung die Trennbarkeit der Investitionsentscheidungen von den Finanzierungsentscheidungen hinfällig.

Während also Entscheidungsneutralität der Besteuerung für Investitionen stillschweigend vorausgesetzt wird, muß Kapitalkostenneutralität verletzt sein, wenn die Besteuerung in einem Kapitalmarkt im Konkurrenzgleichgewicht zu einer optimalen Kapitalstruktur führen soll. Die Verletzung der Kapitalkostenneutralität wird dabei nur in unterschiedlichen Steuersätzen gesehen. Die Bemessungsgrundlagen für die Berechnung von steuerlich abzugsfähigem Finanzierungsaufwand und für die Besteuerung von Einkünften aus Kapitalvermögen werden als entscheidungsneutral geregelt unterstellt.

(a) *Modigliani/Miller* führen ihre Thesen von der Irrelevanz der Kapitalstruktur und der Ausschüttungspolitik für den Marktpreis von Finanzierungstiteln durch folgendes Modellsteuersystem weiter[89]: Eine Körperschaftsteuer belastet Unter-

[89] Vgl. *Franco Modigliani, Merton H. Miller*: Corporate Income Taxes and the Cost of Capital: A Correction. In: The American Economic Review, Vol. 53 (1963), S. 433-443.

nehmungsgewinne definitiv (es existieren in dieser Modellwelt also nur Kapitalgesellschaften), Fremdkapitalzinsen sind steuerlich abzugsfähig, eine persönliche Besteuerung der Geldgeber findet nicht statt. Aufgrund dieser Annahmen ist der Unternehmungssteuerkeil für zurückbehaltene oder ausgeschüttete Gewinne gleich dem Kapitalmarktsteuerkeil. Der Unternehmungssteuerkeil und damit zugleich der Kapitalmarktsteuerkeil für Fremdfinanzierung ist null.

Da Schuldtitel in diesem Modell als risikolos angesehen werden und die Aktien verschiedener Unternehmungen in derselben Risikoklasse angesiedelt werden, verdrängt im Konkurrenzgleichgewicht das Fremdkapital mit einem Steuerkeil von null das steuerlich „teure" Eigenkapital. Die optimale Kapitalstruktur ist durch einen Verschuldungsgrad von 100% gekennzeichnet.

(b) Dieses Modellergebnis führt in folgenden Widerspruch: Wie soll der Marktwert von Aktien einer Unternehmung maximiert werden, wenn der optimale Verschuldungsgrad 100% beträgt? Hierbei werden doch gar keine Anteilsrechte ausgegeben, die eine ergebnisabhängige Vergütung erbringen. Wie soll sich ein Konkurrenzgleichgewichtspreis für Restbetragsansprüche bilden, ohne daß Restbetragsansprüche als Marktgegenstand des Kapitalmarkts existieren? Die Vorgabe einer rechtlichen Mindesteigenkapitalausstattung macht diesen Einwand nicht hinfällig: Optimal ist dann der maximale Verschuldungsgrad, den die Rechtsvorschriften zulassen.

Modellimplikationen, wie die eines Verzichts auf ergebnisabhängige Finanzierung (Eigenkapitalausstattung) führen zu wirtschaftlich unsinnigen Schlußfolgerungen. Sie sind in einer theoretischen Untersuchung nur als Zwischenschritt nützlich, weil sie dazu zwingen, einzelne der Modellannahmen aufzugeben, um ein nicht sinnloses Ergebnis zu erhalten. Im Unterschied zu dem Ergebnis eines optimalen Verschuldungsgrads von 100% oder eines maximal rechtlich möglichen ist die Irrelevanzthese nicht sinnlos; denn die Einsicht, daß jeder Verschuldungsgrad den Marktwert der Aktien und Verschuldungstitel nicht ändert, erlaubt schließlich Beteiligungsfinanzierung.

(2) Ein erstes steuerbeeinflußtes Optimum der Kapitalstruktur läßt sich herleiten durch Preisgabe der Voraussetzung, daß Schuldtitel risikolos sind. Der Verzicht auf die Voraussetzung risikoloser Schuldtitel stellt eine Annäherung an die Wirklichkeit

dar. Er sichert die Existenz eines Marktgegenstands „Restbetragsansprüche", weil die Erwerber von Schuldtiteln dann einen Verlustpuffer wünschen.

Besteht in den Augen der Gläubiger ein Insolvenzrisiko, läßt sich annehmen, sie fordern eine Risikoprämie in Form steigender Zinssätze mit wachsendem Verschuldungsgrad. In den Augen der Anteilseigner wächst wegen der Insolvenzgefahr ebenfalls die von ihnen verlangte Risikoprämie. Mit wachsender Verschuldung steigende Sollzinssätze und steigende Risikoprämien, wie sie die Anteilseigner fordern, werden für irgendeinen Verschuldungsgrad unter 100% die steuerbedingten Kostenvorteile der Fremdfinanzierung ausgleichen[90].

(3) Die Lehre von der optimalen Kapitalstruktur aus der niedrigen Steuerbelastung der Verschuldung und einem steigendem Insolvenzrisiko bei wachsendem Verschuldungsgrad erscheint freilich für die Modellannahmen eines konkurrenzgleichgewichtigen Kapitalmarkts nicht zu Ende gedacht: Sobald einerseits Steuerminderbelastungen bei Verschuldung gegenüber einer Eigenkapitalausstattung und andererseits Insolvenzrisiken bestehen, die zu erwarteten Konkurskosten führen, öffnen sich sowohl hinsichtlich der Steuerbelastung durch Verschuldung als auch hinsichtlich des Insolvenzrisikos Arbitragemöglichkeiten. Diese sind auf einem Kapitalmarkt im Konkurrenzgleichgewicht ausgenutzt (weggeschwemmt), so daß das gerade definierte Optimum der Kapitalstruktur wieder hinfällig wird.

Eine Arbitragemöglichkeit hinsichtlich der Steuerbelastung bei Verschuldung besteht dann, wenn die Geldgeber Zinsen als Einkünfte aus Kapitalvermögen zu versteuern haben. Die anderen Modellvoraussetzungen bleiben unverändert. Insbesondere gilt also Entscheidungsneutralität für die Investitionen in der Unternehmung.

Selbstfinanzierung werde mit einem Gewinnsteuersatz in der Unternehmung belastet, führe in Höhe der versteuerten Gewinne zu Kurssteigerungen, die in diesem Modell über Gratisaktien (Stockdividenden) von den Geldgebern steuerfrei vereinnahmt werden sollen. Damit gleicht der Unternehmungssteuerkeil für zurückbehaltene Gewinne zugleich dem Kapitalmarktsteuerkeil für Gratisaktien, die bei Verkauf anstelle von Dividenden den Geldgebern Bargeld verschaffen.

---

[90] Vgl. *David P. Baron*: Default Risk an the Modigliani-Miller Theorem. A Synthesis. In: The American Economic Review, Vol. 66 (1976), S. 204-212; *M. J. Brennan, E. S. Schwartz*: Corporate Income Taxes, Valuation, and the Problem of Optimal Capital Structure. In: The Journal of Business, Vol. 51 (1978), S. 103-114.

Fremdkapitalzinsen sind bei der Gewinnbesteuerung in der Unternehmung abzugsfähig; für sie ist der Unternehmungssteuerkeil null. Beim Geldgeber unterliegen die Zinseinnahmen jedoch der persönlichen Einkommensteuer. Für Fremdkapitalzinsen entspricht der Kapitalmarktsteuerkeil dem persönlichen Grenzsteuersatz des einzelnen Aktionärs. Dabei wird eine progressive Einkommensteuer unterstellt, deren Spitzensatz über den Gewinnsteuersatz der Unternehmung hinausragt.

In diesem Modellsteuersystem steht also ein konstanter Kapitalmarktsteuerkeil für Eigenkapitalausstattung (Selbstfinanzierung mit Gratisaktienausgabe) einem progressiven Kapitalmarktsteuerkeil für Verschuldung gegenüber.

Für die Ableitung eines Optimums der Kapitalstruktur wird angenommen, daß sämtliche Unternehmungen derselben Risikoklasse angehören und damit dem gleichen Insolvenzrisiko unterliegen. Damit wird für die Gesamtheit der Unternehmungen eine optimale Kapitalstruktur zustandekommen; denn die geringe Steuerbelastung bei Verschuldung wird durch das steigende Insolvenzrisiko vor Verdrängen jeglicher Eigenkapitalausstattung ausgeglichen.

Nach diesem Zugeständnis an die herkömmliche Lehre von der Abhängigkeit des Konkurrenzgleichgewichtspreises der Unternehmung vom Verschuldungsgrad, behauptet *Miller*[91] jedoch eine Irrelevanz der Kapitalstruktur für die einzelne Kapitalgesellschaft. Die Irrelevanz der Kapitalstruktur bei Steuerbegünstigung der Verschuldung und einem Insolvenzrisiko für die einzelne Unternehmung beruhe darauf, daß Arbitragen für jede Unternehmung ein bestimmtes **Klientel** an Geldgebern (Aktionären und Gläubigern) zustande brächten, wobei ein Klientel der Unternehmungsleitung genauso lieb sei wie irgendein anderes.

Im einfachsten Fall (nur Selbstfinanzierung mit steuerfreien Kursgewinnen oder Fremdfinanzierung) verläuft die Arbitrageüberlegung wie folgt: Zwei Unternehmungen mögen denselben Bruttogewinn vor Zinszahlungen und Steuern verdienen. Eine Unternehmungsleitung verfolge eine Nicht-Verschuldungs-Strategie, d. h. sie betreibt Selbstfinanzierung und gebe zur Erleichterung der Handelbarkeit hierfür Gratisaktien aus. Eine zweite Unternehmungsleitung verfolge eine Hoch-Verschuldungs-Strategie. Ihr Bruttogewinn fließt als Zinsen an die Geldgeber ab, wodurch Steuerzahlungen in der Unternehmung vermieden werden.

91 Vgl. *Merton H. Miller*: Debt and Taxes. In: The Journal of Finance, Vol. 32 (1977), S. 261-275.

Die Aktien der Unternehmung, die eine Nicht-Verschuldungs-Strategie verfolgt, werden von jenen Kapitalmarktteilnehmern nachgefragt, deren persönlicher Grenzsteuersatz über dem Gewinnsteuersatz der Unternehmung liegt. Jene Kapitalmarktteilnehmer, deren persönlicher Grenzsteuersatz unter dem Gewinnsteuersatz der Unternehmung bleibt, werden hingegen Schuldtitel der Unternehmung nachfragen, die eine Hoch-Verschuldungs-Strategie betreibt; denn sie ziehen es vor, steuerpflichtige Zinsen zu erhalten, die ihrem niedrigen Grenzsteuersatz unterworfen sind.

Kapitalmarktteilnehmer mit unterschiedlichen Grenzsteuersätzen, die vor der Entscheidung der beiden Unternehmungsleitungen, welche Verschuldungsstrategie sie fahren, Anteile an beiden Unternehmungen besitzen, werden ihre Anteile umschichten, nach dem sie erfahren, welche Unternehmung eine Nicht- und welche eine Hoch-Verschuldungs-Strategie wählt. Bei dem Wandern der Aktien der Hoch-Verschuldungs-Unternehmung zu den Anteilseignern mit hohen Grenzsteuersätzen und der Nicht-Verschuldungs-Unternehmung zu den Anteilseigner mit niedrigen Grenzsteuersätzen werden sich die Kurse ändern und es lassen sich Gewinne aus dieser Steuerarbitrage ziehen. Gleichgültig, ob eine Unternehmungsleitung eine Nicht-Verschuldungs-Strategie oder eine Hoch-Verschuldungs-Strategie verfolgt: Sie findet ein Klientel an Geldgebern, das sich durch die persönlichen Grenzsteuersätze unterscheidet. Da ein Klientel so gut wie ein anderes sei, gebe es im Gleichgewicht keine optimale Kapitalstruktur für die einzelne Unternehmung.

(4) Gegen diese Argumentation liegen empirische Einwände auf der Hand: Bei dieser Steuerarbitrage sind eine Reihe von Einflüssen nicht beachtet, wie sie aus Konkurskosten, einer nicht investitionsneutralen Unternehmensbesteuerung oder aus Überlegungen zur Berücksichtigung der Unsicherheit und einer ungleichen Wissensverteilung zwischen Unternehmungsleitung und Anteilseignern folgen. Hinzu treten drei modellimmanente Einwände:

(a) Es ist keineswegs gesichert, daß über solche Arbitragen Gleichgewichtspreise zustande kommen. Das ist nur der Fall in einer Modellwelt, in der alle Risiken durch bedingte Ansprüche zu Konkurrenzgleichgewichtspreisen versichert werden können. In einer solchen Modellwelt mit sogenannten Arrow-Debreu-Märkten[92] reduzie-

[92] Vgl. *Kenneth J. Arrow*: The Role of Securities in the Optimal Allocation of Risk-bearing. In: Review of Economic Studies, Vol. 31 (1964), S. 91-96; *Gerard Debreu*: Theory of Value. New York- London 1959, chapter 7. Zu einer näheren Darstellung und Kritik vgl. *Schneider*: Betriebswirtschaftslehre, Band 4, S. 370-378.

ren sich die Gleichgewichtsbedingungen unter Ungewißheit praktisch auf die unter Sicherheit. Außerhalb einer solchen Modellwelt mit vollständigen Märkten, in denen alle Unsicherheitsursachen durch Verfügungsrechte und deren Handel „versichert" werden können, zeigt sich, daß im allgemeinen Marktwertmaximierung nicht mehr optimal ist[93].

Bei progressiver Besteuerung sind zudem die Bedingungen für ein allgemeines Gleichgewicht nicht mehr zu erfüllen, in dem die relativen Preise der Marktgegenstände zueinander die Grenzraten der Substitution für alle Marktteilnehmer zugleich widerspiegeln. Damit wird die Modellierung in dieser Form sinnlos.

(b) Wird dennoch die Existenz eines Gleichgewichts vorausgesetzt, werden die Geldgeber entweder nur Aktionäre oder nur Gläubiger sein. Bei einer Erweiterung des Modells auf Ungewißheit und einem Wunsch nach Risikomischung werden damit nicht alle Geldgeber einverstanden sein.

(c) Bei Handeln im Interesse der Anteilseigner wird keine Unternehmungsleitung vorab eine Verschuldungsstrategie und damit die Kapitalstruktur festlegen; denn hat die Unternehmungsleitung für irgendeine Kapitalstruktur einen vernünftigen Grund, so ist ihr das dann zustande kommende Klientel ihrer Geldgeber nicht mehr genauso lieb wie jedes andere.

(5) Da Kapitalmarktgleichgewichtsmodelle zunächst einmal als Planungsgleichgewichtsmodelle für den einzelnen Geldgeber zu deuten sind, ist die Arbitrageüberlegung über Steuerklientels ungeeignet für den Nachweis, daß ein Marktgleichgewicht über Arbitragehandlungen aus einem zunächst gegebenen Ungleichgewicht errichtet werden kann: Welche Verschuldungsstrategie und damit welche Kapitalstruktur soll das Management wählen, wenn es in ein Noch-Nicht-Gleichgewicht hineingestellt ist? Und nur für ein solches Ungleichgewicht entsteht überhaupt Handlungsbedarf in Märkten, ist also ein Management nötig.

Tiefer in die Verästelungen des Für und Wider einer angeblichen Irrelevanz der Kapitalstruktur wegen Steuerklientels einzudringen, lohnt nicht, weil Konkurrenzgleichgewichtsmodelle von vornherein als Erklärungsmodelle ungeeignet erscheinen, wie im folgenden zu begründen ist.

---

93 Vgl. *Robert A. Taggart, Jr.*:Taxes and Corporate Capital Structure in an Incomplete Market. In: The Journal of Finance, Vol. 35 (1980), S. 645-659.

f) Modelle zu einem Kapitalmarkt im Konkurrenzgleichgewicht definieren Liquidität als Problem weg und können deshalb nicht als Erklärungsmodelle für den Beobachtungstatbestand einer bestimmten Kapitalstruktur oder Ausschüttungspolitik dienen. Sie nützen bestenfalls als Ausgangsüberlegung (Referenzmodell) für eine logische Möglichkeitsanalyse: Falls ihre Voraussetzungen erfüllt wären, beeinflußt das Verhältnis der Restbetrags- und Festbetragsansprüchen zueinander deren Marktpreise nicht.

Warum ist die Finanzierungstheorie bisher über logische Möglichkeitsanalysen, wie die Irrelevanztheoreme, oder nicht zu Ende gedachte Behauptungen, wie die einer optimalen Kapitalstruktur, nicht hinausgekommen?

(1) Zu den einzelwirtschaftlichen Hypothesen, die Voraussetzung für die Suche nach einem Optimum der Kapitalstruktur sind, gehört neben der Antwort auf die Frage, wie sich die praktisch nicht entscheidungsneutrale Besteuerung auf Rendite und Finanzierung in einer Unternehmung auswirkt, das Problem, ob das Insolvenzrisiko mit steigender Eigenkapitalausstattung sinkt, also ob diese „Kapitalstrukturrisikothese" gilt. Ein empirischer Test dieser These scheitert schon an den vielen Bedingungen, um das Kapitalstrukturrisiko zu isolieren[94]. Zudem zwingt ein empirischer Test der Kapitalstrukturrisikothese zum Test einer verbundenen Hypothese: Der Test sagt für die Gültigkeit der Kapitalstrukturrisikothese nur dann etwas aus, wenn das zugrunde gelegte Kapitalmarktgleichgewichtsmodell empirisch gültig ist. Genau das kann unter Unsicherheit mit Ex-post-Überraschungen nicht der Fall sein.

(2) Zusätzlich bedarf ein Referenzmodell „Es existiert ein Konkurrenzgleichgewicht" Annahmen über den *Marktprozeß*, aus dem sich Marktgleichgewichtspreise bei vorgegebenen Ausgangs-**Ungleichgewichten** bilden.

(a) Die Hoffnung, daß ein solcher Marktprozeß zum Gleichgewichtspreis hin über Arbitragegelegenheiten durch handelbare Verfügungsrechte besteht, die eine Marktvervollständigung durch Versicherbarkeit einzelner Unsicherheitsursachen ermöglichen, wird gestört, wenn nicht zerstört, durch die Modellerkenntnis, daß nicht jede Marktvervollständigung eine Annäherung an das Ziel Allokationseffizienz

[94] Vgl. *Schneider*: Rechnungswesen, S. 387-390.

unter Ungewißheit darstellt[95]. Damit bewegt eine zunehmende Marktvervollständigung sich keineswegs zwingend auf eine gesamtwirtschaftlich effiziente Eigenkapitalausstattung von Unternehmen hin, selbst wenn letztere zu quantifizieren wäre.

(b) Finanzmärkte sind Zukunftsmärkte, und ihr System kann nicht vollständig sein, wenn unter den Marktteilnehmern Unsicherheit und eine ungleiche Wissensverteilung mit Informationsrisiken herrscht. Soweit eine marktmäßige Versicherbarkeit von Unsicherheitsursachen wegen der Unvollständigkeit des Systems der Zukunftsmärkte nicht gegeben ist, bleibt nur die „Selbstversicherung" in Form eines Verlustpuffers durch Eigenkapitalausstattung.

(c) Aber diese Vorsorgemaßnahme ist wegen der Nicht-Planbarkeit von Ex-post-Überraschungen nicht optimal zu gestalten. Die Mindesteigenkapitalausstattung zum Abfangen nicht planbarer, ex-post überraschender Verluste ist weder heute noch in Zukunft jemals rational planbar und erst recht nicht zu quantifizieren, weil Menschen nicht wissen können, welches Wissen ihnen zwischen ihrer Planung und dem Vollzug der Markthandlungen zugeht.

Damit erweist sich die Suche nach einem Optimum der Kapitalstruktur als wissenschaftlich verfehlte Fragestellung: Nicht einem Optimum der Kapitalstruktur ist nachzuhecheln, sondern Institutionen zur Eingrenzung von Unsicherheiten bei Investition und Finanzierung sind zu suchen.

g) Bietet eine **steuerliche Förderung der Eigenkapitalausstattung** ein solches Regelsystem zur Eingrenzung von Unsicherheiten bei Investition und Finanzierung?

(1) Steuerliche Förderung der Eigenkapitalausstattung wird mit folgenden „Hypothesen" begründet:

(a) mit Klageliedern über eine „Eigenkapitallücke", die genauer besagt, risikoreiche Investitionen unterblieben ohne zusätzliche Eigenkapitalausstattung,

(b) eine vermehrte Eigenkapitalausstattung sei erforderlich, um das Kapitalstrukturrisiko zu verringern;

(c) Investitionsrisiken seien für Fremdkapitalgeber schwer abschätzbar und veranlaßten sie, die Kreditgewährung vom Anteil der Eigenkapitalausstattung ab-

95 Vgl. *Oliver D. Hart*: On the Optimality of Equilibrium when the Market Structure is Incomplete. In: Journal of Economic Theory, Vol. 11 (1975), S. 418-433; *Joseph E. Stiglitz*: The Inefficiency of Stock Market Equilibrium. In: Review of Economic Studies, Vol. 49 (1982), S. 241-261.

hängig zu machen (als ob es keine anderen insolvenzmindernden Institutionen gäbe).

Diese Finanzierungshypothesen lassen sich schon wegen ihrer jeweiligen Fülle an Voraussetzungen empirisch nicht bestätigen[96].

So unterbleiben risikoreiche Investitionen keineswegs, falls die Eigenkapitalausstattung nicht vermehrt werden kann. Schließlich stehen unabhängig von Kreditaufnahmen auch Mittel durch Innenfinanzierung aus Gewinnermittlungsregeln zur Verfügung. Deren Höhe wird ausschlaggebend durch eine Nicht-Verbreiterung von Gewinnsteuerbemessungsgrundlagen bestimmt. Demgegenüber übersieht der politisch vorherrschende Denkstil, über eine „Verbreiterung von Steuerbemessungsgrundlagen" Steuersatzsenkungen fiskalisch zu finanzieren: Je niedriger die Einkommensabhängigen Steuersätze sind, umso mehr sinkt bei gegebener Innenfinanzierung aus Gewinnermittlungsregeln der Betrag der steuerbedingten Innenfinanzierung: 100 an verrechnetem Aufwand vor den Ausgaben schafft bei 50 % Grenzsteuersatz eine Innenfinanzierung aus Gewinnermittlung von 50, bei 40 % Grenzsteuersatz nur 40.

(3) Die „Hypothesen" zur Begründung einer steuerlichen Förderung der Eigenkapitalausstattung sind bloße Schutzbehauptungen im Verteilungskampf, bei dem vermeintliche Entscheidungswirkungen der Besteuerung an den Haaren herbeigezogen werden, um Steuervergünstigungen zur Vermögensmehrungen für leitende Funktionäre in Kapitalgesellschaften und andere Gewerbetreibende zu erreichen, obwohl damit Gleichmäßigkeit und vertikale Gerechtigkeit in der Besteuerung bei allen Steuerpflichtigen untergraben wird.

[96] Vgl. dazu im einzelnen *Schneider*: Investition, Finanzierung und Besteuerung, S. 584-600.

IV. Institutionenbildende Steuerausweichhandlungen

1. *Rechtsformneutralität der Besteuerung?*

a) Rechtsetzungen behindern oder fördern das Ausüben von Unternehmerfunktionen. Gegen behindernde Rechtsetzungen wehren sich Wirtschaftende durch Ausweichhandlungen: durch Änderungen in den angebotenen oder nachgefragten Mengen, Qualitäten, Preisen (*güterwirtschaftliche Ausweichhandlungen*) und zusätzlich durch Koalitionen untereinander. Hier läßt sich von **institutionenbildenden Ausweichhandlungen** sprechen. Dabei ist mit Institution sowohl ein Regelsystem (z. B. durch vertragliche Vereinbarung) gemeint als auch ein Handlungssystem (eine Organisation, z. B. das Errichten einer Unternehmung in einer neuen Rechtsform).

(1) **Institutionenbildende Steuerausweichhandlungen** sind rechtliche Sachverhaltsgestaltungen zwischen Marktpartnern, die einen gemeinsamen Steuervorteil bezwecken: Sie führen **Arbitragen gegen das Steuerrecht** durch.

Arbitragen gegen das Steuerrecht sind ein Unterfall von Arbitragen gegen Regulierungen allgemein. Mit Arbitragen gegen Regulierungen ist nicht gemeint, daß manche Rechtsetzungen ausdrücklich Wahlrechte zulassen; denn solche Auslegungsspielräume bietet die Regulierung selbst, welche die Betroffenen zu ihrem Vorteil nutzen werden. Arbitragen gegen Regulierungen werden hier begrifflich beschränkt auf *rechtlich zulässige Gestaltungsformen für Kooperationen von einzelnen Anbietern mit einzelnen Nachfragern, die mit beiderseitigem Vorteil Geboten oder Verboten legal ausweichen.*

Institutionenbildende Steuerausweichhandlungen folgen aus Systembrüchen im Steuerrecht, die zumindest vom Gesetzgeber bzw. den ihn beeinflussenden Interessengruppen nicht immer unbeabsichtigt sind. Dabei nutzen die vertragschließenden Steuerpflichtigen einen Wissensvorsprung aus: durch Einfallsreichtum in der Vertrags- oder sonstigen rechtlichen Sachverhaltsgestaltung. Sie ziehen Spekulationsgewinne aus rechtlich-organisatorischen Innovationen, wenn diese rechtliche Sachverhaltsgestaltung noch nicht allgemein bekannt ist.

(2) Einen Weg zu Arbitragen gegen Steuerrecht öffnet das Rechtsdogma eines Primats der Zivilrechtsordnung, wonach das Steuerrecht grundsätzlich der von den Steuerpflichtigen gewählten zivilrechtlichen Gestaltung zu folgen habe.

Das klassische Beispiel ist die Erfindung der GmbH & Co. KG. Die Rechtsform der GmbH & Co. KG als Personengesellschaft ohne natürliche Person als Vollhafter wurde nach 1920 zum Zwecke einer Steuerausweichhandlung (Verringerung der damaligen Körperschaftsteuer) erfunden, während heute für diese Rechtsform gegenüber der GmbH hauptsächlich das Ausweichen vor Regelungen des Mitbestimmungsgesetzes (z.B. Größenmerkmale für das Errichten eines Aufsichtsrates mit Arbeitnehmervertretern), gegenüber der oHG und GmbH je nach den Einzelumständen auch eine niedrigere Steuerbelastung spricht.

b) Gebetsmühlenartig erschallen bei jedem Anlaß zu einer Unternehmungssteuerreform und in den Wertungen nach einem vorläufigen Abschluß der diesbezüglichen Gesetzesvorhaben Klagelieder *zur nicht verwirklichten* **Rechtsformneutralität der Besteuerung**.

(1) Doch nur selten wird gefragt, unter welchen Bedingungen eine steuerliche Gleichbelastung aus den Rechtsformen für Unternehmungen zu erreichen wäre.

(a) International ließen sich nur durch eine vollständige „Harmonisierung" des Steuerrechts die Belastungsunterschiede beseitigen. Der Preis hierfür, nämlich Ausschaltung eines jeden Steuerwettbewerbs zwischen einzelnen Nationen, erscheint einem in marktwirtschaftlichen Ordnungsvorstellungen Denkenden zu hoch. Zudem ist wegen der unterschiedlichen Wertungen über das Gewicht von Entscheidungswirkungen gegenüber Verteilungsfolgen und wegen der national verschiedenen Wertungen über gerechte Verteilungsfolgen eine vollständige internationale Steuerharmonisierung kaum zu verwirklichen.

(b) National wäre das Vermeiden rechtsformbedingter Belastungsunterschiede nur durch das Streichen der Gewerbesteuer und die Preisgabe zahlreicher Einzelregelungen des deutschen Steuerrechts zu erreichen, worauf später einzugehen ist.

(2) Noch seltener wird gefragt, welchen **Sinn das Einebnen von Belastungsunterschieden zwischen den einzelnen Rechtsformen der Unternehmungen hätte**. Die

Frage nach dem Sinn einer Rechtsformneutralität der Besteuerung ist im folgenden im Hinblick auf die Gleichmäßigkeit und die Entscheidungswirkungen der Besteuerung zu beantworten.

(3) Rechtsformneutralität läßt sich nicht aus Gleichmäßigkeit der Besteuerung herleiten, weil ethische Maßstäbe nur auf natürliche Personen anwendbar sind, nicht auf Rechtsformen von zu Erwerbszwecken gebildeten Institutionen.

Änderungen der Durchschnittssteuerbelastung einer natürlichen Person können freilich Folge unterschiedlicher Besteuerung einzelner Rechtsformen sein, z.B. die unterschiedliche Gewerbesteuer und die Belastung von Ausschüttungen durch Kapitalgesellschaften gegenüber Entnahmen bei Personenunternehmungen. In solchen Fällen sind jedoch nicht die Rechtsformen der Kapitalgesellschaft und der Personengesellschaft unterschiedslos = neutral zu besteuern, sondern es sind zum einen die Belastungsverzerrungen zu beseitigen, die bei einer ökonomisch nicht sinnvollen Steuerart, der Gewerbesteuer, aus unterschiedlichen Freibeträgen und Steuermeßzahlen für verschiedene Rechtsformen folgen.

Zudem läßt sich bezweifeln, ob Gleichmäßigkeit der Besteuerung verlangt, daß aus der freien Wahl einer rechtlichen Sachverhaltsgestaltung (wie die Wahl zwischen Kapital- und Personengesellschaft) keine unterschiedlichen Steuerbelastungen entstehen dürfen. Gleichmäßigkeit der Besteuerung heißt unterschiedslose Besteuerung für gleich erachteter steuerlicher Leistungsfähigkeit, und es ist keineswegs offenkundig, daß Einkünfte aus Restbetragsansprüchen mit unbeschränkter Haftung und solche bei beschränkter Haftung mit teilweise durch Mitbestimmungsregeln eingeschränkter Verfügungsmacht als Ausprägungen gleich zu erachtetender steuerlicher Leistungsfähigkeit anzusehen sind.

(4) Eine betriebswirtschaftlich stichhaltige Begründung für oder wider Rechtsformneutralität müßte neben den Verteilungsfolgen von den Entscheidungswirkungen des Steuerrechts ausgehen. Die Forderung nach einer Rechtsformneutralität gibt betriebswirtschaftlichen Sinn als Teilaspekt einer Annäherung an Kapitalkostenneutralität. Aber ausschlaggebend für den Problembereich „Besteuerung und Wahl der Rechtsform" sind wie bei „Besteuerung und Finanzierung" nicht die Rentabilitätswirkungen, sondern die Liquiditäts- und Risikowirkungen, in denen sich unter-

schiedliche Regelungen der Verfügungsmacht in den einzelnen Rechtsformen niederschlagen.

c) In einer marktwirtschaftlichen Ordnung ist die einzelne Unternehmung eine Institution zur gemeinsamen Verringerung von Einkommensunsicherheiten mehrerer Personen, die Wissen, Arbeitskraft und sonstiges Vermögen einsetzen. Zu prüfen ist, ob unsicherheitsabnehmende Arbeitsverträge jeglicher Art nicht höher zu besteuern seien als unsicherheitsübernehmende Unternehmertätigkeiten, unsicherheitsabnehmende Finanzierungsverträge (Festbetragsansprüche) nicht höher als unsicherheitsübernehmende Finanzierungsverträge (Restbetragsansprüche), um die Risikobereitschaft zu fördern.

(1) Bei dem Wunsch nach Rechtsformneutralität der Besteuerung ist deshalb erstens zu untersuchen: Sind das Investitions- und Finanzierungsprogramm und damit das Spektrum denkbarer Unternehmensgewinne unter Unsicherheit und bei Ungleichverteilung des Wissens (als den Erfahrungstatbeständen, von denen eine Wettbewerbsordnung ausgeht) identisch, wenn zum einen Vollhaftung besteht und zum anderen das Einstehenmüssen für Schulden auf eine Einlage und nicht ausgeschüttete Gewinne sowie auf stille Rücklagen und unrealisierte Gewinne begrenzt wird?

Da im Hinblick auf die Unsicherheitsursachen keine vergleichbaren Sachverhalte gegeben sind, bedeutet die Forderung nach Rechtsformneutralität der Besteuerung eine Besserstellung der risikoarmen Institutionenbildung und damit eine steuerliche Benachteiligung der Risikobereitschaft.

Da Vollhaftung mit mehr Unsicherheitsursachen belastet, also wirtschaftlich risikoreicher ist als beschränkte Haftung, wären im Hinblick auf eine marktwirtschaftliche Ordnung Mitunternehmerschaft und andere Steuerrechtsinstitute umzugestalten.

(a) Dabei erscheint es als Wettbewerbs-Ordnungswidrigkeit des Steuerrechts, den Kommanditisten als Mitunternehmer dem vollhaftenden Mitunternehmer gleichzustellen. Darüber hinaus wären vertraglich feste Zinsen aus Gesellschafterdarlehen (soweit sie nicht „eigenkapitalersetzend" unter § 32a GmbHG bzw. die §§ 129a, 172a HGB fallen) höher zu besteuern als im Betrag gleiche ausgeschüttete Gewinne an die Gesellschafter.

(b) Im Hinblick auf eine Verringerung von Einkommensunsicherheiten durch Institutionenbildung erscheint nicht begründet, für die Gehälter von Gesellschafter-Geschäftsführern oder die Bezüge der mitarbeitenden Ehefrau bei gemeinsamer Veranlagung der Ehegatten gegenüber einem Vollhafter eine geringere Steuerbelastung vorzusehen, wie sie (vor allem wegen der Gewerbesteuer) zur Zeit besteht.

(2) Wird das Ausüben von Unternehmerfunktionen verändert, wenn Geldgeber oder selbständig Tätige sich entweder zu einer Unternehmung zusammenschließen mit vertraglich zu regelnder Geschäftsführungsbefugnis oder zu einer Unternehmung, in der die Geschäftsführungsbefugnis gesetzlich erzwungen ist, einschließlich weitreichender Mitbestimmung von Arbeitnehmern?

Durch gesetzlich vorgegebene Entscheidungsprozesse mit Gruppenentscheidungen wird das Ausüben von Unternehmerfunktionen nicht erleichtert, wenngleich in die Entscheidungsprozesse eingebaute Informations- und Kontrollrechte von Nichtmitgliedern der Unternehmungsleitung mitunter Fehlentscheidungen verhindern können. Eine Notwendigkeit zur Steuerneutralität der Rechtsformwahl ist auch im Hinblick auf Gruppenentscheidungsprozesse nicht zu sehen.

Eine theoretische Stütze für die unterschiedliche Besteuerung unsicherheitsübernehmender Tätigkeiten (Restbetrags-Arbeitsverträge) gegenüber Arbeitsverträgen, die Einkommensunsicherheiten abnehmen (Festbetrags-Arbeitsverträge), bietet die Risikoteilungslehre in Principal-Agent-Modellen[97].

Wenn der Staat ein bestimmtes Steueraufkommen wünscht und es im Modell den Steuerpflichtigen überläßt, wie sie untereinander dieses aufbringen, so ist zu fragen:

Wie werden zwei dem Risiko abgeneigte Personen ein vorgegebenes Gesamteinkommen aufteilen, wenn vom gemeinsamen Vor-Steuer-Einkommen noch Steuerzahlungen abgehen, über deren Anteil am jeweiligen Einkommen beide sich einigen müssen? Dabei soll der eine im Auftrag des anderen unsicherheitsbehaftete Entscheidungen treffen (Agent), der andere (Principal) durch Haftungsbeschränkung oder einen Arbeitsvertrag mit Festbetragsvergütung sich gegen mehr Unsicherheitsursachen abschirmen.

---

[97] Vgl. zu den theoretischen Grundlagen z. B. *Dieter Schneider*: Betriebswirtschaftslehre, Band 1: Grundlagen. 2. Aufl. München-Wien 1995, S. 279-282; *ders.*: Theorie der Unternehmung, S. 449 f.

(a) Eine Verteilungsregel, die beide prozentual am Ex-post-Ergebnis beteiligt, ist nur in einem Sonderfall pareto-optimal: wenn beide sowohl die gleiche Wahrscheinlichkeitsverteilung für das unsichere Einkommen erwarten als auch beide gleichbleibende absolute Risikoabneigung (S. 145 f.) besitzen. Verwenden Principal und Agent die gleichen Prognosen und gleichbleibende absolute Risikoabneigung, dann und nur dann teilen sie sich das Ergebnis nach einer im voraus festgelegten, von der Höhe des Ergebnisses unabhängigen Regel auf. Nur dieses Ergebnis entspricht der Norm Rechtsformneutralität.

(b) Entscheiden entweder Principal oder Agent oder beide nach steigender oder sinkender Risikoabneigung und planen beide nach der gleichen Wahrscheinlichkeitsverteilung oder weichen gar beider Prognosen über die Zukunft voneinander ab, dann koordiniert weder eine vollkommene Abnahme der Einkommensunsicherheit noch eine prozentuale, von der absoluten Höhe des Ex-post-Einkommens unabhängige Verteilungsregel beider Wirtschaftspläne. Vielmehr hängt die optimale Risikoteilung sowohl von der Höhe des ex post verwirklichten Einkommens ab als auch vom Verhältnis der Risikoabneigungen bei Principal und Agent zueinander. Die Besteuerung unabhängig von der Risikoübernahme zu regeln, wie es der Forderung nach Rechtsformneutralität der Besteuerung entspricht, ist geamtwirtschaftlich weder im statischen Modell allokationseffizient noch mit einem Marktprozeß in einer Wettbewerbsordnung verträglich.

(3) Darf der Wechsel der Rechtsform Steuerzahlungen auslösen, weil hier bei Eintritt oder Austritt von GesellschafternVerfügungsrechte wie in Märkten gehandelt werden, oder sind die Erscheinungsformen der Umwandlung (Verschmelzung, Betriebsaufspaltung, Vermögensübertragung, Rechtsformänderung) unternehmungsinterne Regelungen, die jenseits einer über Märkte erfolgenden Gewinnverwirklichung (Umwandlung stiller Reserven in offene, unrealisierter Gewinne in realisierte) siedeln, weil solche Beschlüsse nicht als Koordination von Wirtschaftsplänen wie in einem Markt anzusehen sind?

Die Regelungen des Umwandlungssteuerrechts überlassen es grundsätzlich dem Steuerpflichtigen, ob er hierbei Gewinne verwirklichen will (durch Übernahme von Vermögensgegenständen mit dem Teilwert) oder ob er darauf verzichtet (durch Buchwertfortführung). Natürlich ist den Steuerpflichtigen das Wahlrecht am liebsten, zumal eine Reihe schwieriger Folgeüberlegungen die Entscheidung beeinflussen: die künftige Entwicklung der Steuersätze, die Behandlung von Verlusten, die Nichtabzugsfähigkeit der Hälfte an Betriebsausgaben, die mit Dividenden zusammenhängen, infolge des Halbeinkünfteverfahrens.

Gleichwohl verlangt eine marktwirtschaftliche Ordnung eine eindeutige, Selbsteinsteuerungen ausschließende Steuerrechtsvorgabe, die zumindest dann, wenn sich der Kreis der Anteilseigner ändert, grundsätzlich eine Gewinnnverwirklichung gebietet.

d) Solange die Steuerarten des heutigen Steuerrechts und das Chaos in ihren Bemessungsgrundlagen im einzelnen beibehalten werden, bedeutet eine Forderung nach Rechtsformneutralität: **Zwar dürfen durch die Besteuerung Investitionsentscheidungen, Risikoübernahmen und Marktlenkung von Risikokapital verzerrt werden, aber bei der Rechtsform als einem gestaltbaren Teil der Unternehmungsverfassung, habe ein Einfluß der Besteuerung zu unterbleiben; denn die Unternehmungsverfassung regelt die Macht des Managements gegenüber den Restbetragsansprüche erwerbenden Geldgebern und den Mitarbeitern.** Warum gerade die Ausgestaltung der Machtverschiebungen zwischen Unternehmungsleitung, Geldgebern und Mitarbeitern jenseits steuerlicher Einflüsse anzusiedeln sei: Eine solche Wertung wird nur durch die Ideologie der Funktionärsherrschaft und die Vernachlässigung der Risikowirkungen gestützt. In einer Wirtschaftsordnung, die auf Marktlenkung des Risikokapitals und auf Märkte zur Unternehmenskontrolle baut, *ist eine Norm Rechtsformneutralität ordnungspolitisch verfehlt.*

e) Wahl und dem Wechsel der Rechtsform sowie die rechtliche Gestaltung von Umwandlungen sind die im Schrifttum am häufigsten erörterten institutionenbildenden Steuerausweichhandlungen, weil hier eine Fülle an rechtlichen Details zu beachten sind und zur Minderung der Steuerbelastung genutzt werden können.

Bei Steuerbelastungsrechnungen zur Wahl der Rechtsform muß im Regelfall auf die Steuerbelastung des Gesellschafters bzw. Anteilseigners durchgerechnet werden. Dies ist nicht nur wichtig wegen des Halbeinkünfteverfahrens bei der Körperschaftsteuer für Gewinnausschüttungen an Anteilseigner, sondern vor allem *im Vergleich von Personengesellschaften mit Kapitalgesellschaften.*

Hier ist zu beachten, daß alle Einkünfte aus Verträgen eines Personengesellschafters mit der Personengesellschaft (Arbeitsverträge, Vermietung von Grundstücken usw.) bei diesem Mitunternehmer der Gewerbesteuer unterliegen. Der Geschäftsführer-Gesellschafter einer GmbH (bzw. die GmbH in einer GmbH & Co. KG) hat jedoch z.B. seine Geschäftsführerbezüge und anderen Einkünfte aus Verträgen mit der Gesellschaft nur der Einkommensteuer (plus SolZ, KiSt) zu unterwerfen, während bei der GmbH diese Bezüge den Gewerbeertrag und den körperschaftsteuerpflichtigen Gewinn mindern. Zahlreiche vertragliche Gestaltungsmöglichkeiten (z.B. auch zwischen Familienangehörigen des Gesellschafters und der Gesellschaft) verändern zusätzlich die jeweilige Steuerbelastung und damit aus der Sicht der Anteilseigner die Kosten der Rechtsform.

Die Steuerbelastung bei Wahl der Rechtsform ist nur im Einzelfall, über eine umfangreiche Kasuistik, zu errechnen, weil Unterschiede in der Gewinnhöhe, der Gesellschafter-Geschäftsführergehälter, die unterschiedliche Behandlung bei deren Pensionszusagen im Vergleich zu Personengesellschaftern, Gesellschafterdarlehen, andere Einkünfte aus Miet- und Darlehensverträge mit der Gesellschaft zu jeweils anderen Steuerbelastungen führen. Eine detaillierte Untersuchung führt zum Ergebnis: Nach dem Rechtsstand 2001 ist „die GmbH & Co. KG stets die vorteilhafteste Alternative, solange ausreichend hohe Gewinne erwirtschaftet werden, die ausgeschüttet werden... Das neue Recht führt in vielen Fällen zu einer gravierenden Verschlechterung der steuerlichen Belastung der Betriebsaufspaltung“[98].

2. *Institutionenbildung durch Arbitragen gegen das Steuerrecht*

a) Rechtsetzungen fördern das Ausüben von Unternehmerfunktionen dann, wenn sie **Arbitragen gegen Regulierungen** ermöglichen. Jenseits der Legalität liegende institutionenbildende Ausweichhandlungen von Regulierungen wären Erscheinungsformen einer Schattenwirtschaft. Sie bleiben ebenso ausgeklammert wie der oft breite Grenzstreifen, in dem rechtliche Unsicherheit über die Zulässigkeit einzelner Vertragsgestaltungen besteht; denn rechtswidrige und rechtsunsichere Vertragsgestal-

[98] *Rolf König, Caren Sureth* unter Mitarbeit von *Tanja Magerkurth*: Besteuerung und Wahl der Rechtsform. 2. Aufl., Herne-Berlin 2001, S. 184 f., mit zahlreichen Vergleichsrechnungen zuvor.

tungen betreffen das Durchsetzen von Rechtsetzungen, nicht die hier zu erörternde Frage nach den legalen Ausweichhandlungen vor Regulierungen.

(1) Arbitragen gegen Regulierungen erlauben, Arbitragegewinne ohne Mitbewerber bzw. gegen weniger unmittelbare Mitanbieter oder Mitnachfrager zu erzielen. Bei Arbitragen gegen Regulierungen wird also die Rechtsverwirklichung einer Regulierungsabsicht als Gelegenheit von einzelnen anbietenden und nachfragenden Unternehmern benutzt, um durch Institutionenbildung gemeinsam eine Verringerung ihrer Einkommensunsicherheiten zu erreichen. Arbitragen gegen Regulierungen durch gemeinsames Handeln einzelner Anbieter mit einzelnen Nachfragern verursachen zweierlei:

(a) Arbitragegewinne entstehen zu Lasten des Regulierenden. Beispiele hierzu bietet das folgende aus dem deutschen Steuerrecht.

(b) Arbitragen gegen Regulierungen sind oft wegen der Trägheit und mitunter Einfallsarmut bei einer Nachregulierung durch Gesetzgeber und Finanzverwaltung mit weniger Unsicherheitsursachen belastet als Regulierungen zum Zwecke der Einkommenssicherung von Branchen und Berufsständen durch staatliche Subventionen und Marktzugangsbeschränkungen für Anbieter oder Marktabgangsbeschränkungen für Nachfrager. Andererseits folgt eine zusätzliche Unsicherheitsursache aus der inexakten Rechtsetzung bei den meisten (Nach-) Regulierungen, wodurch die Grenzen rechtlich zulässiger und rechtswidriger Gestaltungsformen selten klar bezeichnet sind. Die dadurch geschaffene Rechtsunsicherheit durch überhastet oder vielleicht auch gelegentlich absichtsvoll hinterhältig formulierte Gesetzestexte erzeugt einen dehnbaren Bereich legaler Ausweichhandlungen vor Regulierungen.

(2) Gesetzgebungs-, Steuerrechtsprechungs- und Steuerverwaltungsjuristen erreichen trotz oder wegen allen Berufens auf Rechtslogik nach täglicher Erfahrung bei weitem nicht das, was sie bzw. die sie beauftragenden Politiker bezwecken. Steuerpflichtige passen sich regelmäßig in einer durch ein Gesetz, ein auslegendes Urteil, die Verwaltungsanweisungen nicht erfaßten, für sie günstigen Weise an. Damit lösen die Steuerpflichtigen oft einen evolutorischen Prozeß an Anpassungsregelungen aus: Ausweichhandlungen provozieren Gesetzesänderungen, Änderungen der Rechtsprechung, neue Verwaltungserlasse. Im Regelfall sind diese Anpassungsregelungen

noch komplizierter und nicht selten inexakter als die ursprünglich als verbesserungsbedürftig erkannte Regelung. Dies lockt neue Steuerausweichhandlungen über neue rechtliche Sachverhaltsgestaltungen bzw. Vertragsformen hervor, die von den Steuerjuristen im öffentlichen Dienst nicht vorhergesehen wurden.

(a) Ein Musterbeispiel hierfür bietet die Abwandlung von Leasingverträgen in Anpassung an die verschiedenen Leasingerlasse. *Finanzierungsleasing* betrifft u.a. die Miete von Anlagegegenständen mit unkündbarer mehrjähriger Laufzeit, in der die Summe der Mietraten höher ist als die Anschaffungskosten bei Kauf einschließlich der Finanzierungskosten des Vermieters, vermindert um einen eventuellen Anschlußkaufpreis. Finanzierungsleasing ist deshalb ein Musterbeispiel für die *Evolution institutionenbildender Steuerausweichhandlungen*, weil ein Vierteljahrhundert an steuerlichen Leasingerlassen (63 von 1970-1995) zu jeweils neuen Vertragsgestaltungen geführt hat. Deren Ergebnis ist, daß nach wie vor kaum ein Leasingvertrag durch die Leasingerlasse getroffen wird, weil die Verträge jeweils unverzüglich an die veränderte Steuerrechtshandhabung angepaßt wurden.

Zweck von Leasingerlassen ist es vor allem, Hürden aufzubauen, damit der vermietete Gegenstand steuerbilanziell nicht dem Vermögen des Vermieters, sondern dem des Mieters zuzurechnen ist. Damit kann der Mieter nicht mehr die Leasingraten als Aufwand verrechnen, sondern lediglich die geringeren steuerrechtlichen Abschreibungen und die Zinsausgaben, soweit sie abzugsfähig sind. Der Streit, ob im Inland ein Leasingobjekt dem Betriebsvermögen des Vermieters oder des Mieters zugerechnet wird, ist im Grundsatz überflüssig, weil ein u.U. „überhöhter" Leasingaufwand des Mieters zu Ertrag beim Vermieter wird. Lediglich dann, wenn die Gewerbesteuer des Mieters höher ist als die des Vermieter, entsteht aus der unterschiedlichen Aufwandsverrechnung ein Steuervorteil.

(b) Ein weiteres Musterbeispiel für das Nachhinken der Steuerrechtsetzungen gegenüber zeitweise geduldeten (geförderten) Steuerausweichhandlungen, die überwiegend erst nach Auftreten zahlreicher Pleiten spürbar eingeschränkt wurden, waren nach 1960 Verlustzuweisungsgesellschaften und Bauherrenmodelle, später Finanzinnovationen von Zerobonds bis zu Optionsscheinen mit Zinsklauseln.

(c) Ein Beispiel mängelbeladenener Gesetzgebungsarbeit, die (unbeabsichtigt?) nicht nur zu Arbitragen gegen das Steuerrecht, sondern sogar zu Steuerhinterziehungen verleitet hat, liefert die Erweiterung der Kapitalertragsteuer auf Zinsen

(1993). So stand z.B. im Regierungsentwurf des Zinsabschlagsteuergesetzes, das damals Zinseinkünfte einer 30%- bzw. 35%igen Kapitalertragsteuer unterwarf, folgendes: Ein Abzug der Kapitalertragsteuer durch das auszahlende deutsche Kreditinstitut darf nur dann unterbleiben, wenn ein Zinsscheine einreichendes Kreditinstitut bestätigt, daß die Zinsscheine aus dem Eigentum von Ausländern stammten. Natürlich wäre das von einem deutschen Kreditinstitut nur bei den eigenen Auslandstöchtern nachprüfbar gewesen. Damit wäre eine Steuerhinterziehung von Zinseinkünften durch Kunden eines deutschen Kreditinstituts mit Hilfe ihrer Auslandstochter gegenüber den deutschen Kunden eines ausländischen Kreditinstituts ausschlaggebend erschwert worden. Auf Vorschlag der Bundesbank, die sich um den DM-Kapitalmarktzins und den Außenwert der DM besorgt zeigte, jedoch im Ergebnis durch ihre Stellungnahme die Interessen deutscher Kreditinstitute und deren steuerhinterziehender Kunden schützte, empfahl der Finanzausschuß des Bundestages die später verabschiedete Fassung, daß bei Auszahlung an ein (beliebiges) ausländisches Kreditinstitut keine Kapitalertragsteuer anfällt (§ 44 Abs. 1 Satz 4 Nr.1 Buchstabe a) bb) EStG). Wer bei Zinseinkünften Steuern hinterziehen will, kann dies somit durch Depotverwahrung seiner Wertpapiere auch bei den Auslandstöchtern deutscher Kreditinstitute erreichen. Ein Risiko des Entdecktwerdens bleibt, solange buchmäßig die Übertragung der Gelder ins Ausland oder Rücküberweisungen festgehalten sind.

b) Das fruchtbarste Feld für institutionenbildende Steuerausweichhandlungen erschließt freilich die unterschiedliche internationale Besteuerung, in Deutschland vor allem geregelt durch das Außensteuerrecht und die Doppelbesteuerungsabkommen mit ausländischen Staaten.

Institutionenbildende Steuerausweichhandlungen im internationalen Bereich erfordern ein sorgsames Einzelstudium, weil Institutionenbildungen vermieden werden müssen, die bei den unterschiedlichen nationalen Rechtsetzungen eine Doppelbesteuerung von Sachverhalten zur Folge haben können. Andererseits bezwecken Instutionenbildungen, das „Steuergefälle" zu einzelnen Ländern zu nutzen. Hier wird nur ein erster Einstieg gegeben[99].

[99] Zurückgegriffen sei vor allem auf die Untersuchung von *Otto H. Jacobs*: Internationale Unternehmensbesteuerung. 4. Aufl., München 1999, das folgende bezieht sich auf S. 775 f., 21-32.

Das Steuergefälle besteht einmal in niedrigeren Steuersätzen, die durch Betriebsstätten, Personen- und vor allem Kapitalgesellschaften, und hierbei insbesondere durch Holdinggesellschaften von Konzernen, verwirklicht werden sollen.

(1) Wie immer bei Besteuerungsfragen wohnt der Teufel im Detail der Bemessungsgrundlagen, wenn politische Risiken und Probleme der Rechtsdurchsetzung außer acht gelassen werden können. Personengesellschaften werden regelmäßig im Ausland anders besteuert als in Deutschland, z. B. ist die Mitunternehmerschaft überwiegend unbekannt, so daß u. a. Zinsen aus Gesellschafterdarlehen nicht zu den Einkünften aus Gewerbebetrieb zählen. Vor allem im Konzernverbund sind Rechtsetzungen zu Verrechnungspreisen und zu Konzernumlagen (etwa für Forschungs- und Entwicklungsleistungen) zu beachten. Hinsichtlich der Bemessungsgrundlagen finden sich Gestaltungsmöglichkeiten zu Minderbesteuerungen im Vergleich zu Deutschland z. B. aus:

(a) Doppelter Aufwandsverrechnung, so gibt es Fälle, daß beim Leasing über die Grenze das zur Nutzung überlassene Wirtschaftsgut weder dem Leasinggeber noch dem Leasingnehmer zugerechnet werden. In letztem Fall des „double-dip" kann sowohl der Leasingnehmer als auch der Leasinggeber die Abschreibungen verrechnen.

(b) Doppelter Steuerfreistellung,

(c) Abzug von Betriebsausgaben ohne dazu gehörende Besteuerung von Betriebseinnahmen,

(d) unterschiedlicher Periodisierung von Aufwand und Ertrag.

(2) Den Absichten, über solche Gestaltungen Steuerersparnisse oder mindestens Steuerstundungen zu erreichen, steht entgegen, daß der deutsche Gesetzgeber durch das Außensteuergesetz von ihm vermutete Steuerumgehungen vermeiden und durch Doppelbesteuerungsabkommen sowohl eine Mehrfachbesteuerung deutscher Investoren als auch deren ihm als unangemessene erscheinende Steuerausweichung verhindern will.

Die steuerrechtlichen Wege, einer Doppelbesteuerung zu begegnen, sind die Anrechnung und die Freistellung im Ausland gezahlter Steuern bei der deutschen Steuerschuld.

(a) Bei der *Anrechnungsmethode* läßt der Wohnsitzstaat entweder den Gesamtbetrag der Steuerzahlung im Ausland von der inländischen Steuerschuld abziehen oder er beschränkt den Abzug auf den Teil der Inlandsteuer, der auf das Auslandseinkommen entfallen würde (das ist der übliche Weg).

Die Anrechnungsmethode sorgt im Grundsatz dafür, daß die inländischen Steuersätze unabhängig von der Herkunft der Einkünfte angewandt werden. Die Anrechnungsmethode zielt auf eine „Kapitalexportneutralität": Dem inländischen Investor soll es im Hinblick auf die Einkommensteuerlast gleichgültig sein, ob er sein Kapital im Inland oder Ausland investiert (die inländische Gewerbesteuerlast wird davon nicht berührt, Unterschiede in den Bemessungsgrundlagen bleiben).

(b) Die *Freistellungsmethode* knüpft nicht an die Steuerzahlung, sondern an die Bemessungsgrundlage an. Das Auslandseinkommen scheidet aus der Bemessungsgrundlage der deutschen Einkommensteuer aus, und zwar entweder vollständig oder nur beschränkt, in dem das Auslandseinkommen bei der Ermittlung des für das zu versteuernde Einkommen geltenden Steuersatzes eingerechnet wird (Freistellung mit Progressionsvorbehalt).

Die Freistellungsmethode belastet die im Ausland erzielten Einkünfte mit den Steuersätzen des jeweiligen Auslandes. Die Freistellungsmethode zielt auf „Kapitalimportneutralität": Die Steuerbelastung der Einkünfte des in ein Land importierten Kapitals soll der dieses Landes entsprechen, also für deutsche Investoren dort den Wettbewerb nicht steuerbedingt verzerren. Wiederum ist dies nur näherungsweise zu erreichen wegen der unterschiedlichen Rechtsinterpretation von Sachverhalten in den einzelnen Ländern.

(c) Die Wahl zwischen Anrechnungsmethode und Freistellungsmethode verlangt ein Werturteil: Wer Gleichmäßigkeit der Besteuerung unter Inländern den Vorrang einräumt, wird für Kapitalexportneutralität und die Anrechnungsmethode sprechen. Wer die Entscheidungswirkungen im Hinblick auf die Nichtverzerrung der steuerlichen Wettbewerbsbedingungen bei oft niedriger besteuerten Auslandstätigkeiten betont, wird Kapitalimportneutralität und die Freistellungsmethode bevorzugen.

Da die Kapitalimportneutralität Steuerwettbewerb unter den Staaten zu unterbinden sucht und zu dem Gleichmäßigkeit der Besteuerung unter Inländern verletzt, ist das in der Theorie vorherrschende Werturteil zugunsten einer Kapitalimportneutralität infrage zu stellen, zumal den erhofften Allokationsverbesserungen im internationalen Bereich sehr viele rechtsverwirklichende Hindernisse im Wege stehen.

Im deutschen Steuerrecht finden sich sowohl Teilanwendungen der Anrechnungsmethode (vor allem im Außensteuerrecht) als auch der Freistellungsmethode mit Progressionsvorbehalt (bei den Doppelbesteuerungsabkommen).

(3) Wegen der unterschiedlichen Werturteile zur Kapitalexport- und Kapitalimportneutralität, der oft abweichenden Sicht derselben Sachverhalte in den verschiedenen Staaten und dem Einfallsreichtum zu Steuerausweichhandlungen, die der Fiskus als Steuerumgehungen einstufen will, kann von einem systematischen Ausbau der Besteuerung von Auslandstätigkeiten noch nicht die Rede sein. Die geschichtlichen Lernprozesse aus den Erfahrungen des Außensteuergesetzes und das Hin und Her zu den betriebswirtschaftlich nicht stichhaltig zu begründenden Kapitalstrukturregelungen des § 8a KStG[100] belegen den mühsamen Weg, den der Gesetzgeber bisher durchschritten hat.

3. *Institutionenbildung zur Steuerrechtsgestaltung*

a) Das Bemühen, ohne selbst marktgängige Leistungen zu erbringen, Einkommen bei anderen abzuschöpfen und in die eigene Tasche zu lenken, heißt rent-seeking[101]. Musterbeispiele beginnen bei Diebstahl und Bestechungen, betreffen aber vor allem Abschottung vor Wettbewerb durch Einflußnahme auf Rechtsetzungen, gelegentlich das Erleichtern des rechtlichen Markteintritts (durch Gewähren von Importquoten), sowie das Bemühen um Steuervergünstigungen und Subventionen.

Ein Musterbeispiel bietet das Veranlassen staatlicher Subventionen und das mehr oder weniger dezente Dahinwirken um deren Beibehaltung über Jahrzehnte.

Das Tätigwerden von Lobbyisten in den Wandelgängen der Parlamente, Parteizentralen und vor allem auf Partys und anderen, Vergnüglichkeit vortäuschenden

[100] Vgl. *Achim Roeder*: Unternehmerische Ausweichhandlungen im internationalen Gewinnsteuerrecht und nationale Nach-Regulierungsprozesse. Hamburg 1999, ab S. 134.

[101] Vgl. *Anne O. Krueger*: The Political Economy of the Rent-Seeking Society. In: The American Economic Review, Vol. 64 (1974), S. 291-303; und die Beiträge in: Toward a theory of the rentseeking society, ed. by J.M. Buchanan, G. Tullock, R. D. Tollison. College Station 1980.

„gesellschaftlichen Anlässen" ebnet den Pfad, der vor Versuchen zur Korruption von Parlamentariern und Staatsdienern oder deren Verwirklichung beschritten wird.

Dabei werden in der Öffentlichkeit Klagelieder lauthals angestimmt und dadurch oder z.B. durch Spenden, Berater- oder Anzeigenverträge usw. Politiker, Behörden und Medien zu beeinflussen gesucht. Soziale oder volkswirtschaftliche „Notwendigkeiten" werden vorgeschoben, wie eine Sicherung inländischer Arbeitsplätze. Das Schrifttum spricht von Anwendungsfällen einer „Gefangennahme" staatlicher Regulierungen durch die Interessen von „Produzenten"[102], genauer: von Anbietern oder Nachfragern jenseits der Masse nicht straff in Verbänden organisierter privater Haushalte.

b) Steuerreformen sind Wirtschaftsordnungspolitik. Überfällig erscheint, daß die Öffentlichkeit sich auch bei Steuerreformdiskussionen der ordnungspolitischen Grundsatzfrage stellt: Wettbewerbsordnung mit Marktlenkung von Kapital oder Funktionärs-Wirtschaftsordnung mit Vorrang der Innenfinanzierung. Solange über die gewünschte Wirtschaftsordnung nicht entschieden ist, bleiben Vorschläge zur Neuordnung der steuerrechtlichen Gewinnermittlung zwangsläufig Flickschusterei.

Das ordnungspolitische Ziel einer Marktlenkung von Risikokapital verlangt für Rechtsetzungen zur Gewinnermittlung keinesfalls eine Ausweitung steuerbedingter Innenfinanzierung, z.B. durch niedrige Steuersätze für die Selbstfinanzierung, wenn diese auch noch durch eine Kürzung der Innenfinanzierung aus entscheidungsneutraler Gewinnermittlung „gegenfinanziert" wird.

Es versteht sich von selbst, daß Gedanken zur Einschränkung steuerbedingter Innenfinanzierung das helle Entsetzen bei allen Unternehmenspraktikern, Verbandsvertretern und jenen Hochschullehrern hervorrufen müssen, die ökonomische Rationalität vor allem dem Management, nicht aber einer Plankoordination über den Kapitalmarkt zubilligen.

c) Aufgrund der in der Öffentlichkeit oft geringen Empfindlichkeit gegenüber Verstößen gegen eine marktwirtschaftliche Ordnung, der mangelnden Kenntnis über

---

[102] Vgl. *William A. Jordan*: Producer Protection, Prior Market Structure sand the Effects of Government Regulation. In: The Journal of Law & Economics, Vol. 15 (1972), S. 151-176; *Richard A. Posner*: Theories of economic regulation. In: The Bell Journal of Economics and Management Science, Vol. 5 (1974), S. 335-358.

Steuerwirkungen und der daraus folgenden Anfälligkeit gegenüber interessentenbedingten Schutzbehauptungen, aber auch wegen der in diesem Buch skizzierten Erfahrungen mit dem Steuergesetzgeber und den jährlichen Ausgabenverschwendungen der öffentlichen Hände[103] bleibt zu erwägen, die parlamentarische Steuerhoheit einzuschränken.

Dazu ist als erstes (und schon seit langem vom Bund der Steuerzahler gefordert) die Schaffung des Straftatbestandes der Amtsuntreue erforderlich, der die Verschwendung von Steuergeldern mit Regreß-, Schadensersatz- und Disziplinarverfahren ahndet.

Als zweites wäre zu prüfen, das Grundgesetz dahingehend zu ändern, daß (jenseits eines Nachtragshaushalts) nur ein einziges jährliches Steueränderungsgesetz mit einer detaillierten Begründung der Folgen für den Staatshaushalt zulässig sei. Zu der Annahme dieses Steueränderungsgesetzes wäre an einen Volksentscheid zu denken, um die gängigen Wählertäuschungen durch „Volksvertreter" zu verringern hinsichtlich einer „milliardenfachen Steuerentlastung" trotz Gegenfinanzierung mit einer Fülle von Mehrbelastungen einzelner Steuerpflichtiger; denn der ständig behauptete Abbau von „Steuervergünstigungen" bleibt meistens im Detail vage, wird im späteren Gesetzestext abgeschwächt oder in andere Vergünstigungen abgewandelt und gleicht gemeinhin die Steuerausfälle bei weitem nicht aus. Zudem liegt dem „Abbau" durchweg keine wissenschaftlich haltbare Inhaltsbestimmung von Steuervergünstigung zugrunde.

Insgesamt weckt in steuerpolitischen Diskussionen die Blickverengung auf die Entscheidungswirkungen der Besteuerung, ohne hinreichende theoretische Begründung im einzelnen, den Verdacht, von der eigentlichen Absicht ablenken zu wollen, zu eigenen Gunsten Gleichmäßigkeit und vertikale Gerechtigkeit der Besteuerung für alle Steuerpflichtigen zu unterlaufen.

[103] 60 Milliarden DM z.B. für 1995, vgl. *Bund der Steuerzahler* (Hrsg.): Die öffentliche Verschwendung. Wiesbaden 1996; vgl. auch Bemerkungen des Bundesrechnungshofs 1996 zur Haushalts- und Wirtschaftsführung. In: Bundesrats-Drucksache 699/96, S. 169-179.

C. Verteilungsfolgen persönlicher Steuerzahlungen

I. „Steuerliche Leistungsfähigkeit" als Eichstrich für die Beurteilung „gerechter" Verteilungsfolgen

1. Horizontale Gerechtigkeit (Gleichmäßigkeit) und vertikale Gerechtigkeit in der Besteuerung

a) Zwei Kernfragen steuerlicher Gerechtigkeit sind zu trennen:

(1) Wann sind verschiedene Steuerpflichtige zum Zwecke der Besteuerung in *derselben* „wirtschaftlichen Lage" (besitzen dieselbe „steuerliche Leistungsfähigkeit")? Das ist die Frage nach der **horizontalen Gerechtigkeit oder Gleichmäßigkeit der Besteuerung.** Horizontale Gerechtigkeit (Gleichmäßigkeit der Besteuerung) bezieht sich auf die Gleichheit der empirischen Sachverhalte, wie sie im Nenner einer Verhältniszahl zur Steuerlast (einer Steuerquote) gemessen werden.

(2) Wie ist die Steuerlast auf verschiedene Steuerpflichtige zu verteilen, die in *unterschiedlicher* „wirtschaftlicher Lage" (von unterschiedlich hoher „steuerlicher Leistungsfähigkeit") sind? Das ist die Frage nach der **vertikalen Gerechtigkeit** oder der **Steuerlastverteilung,** insbesondere: der Einkommens-Umverteilung über die Besteuerung. Vertikale Gerechtigkeit bezieht sich auf den Vergleich von Steuerquoten (die Verhältnisse aus belastenden Steuerzahlungen zu unterschiedlich hohen Messungen steuerlicher Leistungsfähigkeit).

Während Gleichmäßigkeit der Besteuerung einen Maßstab für Sachverhalte erfordert, die zum Zwecke der Besteuerung vergleichbar zu machen sind, wird bei der zweiten Frage nach der vertikalen Gerechtigkeit ein ganz anderer Maßstab gesucht: eine *Maßgröße für die Steuerlast,* ausgedrückt in alternativen Steuerquoten, *zwischen verschiedenen Personen mit unterschiedlich hoch gemessener Leistungsfähigkeit,* **nicht** eine Maßgröße steuerlicher Leistungsfähigkeit für ein und dieselbe Person.

b) Wer **Gleichmäßigkeit der Besteuerung** (horizontale Gerechtigkeit) anstrebt, setzt ein Werturteil „Der Staat soll gleich hoch gemessene steuerliche Leistungsfähigkeit unterschiedslos besteuern". Hierbei wird „steuerliche Leistungsfähigkeit" als Name für einen noch zu erläuternden Begriffsinhalt benutzt. *Der Name steht für diejenigen empirischen Sachverhalte, die zum Zwecke der Besteuerung gleichnamig gemacht und gleichwertig gemessen werden*: Der Gemüseanbau des Bauern, die Spekulation des Devisenhändlers, das Vermieten von Wohnungen durch den Hauseigentümer, das Gehalt des Arbeitnehmers, sind nach einer für die Besteuerung ausschlaggebenden Eigenschaft auf einer Meßlatte aufzureihen. Dabei erhält die Benennung der Meßlatte (die Maßgröße) den Namen „steuerliche Leistungsfähigkeit".

Bei dem Werturteil „Gleichmäßigkeit der Besteuerung" wird „steuerliche Leistungsfähigkeit" als theoretischer Begriff für zu beobachtende Tatbestände: für zu messende Eigenschaften von empirischen Sachverhalten benutzt. Hier heißt „Leistungsfähigkeit" eine gesuchte Maßgröße. Das wirtschaftliche **Einkommen** ist z.B. eine solche Maßgröße, über die der Gemüseanbau des Bauern, die Spekulation des Devisenhändlers, das Wohnungsvermieten usw., zum Zwecke der Besteuerung vergleichbar gemacht werden. Das Einkommen dient in diesem ersten Abschnitt als Maßgröße steuerlicher Leistungsfähigkeit, anschließend werden alternative Maßgrößen erörtert.

c) Wer **vertikale Gerechtigkeit** anstrebt, setzt ein Werturteil: „Der Staat soll eine höhere steuerliche Leistungsfähigkeit relativ stärker besteuern". Dieses Werturteil setzt voraus, daß auf einer Meßlatte für steuerliche Leistungsfähigkeit eine Reihung des Gemüse anbauenden Bauern, des spekulierenden Devisenhändlers, des Wohnungsvermieters usw. bereits erfolgt ist und zu dem Ergebnis geführt hat, daß einige der beobachteten Steuerpflichtigen über eine höher gemessene „Leistungsfähigkeit" (z. B. ein höheres zu versteuerndes Einkommen) verfügen als andere.

Das Werturteil zur vertikalen Gerechtigkeit verlangt, daß die Durchschnittssteuerbelastung mit alternativ wachsendem Einkommen steigt. Dies wird begrenzt durch eine indirekte Progression erreicht (nach einem steuerfreien Grundfreibetrag folgt ein konstanter Grenzsteuersatz) und uneingeschränkt durch eine direkte Progression (also in den Bereichen der Maßgröße steuerlicher Leistungsfähigkeit, in denen der Grenzsteuersatz steigt). Ein Ziel vertikaler Gerechtigkeit ist eine Umverteilung des Einkommens vor Steuern zum frei verfügbaren Einkommen, in dem die

Unterschiede im frei verfügbaren Einkommen zwischen weniger und mehr Verdienenden verringert werden.

d) Das Steuerrechtsschrifttum trennt meistens nicht klar zwischen Leistungsfähigkeit als Maßgröße für Gleichmäßigkeit der Besteuerung und der Norm, eine höhere Leistungsfähigkeit sei stärker zu besteuern, sondern verwendet für beides den Namen *„Leistungsfähigkeitsprinzip"*[104]. Den Namen „Leistungsfähigkeitsprinzip" sowohl für ein Maß zur horizontalen als auch zur vertikalen Gerechtigkeit zu wählen, ist verunglückt, weil diese Namensgebung Fehlvorstellungen herbeiführt oder zumindest erleichtert:

(1) Mit der Namensgebung Besteuerung nach der Leistungsfähigkeit (= *Leistungsfähigkeitsprinzip*) wird zwar die Vorbedingung für eine Sollens-Aussage sprachlich erfaßt (daß unterschiedliche steuerliche Leistungsfähigkeit gemessen worden ist), aber als Name für die Sollens-Aussage selbst „Besteuere höhere Leistungsfähigkeit relativ stärker" verwendet. Das, was das Werturteil zur vertikalen Gerechtigkeit erreichen will, wird durch die Namensgebung gerade nicht ausgedrückt: die Absicht zur Umverteilung einer vorab festgestellten unterschiedlich hohen Leistungsfähigkeit durch die einkommensabhängige Besteuerung.

Durch die Wahl des Namens „Leistungsfähigkeitsprinzip" wird verschwiegen, daß man das Gegenteil dessen erreichen will, was man sagt: eine Umverteilung der unterschiedlich hoch gemessenen Leistungsfähigkeit. Allein das wäre schon Anlaß genug, hier mit *Schopenhauer* vom „Lumpenjargon der Jetztzeit" zu reden, wenigstens gegenüber Wissenschaftlern, die im Unterschied zu Politikern und Interessenvertretern die Scham vor der Täuschung durch Worte noch nicht gänzlich verloren haben sollten.

(2) Die Kennzeichnung eines Werturteils zur Umverteilung mit Leistungsfähigkeits-„Prinzip" täuscht über den wissenschaftlichen Gehalt der Aussage, weil eine

[104] So teilweise das Bundesverfassungsgericht, z. B. Beschluß vom 17. 1. 1957. In: BVerfGE, Bd. 6 (1957) S. 55-84, hier S. 67; Beschluß vom 2. 10 1973. In: BVerfGE, Bd. 36 (1974), S. 66-72, hier S. 72; kritisch dazu *Dieter Birk*: Zum Stand der Theoriediskussion in der Steuerrechtswissenschaft. In: StuW, Jg. 60 (1983), S. 293-299; *Klaus Tipke*: Die Steuerrechtsordnung, Band I. 2. Aufl., Köln 2000, S. 480 f.

persönliche Wertung mit dem Namen eines „Prinzips" belegt wird, hinter dem gutgläubige Leser einen wissenschaftlich gesicherten Grundsatz vermuten.

(3) Aus beiden Gründen erscheint der Name „Leistungsfähigkeitsprinzip" lediglich als geschickt gewählter Propagandatrick: über eine auf den ersten Blick Zustimmung erheischende Namensgebung scheint eine Umverteilung beabsichtigt zu Lasten der Vermögenden oder Besser-im-Markt-Verdienenden (so bei der ursprünglichen Begründung der progressiven Einkommensteuer). Tatsächlich wird aber vom Steuerrechtsschrifttum im Ergebnis eine Umverteilung *zugunsten der Vermögenden* oder Besser-im-Markt-Verdienenden erreicht, also eine Umverteilung „von unten nach oben"; so bei der herrschenden steuerjuristischen Betonung der Familienbesteuerung, ab S. 322, aber auch bei vielen politischen Begründungen zur Senkung der Spitzensteuersätze der Einkommen- und Körperschaftsteuer und zu Freibeträgen für das Betriebsvermögen bei der Erbschaftsteuer im letzten Jahrzehnt.

Dieses Ideologie-Marketing, inzwischen über ein Jahrhundert alt, ist allerdings ohne bewußte Täuschungsabsicht entstanden: nämlich durch die methodologischen Fehler des Vermengens von Aussagen über das Sollen (Werturteilen) und Aussagen über das Sein, gekoppelt mit der Wesensschau, die Sachzusammenhänge aus Namensgebungen erklären will (dem sogenannten Begriffs-Essentialismus[105]).

Schon um den Verdacht eines Ideologie-Marketing beiseite zu fegen, empfiehlt sich in Diskussionen um das Leistungsfähigkeitsprinzip eine strikte Trennung in der Namensgebung zwischen „steuerlicher Leistungsfähigkeit" als dem Maßstab, mit dem unterschiedliche empirische Sachverhalte zum Zwecke einer Gleichmäßigkeit der Besteuerung aufgereiht werden, und einem „Umverteilungs-Werturteil", das bisher auch in den Begriff des „Leistungsfähigkeitsprinzip" eingeht.

e) Über Begriffe läßt sich trefflich streiten. Doch ist eine Sprachregelung unverzichtbar darüber, welche Inhalte einzelnen Begriffen beigelegt werden. Dies gilt für das Substantiv „Leistungsfähigkeit" und für das Adjektiv „steuerliche".

[105] Vgl. *Karl R. Popper*: Die offene Gesellschaft und ihre Feinde. Band II, 7. Aufl., Tübingen 1992, S. 15-29, bes. S. 20 f.

(1) Der Begriff *„steuerliche Leistungsfähigkeit" ist als Maßgröße zu verstehen, über die zum Zwecke der Gleichmäßigkeit der Besteuerung (der horizontalen Gerechtigkeit) empirische Sachverhalte (wie der Gemüseanbau des Bauern, die Spekulation des Devisenhändlers usw.) vergleichbar gemacht werden, und die zugleich einer möglichst weit verbreiteten finanziellen Zielgröße bei einzelwirtschaftlichem Handeln entspricht*. Der Grund für diesen Nachsatz besteht darin, daß eine Zielgrößenbesteuerung Steuerausweichhandlungen unvernünftig erscheinen läßt: Entscheidungswirkungen der Besteuerung werden minimiert (S. 98-103). Eine vom Gesetzgeber geplante Steuerbelastung wird bei einer Besteuerung, deren Bemessungsgrundlagen nahe den Zielgrößen der Steuerpflichtigen sind, noch am wenigsten durch Steuerausweichhandlungen der Steuerpflichtigen unterlaufen.

(2) **Leistungsfähigkeit** als Anknüpfungspunkt der Besteuerung, der zu einer Steuerbelastung führt, **ist nur bei natürlichen Personen gegeben**; denn ethische Maßstäbe lassen sich nur auf Menschen anwenden: auf die Auswahl ihrer Handlungsmöglichkeiten, der Mittel, die zu deren Verwirklichen einzusetzen sind, und schließlich auf das finanzielle Ergebnis ihres Handelns.

Für die Inhaltsbestimmung der gesuchten Maßgröße gibt der Name „Leistungsfähigkeit" nichts her. Der Name Leistungs-„Fähigkeit" als Benennung einer Maßgröße für eine unterschiedslose Besteuerung gleicher empirischer Sachverhalte ist sprachlich nur in dem verschrobenen Sinne passend, in dem etwa ein Zollstock die „Fähigkeit" des Größer- oder Kleiner-Seins, ein Thermometer die „Fähigkeit" des Erwärmens oder Abkühlens anzeigt. Die Bezeichnung Leistungs-„Fähigkeit" sagt also gar nichts über die Eigenschaften aus, denen Meßinstrumente genügen müssen, um empirische Sachverhalte im Hinblick auf bestimmte Eigenschaften vergleichbar zu machen. Während „Zollstock" nahelegt, daß auf einem Stock ein Längenmaß Zoll abgebildet ist, „Thermometer" die Wärmemessung über Ausdehnung eines Stoffes (z.B. des Quecksilbers) andeutet, besagt die Bezeichnung „steuerliche Leistungsfähigkeit" für die gesuchte Maßgröße überhaupt nichts. „Besteuerung nach der Leistungsfähigkeit" ist wörtlich genommen der wohlklingende Schall für ein noch nicht erläutertes „x".

(3) Das Verwenden des Namens „steuerliche Leistungsfähigkeit" stößt seit langem in Teilen der Wirtschaftswissenschaft und neuerdings auch in Teilen der Steuerrechtswissenschaft auf Einwände. Indes bedarf es für die Inhaltsbestimmung von Gleichmäßigkeit der Besteuerung einer Maßgröße. Ob diese Maßgröße den Namen „steuerliche Leistungsfähigkeit" erhält oder ob z.B. von „gleichen wirtschaftlichen Verhältnissen" gesprochen wird[106], ist lediglich eine Frage der Wortwahl. Wer dem Begriff der steuerlichen Leistungsfähigkeit eine „völlige Unbestimmtheit"[107] zuordnet, irrt über die insgesamt doch sorgfältig den Begriff erläuternde Literatur und hätte zu sagen, woran er alternativ zur von ihm verdammten „Leistungsfähigkeit" Gleichmäßigkeit der Besteuerung mißt, was unterbleibt.

(4) Eine einfache, aber unzureichende Kennzeichnung von steuerlicher Leistungsfähigkeit lautet: „Fähigkeit ..., Steuerleistungen erbringen zu können"[108]. Ein solches Prinzip der Besteuerung nach der Zahlungsfähigkeit (ability to pay)[109] ist als ökonomische Begründung für die Besteuerung unhaltbar. Warum? Drei Gründe sprechen dagegen:

(a) Nimmt man die Umschreibung „Fähigkeit, Steuerleistungen erbringen zu können" wörtlich, verfügt über steuerliche Leistungsfähigkeit nur, wer Zahlungsmittel hortet ist. Da die Zahlungsfähigkeit aber das Ergebnis von Investitions- und Konsummentscheidungen ist, hätte danach nur derjenige steuerliche Leistungsfähigkeit, der so dumm wäre, sein Geld nicht auszugeben oder anzulegen.

(b) Nimmt man die Umschreibung ihrem Sinn gemäß, dann gleicht steuerliche Leistungsfähigkeit dem Vermögensbestand zusätzlich der Verschuldungsmöglichkeiten zu einem Zeitpunkt. Über Zeiträume hinweg, sind Schulden zurück zu zahlen;

---

106 Vgl. *Konrad Littmann*: Ein Valet dem Leistungsfähigkeitsprinzip. In: Theorie und Praxis des finanzpolitischen Interventionismus, hrsg. von H. Haller u.a. Tübingen 1970, S. 113-134, hier S. 132.

107 *Franz W. Wagner*: Eine Einkommensteuer muß eine konsumorientierte sein. In: Einkommen versus Konsum - Ansatzpunkte zur Steuerreformdiskussion, hrsg. v. R. Sendlhofer, C. Smekal, H. Winner. Heidelberg 1999, S. 15-35, hier S. 17.
Zur Diskussion in der Steuerrechtswissenschaft vgl. *Joachim Lang*: Prinzipien und Systeme der Besteuerung von Einkommen. Druckfassung des Referats zur 25. Jahrestagung der Deutschen Steuerjuristischen Gesellschaft am 18/19. September 2000, S. 10-13.

108 Vgl. *Klaus Tipke, Joachim Lang*: Steuerrecht. 16. Aufl. Köln 1998, S. 69.

109 Vgl. die bei *Kurt Schmidt*: Die Steuerprogression. Basel-Tübingen 1960, S. 3 genannten Quellen; *Fritz Neumark*: Grundsätze gerechter und ökonomisch rationaler Steuerpolitik. Tübingen 1970, S. 135 spricht von „ökonomisch-finanzieller Dispositionskraft".

deshalb bleibt der Reinvermögensbestand zu einem Zeitpunkt als Maß für die Fähigkeit, Zahlungen zu leisten. Eine ausschließliche Vermögensteuer beschneidet aber die Möglichkeiten für den künftigen Erwerb. Die Zukunftsvorsorge wird vernachlässigt. Schon das römische Recht schränkte deshalb die Steuerpflicht ansatzweise auf das ertragbringende Vermögen ein. Daraus entwickelte sich nach und nach die Einkommensbesteuerung[110], wobei Einkommen am Ende einer Abrechnungsperiode erst dann vorliegt, nachdem das Vermögen zu Beginn der Periode zumindest rechnerisch erhalten geblieben ist. Der Begriff des Einkommens setzt Vermögenserhaltung voraus. Wie diese Vermögenserhaltung gemessen wird: nominal, real (kaufkrafterhaltend), als Substanz oder Ertragswert ist ein zweites Problem, das in der Steuerbilanztheorie zu erörtern ist, vgl. S. 45[12], 321.

Rechtlich spricht die Eigentumsgarantie des Grundgesetzes (§ 14 GG), ökonomisch der Gesichtspunkt der Zukunftsvorsorge gegen das Vermögen als Bezugsbasis für steuerliche Leistungsfähigkeit. Deshalb wird verwirklichter Mittelerwerb heute im Einkommen gemessen. Damit kann aber steuerliche Leistungsfähigkeit nicht mehr mit der Fähigkeit, Steuern zu zahlen, gleichgesetzt werden. Die vielfach vertretene Auffassung, daß die „am ehesten" der steuerlichen Leistungsfähigkeit entsprechende Besteuerung die des Einkommens sei, steht hierzu im Widerspruch.

(5) Zum Adjektiv: Statt von „steuerlicher" Leistungsfähigkeit wird auch von „individueller", „finanzieller"[111] oder „wirtschaftlicher"[112] Leistungsfähigkeit gesprochen.

(a) Der Zusatz „individuell" ist überflüssig, weil der Gegenbegriff „kollektive" Leistungsfähigkeit in der steuerlichen Betriebswirtschaftslehre keinen Sinn ergibt; denn nur für natürliche Personen bedarf es einer Maßgröße für gerechte Verteilungsfolgen. Vom finanziellen Ergebnis abhängende Steuerzahlungen der von natürlichen Personen errichteten Organisationen (Kapitalgesellschaften, Stiftungen usw.) sind in die persönliche Steuerlast der Personen einzurechnen, die in ihnen durch Dienste oder Geldeinsatz gegen Gewinnansprüche mitwirken. Diese Sichtweise ist wirtschaftlich geboten, weil die Entscheidungen in den Organisationen von natürlichen Personen getroffen und als Handlungen verwirklicht werden.

---

[110] Vgl. im einzelnen *Dieter Schneider*: Betriebswirtschaftslehre, Band 4, Kapitel IV e).

[111] Vgl. z. B. *Paul Kirchhof*: Die Widerspruchsfreiheit im Steuerrecht als Verfassungspflicht. In: StuW Jg. 77 (2000), S. 316-327, hier S. 325, 327, 317.

[112] Vgl. z. B. *Joachim Lang*: Unternehmenssteuerreform. In: Unternehmenstheorie und Besteuerung, hrsg. von R. Elschen, T. Siegel, F.W. Wagner. Wiesbaden 1995, S. 399-418, hier S. 402.

(b) Der Zusatz „finanzielle" Leistungsfähigkeit beschränkt die Messung der Steuerbelastung auf die aus Steuerzahlungen. Nach dieser Sprachregelung beanspruchen die physische und psychischer Belastung im Dienste der Steuererhebung keine für die Besteuerung zu beachtende finanzielle Leistungsfähigkeit des Steuerpflichtigen. Er wird zum Frondienste Leistenden eingespannt: Ausdruck eines wenig demokratischen Staatsverständnisses. Selbst wenn zur Rechtfertigung die Umrechnungsschwierigkeiten physischer und psychischer Belastungen in damit vergleichbare Steuerzahlungen herangezogen werden, bleibt hier eine Ungereimtheit: Wer die eigene Arbeitsbelastung durch Beauftragen steuerberatender Berufe mindert, dessen diesbezügliche Ausgaben kürzen sein zu versteuerndes Einkommen als derzeitiges rechtliches Maß der steuerlichen Leistungsfähigkeit. Wer Sonderausgaben für die Steuerberatung aufwendet, wird (unter sonst gleichen Umständen) in seiner persönlichen Steuerlast günstiger gestellt als derjenige, der die Arbeitsbelastung im Dienste der Steuererhebung selbst auf sich nimmt. Gleichwohl ist die Abzugsfähigkeit der Steuerberatungshonorare bei der Berechnung des zu versteuernden Einkommens richtig, weil Tätigkeiten im Dienste der Steuererhebung keine Kosten der privaten Lebensführung sind und die Honorarausgaben des Steuerpflichtigen zu Einnahmen und Einkommen der steuerberatenden Berufe werden.

Jedoch müßte der Steuergesetzgeber, namentlich bei dem Steuerrechtschaos, das er inzwischen angerichtet hat, *allen Steuerpflichtigen einen Freibetrag wegen der Mithilfe zur Steuererhebung zugestehen, soweit sie auf die Inanspruchnahme steuerberatender Berufe verzichten.*

(c) Der Zusatz „wirtschaftliche" Leistungsfähigkeit wird üblicherweise deckungsgleich mit „finanzieller" Leistungsfähigkeit benutzt. Eine Differenzierung zwischen wirtschaftlicher und steuerlicher Leistungsfähigkeit wählt *Tipke*: Wirtschaftliche Leistungsfähigkeit drücke sich im (vermutlich wirtschaftlich verstandenen) Einkommen aus, die steuerliche Leistungsfähigkeit bleibe hinter der wirtschaftlichen zurück, weil jeder Bürger einen Teil seines Einkommens für sein und seiner Familie Existenzminimum verwenden muß. Erst das nach Abzug dieses Existenzminimums verbleibende disponible Einkommen messe seine steuerliche Leistungsfähigkeit[113].

(d) Der Zusatz „steuerliche" Leistungsfähigkeit ist ein Kürzel für „Besteuerung nach der Leistungsfähigkeit". In der steuerlichen Betriebswirtschaftslehre erscheint

[113] Vgl. *Tipke*: Steuerrechtsordnung, S. 481.

dieser Zusatz zur Abgrenzung sinnvoll, da Leistungsfähigkeit sich in der Betriebswirtschaftslehre auf verschiedene Sachverhalte bezieht: die Leistungsfähigkeit eines Mitarbeiters innerhalb einer Organisation, die Leistungsfähigkeit einer Maschine, die Erhaltung der Leistungsfähigkeit einer Unternehmung als Voraussetzung der Gewinnermittlung usw. Als Verständnishilfe zur Eingrenzung auf die Beurteilung der Verteilungsfolgen persönlicher Steuerzahllasten wird im folgenden von „steuerlicher Leistungsfähigkeit" gesprochen.

2. *Alternative Maßgrößen steuerlicher Leistungsfähigkeit*

a) **Woran soll gleiche steuerliche Leistungsfähigkeit gemessen werden?** Diese Frage kennzeichnet das grundlegende Problem der Lehre von der Steuerlast, denn: Wer fordert, „eine höhere steuerliche Leistungsfähigkeit ist relativ stärker zu besteuern als eine niedrigere", kann dies erst erreichen, wenn gesichert ist, daß wenigstens „gleiche steuerliche Leistungsfähigkeit unterschiedslos besteuert wird". Und es heißt nach dem Monde haschen, wenn eine „gleichmäßigere Einkommensverteilung über die Besteuerung" (also eine Umverteilungszielsetzung) gefordert wird, solange das, was als steuerpflichtiges Einkommen eines Landwirtes, eines Gewerbetreibenden, eines Arbeitnehmers, errechnet wird, überhaupt nicht den gleichen Wohlstand bzw. eine gleiche Wohlstandsmehrung anzeigt, d.h. solange ein steuerpflichtiges Einkommen von 30.000 € bei dem einen (z.B. dem Land- und Forstwirt) mehr als den doppelten Lebensstandard verkörpern kann als bei einem anderen (z.B. dem Arbeitnehmer), wie es in der Bundesrepublik aufgrund der unterschiedlichen Arten der Einkunftsermittlung der Fall ist (S. 48-52).

Erst wenn „unterschiedslose Besteuerung gleicher steuerlicher Leistungsfähigkeit" verwirklicht worden ist, kann man mit Aussicht auf Erfolg daran gehen, nachzudenken, um wieviel „eine höhere steuerliche Leistungsfähigkeit relativ stärker zu besteuern sei als eine niedrigere".

Die Maßgröße „steuerliche Leistungsfähigkeit" steht im Nenner einer Steuerquote und dient hierbei als Bezugsgröße für die Verteilungsfolgen aus persönlichen Steuerzahlungen, welche die Steuerzahllast festlegen.

Die Maßgröße für steuerliche Leistungsfähigkeit hat sich im Zeitablauf mit veränderten wirtschaftswissenschaftlichen Einsichten gewandelt, und ihre mehr oder weniger bescheidene Berücksichtigung in den Steuergesetzen verschiebt sich mit dem gesellschaftlichen und politischen Verständnis für die Berücksichtigung wirtschaftswissenschaftlicher Einsichten.

b) Verschiedene Bedeutungsinhalte von „steuerlicher Leistungsfähigkeit" sind entwickelt worden, die im folgenden einander gegenübergestellt werden. Dazu sind zwei Unterscheidungen notwendig:

(1) Der Begriff „gleiche steuerliche Leistungsfähigkeit" wird bezogen entweder auf die Entstehungsseite des Volkswohlstands oder auf die Verwendungsseite. Bei einer einzelwirtschaftlichen Betrachtung sind selbst für eine Wirtschaftsperiode die beiden Bezugsgrößen nicht gleich.

(a) Von der *Entstehungsseite* her gesehen verkörpern sich gleiche wirtschaftliche Sachverhalte im Ergebnis der persönlichen Erwerbs- bzw. Unternehmenstätigkeit: im Erwerb von Gütern, einem **Mittelerwerb**.

(b) Von der *Verwendungsseite* her gesehen verkörpern sich gleiche wirtschaftliche Sachverhalte im Ergebnis der persönlichen Haushaltstätigkeit: im Verbrauch oder Gebrauch von Gütern, einer **Bedürfnisbefriedigung.** Da alle Entscheidungen praktisch unter Unsicherheit fallen, zählt zu den zu befriedigenden Bedürfnissen auch ein „Sicherheitsbedürfnis", verwirklicht durch einen höheren Finanzierungsspielraum zum Gütererwerb, oder ein verwirklichtes „Freiheitsbedürfnis" in Form eines geringeren Zwangs, Freizeit in Arbeitszeit umzuwandeln. Beides wird durch den Vermögensbestand geschaffen.

(2) Unter „steuerlicher Leistungsfähigkeit" wird daneben verstanden entweder die **Verwirklichung** (die tatsächliche Erzielung) von Mittelerwerb bzw. Bedürfnisbefriedigung oder die **Möglichkeit** (das Potential, die Kapazität) zum Mittelerwerb bzw. zur Bedürfnisbefriedigung.

(a) Wer steuerliche Leistungsfähigkeit an der Verwirklichung ökonomischer Tatbestände (Mittelerwerb, Bedürfnisbefriedigung) mißt, richtet die von ihm empfohlene Besteuerung daran aus, was die Steuerpflichtigen tatsächlich tun werden oder getan haben.

(b) Wer die steuerliche Leistungsfähigkeit an der Möglichkeit, dem Potential, zum Mittelerwerb oder zur Bedürfnisbefriedigung, mißt, richtet die Besteuerung daran aus, was die Steuerpflichtigen hätten tun können.

(3) Demzufolge läßt sich die steuerliche Leistungsfähigkeit einer Person während einer Wirtschaftsperiode (z.B. eines Kalenderjahres) nach vier Bezugsgrößen ordnen.

Die folgende Übersicht faßt die vier Bezugsgrößen und die von ihnen jeweils geforderte Steuerbemessungsgrundlage zusammen:

Steuerliche Leistungsfähigkeit

kann bezogen werden auf:	Entstehung des Wohlstandes	Verwendung des Wohlstandes
Marktmäßige Verwirklichung	1. Verwirklichung von Mittelerwerb Einkommensbesteuerung	2. Verwirklichung von Bedürfnisbefriedigung Besteuerung der persönlichen Konsumausgaben und des Reinvermögensbestandes
Persönliche Möglichkeit	3. Möglichkeit zum Mittelerwerb Solleinkommenbesteuerung	4. Möglichkeit zur Bedürfnisbefriedigung Einheitliche Besteuerung des Anfangsreinvermögens und Einkommens

Von den vier Bezugsgrößen sind schon aus Gründen einer rechtssicheren Erfassung jene beiden, die steuerliche Leistungsfähigkeit an der **marktmäßigen Verwirklichung** ausrichten, vorzuziehen. Jene beiden, die auf die persönlichen Möglichkeiten abstellen, sind unabhängig von ihren Erfassungsproblemen mit dem heutigen Demokratie-Verständnis nicht zu vereinbaren, wie der 3. Abschnitt belegt.

c) Für das **Einkommen** als Maßgröße steuerlicher Leistungsfähigkeit spricht:

(1) Wer das realisierte Einkommen besteuert, sieht jedermann, auch den Arbeitnehmer, im Hinblick auf die Unsicherheit des Einkommenserwerbs als Unternehmer seines Wissens, seiner Arbeitskraft und seines sonstigen Vermögens an. Gleichmäßigkeit der Besteuerung verlangt dann, daß sowohl das Ausmaß des Arbeitseinsatzes eines jeden als auch dessen Einkommensverwendung zu Konsum oder Ersparnis freie Entscheidung ist, die in einer demokratischen Gesellschaft jenseits des steuerlichen Zugriffs liegen sollte.

(2) Wer das jährliche Einkommen besteuert, belastet das verwirklichte Ergebnis eines Erwerbsplans, *bevor* dieses Ergebnis als Datum in Konsum- und Sparpläne eingeht. Deshalb ist auch eine Besteuerung der Einkünfte aus vorangegangener Ersparnis geboten, eine *Vermögensbesteuerung als ergänzende Sollertragsbesteuerung* jedoch zu unterlassen. Da der verwirklichte Reinvermögenszugang je Periode zu besteuern ist, entfällt das Argument, daneben den *Vermögensbestand* als Potential zur Verringerung von Konsumunsicherheiten zu besteuern.

(3) Wer das ex post *verwirklichte* Einkommen besteuert, fragt nicht danach, ob die zugrunde liegenden Entscheidungen nutzenmaximal oder irrational fielen, auf geplanten vernünftigen Erwartungen oder Ex-post-Überraschungen beruhen. Das Steuersystem einer Wettbewerbsordnung hat die wohlfahrtsökonomische Modellvorstellung eines Konkurrenzgleichgewichts zu verwerfen, weil in diesem Wettbewerb nicht stattfinden kann; denn im Konkurrenzgleichgewicht kauft oder verkauft ein jeder Marktteilnehmer zu einem vorgegebenen Preis. Aber wer ändert dann den Preis, damit eine Markträumung von überschüssiger Nachfrage oder überschüssigem Angebot stattfindet?

Damit entfallen als steuerpolitische Zielvorstellungen die Werturteile intertemporaler und intersektoraler Allokationseffizienz, weil sie nur im Konkurrenzgleichgewicht, also bei getötetem Wettbewerb, erreichbar wären. Selbst wenn es als empirische Gesetzmäßigkeit eine

Tendenz zum Gleichgewicht unter Unsicherheit gäbe, ist zweifelhaft, daß entscheidungsneutrale Steuersysteme mit ihren wirklichkeitsfernen Voraussetzungen diese Tendenz fördern oder wenigstens nicht behindern würden.

(4) Eine Unsicherheiten und Wissensänderungen im Zeitablauf beachtende, also *evolutorische* Sicht von Gleichmäßigkeit der Besteuerung berücksichtigt Unsicherheit in dem Sinne, daß bei jeder Handlungsmöglichkeit neben geplanten Zukunftslagen auch nicht planbare künftige Zustände der Welt als Ex-post-Überraschungen eintreten können. Deshalb ist schon bei der Betrachtung nur eines einzelnen „repräsentativen" Steuerpflichtigen zur Verwirklichung von Gleichmäßigkeit der Besteuerung darauf zu verzichten, das mit dem Alter wechselnde ein- oder mehrperiodige Zielgrößenbündel seines Handelns zu wählen. Erst recht wird ein Abweichen zwischen den Zielgrößenbündeln bei Einzel- oder Gruppenentscheidungen vieler Menschen und einer gesellschaftlich normierten Bezugsgröße für steuerliche Leistungsfähigkeit erzwungen, wenn beachtet wird, daß Menschen Unterschiedliches wollen und ihre Präferenzen durch Lernen aus Erfahrungen und im Zwang zu Gruppenentscheidungen ändern.

(5) Investitionsentscheidungen fallen überwiegend in Organisationen und hier durch Gruppenentscheidungen, für die eine gemeinsame Nutzenfunktion (eine Sozialwahlfunktion) entscheidungslogisch nicht immer besteht und praktisch für einen lebenslangen Zeitraum nicht durch Einigung zu erreichen sein wird. Während für eine einperiodige Maßgröße Einkommen als Zielgröße des Handelns und als gesellschaftliche Norm für eine Steuerbelastung vielleicht noch unter zahlreichen Personen Zustimmung finden kann, ist dies für den Verlauf einperiodiger Nutzenfunktionen (und folglich erst recht für lebenslange) praktisch auszuschließen.

d) Bei der Wahl zwischen der Verwirklichung von Mittelerwerb, gemessen im wirtschaftlichen Einkommen, und der Verwirklichung von Bedürfnisbefriedigung, gemessen zunächst nur in den periodischen Konsumausgaben, spricht auf den ersten Blick manches für eine Besteuerung der **persönlichen Konsumausgaben**:

(1) Als erstes Argument wird häufig das Vermeiden einer „Doppelbesteuerung der Ersparnis" genannt. Eine Besteuerung nur der persönlichen Konsumausgaben läßt in der Periode des Einkommenserwerbs die Ersparnis steuerfrei (besteuert aber Konsumausgaben, die durch Verschuldung finanziert werden). Wird das Einkommen besteuert, so fällt Steuer auch auf die Ersparnis an und in späteren Perioden Steuer auf die (Zins-, Dividenden-)Erträge der bereits versteuerten Ersparnis[114].

Die „Doppelbesteuerung der Ersparnis" ist heute als begriffliches Verwirrspiel entlarvt. Die Unhaltbarkeit des Einwandes „Doppelbesteuerung der Ersparnis" wird offenkundig, wenn sorgfältig zwischen den beiden alternativen Bezugsgrößen steuerliche Leistungsfähigkeit unterschieden wird:

(a) Wird Gleichmäßigkeit der Besteuerung als unterschiedslose Steuerzahlung bei gleich hoch erachteter steuerlicher Leistungsfähigkeit definiert und die steuerliche Leistungsfähigkeit anhand der persönlichen Konsumausgaben (der Einkommensverwendung zum Zwecke des Verbrauchs) gemessen, dann ist eine Besteuerung von Konsumausgaben und Ersparnis je Periode ein Verstoß gegen die gewählte Bezugsgröße steuerlicher Leistungsfähigkeit. Insofern ist eine Einkommensteuer ungerecht. Diese Ungerechtigkeit als „Doppelbesteuerung der Ersparnis" zu bezeichnen, ist verfehlt. Eine solche liegt nicht vor liegt, wenn die Ersparnis in t_0 und die Zinserträge aus der Ersparnis in t_0 in t_1 bis t_n besteuert werden, weil in t_1 bis t_n nur auf den jeweiligen Zinszuwachs Steuern zu zahlen sind.

(b) Wird hingegen steuerliche Leistungsfähigkeit durch den persönlichen periodischen Einkommenserwerb gemessen, dann ist die Art der Einkommensverwendung (ob Konsum oder Ersparnis) für die Beurteilung einer gleichmäßigen Besteuerung unerheblich. Der Zufluß an Arbeitslöhnen oder Gewinnen usw. in einer Periode ist zu versteuern und der aus der Ersparnis dieser Periode in späteren Jahren zufließende Zinsertrag ebenfalls. Es liegt hier erst recht keine Doppelbesteuerung der Ersparnis vor, weil bei der Bezugsgröße periodischer Einkommenserwerb die Art der Einkommensverwendung unbeachtlich ist.

---

114 Ansatzweise bei *Thomas* Hobbes: Leviathan, ore the Matter, Forme and Power of a Common-Wealth Ecclesiasticall an Civill. London 1651; Deutsch Leviathan..., 3. Aufl., Frankfurt 1989, S. 263; *John Stuart Mill*: Principles of Political Economy ...(1848); deutsch: Grundsätze der politischen Ökonomie mit einigen ihrer Anwendungen auf die Sozialphilosophie. Jena 1921, S. 812-814.

(2) Die Vorschläge zu einer *periodenbezogenen persönlichen Konsumausgabensteuer* zielen sowohl auf die Entscheidungswirkungen als auch die Verteilungsfolgen. Im Hinblick auf die Entscheidungswirkungen wird mehr wirtschaftliches Wachstum erhofft, im Hinblick auf die Verteilungsfolgen mehr steuerliche Gerechtigkeit durch eine stärkere Umverteilung, weil der Steuersatzverlauf einer persönlichen Konsumausgabensteuer weitaus stärker progressiv gestaltet werden kann als der einer Einkommensteuer[115]: Wer erheblich mehr für den Konsum ausgibt als ein anderer, der soll nach gängigen Sozialneidvorstellungen auch erheblich mehr in den Staatssäckel abführen!

(3) Ist eine persönliche Konsumausgabensteuer zu verwirklichen? *Fisher* und *Kaldor*[116]erläutern Wege, die für alle Steuerpflichtigen eine persönliche Ausgaben-„Veranlagung" vorsehen. Inwieweit diese Vorschläge durchführbar sind, ist bisher für Industrieländer nicht im einzelnen untersucht. Vielmehr wird die persönliche Ausgabensteuer mittelbar angestrebt: durch eine Steuerfreistellung von Unternehmungen bei den einzelnen Formen der Cash-flow Steuersysteme (S. 103 f.). Die unmittelbare persönliche Ausgabensteuer wird durchweg ohne Einzelanalyse wegen der Erfassungsschwierigkeiten verdammt, und zwar oft von Finanzwissenschaftlern, wel che die Erfassungsprobleme und die daraus folgenden Verstöße gegen Gleichmäßigkeit der Besteuerung bei der gegenwärtigen Einkommensteuer entweder gar nicht erkennen oder als unvermeidbar hinzunehmen bereit sind.

Eine vereinfachte Form der persönlichen Ausgabensteuer könnte so aussehen:

(a) Für die nichtselbständig Tätigen bleibt es beim bisherigen Quellenabzugsverfahren (der Lohnsteuer); für den Lohnsteuerjahresausgleich ist eine *Ersparnisbilanz* aufzustellen, um die Steuerfreiheit der Ersparnisse zu erreichen.

(b) Die Buchführungspflicht wäre bei Land- und Forstwirten und selbständig Tätigen, um der Nachprüfbarkeit willen, zu erweitern. Sämtliche buchführenden Betriebe zahlen eine „Betriebssteuer" als anrechenbare Vorsteuer auf die Einkommensteuerschuld, also als Quellensteuer ähnlich dem Integrationsverfahren, S. 59-61.

---

[115] Vgl. *Nicholas Kaldor*: An Expenditure Tax. London 1955, Kap. 3-6, S. 48 f.

[116] Vgl. *Irving Fisher*: Income in Theory and Practice. In: Econometrica, Vol. 5 (1937), S. 1-55; *Irving Fisher, Herbert W. Fisher*: Constructive Income Taxation. New York 1942, ab S. 8; *Kaldor*: An Expenditure Tax, S. 192 f.

Die Grundlage für die Besteuerung des Unternehmerhaushalts bildet der Zufluß aus dem Betrieb: Privatentnahmen (Gewinnausschüttung, Kapitalrückzahlung) und Verschuldung gegenüber dem Betrieb. Der Zufluß ist wie bei den nichtselbständig Tätigen um den Saldo einer Ersparnisbilanz des Haushaltes zu korrigieren.

(c) Nicht buchführende (Kleinst-) Land- und Forstwirte, Gewerbetreibende, selbständig Tätige führen wie bisher eine Überschußrechnung durch: Gewinnermittlung nach § 4 (3) EStG.

(d) Die Bezieher von Einkünften aus Kapitalvermögen, Vermietung und Verpachtung (wenn für diese nicht auch „Gewinnermittlung" vorgesehen wird) und die Empfänger sonstiger Einkünften bleiben bei der Überschußrechnung als Saldo der Einnahmen abzüglich der Werbungskosten. Zusätzlich wird eine Ersparnisbilanz des Haushalts berücksichtigt.

(d) Neu in der Besteuerung ist lediglich die **Ersparnisbilanz** für jeden Haushalt. Schwierigkeiten in der Ersparnisbilanz schaffen Gebrauchsgüter im Haushalt: das eigene Haus, Kunstwerke, Auto usw. Hier ist zu entscheiden, ob es sich um ein Konsumgut handelt (die Anschaffungsausgaben erhöhen uneingeschränkt im Jahr der Anschaffung die Steuerbemessungsgrundlage „Konsumausgaben") oder um ein Investitionsgut (nur ein der Anlagenabschreibung ähnlicher Betrag je Jahr der Nutzung zählt als periodische Konsumausgabe).

(4) Ausschlaggebend ist, daß bei einer Wahl der persönlichen Konsumausgaben als Maßgröße steuerlicher Leistungsfähigkeit die **Ersparnis** (Vermögensanhäufung) und damit der **Vermögensbestand steuerfrei bleibt**. Diese Setzung löst Entscheidungswirkungen aus, weil Allokationseffizienz (Pareto-Optimalität) von der Höhe des Vermögens (der Anfangsausstattung) abhängt, bis auf den S. 269 f. erläuterten ökonomisch abwegigen Sonderfall *linearer Engelkurven*. In linearen Engelkurven wächst die Nachfrage nach einem Gut bei alternativ steigenden Einkommenshöhen proportional zu dem Einkommen.

(5) Im Hinblick auf die Verteilungsfolgen sichert eine Besteuerung nur der persönlichen Konsumausgaben eine steuerfreie Vermögensanhäufung. Zwei Personen, die jährlich das gleiche konsumieren, von denen aber der eine vermögenslos, der andere Vermögensmilliardär ist, werden nach diesem Vorgehen „gerechterweise" unterschiedslos besteuert.

Da jedoch ein Vermögensbestand dem Eigentümer mehr künftige Konsumsicherheit und mehr Entscheidungsfreiheit schafft, als sie ein Vermögensloser besitzt (also ein Sicherheits- und Freiheitsbedürfnis besser erfüllt), verlangt Gleichmäßigkeit der Besteuerung im Hinblick auf die Bezugsgröße „Verwirklichung von Bedürfnisbefriedigung", daß neben den persönlichen Konsumausgaben der Vermögensbestand (als Maßgröße für ein verwirklichtes Sicherheits- und Freiheitsbedürfnis) besteuert wird. Eine Besteuerung des Vermögensbestandes ist im Hinblick auf die Gleichmäßigkeit der Besteuerung in jeder Periode geboten. Eine Erfassung des Vermögensbestandes am Lebensende als „Endkonsumausgabe" ändert an der Steuerbefreiung der Bedürfnisbefriedigung aus einem Vermögensbestand während der Lebenszeit der Steuerpflichtigen nichts[117].

e) Die bisherigen Erläuterungen zur steuerlichen Leistungsfähigkeit stellen eine **Einkommensteuer als Alleinsteuer** einer Besteuerung der **persönlichen Konsumausgaben** gegenüber, die jedoch **eine zweite Steuer auf den Vermögensbestand an jedem Jahresanfang erfordert,** um dem Merkmal „Besteuerung der verwirklichten Bedürfnisbefriedigung" zu genügen. **Alle anderen Steuern auf Unternehmensleistungen (insbesondere die Umsatzsteuer) oder auf Unternehmensmittel, einschließlich aller Verbrauchsteuern** (jedoch ohne Erbschaftsteuer, die der Einkommensbesteuerung zugeordnet werden kann), sind im Hinblick auf die Messung steuerlicher Leistungsfähigkeit über verwirklichten Mittelerwerb oder verwirklichte Bedürfnisbefriedigung nicht zu begründen. Sie erhalten ihre Rechtfertigung aus dem leichteren fiskalischen Zugriff und aus wirtschafts- oder umweltpolitischen Werturteilen.

Bei der Wahl zwischen beiden Modellsteuersystemen zur gerechten Besteuerung (Besteuerung des verwirklichen Mittelerwerbs über eine Einkommensteuer oder steuerung der verwirklichten Bedürfnisbefriedigung durch eine persönliche Konsumausgabensteuer mit Vermögensbestandsbesteuerung) ist zu beachten:

---

[117] Zu Vorschlägen, neben einer persönlichen Konsumausgabensteuer eine periodische Vermögensteuer zu erheben, vgl. *Dieter Schneider*: Gewinnermittlung und steuerliche Gerechtigkeit. In: ZfbF, Jg. 23 (1971), S. 352-394, hier S. 369-371; *J. E. Meade*: The Structure and Reform of Direct Taxation. Report of a Committee, chaired by Professor J. E. Meade. London 1978, S. 351 f.

(1) Wenig strittig dürfte sein, daß im Hinblick auf Wettbewerbsfähigkeit und eine Verringerung der Steuerwirkungen durch Nichtbehinderung der Allokation eine Einkommensteuer in der heutigen und erst recht in einer ökonomisch sinnvoll reformierten Weise weniger verzerrt als eine persönliche Konsumausgabensteuer, wenn diese *gemeinsam mit einer Steuer auf den Vermögensbestand zu Beginn eines jeden Jahres* erhoben wird.

(2) Im Hinblick auf die Wahrung von Gleichmäßigkeit der Besteuerung ist eine alleinige Einkommensteuer einem **Mehrsteuerartensystem** aus Konsumausgabensteuer und Vermögensbestandsbesteuerung aus zwei Gründen überlegen:

(a) In einem Mehrsteuerartensystem wäre ein Weg zu finden, die Zahlungen für diese oder jene Steuer in eine allgemeine Bezugsgröße für steuerliche Leistungsfähigkeit umzurechnen. Werden eine persönliche Konsumausgabensteuer und eine Vermögensbestandssteuer nebeneinander erhoben und hat Steuerpflichtiger A ein doppelt so hohes Vermögen wie B, muß man wissen, wie hoch die Konsumsumme des B zu sein hat, damit er über die gleiche steuerliche Leistungsfähigkeit wie A verfügt.

(b) Gleichmäßigkeit der Besteuerung in einem Mehrsteuerartensystem zu verwirklichen, schafft zugleich Steuersatzprobleme, weil schon im Hinblick auf Entscheidungswirkungen regelmäßig ein entscheidungsneutraler Tarif progressiv verläuft (S. 142 f.). Im Hinblick auf gerechte Verteilungsfolgen muß derjenige, der 10.000 € Konsumausgabensteuer und 8.000 € Vermögensbestandssteuer zahlt, dieselbe steuerliche Leistungsfähigkeit aufweisen wie derjenige, der ohne Vermögen 18.000 € Konsumausgabensteuer leistet. Da es noch keine stichhaltige Begründung für Steuersatzverläufe gibt, hängt schon deshalb Gleichmäßigkeit der Besteuerung in einem Mehrsteuerartensystem in der Luft. Damit dürfte unter den einperiodigen Bezugsgrößen das Einkommen den jährlichen Konsumausgaben und dem jährlichen Vermögensbestand vorzuziehen sein.

(3) Die Probleme (2a) und (2b) entstehen für jedes Mehrsteuerartensystem, insbesondere das derzeit steuerpolitisch akzeptierte aus Einkommen-, Umsatz- und Verbrauchsteuern mit „Ökosteuern". Wer dieses Steuersystem für gerechtfertigt hält, verkauft die Ethik gerechter Besteuerung an die fiskalische Bequemlichkeit historisch gewachsener Zöpfe und wissenschaftlich nur kläglich reflektierter Wertungen.

3. *Die Unhaltbarkeit einer Besteuerung von Möglichkeiten zum Mittelerwerb, zur Bedürfnisbefriedigung und des Freizeitnutzens*

a) Bei der Bezugsgröße **Möglichkeit zum Mittelerwerb** verlangt Gleichmäßigkeit der Besteuerung: Zwei Personen, die gleiche Möglichkeiten haben, Mittel zu erwerben, sollen gleich viel Steuern zahlen, unabhängig davon, ob sie tatsächlich die Mittel erwerben oder nicht. Die Möglichkeiten zum Mittelerwerb können im Vermögen gesehen werden sowie in der Fähigkeit zu zusätzlicher Arbeit aufgrund aller angeborenen und durch Ausbildung erreichten persönlichen Fähigkeiten. Zu besteuern wäre jenes „Solleinkommen", das eine Person aufgrund aller angeborenen und anerzogenen Fähigkeiten innerhalb der Normalarbeitszeit mit ihrem Sachvermögen und ihren Fähigkeiten während einer Besteuerungsperiode hätte erzielen können. Theoretisch sauber wäre als Besteuerungsperiode dabei die gesamte Lebenszeit zu wählen.

(1) Einigen Volkswirten schwebt als Ideal eine allgemeine Fähigkeitsbesteuerung vor, weil dadurch angeblich Steuerausweichhandlungen unmöglich werden[118]. Daran ist lediglich richtig, daß jemand z.B. der Einkommensteuer ausweichen kann, indem er nichts verdient. Falsch ist jedoch, daß damit Anpassungsentscheidungen unmöglich werden: Wer unabhängig vom Ergebnis seiner Erwerbstätigkeit einen Steuerbetrag zu zahlen hat, wird z.B. bei der Wahl zwischen risikoarmen und risikoreichen Investitionen die risikoarmen vorziehen müssen, schon damit er die ergebnisunabhängigen Steuerzahlungen auch bei Eintritt schlechter Zukunftslagen leisten kann. Es ist aber überaus zweifelhaft, ob eine Besteuerung, welche die Entscheidenden zu einem Verzicht auf Risikoübernahme zwingt, im Interesse der Wirtschafts- und Finanzpolitik liegt.

(2) Bei einer allgemeinen Fähigkeitsbesteuerung wird jedermann ein elementares Interesse daran entwickeln, daß seine Fähigkeiten so niedrig wie möglich eingestuft

[118] Vgl. z. B. *Kenneth J. Arrow*: Some Ordinalist – Utilitarian Notes an Rawls's Theory of Justice. In. The Journal of Philosophy, Vol. 70 (1973), S. 245-263, hier S. 260; *Heinz Haller*: Gedanken zur Vermögensbesteuerung. In: Finanzarchiv, NF, Bd. 36 (1977/78), S. 222-248, hier S. 260. Kritisch dazu: *Dieter Schneider*: Bezugsgrößen steuerlicher Leistungsfähigkeit und Vermögensbesteuerung. In. Finanzarchiv, NF, Bd. 37 (1979), S. 26-49.

werden. Fähigkeiten können aber nur an den tatsächlichen Leistungen gemessen werden (vgl. z.B. die Aufnahme von Akkordrichtzeiten). Welche Folgen eine Fähigkeitsbesteuerung auf die Wirtschaftlichkeit der Leistungserstellung, das Verwirklichen von technischem Fortschritt usw. auslösen würde, läßt sich ausmalen.

Ob jemand Arbeit findet und wieviel er tatsächlich erwirbt, ist im Hinblick auf gerechte Besteuerung irrelevant. Persönliches Pech durch Krankheit, fast täglich sich wiederholende stundenlange Verkehrsstaus oder Verluste bei Investitionen wären für eine so verstandene „gerechte" Steuerzahlpflicht unerheblich. Nicht gesagt wird, ob verbrecherische Vermögenszuflüsse durch Raub, Schutzgelderpressung, Drogenhandel usw. dieses Lebenseinkommenspotential mitbestimmen sollen oder nicht.

(3) Schließlich vernichtet eine Fähigkeitsbesteuerung die Freiheit des einzelnen. Denn sie bedeutet: Alle seien gleich zu behandeln durch das obrigkeitliche Diktat: „Ihr könntet nach Euren Fähigkeiten so viel Mittel erwerben, deshalb zahlt entsprechend viel Steuern, gleichgültig, wieviel ihr tatsächlich erreicht habt!" Die Besteuerung an der „Verwirklichung" von Mittelerwerb auszurichten, heißt demgegenüber: Alle gleich zu behandeln, nachdem die Steuerpflichtigen selbst entschieden haben, wieviel sie an Mitteln erwerben.

(4) Dennoch suchte z.B. das Bundesverfassungsgericht die (vorerst abgeschaffte) Vermögensteuer als eine Form einer „Fähigkeitssteuer" zu rechtfertigen: als Steuer auf Sollerträge des Vermögens. Von einem Richter wird dazu die Verfassungsmäßigkeit von Sollertragsteuern wie folgt eingeschränkt: „Lediglich eine gleichzeitige Erhebung von Soll-Ertragsteuern und Einkommensteuern ohne Anrechnung ... berührt die Grenzen von Gleichmaß und Übermaßverbot. Soweit der Gesetzgeber eine Soll-Besteuerung der Ertragsquellen wählt, ist allerdings zu bedenken, daß ... auch Arbeitskraft als Ertragsquelle genutzt" werde. Hier stelle „sich eine Gleichheitsfrage, soweit die Ertragskraft der Arbeit heute in ähnlicher Weise verstetigt, abgesichert und ‚fundiert' ist"[119].

Der Schlußsatz besagt wohl im Klartext: Wer faulenzt, obwohl er öffentlicher Angestellter oder gar Beamter werden könnte, wäre mit einer Sollertragsteuer zu bela-

---

[119] *Paul Kirchhof*: Freiheit und Steuerpflicht. In: FAZ Nr. 209 v. 7. 9. 1996, S. 10.

sten. Wer die Fähigkeiten zu freiberuflicher oder gewerblicher Tätigkeit besitzt, aber eine mehrjährige Weltumseglung vorzieht, bleibt steuerfrei, weil freiberufliche oder gewerbliche Einkünfte nicht verstetigt, abgesichert und fundiert sind. Ein solcher Begründungsversuch einer Sollertragsbesteuerung ist wirtschaftlicher Unfug.

Steuerliche Gerechtigkeit über eine Bezugsgröße zu messen, die zwei Steuerpflichtige dann unterschiedslos zu belasten fordert, wenn der eine „workaholic" ist, der andere auf Mittelerwerb gerichtete Tätigkeit verzichtet und dadurch das gleiche verdienen könnte, sinkt ethisch auf eine Sklaventreiber-Diktatur ab. **Für eine Gesellschaftsordnung, die dem einzelnen Freiheit in der Gestaltung seines Lebens läßt, ist jede Form einer Fähigkeitsbesteuerung, auch in der Erscheinungsform einer Sollertragsbesteuerung, abzulehnen.**

b) Bei der Bezugsgröße **Möglichkeit zur Bedürfnisbefriedigung besagt Gleichmäßigkeit der Besteuerung**: Zwei Personen mit gleichen Möglichkeiten zur Bedürfnisbefriedigung, unabhängig davon, ob sie diese nutzen (tatsächlich mehr das Leben genießen) oder nicht, sollen die gleichen Steuern zahlen. Welche Maßgrößen für die „Möglichkeit" zur Bedürfnisbefriedigung zu wählen sind, hängt davon ab, worin Verwirklichung von Bedürfnisbefriedigung gemessen wird. Die persönlichen Konsumausgaben einer Periode schaffen ein Potential zur Bedürfnisbefriedigung, falls diese in physischen und psychischen Tatbeständen gesehen wird: 20 € für eine Flasche Wein ausgegeben, bewirken ein physisches und psychisches Nutzenpotential. Der Vermögensbestand kann zusätzlich als ökonomisches Potential für manche Formen psychischer Bedürfnisbefriedigung gelten: z.B. für mehr Sicherheit oder Entscheidungsfreiheit, aber auch als Maß für den Balsam, der die Seele des Geizhalses beim Betrachten seiner Depotauszüge durchrinnt. Das „ökonomische Potential" für verwirklichte Bedürfnisbefriedigung im physischen und psychischen Sinne gleicht also der verwirklichten Bedürfnisbefriedigung, wenn diese in ökonomisch faßbaren Größen gemessen wird.

(1) Wird verwirklichte Bedürfnisbefriedigung in ökonomisch faßbaren Größen, z. B. den Konsumausgaben, gesehen, dann gleicht das ökonomische Potential zu dieser Bedürfnisbefriedigung (bei Ausklammerung zusätzlicher Verschuldung) dem Anfangsreinvermögen zu Beginn einer Periode, vermehrt um das Periodeneinkommen (dem Endvermögen zuzüglich der Konsumausgaben dieser Periode). Anfangsver-

mögen zuzüglich Einkommen (Konsum während der Periode und verbleibende Ersparnis an deren Ende) wären hier als Einheit zu sehen und mit ein und derselben Steuer zu belegen.

(2) Die Möglichkeit zur Bedürfnisbefriedigung ist theoretisch nicht auf eine Periode (z.B. ein Kalenderjahr) zu beschränken, sondern sollte die gesamte Lebenszeit des einzelnen erfassen. Deshalb wird die Möglichkeit zur Bedürfnisbefriedigung in der Lehre von der *„optimal taxation“*[120] durch eine mehrperiodige (intertemporale) Nutzenfunktion „gemessen“, die für den gesamten Lebenszyklus einer natürlichen Person gelten solle. In ihrer einfachsten Form haben dabei natürliche Personen eine intertemporale Nutzenfunktion zu maximieren, die aus *Konsum und Freizeit im Arbeitszeitraum und aus Konsum in den Rentnerjahren* besteht. Besteuert wird der lebenszeitliche Nutzen aus Konsum und Freizeit. **Freizeit gilt also als nutzenstiftendes Gut zur Bedürfnisbefriedigung und damit als Besteuerungsmerkmal.**

c) „Freizeit“ als Besteuerungsmerkmal schafft Bedarf an begrifflicher Klärung. Man kann nicht Konsumausgaben und Freizeit nebeneinander als gegenseitig ersetzbare „Güter“ in eine Nutzenfunktion aufnehmen, da per Definition von Arbeitszeit Konsumausgaben nur in der Freizeit getätigt werden können.

(1) Deshalb stehen sich bei sorgfältigerer Sprechweise nicht Konsum und Freizeit als zu substituierende Größen in einer Nutzenfunktion gegenüber, sondern

(a) der Nutzen höherer Konsumausgaben als Folge höheren Einkommens in größerer Arbeitszeit während des Steuerabschnitts Kalenderjahr, ausgegeben in entsprechend niedrigerer Freizeit, und

(b) der Nutzen geringerer Konsumausgaben als Folge geringeren Einkommens in niedrigerer Arbeitszeit während eines Steuerabschnitts, ausgegeben in entsprechend größerer Freizeit.

---

[120] Vgl. *James A. Mirrlees*: An Exploration in the Theory of Optimum Income Taxation. In: The Review of Economic Studies, Vol. 38 (1971), S. 175-208; *Agnar Sandmo*: Optimal Taxation – An Introduction to the Literature. In: The Journal of Public Economics, Vol. 6 (1976), S. 37-54; *George R. Zodrow*: The Choice between Income and Consumption: Efficiency and Horizontal Equity Aspects. In: S. Cnossen, R.M. Bird: The Personal Income Tax – Phoenix from the Ashes? Amsterdam u.a. 1990, S. 85-115.

(2) Der Nutzen der „Freizeit" kann zwar Einfluß auf das Arbeitszeitangebot nehmen. Aber selbst bei dieser „ex-ante"-Sicht bleibt die Vorstellung eines positiven Grenznutzens der Freizeit anfechtbar. Ein freiwilliger Austausch von Arbeitszeit und „Freizeit" mag für Teilzeit-Jobs suchende Schüler, Studenten oder Hausfrauen zutreffen. Er ist nicht nur für jene Steuerpflichtigen weitgehend Illusion, deren Arbeitszeit tarifvertraglich festliegt, sondern vor allem für jene, durch deren Entscheidungen der Wohlstand der Nationen schwergewichtig bestimmt wird: Selbständige Unternehmer, angestellte Manager, ja selbst Berufspolitiker können unter dem Druck ihrer Verpflichtungen zwischen Mehreinkommen aus mehr Arbeitszeit und Mindereinkommen bei mehr Freizeit kaum aus freiem Entschluß wählen.

(3) Zumindest für qualifizierte Tätigkeiten wird die Modellierung einer Nutzenfunktion mit Konsumausgaben und Freizeit als Merkmalen fehlerhaft, soweit die Arbeit Spaß macht oder Konsum ohne eigene Konsumausgaben während der Arbeitszeit („fringe benefits") ermöglicht. Eine Nutzenfunktion mit Konsum und Freizeit als Variablen wird auch dann für die Beurteilung von Reaktionen auf Steueränderungen unbrauchbar, wenn Ärger am Arbeitsplatz oder zu Hause, auf dem Sportplatz usw. besteht oder eine Änderung der persönlichen Arbeitszeit durch Berufswechsel eine Fülle zusätzlicher Risiken mit sich bringt.

Darüber hinaus schließt eine vorgegebene intertemporale Nutzenfunktion Unsicherheit und jedes Lernen aus der Erfahrung aus, unterschlägt Enttäuschungen zwischen erwarteter und tatsächlicher Bedürfnisbefriedigung, negiert die Einflüsse, die aus dem Zugang an Wissen über die wahrscheinliche Beeinflußbarkeit des im Modell als sicher angenommenen Todeszeitpunktes bestehen, z.B. durch Verzicht auf Drogen, körperliche Höchst- oder Nichtleistungen in der Freizeit.

(4) Freizeit ist zwar notwendige Voraussetzung, um das Leben zu genießen, aber deshalb noch lange kein ökonomisches Gut, das Bedürfnisbefriedigung in Konkurrenz (durch Substitution) mit Konsumausgaben schafft. Indifferenzkurven zwischen Freizeit und Einkommen zu behaupten, erscheint von vornherein als oberflächliche Modellbildung, weil Austauschbeziehungen nur zwischen Freizeit und Arbeitszeit bestehen. Indifferenzkurven zwischen Freizeit und Arbeitszeit aufzustellen, setzt voraus, daß inhaltlich konkretisiert werden kann, worin der jeweilige Nutzen besteht. Wenn der Nutzen der Arbeitszeit im erzielten Geld (Arbeitseinkommen) gese-

hen wird, muß auch der Freizeitnutzen in seinem Einkommensbeitrag gesehen werden; der ist aber definitionsgemäß null. Hier mit dem „ersparten Arbeitsleid" zu argumentieren führt zu einer Doppelzählung: Selbst wenn Arbeitsleid mit physischem und psychischem „Leid" verbunden ist, entfällt dieses Leid in der Freizeit, ganz abgesehen von einem möglichen Leid der Langeweile in der Freizeit.

Einen entgehenden Freizeitnutzen als *Opportunitätskosten* der Arbeitszeit zu deuten, schlittert in einen groben methodologischen Fehler; denn Opportunitätskosten sind, theoretisch sauber gefaßt, der Nutzen, der dann entgeht, wenn in einem Planungsmodell (unter Ausschluß der Unsicherheit) die nutzenmaximale Handlung gewählt und deshalb auf die zweitbeste Alternative verzichtet wird. Zum Erreichen von Gleichmäßigkeit der Besteuerung ergibt ein Merkmal „Nutzenentgang durch die Arbeitszeit" (also: gerade nicht verwirklichte Bedürfnisbefriedigung) keinen Sinn.

d) Aus dem Vorstehenden folgt: Die Bezugsbasis für die Steuerlast muß eine Maßgröße für die **Verwirklichung** von wirtschaftlichen Sachverhalten sein, betrachtet entweder auf der Entstehungsseite des Volkswohlstandes oder auf der Verwendungsseite.

Wählt man die Entstehungsseite, dann ist ein wirtschaftlich, nicht steuerrechtlich verstandenes Einkommen Maßgröße steuerlicher Leistungsfähigkeit des Bürgers.

Wählt man die Verwendungsseite, dann sind es die persönlichen Konsumausgaben und der Vermögensbestand des Steuerzahlers.

II. Wettbewerbsordnung und vertikal gerechte Verteilungsfolgen wider nutzentheoretische Begründungen von Allokationseffizienz

1. Wettbewerbsordnung und Verteilungsregeln

a) Der Inhalt eines Steuersystems ist aus der gewünschten Wirtschaftsordnung herzuleiten. Diesem Buch liegt als Werturteil zugrunde, daß eine Wettbewerbsordnung angestrebt und im Teilbereich der Steuerrechtsetzungen verwirklicht werden soll.

(1) Eine Wettbewerbsordnung verlangt als Handlungsempfehlung zur Steuerpolitik keine Entscheidungsneutralität der Besteuerung, wie sie die Vertreter einer persönlichen Konsumbesteuerung fordern. Diese wünschen ein Steuerrecht, das eine Nichtverschwendung knapper Mittel, also Allokationseffizienz, in dem Sinne erreicht, wie sie von Märkten ohne Staatseinfluß in einem generellen Konkurrenzgleichgewicht erhofft wird. Das Steuerrecht solle intertemporale und intersektorale Allokationseffizienz verwirklichen.

Im Konkurrenzgleichgewicht, also ohne Unsicherheit und bei symmetrischer Information (homogenen Erwartungen) ist jedoch kein Wettbewerb möglich, weil sich für die Rivalität unter den Anbietern um die Gunst der Nachfrager oder für die Rivalität von Nachfragern um ein Angebot keine gewinnversprechenden Handlungen bieten.

Unter Unsicherheit geben Modellüberlegungen zur Nutzenmaximierung ex ante keinen Sinn, um zu beurteilen, ob Gleichmäßigkeit der Besteuerung bei einer **Ex-post-Betrachtung der Verteilungsfolgen** vorliegt.

(2) Ein für eine Wettbewerbsordnung vernünftiges Steuersystem kann nur unter Bezug auf die Rahmenbedingungen für **Wettbewerbsfähigkeit** hergeleitet werden. Daraus erwächst die Frage: Sind zum Schaffen und Erhalten von Wettbewerbsfähigkeit Steuerbemessungsgrundlagen sinnvoll, die Allokationseffizienz und damit Entscheidungsneutralität definieren?

Werden für das zu regelnde Steuersystem die Rahmenbedingungen für Wettbewerbsfähigkeit jenseits des Steuerrechts als erfüllt betrachtet, dann bleibt zu fragen: Welche Steuerrechtsetzungen wären im einzelnen zu wählen, um von irgend einem beobachtbaren Nicht-Gleichgewicht zum Gleichgewicht mit allokationseffizienten Eigenschaften zu gelangen? Eine solche Tendenz zum Gleichgewicht hin müßte als empirische Gesetzmäßigkeit bestehen[121], damit Modellergebnisse zur Allokationseffizienz in steuerpolitische Handlungsempfehlungen umgesetzt werden dürfen. Bislang ist zu bezweifeln, ob vor Berücksichtigung der Besteuerung überhaupt eine Tendenz vom Nicht-Gleichgewicht zum Gleichgewicht besteht, wenn, wie in der Realität, die Zukunft unsicher und das Wissen unter den Marktteilnehmern ungleich verteilt ist. Modelltheoretisch verlangt dieser Tatbestand, daß an die Stelle von Existenzbeweisen für ein Gleichgewicht mit genereller Interdependenz aller wirtschaftlichen Einflußgrößen und der metaphysischen Hoffnung auf eine Tendenz zum Gleichgewicht als empirischer Gesetzmäßigkeit die Untersuchung *irreversibler* Dependenzen, zeitlich unumkehrbarer Abläufe, zu treten hat[122].

(3) Selbst wenn jenseits der Besteuerung eine Tendenz im Zeitablauf zur Allokationseffizienz existieren sollte, wäre zusätzlich zu beweisen: Bleibt diese Tendenz durch Steuerrechtsetzungen erhalten, die im Ruhezustand eines erreichten Gleichgewichts intertemporale Allokationseffizienz wahren? Die Frage ist zu verneinen; denn Käufe und Verkäufe zu Nichtgleichgewichtspreisen ändern die Anfangsausstattung, und Steuerzahlungen aus dabei entstehenden Gewinnen verzehren Ressourcen. Steuerzahlungen, die im Nirwana eines Konkurrenzgleichgewichts Entscheidungen nicht verändern, weil es in diesem Zustand für Unternehmer sowieso nichts mehr zu tun gibt, drohen bei Handeln im Ungleichgewicht Ausmaß und Rangfolge von Investitionen umzustoßen. Dies gilt für die Ex-ante-Analyse der Entscheidungswirkungen.

[121] Vgl. *F. A. von Hayek*: Economics and Knowledge. In: Economica, NS, Vol. 4 (1937), S. 33-54, hier S. 44; *Israel M. Kirzner*: Wettbewerb und Unternehmertum. Tübingen 1978, S. 176.

[122] Vgl. *P.N. Rosenstein-Rodan:* Das Zeitmoment in der mathematischen Theorie des wirtschaftlichen Gleichgewichts. In: Zeitschrift für Nationalökonomie, Bd. 1 (1930), S. 129-142, hier bes. S. 142; vgl. auch *Dieter Schneider:* Betriebswirtschaftslehre. Band 1: Grundlagen. 2. Aufl., München-Wien 1995, S. 253 f. ; *ders.*: Betriebswirtschaftslehre, Band 4, S. 453-464.

Die Probleme verschärfen sich durch Abweichungen der Ex-post-Einkommen von den geplanten mit dem Auftreten von Kapitalgewinnen und Kapitalverlusten.

b) Auf nutzentheoretischer Grundlage läßt sich keine haltbare Theorie steuerpolitischer Handlungsempfehlungen errichten:

Ursprünglich wollte die Nutzentheorie Psychologisches einfangen: Nutzen ist gleich Bedürfnisbefriedigung durch Konsum(ausgaben). Dies stieß seit den Anfängen der Grenznutzenschule um 1870 (damals auch „Psychologenschule" genannt) auf den Widerspruch von Fachpsychologen. Nicht nur in ihrer anfänglichen Fassung wird der Grenznutzen als quantitativ (intervallskalenmäßig) meßbar angenommen, sondern diese Unterstellung bleibt bei der Kennzeichnung verbundener (komplementärer) Güter und vor allem bei mehrperiodigen und interpersonellen Nutzenvergleichen, wie sie steuerpolitische Anwendungen verlangen[123], mathematisch zumindest dann impliziert, falls empirische Tests durchgeführt werden sollen.

Seit über einem halben Jahrhundert gilt die Nutzentheorie nicht mehr als eine „Erklärung, sondern [als] eine zweckmäßige Formalisierung der menschlichen Wahlentscheidungen"[124], d.h.: Sie führt zu empirischer Gehaltlosigkeit wegen Rückzugs auf Entscheidungslogik. Mathematisch formulierte Nutzenfunktionen sind ohne empirische Stützung kein strukturgleiches Abbild für eine Bedürfnisbefriedigung durch Konsumausgaben.

In bezug auf eine nutzentheoretische Grundlegung einer Steuerwirkungslehre paßt deshalb ein älteres Zitat eines ihrer Verfechter, daß „Autoren, die vorgeben, Sachprobleme zu lösen, wegen der unzulänglichen methodologischen Fundierung ihrer Arbeit sich in Wirklichkeit mit Scheinproblemen beschäftigen"[125].

c) In evolutorischer Sicht ist die Formulierung von Verteilungsregeln für eine gerechte Steuerbelastung eine Institutionenbildung, die modellmäßig vor dem wirtschaftlichen Handeln liegt. Bei der Entfaltung von Verteilungsregeln durch eine politische Entscheidungsgruppe ist eine „Selbstbedienung" derjenigen, welche die Regeln aufstellen, möglichst auszuschalten. Deshalb bietet sich als Ausgangspunkt für

[123] Vgl. mit Quellen *Schneider*: Betriebswirtschaftslehre,Band 4, S.291 f., 680 f.

[124] *Heinrich von Stackelberg*: Die Entwicklungsstufen der Werttheorie. In: Schweizerische Zeitschrift für Volkswirtschaft und Statistik, Jg. 83 (1947), S. 1-18, hier S. 18.

[125] *Franz W. Wagner*: Zum gegenwärtigen Forschungsprogramm der betriebswirtschaftlichen Steuerlehre. In: Der Betrieb, Jg. 2(1974), S. 393-398, hier S. 393.

eine Explikation ein Modell von *Rawls*[126] an, daß die Gesamtheit der Staatsbürger im Zustand völliger Unsicherheit über ihre wirtschaftliche Stellung in einer Gesellschaft sei, wenn sie durch Gruppenentscheidung die Normen gesellschaftlichen Zusammenlebens festlege. Für diesen Urzustand der Unsicherheit ist nach Bezugsgrößen steuerlicher Leistungsfähigkeit und einem Steuersatzverlauf zu forschen, die möglichst jedermann als fair ansieht. Die Modellannahme der völligen Unsicherheit über die wirtschaftliche Lage der Steuerpflichtigen wird dabei zusammen mit dem Handlungsmotiv „Eigennutz" betrachtet.

(1) Nach der Gerechtigkeitsvorstellung von *Rawls* sollen die am schlechtesten mit Mitteln und Eigenschaften („primären Gütern") Ausgestatteten so gut wie möglich gestellt werden. Die bessere Ausstattung wird zum einen in interpersonell meßbaren Sachverhalten, wie dem Einkommen, gesehen; zum anderen in Eigenschaften, deren interpersonelle Meßbarkeit zu bezweifeln ist, wie Macht oder Selbstachtung. Das Gerechtigkeitskonzept von *Rawls* verlangt keine Gleichverteilung der primären Güter, sondern berücksichtigt, daß Anreize für die kraft Begabung usw. Bessergestellten erhalten bleiben müssen, so daß sie ihre Fähigkeiten verwirklichen. Damit soll verhindert werden, daß Begabte durch teilweises Nichtstun alle schlechter stellen.

Die Unterschiede zur utilitaristischen Ethik liegen im Verzicht auf psychische Begründungen und interpersonelle Nutzenvergleiche. Das Heranziehen anderer primärer Güter als die finanziell meßbaren vermag zwar das Werturteil „gerecht" zuzulassen, wenn Macht, Selbstachtung usw. als lexikographische Zielgrößen neben die finanziell meßbaren treten. Für eine Verteilung von Steuerzahlungen bleibt aber nur der Rückgriff auf finanziell meßbare Bezugsgrößen. Diese sind gesellschaftlich zu normieren und erfassen zwangsläufig nicht alle Zielgrößen in persönlichen Planungsmodellen. Damit sind steuerbedingte Verstöße gegen Allokationseffizienz unausweichlich.

---

[126] Vgl. *John Rawls*: A Theory of Justice. Cambridge (Mass.) 1971, S. 75-83; *ders*.: Political Liberalism. New York 1993, S. 307; *Geoffrey Brennan, James M. Buchanan*: The Power to Tax. Cambridge (Mass.) u.a. 1980, S. 1-12.

(2) Kritisch ist gegen das Auswahlkriterium von *Rawls* einzuwenden:

(a) Es unterstellt, das Wissen der Menschen im Urzustand der Unsicherheit über ihre künftige wirtschaftliche Lage und ihr Können, dieses Wissen zu erhöhen, seien identisch. Da ethische Ziele nur erreicht werden, wenn die Entscheidenden über die Einsicht in die Folgen ihres Handelns und über die gleichen intellektuellen Fähigkeiten verfügen, müssen sie wissen, welche Mittel, Handlungsmöglichkeiten und Prognosen künftig zur Verfügung stehen. Unsicher ist bei *Rawls* lediglich die Anfangsausstattung eines jeden mit Mitteln und ob er bei seinen Entscheidungen unter Unsicherheit Glück oder Pech haben wird. Während in der Entscheidungstheorie gemeinhin die Anfangsausstattung eines jeden als sicher gilt und die Folgen seines Handelns ungewiß sind, sind bei *Rawls* die Folgen für alle sicher erkennbar, lediglich ihre eigene Anfangsausstattung ist unsicher.

(b) Sobald für den Urzustand der Unsicherheit angenommen wird, einzelne seien schlauer als andere, werden diese wegen ihrer besseren Kenntnis der künftigen wirtschaftlichen Umstände und trotz der Unkenntnis ihrer Anfangsausstattung beachten, daß sie aufgrund ihrer persönlichen Vorsprünge an Wissen und Können ihre Stellung im Zeitablauf werden verbessern können, und das gerade zu Lasten der weniger Begabten oder Ausgestatteten. Sie werden daraufhin ihnen genehme, z.B. innovations- und wachstumsfreundliche Verteilungsregeln als fair deklarieren. Umgekehrt werden weniger Begabte auf eine Ex-post-Nivellierung, z.B. durch hohe Progression, drängen.

(c) *Rawls'* Annahme vom Urzustand der Unsicherheit beißt sich mit dem Tatbestand, daß faire Verteilungsregeln nicht für alle Ewigkeit gelten können, sondern aufgrund von Erfahrungen und sich ändernden gesellschaftlichen Wertungen im Laufe der Geschichte zu korrigieren sind.

(d) Gleichwohl werden jene, die Regeln für eine gerechte Verteilung von Steuerlasten setzen, auf Umverteilung der Ergebnisse des Markthandelns nicht verzichten können, obwohl die Norm „Umverteilung" Allokationseffizienz schon deshalb widersprechen wird, weil bei ungleich verteiltem Wissen Allokationseffizienz nicht von der Vermögensverteilung unabhängig ist. Notwendig ist, daß sich alle an die vereinbarten Regeln halten.

d) Wird die Gerechtigkeitsvorstellung von *Rawls* für die Besteuerung zu explizieren versucht, läßt sich bei dem Werturteil für eine Wettbewerbsordnung unter Regeln gerechten Verhaltens folgern:

(1) Wer das jährliche Einkommen besteuert, belastet das verwirklichte Ergebnis eines Erwerbsplans, bevor dieses Ergebnis als Datum in Konsumpläne eingeht. Da unter Unsicherheit verwirklichte Einkommen Anlaß zu Wettbewerb im Sinne einer erfolgversprechenden Rivalität liefern, läßt sich die Auffassung vertreten, die Einkommensverwendung sei Privatangelegenheit. Ob das Einkommen zu Konsum oder zur Ersparnis verwendet wird, sollte jenseits des staatlichen unmittelbaren Zugriffs als Steuerbemessungsgrundlage bleiben.

(2) Unter den hier erörterten Bezugsgrößen steuerlicher Leistungsfähigkeit erscheint deshalb eine reformierte, Steuervergünstigungen und Steuerbenachteiligungen abbauende Einkommensteuer noch jene zu sein, die gegen die Gerechtigkeitsvorstellungen von *Rawls*, wie sie hier durch Überlegungen aus der evolutorischen Wirtschaftstheorie ergänzt wurden, am wenigsten verstößt.

2. *Vertikale Gerechtigkeit wider Steuerfreiheit für Kapitaleinkünfte durch Ausklammerung von Unsicherheit*

a) Dieses Kapitel vertieft die Wahlprobleme für Maßgrößen steuerlicher Leistungsfähigkeit in der gegenwärtigen theoretischen Diskussion. Zwei Einwände sind S. 246 f. gegen eine persönliche Konsumausgabensteuer als allokationseffiziente und gerechte Besteuerung neben dem Erfassungsproblem in der Ersparnisbilanz erhoben worden: Im Hinblick auf die Entscheidungswirkungen hängt Allokationseffizienz (Pareto-Optimalität) im Regelfall von der Höhe des Anfangsvermögens ab, und im Hinblick auf die Verteilungsfolgen erfüllt ein Vermögensbestand ein Sicherheits- und Freizeitbedürfnis, das eine gerechte Besteuerung verwirklichter Bedürfnisbefriedigung zu beachten hätte.

Diese Einwände sucht das folgende Vorgehen durch Wegdefinition der Probleme zu umgehen. Mathematikseligkeit in der Modellierung sichert dabei die Aufmerksamkeit einer „community of science" der ökonomisch Naiven oder Interessentenhörigen.

(1) Anhänger einer Nichtbesteuerung von Kapitaleinkünften und andere Autoren der „optimal taxation"-Lehre wollen ein System von Steuerarten und Steuerbemessungsgrundlagen erarbeiten, das mit *denselben Modellüberlegungen sowohl Entscheidungsneutralität der Besteuerung als auch Gleichmäßigkeit der Besteuerung erreicht.* Entscheidungsneutralität der Besteuerung unter den einzelnen Investitionsarten in einer Periode (intersektorale Allokationseffizienz) und über mehrere Handlungsperioden ex ante hinweg (intertemporale Allokationseffizienz) sei zu verwirklichen: Intersektorale durch Entscheidungsneutralität der Besteuerung bei der Nutzenmaximierung zwischen alternativen Investitions- und Finanzierungsprogrammen in jedem Planungszeitpunkt. Intertemporale Allokationseffizienz wird dabei durch Nichteinflußnahme der Besteuerung auf die Nutzenmaximierung des einzelnen bei seiner Wahl zwischen Konsum oder Ersparnis gesehen.

Modellsteuersysteme mit der Eigenschaft intertemporaler Allokationseffizienz sind bisher nur für ein Ex-ante-Planungsgleichgewicht des Nutzens bewiesen worden unter der aberwitzigen Annahme, daß stets der Plan zum Ist wird. Der Nutzen besteht dabei nur im Konsum oder aus Konsum und Freizeit. Unsicherheit mit Ex-post-Überraschungen und ein Lernen aus Erfahrungen durch Abbau ungleicher Informationen unter den Wirtschaftenden werden wegdefiniert. Nur unter diesen Annahmen läßt sich behaupten, daß Ex-ante-Allokationseffizienz zusammen mit Ex-post-Gleichmäßigkeit der Besteuerung erreichbar ist.

Nach diesen Modellüberlegungen sind Entscheidungsneutralität und Gleichmäßigkeit dann verwirklicht, wenn die Besteuerung nicht die optimalen Konsum- und Sparentscheidungen bei den einzelnen Steuerpflichtigen verändert, die aus ihren persönlichen Austauschverhältnissen zwischen Konsum heute und in alternativen künftigen Zeitpunkten folgen: aus ihren zeitlichen Konsumpräferenzen. Vorausgesetzt wird, jeder einzelne Steuerpflichtige maximiere eine sich über seine gesamte Lebenszeit erstreckende Nutzenfunktion[127].

(2) Die Modellanalyse schließt Unsicherheiten aus und verlangt zur Wahrung von Entscheidungsneutralität und Gleichmäßigkeit der Besteuerung *konstante Grenzsteuersätze.* Diese faktische **Beschneidung vertikaler Gerechtigkeit** durch eine relativ stärkere Besteuerung Progression höherer steuerlicher Leistungsfähigkeit nur über eine indirekte Progression ist auch jener Variante der Cash-flow-Steuer eigen, die auf deren kapitalwertgleicher Umperiodisierung aufbaut, um aus erfassungstechnischen Gründen die Grundsätze ordnungsmäßiger Buchführung des steuerlichen Vermögensvergleichs nach § 5 EStG weitgehend zu übernehmen, jedoch einen „Marktzins" (modellgenau: einen Konkurrenzgleichgewichtspreis für die einperiodige Geldüberlassung) auf das Eigenkapital freistellt und im deutschen Schrifttum *zinskorrigierte Einkommensteuer* genannt wird[128].

b) Die modellmäßig gemeinsame Optimierung von intersektoraler mit intertemporaler Allokationseffizienz der Besteuerung ist durchschlagenden Einwänden ausgesetzt:

(1) Die Bedingungen für Entscheidungsneutralität zwischen Investitionen in einzelnen Bereichen und im Zeitablauf (intersektorale und intertemporale Allokationseffizienz) werden anhand eines neoklassischen Investitions- bzw. Wachstumsmodells hergeleitet. Dessen Geburtsfehler wird freilich verhüllt: Das Modell unterstellt stets ein Konkurrenzgleichgewicht, so daß es in keinem einzigen Zeitpunkt einen positiven Kapitalwert irgendeiner Handlung geben kann. Vorteilhafte Investitionen als

---

127 Zu Modellen lebenszeitbezogener Gleichmäßigkeit vgl. neben *Zodrow*: Choice between Income and Consumption und den dort genannten Quellen *David F. Bradford*: Untangling the Income Tax. Cambridge (Mass.)-London 1986, S. 148-169; *Ekkehard Wenger*: Besteuerung und Kapitalbildung als intertemporales Optimierungsproblem. In: Zeitaspekte in betriebswirtschaftlicher Theorie und Praxis, hrsg. von H. Hax, W. Kern, H.-H. Schröder. Stuttgart 1989, S. 279-295, hier S. 282-284, bes. ab S. 270; *Manfred Rose*: Eine konsumorientierte Neuordnung des Steuerzyklus für mehr Entscheidungsneutralität und Transparenz. In: Steuervereinfachung, hrsg. von P. Kirchhof, W. Bühler, F. Klein. Heidelberg 1994, S. 233-251, bes. ab S. 242.

128 Vgl. z.B. *Ekkehard Wenger*: Gleichmäßigkeit der Besteuerung von Arbeits- und Vermögenseinkünften. In: Finanzarchiv, N.F., Bd. 41 (1983), S. 207-252; *Robin Boadway, Neil W. Bruce*: A General Proposition on The Design Of A Neutral Business Tax. In: Journal of Public Economics, Vol. 24 (1984), S. 231-239; *Franz W. Wagner:* Die zeitliche Erfassung steuerlicher Leistungsfähigkeit. In: Zeitaspekte betriebswirtschaftlicher Theorie und Praxis. Stuttgart 1989, S. 261-277; *ders.*: Eine Einkommensteuer muß eine konsumorientierte sein, S. 15-35.

Anreize zu Wettbewerb sind wegdefiniert. Die zinskorrigeerte Einkommensteuer besteuert zwar Gewinne über der Zinskorrektur, verstößt aber insoweit gegen die Modellvoraussetzungen.

(2) Soweit die nutzentheoretisch argumentierende Theorie optimaler Besteuerung für eine Steuerfreiheit von Kapitaleinkünften eintritt, erreicht sie ihr Ziel der Nichtbeeinträchtigung von Investitionen nur dann, wenn keine anderen Steuern existieren, die Investitionsentscheidungen beeinflussen können. Indes erzeugen Verkehrs- und Verbrauchsteuern einschließlich „Ökosteuern" steuerliche Zusatzlasten und vernichten deshalb schon den Anspruch auf intersektorale und intertemporale Allokationseffizienz.

Unternehmungssteuern existieren in Lebenszyklus (Arbeitszeit/Rentenzeit)-Modellüberlegungen nicht bzw. wirken vollständig neutral, so daß „all business taxes are ‚passed through' to individuals"[129]. Die Erweiterung dieses Ansatzes um eine Cash-flow-Steuer bei Unternehmungen wird von *Zodrow* nur im Hinblick auf Übergangsprobleme bei Änderung des Besteuerungssystems erörtert. Stillschweigend scheint damit der Glaube zu bestehen, daß jenseits von Übergangsproblemen aus einer Cash-flow-Unternehmensbesteuerung keine steuerbedingten Verzerrungen der Unternehmensentscheidungen und der persönlichen Steuerbelastung von Sparern entstehen. Dies trifft nicht zu, z. B. beißen sich deren konstante Grenzsteuersätze mit Entscheidungsneutralität unter Ungewißheit, S. 142 f.

(3) Zudem wird vorausgesetzt: In jedem Zeitpunkt falle ein konkurrenzgleichgewichtiger Kapitalmarkt vom Himmel; denn auf Erden kann dieser niemals zustande kommen, weil er Liquiditätsprobleme, ja das Vorhandensein von Währungsgeld ausschließt, also den Marktgegenstand, dessen zeitliche Verfügbarkeit im Kapitalmarkt gehandelt wird[130]. Steuerzahlungen schmälern den Geldbeutel. Eine Theorie effizienter und gerechter Besteuerung auf der Wegdefinition von Geld und damit jenseits der Frage zu errichten, wer hat die Steuer zu zahlen, erscheint als Ausdruck eines beklagenswerten Fehlens von Wirklichkeitssinn; denn da in diesem Modell Liquiditätsprobleme entfallen, spielt es im Gegensatz zur Wirklichkeit keine Rolle, wer der

[129] *Zodrow:* Choice between Income and Consumption S. 90.
[130] Vgl. *Schneider*: Theorie der Unternehmung, S. 16.

Steuerzahler ist: eine Unternehmung oder ein Unternehmer, die Einkommen erwirtschaften, oder ein Haushalt, der Einkommen verwendet.

Diese Wegdefinition von Liquiditätsproblemen ist die Ursache für den weit verbreiteten **Irrtum, Pauschalsteuern oder Kopfsteuern je Person seien entscheidungsneutral.** Wer in seinen Geldmitteln beschränkt ist, muß vielmehr bei Auferlegung einer Steuerzahlung seine Käufe, Spenden usw. ändern. Unter unsicherheitsbehafteten Investitionen muß er risikoärmere wählen, damit er die Steuerzahlpflicht mit hoher Wahrscheinlichkeit erfüllen kann.

(4) Aus der Wegdefinition von Liquiditätsproblemen haben *Hans-Werner Sinn, Olav Sievert* und frühere Mitglieder des Sachverständigenrats und Wissenschaftlicher Beiräte gefolgert[131]: Umsatzsteuern könnten erhöht werden, weil sie die Investitionsbereitschaft nicht beeinflussen.

(a) Umsatzsteuern werden in diesem Besteuerungsmodell als wirkungsgleich angesehen mit einer *Brown*schen Gewinnsteuer (konstanter Steuersatz auf die Zahlungssalden von Investitionen mit steuerlicher Subvention von periodischen Ausgabenüberhängen bei Nichtbesteuerung der Finanzierung, d.h. des zur Ertragswertberechnung benötigten Kalkulationszinsfußes, S. 103 f.) zuzüglich einer Steuer auf das Arbeitseinkommen (mißverständlich „Lohnsummensteuer" jenseits des früheren Gewerbesteuerrechts genannt). Da in diesem Modell Liquiditätsprobleme wegdefiniert sind, spielt es im Gegensatz zur Wirklichkeit keine Rolle, wer eine Steuer zu zahlen hat.

(b) Ein solcher Schluß ist, höflich ausgedrückt, methodologisch unbedarft; denn die vermutlich einzige empirisch in weitem Maße haltbare Hypothese neoklassischer Preistheorie lautet, in aller Regel bewirke ein gestiegener Preis niedrigere Absatzmengen. Die Einführung oder Erhöhung einer Umsatzsteuer führt dann nicht nur zu höheren Preisen für die Verbraucher, sondern auch zu niedrigeren Gewinnen der Unternehmer, wenn diese vor der Umsatzsteuererhöhung ihren Gewinn maximier-

[131] Vgl. *Hans Werner Sinn*: Kapitaleinkommensbesteuerung. Tübingen 1985, S. 130, 245, 226 f; zum folgenden auch *Olav Sievert, Hermann Naust, Dieter Jochum, Michael Peglow, Thorolf Glumann*: Steuern und Investitionen. Frankfurt 1989, S. 253-255; *Wissenschaftlicher Beirat beim Bundesministerium für Wirtschaft*: Konjunkturpolitik neu betrachtet. Studien des BMWI, Reihe 38. Bonn 1983, Ziffer 39; *Sachverständigenrat zur Begutachtung der gesamtwirtschaftlichen Entwicklung*: Auf dem Weg zu mehr Beschäftigung. Jahresgutachten 1985/86. Stuttgart-Mainz 1985, Ziffer 276. Zur Kritik vgl. *Schneider*: Investition, Finanzierung und Besteuerung, S. 767-777.

ten. Diese steuerlichen Zusatzlasten verstärken sich unter Ungewißheit (vgl. S. 37 f.) und mindern die Investitionsbereitschaft[132].

(c) Solche steuerlichen Zusatzlasten verschwinden nicht, wenn vom Planungsgleichgewicht des einzelnen Unternehmers auf ein Planungsgleichgewicht für die Gesamtheit aller Märkte übergegangen wird. **Nur der Rückzug von einem bißchen empirischen Gehalt**, das dem Modell fallender Nachfrage- bzw. Preisabsatzfunktionen zugestanden sei, **auf eine völlige Entleerung von empirischem Gehalt in den Tautologien der Konkurrenzgleichgewichtsmodelle**[133], in denen Unternehmer zu **jedem vorgegebenen** Preis unbeschränkte Mengen absetzen können, erlaubt, eine Umsatzsteuer als nicht die Investitionen beeinflussende Konsumsteuer zu behaupten.

(5) Die Modellüberlegungen beruhen auf nutzentheoretischen Annahmen, die in der Theorie der Nachfrage längst als unfruchtbar verworfen sind[134]. Zur Optimumbestimmung dient die mathematische Technik der Hamilton-Differentialgleichungen. Dieser aus der Physik um 1850 übernommene Formalismus (rechentechnisch inzwischen zur „dynamischen" Programmierung unter Nebenbedingungen erweitert) liegt neben der optimal-taxation-Lehre der Optionspreistheorie und der Theorie der Investitionen als Realoptionen in Analogie zu den Brownschen Molekularbewegungen zugrunde. Diese Optimierungstechnik unterstellt umkehrbare Prozesse und impliziert, daß „with a few sticks of a pencil, the past and the future would collapse to the present"[135]. Diese mehrperiodige Maximierung kann folglich keine in Kalenderzeiten ablaufenden **unumkehrbaren** Handlungsfolgen modellieren, welche die Realoptionstheorie untersuchen möchte. Zudem gehen deren Modelle bisher von einem im Planungszeitpunkt vorgegebenen Wissensbestand aus, unterstellen überwiegend Risikoneutralität und einen über die Modellzeit hinweg einheitlichen risikolosen Zinssatz, um entscheidungsneutrale Steuersysteme zu definieren, während

---

132 Vgl. *Schneider*: Investition, Finanzierung und Besteuerung, S. 766-777.

133 Vgl. *Friedrich A. Hayek*: Wirtschaftstheorie und Wissen. In: Individualismus und wirtschaftliche Ordnung. 2. Aufl., Tübingen 1976, S. 63.

134 Vgl. *E.J. Mishan*: Theories of consumers ‚behaviour': a cynical View (1961), Nachdruck in Readings in Microeconomics, ed. by D.R. Kamerschen. Cleveland 1967, S. 82 f.; ausführlicher wertend *Mark Blaug*: The methodology of economics or how economists explain. 2. Aufl., Cambridge 1992, S. 138-146.

135 *Philip Mirowski*: More heat than light. Cambridge u.a. 1989, S. 70, zur Übernahme in die Haushaltstheorie S. 393; vgl. auch *Nancy J. Wulwick*: The Hamiltonian Formalism and optimal growth theory. In: Measurement, Quantification and Economic Analysis, hrsg. von I. Rima. London 1995, S. 406-435, hier S. 416.

bei Risikoabneigung eine Übertragung der entscheidungsneutralen Steuersysteme regelmäßig nicht möglich ist[136].

(6) Die Optimumbedingungen in Hamilton-Differentialgleichungen unterstellen für intertemporale Allokationseffizienz und Gleichmäßigkeit der Besteuerung: **In jedem Zeitpunkt gelte Plan gleich Ist.** Unsicherheiten und deren Bewältigungsversuche über eine Risikoneigung, eine Liquiditätsvorsorge, ein Lernen aus Erfahrung mit der *im Regelfall daraus folgenden Änderung der zeitlichen Konsumpräferenzen*, sind wegdefiniert. Selbst wenn durch eine Modellerweiterung Ungewißheit in Form subjektiver Wahrscheinlichkeitsurteile eingeführt wird, so ist damit zugleich ein Wissen darüber unterstellt, was alles in der Zukunft eintreten kann. Aufgrund dieser Wissensannahme fallen alle künftigen Entscheidungen bereits im Planungszeitpunkt[137]. Die Redeweise von intertemporaler Nutzenmaximierung wird zu leerem Wortschwall. Aufgegeben wird bei dem Einbeziehen modellmäßiger Ungewißheit das Ziel, Ex-post-Gleichmäßigkeit der Besteuerung zu verwirklichen.

3. Gerechte Verteilungsfolgen bei geleugnetem Einfluß des Anfangsvermögens auf Allokationseffizienz?

a) Die Bedingung, die Besteuerung dürfe die zeitlichen Konsumpräferenzen nicht verändern, impliziert, daß der zu Beginn eines jeden Steuerjahres vorhandene Anfangsbestand an Vermögen die Wahl zwischen Konsum und Ersparnis dieses Jahres (zwischen Konsum in diesem Jahr und Konsum in den folgenden Jahren) nicht beeinflußt, weil jede Steuerzahlung das Vermögen mindert. Dem steht jedoch entgegen, daß aus jeder veränderten Anfangsausstattung ein anderes Pareto-Optimum folgen kann; es sei denn, man benutzt einen mathematischen Trick, der in seinen empirischen Unterstellungen lachhaft ist.

136 Vgl. *Rainer Niemann*: Neutrale Steuersysteme unter Unsicherheit, Besteuerung und Realoptionen. Bielefeld 2001, z.B. S. 234, 253 f.; zur Kritik mit weiteren Quellen vgl. *Dieter Schneider*: Mängel in der ökonomischen Begründung einer Steuerfreiheit für Kapitaleinkünfte. In: StuW, Jg. 77 (2000), S. 421-430, hier S. 424 f.

137 Vgl. *Roy Radner*: Problems in the Theory of the Market. In: The American Economic Review, Vol. 60 (1970), S. 454-460, hier S. 456; *F. Schick*: Self-Knowledge, Uncertainty and Choice. In: The British Journal for the Philosophy of Science, Vol. 30 (1979), S. 235-252, hier S. 240-242; *Mirowski*: More Heat, S. 69 f.

(1) Nur für eine kleine Klasse mathematisch denkbarer Nutzenfunktionen: die sog. homothetischen, gilt, daß für die Definition von Allokationseffizienz die Höhe der Anfangsausstattung an Vermögen irrelevant wird. In homothetischen Nutzenfunktionen beginnt bei einer grafischen Darstellung der Pfad der Optima der Güterbündel für alternativ steigende Nutzen- bzw. Indifferenzkurvenniveaus im Koordinatenursprung und ist eine Gerade[138]: lineare Engelkurve.

Am Beispiel verdeutlicht: Wer als Student mit Nebenjob, seinen Konsumpräferenzen gemäß, täglich abends zwei Currywürste ißt und eine Flasche Bier trinkt, ist wegen der vorausgesetzten zeitlichen Konstanz seiner Konsumpräferenzen gebunden, bei späterem sechsfachen Realeinkommen jeden Abend 12 Currywürste zu essen und 6 Flaschen Bier zu trinken! Diese Fettsucht und Leberzirrhose fördernden Konsumpräferenzen sollen des Studenten und späteren Managers lebenszeitlichen Nutzen maximieren? Seit Antonelli 1886 ist bekannt[139], daß in der Nutzentheorie nur homothetische Nutzenfunktionen Unabhängigkeit der Allokationseffizienz von der Anfangsausstattung sichern. Solche Funktionen werden aber von den Anhängern einer Nichtbesteuerung von Kapitaleinkünften als allgemeingültig unterstellt, damit intertemporale Konsumoptima vom Periodenanfangsvermögen unbeeinflußt bleiben und Steuerzahlungen nicht über die Minderung des Anfangsvermögens zeitliche Konsumpräferenzen verändern.

(2) Selbst für homothetische Nutzenfunktionen verlangt der Beweis für die Allokationseffizienz der Handlungsempfehlung „Nichtbesteuerung von Kapitaleinkünften“ bzw. des freigestellten Marktzinses bei der zinskorrigierten Einkommensteuer einschränkende Annahmen. Der Beweis beruht auf einer Barwertgleichheit von Steuern auf das Arbeitseinkommen und persönlicher Konsumausgabensteuer (ohne Einbeziehen einer Vermögensbestandssteuer); diese ist sogar bei vorausgesetztem Kapitalmarkt im Konkurrenzgleichgewicht an Einengungen für die Gestalt homothetischer Nutzenfunktionen gebunden.

---

[138] Vgl. *E.J. Mishan*: Introduction to Normative Economics. New York-Oxford 1981, S. 46 f. und Chapter 9.

[139] Vgl. *Giovanni B. Antonelli*: On the Mathematical Theory of Political Economy (ital. Original Pisa 1886). In: Preferences, Utility, and Demand, hrsg. von J.S. Chipman u.a. New York u.a. 1971, S. 333-360, hier S. 344 f., *Wayne Shafer, Hugo Sonnenschein*: Market Demand and Excess Demand Functions. In: Handbook of Mathematical Economics, Vol. II, ed. by K.J. Arrow u.a. Amsterdam u.a.1982, S. 672-693, hier S. 675.

So führt z.B. dann, wenn das Arbeitsleid als negative Nutzenkomponente aufgenommen wird, nur ihr Berücksichtigen als additives Glied eindeutig zu einer Allokationsverbesserung durch eine Steuerfreiheit für Zinsen. Additive Nutzenfunktionen unterstellen eine quantitative Meßbarkeit des Nutzens, wie seit über hundert Jahren bekannt ist[140], aber seither als empirischer Sachverhalt bestritten wird.

Ist das Arbeitsleid nicht nur additiv mit anderen Nutzenkomponenten verbunden, läßt sich die Überlegenheit einer stärkeren Konsumbesteuerung gegenüber der von Ersparnissen nicht mehr allgemeingültig ableiten[141]. Selbst für homothetische intertemporale Nutzenfunktionen bleibt die Barwertgleichheit zwischen den Steuern auf das Arbeitseinkommen und Steuern auf Konsumausgaben vom Steuersatz abhängig[142], was zu Problemen führt, sobald Erbschaften zu Konsum werden[143].

(3) Geht das jeweilige Anfangsvermögen als Bestimmungsgrund in die Nutzenfunktion ein, so ändert sich das persönliche Austauschverhältnis zwischen Gegenwarts- und Zukunftskonsum sogar schon in Fällen angenommener Planungssicherheit mit dem Vermögen[144] und damit abhängig von Steuerzahlungen. Soweit unter Unsicherheit zwischen benachbarten Handlungszeitpunkten zeitliche Konsumpräferenzraten gebildet werden, sind sie nicht unabhängig vom zuvor verwirklichten Istzustand. *Konsumpräferenzraten, die vom Istzustand und damit dem Vermögensbestand abhängen, werden im Zeitablauf durch jede Form der Steuerzahlung beeinflußt, weil Geld abfließt.*

---

[140] Vgl. *Irving Fisher*: Mathematical Investigations in the Theory of Value and Prices (1892). New Haven 1925, S. 35-54.

[141] Vgl. *Atkinson, Stiglitz*: The Design of Tax Structure, S. 69; *J.A. Ordover, E.S. Phelps*: The Concept of Optimal Taxation in the Overlapping-Generations Model of Capital and Wealth. In: Journal of Public Economics, Vol. 9 (1979), S. 1-26, hier S. 15-17.

[142] Zu dieser Bedingung schon *Anthony B. Atkinson, Joseph E. Stiglitz*: Lectures on Public Economics. London u.a. 1980, S. 69 f.

[143] Vgl. *Richard A. Musgrave*: Der gegenwärtige Stand der Theorie der Besteuerung. In: Finanzarchiv, N.F., Bd. 39 (1981), S. 29-42, hier S. 32.

[144] Vgl. z.B. *Tjalling C Koopmans, Peter A. Diamond, Richard E. Williamson*: Stationary Utility and Time Perspective. In: Econometrica, Vol. 32 (1964), S. 82-100, hier S. 96-98; das Nicht-konstant-Bleiben von Präferenzen gilt erst recht, wenn ein „endowment effect" auftritt, vgl. *Daniel Kahnemann, Jack L. Knetsch, Richard H. Thaler*: Experimental tests of the endowment effect and the Coase theorem. In: Journal of Political Economy, Vol. 98 (1990), S. 1325-1348; *Steven G. Medema*: The Trial of Homo Economicus: What Law and Economics Tell Us about the Development of Economic Imperialism. In: New Economics and Its History. Annual Supplement to Volume 29 (1997): History of Political Economy, hrsg. von J.B. Davis, S. 122-142, hier S. 131 f.

(4) Wer steuerliche Leistungsfähigkeit als periodische oder gar lebenszeitbezogene Bedürfnisbefriedigung definiert, steht in der Realität vor dem Problem, daß unter Unsicherheit ein Sicherheitsbedürfnis existiert, das teilweise durch Kassenhaltung bzw. einen Vermögensbestand befriedigt wird und deshalb im Hinblick auf nutzentheoretisch verstandene Gleichmäßigkeit zu besteuern wäre.

Das Sicherheitsbedürfnis ist ein Merkmal in einer Nutzenfunktion unter Unsicherheit, die eine zielentsprechende Wahl von Arbeitseinsatz, Investitionen und Konsumhöhe unter Berücksichtigung der persönlichen Risikoneigung ermöglichen soll. Der Periodenanfangsbestand an Vermögen als Maß für ein teilweise verwirklichtes Sicherheitsbedürfnis läßt sich nicht über eine Definition von Vermögen widerlegen, die in sehr trivialisierter „investitionstheoretischer Sicht"[145] Unsicherheiten ausklammert, also im Kontext sinnlos ist.

Nur wer kurzsichtig ohne Brille, aber mit Scheuklappen durch die Welt schleicht, kann bezweifeln, daß ein und derselbe Steuerpflichtige, wenn er einmal ohne Vermögen ist, das andere Mal über ein Millionenvermögen verfügt, andere Handlungsmöglichkeiten sowohl beim Konsum als auch bei Investition und Arbeitseinsatz wählt. Bei einem Verständnis von steuerlicher Leistungsfähigkeit als verwirklichte Bedürfnisbefriedigung nur den Nutzen aus Konsumausgaben (unter der Zusatzannahme, diese seien unabhängig von der Periodenanfangsausstattung an Vermögen), nicht den Nutzen aus einem teilweise verwirklichten Sicherheitsbedürfnis, gemessen im Vermögen, zu besteuern, verstößt sowohl gegen Zielgrößenbesteuerung unter Unsicherheit und damit gegen Entscheidungsneutralität als auch gegen Gleichmäßigkeit der Besteuerung.

b) Zu den vorstehenden Einwänden treten im Hinblick auf Gleichmäßigkeit der Besteuerung hinzu:

(1) Im Rahmen einer lebenslangen Konsumnutzenfunktion wird ein Familienlastenausgleich zu einem kaum mehr lösbaren Problem, weil Familienmitglieder üblicherweise Konsumausgaben unter sich teilen. Das Maximieren einer intertemporalen Nutzenfunktion und die Wahl des Barwerts eines Solleinkommens in einer Welt, in der Familienmitglieder knappe Mittel unter sich aufteilen, ruft systematisch unfai-

[145] So *Wagner*: Eine Einkommensteuer muß eine konsumorientierte sein, S. 27.

re Ergebnisse hervor[146]. Deshalb ist die Besteuerung des Lebensendeinkommens eines Familienmitglieds in Frage zu stellen, zumal über Generationen von Familienangehörigen hinweg empirisch nicht von denselben lebenslangen Konsumnutzenfunktionen ausgegangen werden darf.

(2) Änderungen der Steuersätze, die im Planungszeitpunkt nicht von jedem Steuerpflichtigen vorhergesehen werden, ruinieren das lebenszeitliche Gleichmäßigkeitskonzept. Angenommen, die Steuerpflichtigen A und B seien im gleichen Jahr geboren und beginnen im Alter von 25 Jahren mit dem Erwerbsleben. Steuerpflichtiger A bezieht 30 Jahre Arbeitseinkünfte und lebt dann weitere 10 Jahre von seinen Ersparnissen. Steuerpflichtiger B arbeitet 40 Jahre, beide verwirklichen in jeder Periode gleiche Konsumausgaben und sterben im 65. Lebensjahr. Wenn Steuerpflichtiger A die Zinsen steuerfrei bezieht, ist bei proportionalem und im Zeitablauf unverändertem Steuersatz Gleichmäßigkeit der Besteuerung zwischen beiden gegeben. Wird jedoch aufgrund zusätzlichen Staatsbedarfs der proportionale Steuersatz im 50. Lebensjahr erhöht, dann wird der 40 Jahre Arbeitende von einer höheren Steuerbelastung getroffen als der 10 Jahre von steuerbefreiten Zinsen Lebende. War ohne Steuersatzänderung Gleichmäßigkeit der Besteuerung gegeben, so ist sie jetzt verletzt, und zwar weil und solange einzelne Einkünfte, hier Zinsen, steuerbefreit sind. Hinzu tritt, daß eine rückwirkende Veranlagung von z.B. vor Jahrzehnten bezogenen Arbeitseinkünften eines heute von steuerbefreiten Zinsen Lebenden sich schon aus Gründen der Rechtssicherheit und Verfassungsmäßigkeit verbietet.

Ebensowenig läßt sich eine mehrperiodige Gleichmäßigkeit durch eine Berechnung der gesamten Steuerschuld aus dem bisherigen Leben in der Weise erreichen, daß der jeweilige Endwert der Steuerschuld um die aufgezinsten bisherigen Steuerzahlungen gekürzt wird. Wenn das Ex-post-Erreichte dem ex ante unter Unsicherheit Geplanten gleichgesetzt wird, wird vielmehr stillschweigend der Anspruch aufgegeben, eine lebenslange Nutzenfunktion zu maximieren. Die in eine Planung unter Unsicherheit eingehenden Preise für die Geldüberlassung mit ihren vielfältigen „Risikoprämien" können nicht jenem zu normierenden jährlichen Zinssatz entsprechen,

[146] Vgl. *Michael J. McIntyre*: Implications of Family Sharing for the Design of an Ideal Personal Tax System: In: The Personal Income Tax – Phoenix from the Ashes?, ed. by S. Cnossen, R. M. Bird. Amsterdam u.a. 1990, S. 145-183, hier S. 170-176.

mit dem die jeweiligen Endwerte der gesamten Steuerschulden und der aufgezinsten bisherigen Steuerzahlungen zu ermitteln sind.

c) Wie umgehen Anhänger einer Nichtbesteuerung von Kapitaleinkünften die vorstehenden, für steuerpolitische Handlungsempfehlungen tödlichen Einwände? Die Einwände gegen intersektorale und intertemporale Allokationseffizienz als Richtschnur für Handlungsempfehlungen zu einer Cash-flow-Besteuerung werden durchgängig verschwiegen. Und auf die Feststellung, daß Ex-ante-Allokationseffizienz bei Besteuerung nicht dasselbe sei wie Ex-post-Gleichmäßigkeit der Besteuerung lautet die Antwort[147], „daß sich lebenszeitbezogene Gleichmäßigkeit unabhängig von irgendwelchen Sicherheits- oder Vollkommenheitsannahmen [der Märkte] als Ex-post-Konzept verwirklichen läßt", indem die verwirklichten Zahlungen und das am Lebensende nicht konsumierte Vermögen besteuert werden.

Indes ist diese Lösung nur ein Roßtäuschertrick. Die Idee, Allokationseffizienz mit einer lebenszeitbezogenen Gleichmäßigkeit zu verknüpfen, erscheint zwar ethisch anspruchsvoll. Sie wäre ethisch jedoch nur dann überzeugend, wenn (wie Ethiker lehren[148]) eine zutreffende Beurteilung der Situation möglich ist, unter der ein Handeln gemäß den Normen Allokationseffizienz und lebenszeitbezogener Gleichmäßigkeit erfolgen soll, sowie eine Prognose der Folgen dieses Handelns. Und daran mangelt es völlig:

(1) Bleiben wir zunächst im Bereich mathematisch-ökonomischer Möglichkeitsanalysen, wobei die Ungewißheit (aus der ein Abweichen des ex ante geplanten vom ex post verwirklichten entstehen kann) in Form subjektiver Wahrscheinlichkeitsurteile der Wirtschaftenden einbezogen sei. Dann ist eine Übereinstimmung von Ex-ante-Optimalität mit Ex-post-Optimalität nur für den Sonderfall gegeben, daß alle

---

147 *Ekkehard Wenger*: Die Festlegung auf einperiodische Modelle steuerlicher Gleichmäßigkeit - eine Kapitulation vor der Problematik der Kapitaleinkommensbesteuerung. In: Finanzarchiv, N.F., Bd. 44 (1986), S. 258-272, hier S. 259.
Mit der Begründung, eine Minimierung von Steuerwirkungen entstehe auch durch „eine „normierte Steuerausweichmöglichkeit", deren (freiwillige) Nutzung allein von den Bedingungen und individuellen Erwartungen ... abhängig ist", spricht sich *Elschen:* Institutionale oder personale Besteuerung, S. 343, für eine entsprechende Lösung aus, definiert aber damit nicht nur Verschiedenartigkeit von Steuerwirkungen weg, sondern auch weite Teile einer vertikalen Gerechtigkeit, weil die freiwillige Nutzung normierter Steuerausweichmöglichkeiten Vermögenden und Raffinierten Vorteile bietet, die anderen versagt bleiben.

148 Vgl. *Wolfgang Stegmüller*: Hauptströmungen der Gegenwartsphilosophie. Band 1, 7. Aufl., Stuttgart 1989, S. 509; *Charlie D. Broad*: Ethics. Dordrecht u.a. 1985, S. 139-143.

subjektiven Wahrscheinlichkeitsurteile bei allen Wirtschaftenden übereinstimmen. Gewichten einzelne die künftigen Zustände der Welt mit unterschiedlichen subjektiven Wahrscheinlichkeiten, so folgen ex post Unterschiede in den persönlichen Austauschverhältnissen zwischen Gegenwarts- und Zukunftskonsum, obwohl die Gleichheit dieser Austauschverhältnisse notwendige Bedingung für intertemporale Neutralität ist[149].

(2) Vergleichen wir Ex-ante-Modellannahmen mit Ex-post-Ergebnissen, so sind die verwirklichten Zahlungen kein strukturgleiches Abbild jener Planzahlen, mit denen im Modell Allokationseffizienz hergeleitet wird: Aus einer Ex-ante-Wahrscheinlichkeitsverteilung künftiger Zahlungen wird ein einziges Ex-post-Ergebnis, das z.B. bei Ex-post-Überraschungen in der Wahrscheinlichkeitsverteilung gar nicht enthalten gewesen ist.

Da in der Realität in keinem einzigen Zeitpunkt ein Kapitalmarkt im Konkurrenzgleichgewicht vorhanden sein kann, sind die verwirklichten Zahlungen das Ergebnis von Markthandlungen zu Ungleichgewichtspreisen, von Marktunvollkommenheiten, von Ausprägungen jeweils einer aus der Vielzahl geplanter Zukunftslagen für jede Handlungsmöglichkeit, von Ungleichverteilungen des Wissens unter den Marktteilnehmern und schließlich von Ex-post-Überraschungen, die Marktteilnehmer nicht vorausgesehen haben. Allokationseffizienz bleibt somit auf der Strecke, sobald das Modell verlassen wird, indem Plan gleich Ist gilt und die Planzahlungen durch Istzahlungen ersetzt werden.

(3) Niemand kennt seine Nutzenfunktion für einen lebenslangen Zeitraum oder kann sie maximieren. Wer sollte dazu wohl in der Lage sein: das Baby, der Berufsanfänger oder nur ein diplomierter Ökonom, der zudem in Hamilton-Differentialgleichungen geschult wurde? Wer kann ein Nutzenmaximum für einen lebenslangen Zeitraum errechnen, wenn der eigene Todeszeitpunkt unbekannt ist, was gemeinhin für alle Nicht-bald-Selbstmörder der Fall ist?

---

149 Vgl. *Peter J. Hammond*: Ex-ante and ex-post Welfare Optimality under Uncertainty. In: Economica, Vol. 48 (1981), S. 235-250, hier S. 240 f., *ders.*: Utilitarianism, Uncertainty and Information. In: Utilitarianism and Beyond, hrsg. von B. Williams, A.K. Sen. Cambridge 1982, S. 85-102, hier S. 92; *Ross M. Starr*: Optimal Production and Allocation under Uncertainty. In: Quarterly Journal of Economics, Vol. 87 (1973), S. 81-95, hier S. 88f. vgl. auch *P.A. Diamond*: Cardinal Welfare, Individualistic Ethics, and Interpersonal Comparisons of Utility: A Comment. In: Journal of Political Economy, Vol. 75 (1967), S. 765 f.

(4) Eine Nutzenfunktion über die gesamte Lebenszeit hinweg setzt nicht nur das Wissen um die zeitlichen Konsumpräferenzen voraus, sondern zugleich ein Wissen über künftige Umweltbedingungen, wie Heiratszeitpunkte, Drillingsgeburten, Scheidungen, aber auch noch zu erfindende Produkte, welche die bisherigen Konsumpräferenzen und damit die Spar-/Konsumentscheidungen in einzelnen Jahren verändern können (wie das Auf-den-Markt-Kommen eines neuen rassigen Cabriolets oder früher von PCs gegenüber Schreibmaschinen). Folglich kann weder eine empirisch gültige lebenslange Konsumnutzenfunktion aufgestellt noch die Annahme aufrecht erhalten werden, daß die persönlichen lebenslangen zeitlichen Konsumpräferenzraten für Jahre oder Jahrzehnte im voraus bekannt sind. Nichtwissen über (alle) künftigen Handlungsmöglichkeiten zwingt darüber hinaus zu dem Schluß: Eine planbare Zukunft für zeitliche Konsumpräferenzen existiert noch gar nicht, solange nicht entschieden ist, dies zur Einnahmenerzielung zu tun und jenes zu unterlassen[150].

Aus all dem folgt, daß die Bedingung, die Besteuerung dürfe solche (unbekannten) lebenslangen Konsumpräferenzraten nicht verändern, keinen erfahrungswissenschaftlichen Sinn hat. Die Handlungsempfehlung, durch das Steuerfreistellen von Kapitaleinkünften ließen sich Investitionen und Wachstum fördern und zugleich Gleichmäßigkeit der Besteuerung verwirklichen, erweist sich als Irrlehre.

(5) Die Folgen einer Freistellung von Einkünften aus Kapitalvermögen, einschließlich Veräußerungsgewinnen, wird nach der Gerechtigkeitsvorstellung von *Rawls* niemals als fair gelten; denn dessen Gerechtigkeitsideal verlangt eine Umverteilung zugunsten der wirtschaftlich Schwächsten in einer Gesellschaft. Wirtschaftlich Schwache werden schwerlich über hohe Kapitaleinkünfte verfügen, sie bleiben auf Arbeitseinkünfte angewiesen. Dem Ziel einer Umverteilung zugunsten der wirtschaftlich Schwächsten schlägt eine Steuerfreiheit von Einkünften aus Kapitalvermögen, einschließlich Veräußerungsgewinnen, ins Gesicht.

Steuern von der Bemessungsgrundlage Kapitaleinkünfte weg allein oder überwiegend auf Arbeitseinkünfte zu verlagern, nähert sich in ethischer Wertung der Zwangsarbeit Steuerpflichtiger zur Staatsfinanzierung. Diese wird als ethisch

[150] Vgl. *George L.S. Shackle*: Epistemics and Economics. Cambridge 1972, S. 3 f.

gleichwertig der (weitgehenden) Steuerfreiheit der Kapitaleinkünfte gegenübergestellt, mit der das Werturteil einer wachstumsfördernden intertemporalen Allokationseffizienz angestrebt wird. Hinzu tritt das Weglassen eines periodisch erfüllten Sicherheitsbedürfnisses aus dem jeweiligen Vermögensbestand, das Vermögensbesitzer so behandelt, als hätten sie kein gegen Einkommensunsicherheiten teilweise abschirmendes Vermögen. Das Werturteil einer intertemporalen Allokationseffizienz entlarvt sich somit als ideologisches Stützkorsett für Vermögensmillionäre und wenig soziale „Hongkong/Singapur-Kapitalisten" gegen Gleichmäßigkeit der Besteuerung.

III. Verstöße gegen die horizontale Gerechtigkeit (Gleichmäßigkeit) durch das Steuerrecht

1. *Verstöße gegen die Allgemeinheit der Einkommensbesteuerung: Gewerbesteuer, Steuerbefreiungen, Wahlrechte zur „Selbsteinsteuerung"*

a) Wird die steuerliche Leistungsfähigkeit verschiedener Personen gleich hoch gemessen, so haben sie die gleichen Steuerzahlungen zu leisten. Dieser Grundsatz der Gleichmäßigkeit der Besteuerung bezieht sich auf einzelne natürliche Personen und ihre für einen Zeitraum gemessene steuerliche Leistungsfähigkeit. Der Zeitraum kann ein Jahr (Kalender- oder Wirtschaftsjahr) umfassen. Zu diskutieren wäre im Zusammenhang mit vertikaler Gerechtigkeit, ob mehrere Jahre mit unterschiedlich hoher Leistungsfähigkeit zusammenzufassen (im Durchschnitt zu besteuern) sind oder ob steuerliche Leistungsfähigkeit, gemessen im Mittelerwerb, für den gesamten Lebenszeitraum zu sehen ist. Die Einwände dagegen sind im vorigen Abschnitt erörtert.

b) Steuerliche Leistungsfähigkeit wird durch ihre Maßgröße in einer Zahl abgebildet. Deshalb treten Verstöße gegen Gleichmäßigkeit der Besteuerung auf, wenn Gleichmäßigkeit nur auf eine einzelne Steuerart, die das Einkommen mindert, bezogen wird und andere Steuerarten beiseite gelassen, also z.B. in die Einkommensteuerbelastung nicht die Gewerbesteuerzahlungen eingerechnet werden. Es gibt keine eigenständige steuerliche Leistungsfähigkeit des Gewerbebetriebes neben der einer natürlichen Person als Gewerbetreibenden, selbständig oder nicht selbständig Arbeitenden, Land- und Forstwirt usw. Deshalb ist nicht nur wegen der Entscheidungswirkungen, sondern auch wegen der Verteilungsfolgen *eine Abschaffung der Gewerbesteuer*, und nicht deren verfassungsmäßige Festschreibung zu fordern (S. 76).

Solange die Gewerbeertragsteuer besteht, hilft eine Senkung der Einkommen- und Körperschaftsteuersätze Gutverdienenden ohne Einkünfte aus Gewerbebetrieb mehr als Gewerbesteuerpflichtigen. Bei gleichem wirtschaftlichen Einkommen genießen Nicht-Gewerbesteuerpflichtige die Tarifsenkung voll, Gewerbesteuerpflichtige werden aber nur hinsichtlich des um die Gewerbesteuer verkürzten Einkommens (S. 74) entlastet, obwohl nur sie und in geringerem Maße Freie Berufe über Investitionen im Inland Arbeitsplätze schaffen können.

Da vor allem gutverdienende Nicht-Gewinnermittler von einer Senkung der Einkommensteuersätze profitieren (z.B. Verbandsfunktionäre, Politiker, Beamte einschließlich Professoren in Gutachtergremien), entsteht der Verdacht, daß mit der Behauptung, die Einkommen- und Körperschaftsteuersätze seien zum Zwecke der Investitionsförderung zu senken, die Gewerbesteuer aber beizubehalten, hauptsächlich das Eigeninteresse der nicht investierenden Funktionäre gefördert werden soll[151].

c) Gleichmäßigkeit der Besteuerung verlangt, daß jeder Sachverhalt Steuerzahlungen auslöst, der die steuerliche Leistungsfähigkeit einer natürlichen Person erhöht. Von Freigrenzen abgesehen, die wegen Geringfügigkeit bei erheblichem Erfassungsaufwand zweckmäßig sind, lassen sich **Steuerbefreiungen nicht** mit Gleichmäßigkeit der Besteuerung vereinbaren. § 3 EStG zählt allein über 60 Sachverhalte auf, in denen ein Reinvermögenszugang nach wie vor steuerbefreit bleibt, und an anderen Stellen der Steuergesetze finden sich weitere, z.B. wäre eine volle *Besteuerung von Zuschlägen für Sonntags-, Feiertags- oder Nachtarbeit geboten.* Sie wurde inzwischen aus Angst vor dem Gekreische der Gewerkschaften und anderer Interessenten zurückgestellt, um weiterhin jene überwältigende Mehrheit steuerlich zu benachteiligen, die solche steuerfreien Einkünfte nicht beziehen.

(1) Wird steuerliche Leistungsfähigkeit im Einkommen als Reinvermögenszugang je Periode gemessen, dann ist die **Steuerfreiheit von Veräußerungsgewinnen** im Privatvermögen bei Grundstücken und Finanzanlagen, jenseits geringfügiger Freigrenzen, **zu beseitigen**. Entsprechend wären in die Bemessungsgrundlagen die Freibeträge der §§ 13 – 18 EStG einzubeziehen und die Tarifermäßigung bei außerordentlichen Einkünften im Sinne des § 34 EStG (gemäß des Steuersenkungsergänzungsgesetzes 2000) aufzuheben. Zu außerordentlichen Einkünften zählen vor allem Gewinne aus der Veräußerung oder Aufgabe einer Land- und Forstwirtschaft, eines der selbständigen Arbeit dienenden Vermögens, eines Gewerbebetriebes oder

[151] Vgl. näher *Schneider*: Theorie der Unternehmung , S. 627-629.

aus dem teilweisen oder ganzen Verkauf einer wesentlichen Beteiligung an einer Kapitalgesellschaft.

Die Reformentwürfe aller Parteien sahen 1997 im Grundsatz, nicht in gleichem Ausmaß, eine stärkere Besteuerung außerordentlicher Einkünfte vor: BÜNDNIS 90/Die Grünen forderten eine uneingeschränkte Unterwerfung außerordentlicher Einkünfte unter die Regel-Einkommensteuer[152]. Die CDU/CSU und FDP und die SPD stimmten darin überein, daß die Freibeträge (§§ 16 Abs. 4, 17 Abs. 3 EStG) zu streichen seien, eine wesentliche Beteiligung an Kapitalgesellschaften, deren Minderung bei Veräußerungsgewinnen Steuerpflicht auslöst, schon bei mehr als 10% (statt mehr als 25%) Anteil vorliege und die ermäßigte Besteuerung solcher außerordentlicher Einkünfte zum halben Durchschnittssteuersatz zurückzunehmen sei[153].

Das von Bundestag und Bundesrat beschlossene „Gesetz zur Fortsetzung der Unternehmenssteuerreform“[154] enthält kaum noch etwas von den allseits verkündeten Verbreiterungen der Bemessungsgrundlagen: An den Freibeträgen rüttelt man genauso wenig wie an der Steuersatzermäßigung für außerordentliche Einkünfte selbst. Statt dessen hat das „Steuersenkungsgesetz“, gemäß seiner Ideologie als Konzernherrenbegünstigungsreform, Veräußerungsgewinne von Kapitalanteilen, die zwischen Körperschaften anfallen, steuerfrei gestellt.

(2) Absichtsvoll stillschweigend geht die politische Diskussion um eine Verbreiterung der Bemessungsgrundlagen an den Sachverhalten vorbei, die in den Regalen des Selbstbedienungsladens für Berufspolitiker stehen. Keine Partei rührt an der steuerfreien Erstattung pauschal angenommener Werbungskosten ohne Einzelnachweis der Ausgaben. Diese steuerfreie Abgeordnetenpauschale (§ 12 Abs. 2 AbgG) betrug im Bundestag im Jahre 2000 jährlich 78.696 DM[155] und wird neben den Abgeordnetenbezügen gewährt. Demgegenüber muß jeder kleine Kioskbesitzer Aufzeichnungen über seine Betriebsausgaben machen. Auch Parlamentariern ist eine

---

[152] Vgl. „Einkommensteuerreform für Gerechtigkeit und Transparenz“, Bundestags-Drucksache 13/7895 vom 10.6.1997, S. 14.

[153] Vgl. für die damalige Koalition „Entwurf eines Steuerreformgesetzes 1999“, Bundestags-Drucksache 13/7480 vom 22.4.1997, S. 31, 38, 50; für die SPD „Entlastung für Arbeitnehmer und Familien, Steuer- und Abgabenreform 1997/98“, vom 26.5.1997, Vorlage zur Anhörung des Finanzausschusses des Deutschen Bundestages am 16./17.6.1997, S. 12, 15 f.

[154] Gesetz zur Fortsetzung der Unternehmenssteuerreform vom 29.10.1997. In: BGBl. I, S.2590-2600.

[155] Vgl. Der Steuerzahler, März 2001, S. 53.

Einnahmenüberschußrechnung zumutbar. Stattdessen erheben sie sich selbstherrlich über das steuerpflichtige Staatsvolk.

(3) Aus der gegenwärtigen Steuerreformdiskussion ausgeklammert wird der Mißstand, daß der Gesetzgeber eine Fülle von Vereinen und andere Organisationen für gemeinnützig erklärt. Solche Organisationen erfüllen nicht zuletzt die fragwürdige gesellschaftspolitische Aufgabe, abgehalfterten Berufspolitikern neben ihren Pensionsbezügen eine spesenkonto-, honorar- und reputationsträchtige Weiterbeschäftigung zu sichern.

Die Einkünfte gemeinnütziger Organisationen sowie von Kirchen, politischen Parteien und Berufsverbänden, einschließlich Gewerkschaften, sind grundsätzlich steuerfrei, ausgenommen ist ein wirtschaftlicher Geschäftsbetrieb (§ 5 Abs. 1 Nr. 5, 7, 9 KStG). Aus diesem schließt jedoch § 14 AO Einkünfte aus Kapitalvermögen und Vermietung und Verpachtung aus. Das ist mit Gleichmäßigkeit der Besteuerung unvereinbar. Solange beim einzelnen Bürger Einkünfte aus Kapitalvermögen oder Vermietung und Verpachtung steuerpflichtig sind, verlangt eine *Nicht-Benachteiligung von Menschen gegenüber Kollektiven,* daß entsprechende Einkünfte bei Gewerkschaften und anderen Berufsverbänden, bei politischen Parteien, Kirchen sowie Sportvereinen und weiteren gesetzlich als gemeinnützig geltenden Einrichtungen gerade nicht steuerfrei bleiben. Warum soll eine durch Tarifpoker Arbeitsplätze gefährdende Gewerkschaft oder ein Meerschweinchenzüchterverein in ihren Einkünften aus Kapitalvermögen steuerfrei bleiben, nicht aber eine Familie mit Kindern?

Wer in Kirchen, Parteien, Gewerkschaften seine öffentliche Argumentation nicht selten auf einem behaupteten Gegensatz von Kapital und Arbeit aufbaut, kann sich im Hinblick auf Gleichmäßigkeit der Besteuerung nicht dem Argument entziehen, daß Kapital gleich Kapital ist, gleichgültig, wer es besitzt.

Ein Gesetzgeber, der das Einkommen als eine Maßgröße steuerlicher Leistungsfähigkeit wählt, damit Einkünfte aus Arbeitseinsatz und aus Kapitaleinsatz addiert werden können, und dieses Einkommen teilweise progressiv besteuert, darf im Hinblick auf die Gleichmäßigkeit der Besteuerung Institutionen, die Marktmacht auf dem Arbeitsmarkt, dem Freizeitmarkt und dem politischen Willensbildungsmarkt ausüben, nicht anders behandeln als Sparer und Unternehmungen auf dem Kapitalmarkt.

Einerseits die Einkünfte aus Kapitalvermögen des einzelnen Bürgers progressiv zu besteuern, andererseits an der Steuerfreiheit für die Einkünfte aus Kapitalvermögen jener Kollektive festzuhalten, die politische Mehrheiten selten uneigennützig für gemeinnützig ansehen: Eine solche Steuerpolitik, wie sie derzeit alle Bundestagsparteien vertreten, verwirklicht ein eindeutig kollektivistisches Werturteil, das gegen eine freiheitliche Gesellschaftsordnung gerichtet ist, weil es eigenverantwortliches Handeln diskriminiert.

d) Gleichmäßigkeit der Besteuerung ist nur gewahrt, wenn eine „Selbsteinsteuerung" durch Steuerpflichtige von Rechts wegen vermieden wird.

Der **Grundsatz wider Selbsteinsteuerung** besagt:

(1) Die Versuchungen zu Steuerhinterziehungen und Steuerordnungswidrigkeiten sind so weit wie möglich einzugrenzen; darauf wurde bei der Kapitalertragsteuer (S. 75 f.) und bei der Außenprüfung (S. 83 f.) eingegangen.

(2) Bewertungswahlrechte und eigenes Ermessen sind bei der Besteuerung mit Gleichmäßigkeit der Besteuerung unvereinbar. Wahlrechte sind immer das Zugeständnis: Der Steuerpflichtige darf selbst entscheiden, wieviel er versteuern will. Er steuert sich teilweise selbst ein.

Das gegenwärtige Einkommensteuerrecht enthält Wahlrechte vor allem bei der Gewinnermittlung über den Vermögensvergleich. So kann ein Kaufmann wählen, ob er Wertpapiere im Betriebsvermögen hält oder im Privatvermögen („gewillkürtes Betriebsvermögen"[156]). Die praktische Folge dieser Wahl ist, daß der Kaufmann dadurch gegenüber einem Angestellten Steuern sparen kann. Empfindet er ein Wertpapier als besonders risikoreich, wird er das Wertpapier ins Betriebsvermögen einlegen, denn Veräußerungsverluste mindern im Betriebsvermögen den Gewinn. Im Privatvermögen sind solche Veräußerungsverluste ohne steuerliche Wirkung. Vermutet er, daß beim Verkauf des Wertpapiers Gewinne entstehen, empfiehlt es sich, vor deren nachprüfbaren Erhöhung des Teilwerts oder gar einer Realisierung das Wertpapier aus dem Betriebsvermögen ins Privatvermögen zu verlagern: Veräußerungsgewinne erhöhen im Betriebsvermögen der Personengesellschaft den steuerpflichtigen

[156] Vgl. näher *Schneider*: Rechnungswesen, S. 103, 151 f.

Gewinn, im Privatvermögen sind sie (nach Ablauf der Spekulationsfrist von 12 Monaten) steuerfrei. Zu teilweise noch gravierenderen Verstößen führt die Entnahme eines betrieblich genutzten und inzwischen abgeschriebenen Pkw, dessen Teilwert als Entnahmebetrag im Regelfall weit unter dem Marktpreis dieses gebrauchten Pkw liegt.

(3) Wahlrechte werden vor allem bei der Ermittlung von Einkünften aus Gewerbebetrieb verteidigt, weil als geschichtlicher Zopf eine **„Maßgeblichkeit der handelsrechtlichen GoB" für die Steuerbilanz** in § 5 Abs. 1 EStG steht. In Fehldeutung der Zwecke, welche die Handelsbilanz zu erfüllen hätte (tatsächlich aber nicht erfüllt), werden dort Wahlrechte des Rechnungslegenden für richtig gehalten, und dies wird auf die steuerliche Gewinnermittlung übertragen. Eigentlich hätte auch das Handelsbilanzrecht erkennen müssen, daß demjenigen, der Rechenschaft ablegen soll, nicht die Freiheit bleiben darf, wieweit er sich selbst der Rechenschaft entziehen kann.

Die Maßgeblichkeit der handelsrechtlichen GoB für die Steuerbilanz wird mit vier Argumenten verteidigt:

(a) Der gewichtigste Gesichtspunkt in den Augen der Praxis für die Beibehaltung des Maßgeblichkeitsgrundsatzes lautet: Er bilde einen Schutzschild gegen eine befürchtete Verschärfung der Unternehmensbesteuerung durch eine „Verbreiterung der Bemessungsgrundlagen" gewinnabhängiger Steuern[157].

Den Maßgeblichkeitsgrundsatz als Schutzschild hochzuhalten gegen eine erhöhte wirtschaftliche Steuerbelastung der Unternehmungen beruht freilich auf einer Illusion; denn durch Gesetzesänderungen kann jederzeit die Besteuerung der Unternehmungen verschärft werden, ohne an der Maßgeblichkeitsvorschrift des § 5 Abs. 1 EStG zu rütteln. Das Schutzschild der handelsrechtlichen GoB ist angebrochen, seit Rückstellungen für drohende Verluste aus schwebenden Geschäften für Geschäftsjahre, die nach dem 31.12.1996 enden, steuerrechtlich nicht mehr zulässig sind und zuvor gebildete Drohverlustrückstellungen spätestens bis 2002 gewinnerhöhend aufgelöst sein müssen (§§ 5 Abs. 4a, 52 Abs. 13 EStG).

[157] Vgl. dazu und zu den folgenden Stützungsversuchen der Maßgeblichkeit z.B. *Wolfgang Ballwieser:* Ist das Maßgeblichkeitsprinzip überholt? In: BFuP, Jg. 42 (1990), S. 477-498, hier S. 492 f.

Das Schutzschild droht in der Anwendung eines Steuermehrbelastungsgesetzes, das rechtlich „Steuerentlastungsgesetz 1999/2000/2002" heißt, zu zerbrechen, da neben der Ansplitterung des Grundsatzes der Gewinnverwirklichung der Verlustrücktrag zusammengestrichen und der Grundsatz der Verlustvorwegnahme durch die Beschränkung der Teilwertabschreibung auf dauerhafte Wertminderungen eingeschränkt worden ist.

Gegen die Schutzschildfunktion des Maßgeblichkeitsgrundsatzes spricht weiter, daß der Verweis auf die handelsrechtlichen GoB nur der Steuerrechtsprechung eine Richtung weist, nämlich jene, die sie in ihrem früheren Verständnis einer „wirtschaftlichen Betrachtungsweise" bzw. dem jetzigen einer „Bilanz im Rechtssinne" einschlagen will, soweit dem Bundesfinanzhof durch den EuGH und durch künftige Einflüsse der internationalen Rechnungslegungsstandards noch Spielraum gelassen wird.

(b) Die Maßgeblichkeit wahre die Einheitlichkeit der Rechtsordnung. Warum ein Aufheben der Maßgeblichkeit gegen die Einheitlichkeit der Rechtsordnung verstoßen soll, ist nicht nachzuvollziehen, und hierzu fanden sich bereits vor drei Jahrzehnten hinreichend Argumente[158].

(c) Das Maßgeblichkeitsprinzip vermeide Mehrarbeit bei nicht publizitätspflichtigen Einzelkaufleuten und Personengesellschaften, die üblicherweise ihre „Steuerbilanz" (vor Aufteilung in Mitunternehmereinkünfte) zugleich als Handelsbilanz feststellen. Der Gesichtspunkt „Mehrarbeit" sticht nicht, weil heute zwingendes Steuerrecht zwingendem Handelsrecht mehrfach widerspricht. Davon abgesehen, bleibt es nicht publizitätspflichtigen Unternehmungen unbenommen, auch eine „eigenständige" Steuerbilanz zur Handelsbilanz zu erklären.

(d) Der Gewinn nach handelsrechtlichen GoB stelle „einen überzeugenden Maßstab für die steuerliche Leistungsfähigkeit des Kaufmanns dar"[159]. Im Gewinn nach handelsrechtlichen GoB den Maßstab für steuerliche Leistungsfähigkeit zu sehen, ist lediglich ein nicht zu rechtfertigendes Interessentenargument. Der handelsrechtliche Gewinn läßt sich trotz oder wegen der GoB manipulieren und eröffnet so die Möglichkeit, sich selbst einzusteuern. Selbst wenn Wahlrechte beseitigt wären, genügte der handelsrechtliche Gewinn nicht der Norm der Gleichmäßigkeit der Besteuerung

---

[158] Vgl. *Otto H. Jacobs*: Das Bilanzierungsproblem in der Ertragsteuerbilanz. Stuttgart 1971, S. 38-43, 47, grundsätzlich *Tipke:* Steuerrechtsordnung, S. 57-60.

[159] Stellungnahme des Instituts der Wirtschaftsprüfer zur Unternehmenssteuerreform. Manuskript vom 3.11.1998, S. 3

zwischen den einzelnen Einkunftsarten. Zu vielfältig und schwerwiegend sind die Verstöße gegen eine Gleichbehandlung von Sachverhalten des Einkommenserwerbs in den Bemessungsgrundlagen, wie der 2. Abschnitt erläutert.

(e) Das Urteil für oder wider die Maßgeblichkeit lautet vielmehr: **Der Maßgeblichkeitsgrundsatz ist zu verwerfen**, weil der Zweck der steuerlichen Gewinnermittlung (nachprüfbare Einkommensmessung) und die praktisch bevorzugten Zwecke der handelsrechtlichen Rechnungslegung (in der Nachprüfbarkeit eingeschränkte Mischung aus Einkommensmessung und der von vielen hervorgehobenen, angeblichen Informationsfunktion für den Kapitalgeber bzw. den Kapitalmarkt) verschieden sind und weil die handelsrechtlichen GoB die Zwecke der handelsrechtlichen Rechnungslegung zudem oft inkonsistent umsetzen[160].

2. Verstöße gegen die Gleichbehandlung in den Bemessungsgrundlagen: Gewinnermittlungsmethoden und Gewinnermittlungsgrundsätze

a) Gleichmäßigkeit der Besteuerung setzt eine **Gleichbehandlung in den Bemessungsgrundlagen** voraus. Gleichbehandlung in der Ermittlung der Steuerbemessungsgrundlagen verlangt, daß 100.000 € Gewinn, den ein Selbständiger, ein Gewerbetreibender oder ein Landwirt errechnet, die gleiche steuerliche Leistungsfähigkeit verkörpert wie 100.000 € an Einkünften aus nichtselbständiger Arbeit eines Angestellten. Bei gleichen Betriebsausgaben müssen 20.000 € Umsatzeinnahmen dieselbe steuerliche Leistungsfähigkeit verkörpern wie 20.000 € Entnahmen an Handelswaren (bewertet heute zum „Teilwert"). Ist es also richtig, daß der Metzger, der das Kilo Filet für 20 € an den Kunden verkauft, den Eigenverbrauch von Filet nur mit dem „Teilwert" (meist Wiederbeschaffungspreis) von, sagen wir, 8 € zu bewerten braucht?

Gegen Gleichmäßigkeit der Besteuerung verstößt, wer z.B. den Überschuß der Einnahmen über die Werbungskosten nur bei Vorliegen von steuerlich relevantem Vermögen mit einem betragsmäßig gleichen Gewinn aus dem Vermögensvergleich

---

160 *Schneider*: Rechnungswesen, S. 334-338.

(der Steuerbilanz) für vergleichbar hält[161]. Argumente dieser Art sind Schutzbehauptungen, um zu Lasten anderer sich der Gleichmäßigkeit in der Besteuerung zu entziehen; denn der Kern einer „synthetischen" (die verschiedenen Einkunftsarten zusammenfassenden) Einkommensteuer ist das Addieren verschiedenartiger Einkünfte zu einer einzigen Bemessungsgrundlage.

Für die Wirklichkeit des deutschen Steuerrechts gilt: Einfacher und gleichmäßiger wäre das Einkommensteuerrecht, wenn nur eine einzige Ermittlungsmethode für die Einkünfte verwandt würde.

Wie können die rechtlichen Ermittlungsmethoden für Einkünfte: durch Überschußrechnung (Überschuß der Einnahmen über die Werbungskosten, Überschuß der Einnahmen über die Betriebsausgaben) und durch Gewinnermittlung über den Vermögensvergleich vereinheitlicht oder wenigstens aneinander angenähert werden? Modellmäßige Richtschnur ist im Hinblick auf die Entscheidungswirkungen das Merkmal der Entscheidungsneutralität und im Hinblick auf die Verteilungsfolgen die Gleichmäßigkeit der Besteuerung nach der Maßgröße für steuerliche Leistungsfähigkeit.

b) Allerdings bestreiten einzelne Hochschullehrer der betriebswirtschaftlichen Steuerlehre, daß Entscheidungsneutralität und Gleichmäßigkeit der Besteuerung zur Deduktion von steuerlichen Gewinnermittlungsregeln geeignet sind: „Das Leistungsfähigkeitsprinzip und das ökonomische Neutralitätsprinzip taugen nicht als Deduktionsbasis für steuerliche Gewinnermittlungsregeln. Die Bindung der steuerrechtlichen Gewinnermittlung an einzelne handelsrechtliche GoB kann daher nur durch die damit erzielbare Vereinfachung begründet werden"[162]. Hiergegen ist zu fragen:

(1) Falls Leistungsfähigkeits- und Neutralitätsprinzip nicht als Deduktionsbasis für die steuerrechtliche Gewinnermittlung taugen, was eignet sich dann zur Deduktion von Gewinnermittlungsregeln? Soll denn auf eine Kritik von Einzelregelungen durch Deduktion aus Grundsätzen steuerlicher Gewinnermittlung verzichtet werden? Ob z.B. der Teilwert im Sinne von R 36 Abs. 2 EStR ausgelegt wird, so daß ent-

[161] Vgl. z.B. *Horst Albach*: Gewinnrealisierungen im Ertragssteuerrecht. In: Steuerberater-Jahrbuch 1970/71. Köln 1971, S. 287-320, hier S. 296.

[162] *Ulrich Schreiber*: Rechnungslegung im Einzelabschluß nach internationalen Grundsätzen? In: Unternehmenspolitik und internationale Besteuerung, hrsg. von H.-J. Kleineidam. Köln 1999, S. 879-912, hier S. 906.

gehende Gewinne als steuermindernde Verlustvorwegnahmen erscheinen, ist eine Einzelregelung, die aus Obersätzen herzuleiten ist, und für deren Zurückweisen ist eine Definition von steuerlicher Leistungsfähigkeit als realisierter Reinvermögenszugang mit Verlustverrechnung sehr wohl tauglich. In dieser Ableitung ist eine Deutung des Leistungsfähigkeitsprinzips ebenso eine Deduktionsbasis wie das Erfordernis der Rechtssicherheit.

Dogmatische Verkündigungen über die Untauglichkeit des Kürzels „steuerliche Leistungsfähigkeit" vertuschen lediglich das Fehlen von Argumenten, wie einzelne steuerliche Gewinnermittlungsregeln zu begründen oder zu kritisieren sind, um Normen, wie Gleichmäßigkeit der Besteuerung, näherungsweise zu verwirklichen.

(2) Wieso erlauben Anwendungen der Neutralitätseigenschaft des ökonomischen Gewinns kein Urteil darüber, ob z.B. Lifo eine Steuervergünstigung oder, wie nachweisbar (S. 120 f.), in bestimmten Fällen eine Steuerbenachteiligung ist? Wieso erlaubt das Modell-Ideal einer Besteuerung der Zahlungssalden, korrigiert um Periodisierungen, als Annäherungen an Ertragswertänderungen, nicht das Realisationsprinzip als Barrealisation zur verbesserten Gleichbehandlung mit der Überschußrechnung herzuleiten?

(3) Da stichhaltige Argumente fehlen, warum ein inhaltlich expliziertes Leistungsfähigkeits- und Neutralitätsprinzip als Deduktionsbasis für steuerrechtliche Gewinnermittlungsregeln untauglich ist und die „erzielbare Vereinfachung" unbelegt bleibt, läßt sich mit solchen Behauptungen nichts für die Maßgeblichkeit handelsrechtlicher GoB sagen.

c) **Ausgangspunkt hat eine Einnahmenüberschußrechnung unter Nebenbedingungen** zu sein, wie sie für das Modell des kapitaltheoretischen Gewinns (S. 107 f.) vorgestellt wurde; denn der bestehende Vermögensvergleich ist wegen der „Maßgeblichkeit" zu vielen Verzerrungen ausgesetzt. Ein erster Reformschritt für die Gewinnermittlung erfordert: Gegenüber dem geltenden Bilanzrecht wird für die Bilanzbewertung das **handelsrechtliche Realisationsprinzip ersetzt durch eine Barrealisation** (Zahlungszufluß oder -abfluß). Der Grundsatz der Barrealisation sieht Gewinn (Ertrag und Aufwand) erst dann als entstanden an, wenn sowohl eine Leistung an den Markt abgegeben (verkauft) ist als auch die Einnahmen bzw. die für die

Marktleistungsabgabe statt Einnahmen ertauschten Dienste oder Sachen zugegangen sind.

Nach dem Grundsatz der Barrealisation sind alle zu bilanzierenden Vermögensgegenstände (außer Zahlungsmittel selbst) mit den für ihren Erwerb oder ihr Entstehen geleisteten (anteiligen) Zahlungen (bilanzrechtlich: Anschaffungs- oder Herstellungskosten) zu bewerten. Dies gilt im Ergebnis auch bei Forderungen aus Warenlieferungen und Leistungen, deren Nennwert gerade nicht dem von der verkaufenden Unternehmung geleisteten Anschaffungs- oder Herstellungsaufwand entspricht. Beim Barrealisationsprinzip läßt sich die Bewertung von Forderungen zu dem Anschaffungs- bzw. Herstellungsaufwand der hingegebenen Güter in folgender Weise sichern: In einer ersten Vorspalte der Bilanz wird der Nennwert angesetzt (um den Zahlungsanspruch zu dokumentieren), in einer zweiten wird die Differenz zwischen Nennwert (Verkaufspreis) und Anschaffungs- bzw. Herstellungsaufwand (hier einschließlich einzeln zurechenbaren Vertriebsausgaben) der hingegebenen Güter abgesetzt, in einer dritten eventuelle Verlustvorwegnahmen und in einer vierten verbleibt der endgültig den Gewinn bestimmende Wertansatz.

(1) Der Sinn dieses Verständnisses von Gewinnverwirklichung besteht darin, daß gewinnabhängige Zwangsausgaben erst geleistet werden können, wenn der Einnahmenzufluß erfolgt ist (und nicht nur ein Verfügungsrecht „Forderung" zugeht). Da es in der Realität keinen Kapitalmarkt im Konkurrenzgleichgewicht gibt, ist auf die Liquiditätswirkungen als Folge gewinnabhängiger Ausgaben zu achten und zusätzlich auf mögliche Entscheidungswirkungen als Folge von Zinszahlungen bei der Finanzierung gewinnabhängiger Zwangsausgaben. Im einzelnen:

(a) Überlegungen zu einer entscheidungsneutralen Gewinnermittlung verlangen, bei der Übersetzung der Modellüberlegungen in die Realität mit ihren unvollkommenen, u.U. die Geldaufnahme rationierenden Finanzmärkten Liquiditätseinbußen durch gewinnabhängige Ausgaben, die über vorangegangene Zuflüsse aus Marktleistungen hinausgehen, auszuklammern.

(b) Regeln gerechten Verhaltens bei Verteilungsfolgen sind durch das Barrealisationsprinzip besser einzuhalten, wie Gleichmäßigkeit der Besteuerung zwischen denjenigen, die einen Gewinn über einen Vermögensvergleich ermitteln und jenen Personen, deren Einkünfte sich als Überschuß der Einnahmen über die Werbungskosten berechnen (Zuflußprinzip).

(c) Das Barrealisationsprinzip wird mit dem Problem der Gewinnermittlung in der Inflation besser fertig als die heutige Handhabung des Realisationsprinzips, die eine Gewinnentstehung schon im Zeitpunkt des Forderungszugangs annimmt[163].

(2) Gegen das Barrealisationsprinzip ist eingewandt worden, daß Einnahmen wesentlich leichter zwischen Perioden zu verschieben seien als Leistungen (Umsätze). Der Einwand übersieht, daß Gewinn nach dem Barrealisationsprinzip erst dann vorliegt, wenn sowohl die Marktleistungsabgabe als auch der Einnahmenzufluß erfolgt ist. Periodenverlagerungen von Einnahmen nach Marktleistungsabgaben sind aber nur dann möglich, wenn Verkäufer und Käufer unter einer Decke stecken. Das mag zwar vorkommen, aber dann können sie das Verkaufsdatum (den Zeitpunkt der Versendung und der Rechnungserteilung) genauso manipulieren. Hinzu tritt: Die zeitliche Ertragsverlagerung für den einen in eine frühere oder spätere Periode verursacht zugleich eine Aufwandsverlagerung für den anderen.

Gewichtiger ist demgegenüber, daß erst mit dem Zahlungseingang ein Geschäft geschlossen ist und durch die Gewinnverwirklichung im Zeitpunkt des Zahlungseingangs vermieden wird, daß gewinnabhängige Zwangsausgaben zu einer realen Vermögensabgabe führen.

(3) Das Steuerrecht verstößt nicht nur durch die Übernahme des handelsrechtlichen Gebrauchs des Realisationsprinzips gegen Gleichmäßigkeit der Besteuerung, sondern seit 1999 zusätzlich durch *Besteuerung von Teilen unrealisierter Gewinne*. Die Bewertung von Verbindlichkeiten und Nicht-Ansparrückstellungen richtete sich vor 1999 nach dem Realisationsprinzip, wenn dieses neben seiner Geltung für Umlauf- und Anlagevermögen als *Grundsatz der Gewinnverwirklichung* auf Schulden erweitert wird. Dabei steht der Bewertung zu den Anschaffungs- oder Herstellungskosten auf der Aktivseite eine Bewertung zum Erfüllungsbetrag auf der Passivseite gegenüber.

Ab 1999 sind unverzinsliche Verbindlichkeiten und Verbindlichkeitsrückstellungen mit einer Laufzeit von mindestens 12 Monaten, die nicht auf einer Anzahlung oder Vorauszahlung beruhen, mit jährlich 5,5% abzuzinsen (§ 6 Abs. 1 Ziff. 3 bzw. Ziff. 3a Buchst. e) EStG). Dadurch werden Schulden niedriger angesetzt und in Höhe

---

[163] Vgl. näher *Schneider*: Rechnungswesen, S. 342.

des Abzinsungsbetrages unrealisierte Gewinne ausgewiesen, ebenso wie es bei einem Wertansatz über den aktivischen Anschaffungskosten der Fall wäre. Die durch einen Zinsaufschlag zustande kommende Höherbewertung im Folgejahr führt in einen Verlust, wenn dieser Zinsaufschlag nicht verdient wird.

Das Gesetz verstößt mit dem Abzinsungsgebot bei den genannten Verbindlichkeiten und Verbindlichkeitsrückstellungen gegen den Grundsatz des Gesetzesentwurfs, die Gewinnermittlung durch Beschränkung auf das Realisationsprinzip zu objektivieren[164].

d) Der **Grundsatz der Periodisierung** innerhalb der GoB schlägt sich in vielfältigen bilanzrechtlichen Vorschriften zur Abschreibungsverrechnung, Zuführungen zu Ansparrückstellungen oder den Rechnungsabgrenzungsposten nieder. Regelungen zur Periodisierung implizieren Prognosen und lassen sich, um der Nachprüfbarkeit willen, nicht durch eine einzige kapitaltheoretische Periodisierungsregel für die Unternehmung insgesamt (Ertragswertabschreibung oder -zuschreibung) ersetzen.

(1) Auf ein Periodisierungsprinzip könnte steuerrechtlich verzichtet werden, wenn

(a) statt des handelsbilanzrechtlichen Realisationsprinzips das Barrealisationsprinzip gälte und insofern eine Annäherung des Vermögensvergleichs an die Einnahmenüberschußrechnung erfolgte,

(b) die Finanzierungsfunktion der Anlagenabschreibungen durch Investitionszulagen näherungsweise in einer wirtschaftspolitisch erwünschten Weise erfüllt würde,

(c) ein sofortiger Verlustausgleich bestünde, sowie

(d) der Steuersatz im Zeitablauf konstant bliebe.

(2) Ein solcher Verzicht auf das Periodisierungsprinzip schließt jedoch ein *Anstreben vertikaler Gerechtigkeit aus, sobald dieses über einen teilweise (direkt-)progressiven Tarif* erreicht werden soll. Daneben setzt der Verzicht auf eine Periodisierung eine Annäherung an das entscheidungsneutrale Ausmaß der Innenfinanzierung aus Aufwandsverrechnung (S. 107) außer kraft. Schließlich verstößt der Verzicht auf eine Periodisierung gegen eine Verringerung von Einkommensunsicherheiten bei den Emp-

---

164 Vgl. Entwurf eines Steuerentlastungsgesetzes 1999/2000/2002. In: BT-Drucksache 14/23 vom 9.11.1998, S. 237.

fängern gewinnabhängiger Ausgaben, soweit z.B. Arbeitnehmergewinnbeteiligungen überwiegend an den Steuerbilanzgewinn gekoppelt sind.

Im Handelsrecht bleibt ein Periodisierungsprinzip nötig, wenn Geldgeber vertraglich ihre Verlustübernahme beschränken wollen: Anteilseigner auf einen der Unternehmung zur Verfügung gestellten Betrag in Rechtsformen mit beschränkter Haftung, Gläubiger durch Sicherung ihrer teilweise gewinnabhängigen Ansprüche, Arbeitnehmer durch vertraglich sicheres Mindestgehalt[165] .

(3) Da ex ante wegen der Planungsunsicherheiten kein „ökonomisch richtiges" Verfahren zur Anlagenabschreibung festzulegen ist, empfiehlt sich der Weg, **jährlich gleichbleibende Anlagenabschreibungen zu normieren, gemeinsam mit der Einführung einer Verlustsubvention** (eines „sofortigen Verlustausgleichs"). Damit wäre auch das Problem der Fehlschätzung der Nutzungsdauern von Anlagegütern entschärft.

Da die Verlustsubvention nur in Verlustjahren für die Unternehmung als ganzes greift, wird mit diesem, Gleichmäßigkeit der Besteuerung wahrenden Vorschlag der Praxis eine beliebte Innenfinanzierungsmöglichkeit genommen, was ein Aufheulen der Interessenten zur Folge haben dürfte.

e) Der **Grundsatz der Verlustvorwegnahme** (das *Imparitätsprinzip*) wird gestrichen; an seine Stelle tritt ein sofortiger Verlustausgleich, d.h. eine Zubuße des Fiskus in Höhe des Betrages Grenzsteuersatz mal Verlust im Sinne eines Ausgabenüberschusses (korrigiert um Periodisierungen) einer Abrechnungsperiode. Dabei handelt es sich keineswegs um eine „Sozialisierung von Verlusten"; zum einen, weil Verluste steuerlich hier analog zu Gewinnen behandelt werden, zum anderen, weil Großunternehmungen mit teilweise gewinnbringenden Geschäftsbereichen seit je für ihre teilweise verlustträchtigen Fehlinvestitionen über eine interne Verlustverrechnung verfügen. Benachteiligt sind in der rechtlichen Verlustberücksichtigung spezialisierte und kleinere Unternehmungen.

---

[165] Vgl. *Schneider*: Rechnungswesen, S. 281 f.; zur folgenden Periodisierung über Abschreibungsverfahren *ders*.: Abschreibungsverfahren und Grundsätze ordnungsmäßiger Buchführung. In: Die Wirtschaftsprüfung, Jg. 27 (1974), S. 364-376; *ders*.: Das Problem der risikobedingten Anlagenabschreibung. In: Die Wirtschaftsprüfung, Jg. 27 (1974), S. 402-405.

Ersatzweise kann anstelle einer Verlustsubvention ein in Höhe und Zeitraum unbegrenzter Verlustrücktrag treten, um Zinsen korrigiert, oder, falls keine versteuerten Gewinne in früheren Jahren vorliegen, ein jährlich aufzuzinsender Verlustvortrag.

(1) Demgegenüber stellt die **Vorwegnahme drohender Verluste** einen Verstoß gegen die Forderung nach Gleichmäßigkeit in der Besteuerung dar, wie folgendes Beispiel zeigt:

Das zu versteuernde Einkommen eines Arbeitnehmers, der seine Einkünfte als Überschuß der Einnahmen über die Werbungskosten berechnet, und eines Einzelkaufmanns (für den zur Vereinfachung Gewinn = Einnahmen gesetzt sei) betrage im ersten Jahr 50.000 €.

Im zweiten Jahr sei die wirtschaftliche Lage schlecht, das sei im ersten Jahr bereits vorherzusehen. Der Arbeitnehmer verliere seine gut dotierte Stellung und verdiene im zweiten Jahr nur 25.000 €, ebenso der Einzelkaufmann bei alleiniger Anwendung des Barrealisationsprinzips. Dieser erwarte für das zweite Jahr aufgrund von Preissenkungen auf dem Absatzmarkt Verluste aus Verkäufen von Handelswaren, die er bereits im ersten Jahr gekauft hat, in Höhe von 10.000 €. In diesem Fall würden Arbeitnehmer und Einzelkaufmann gleich besteuert.

Nach dem Imparitätsprinzips kann der Gewinnermittler den Verlust, der im zweiten Jahr droht, im ersten Jahr vorwegnehmen. Das bedeutet, der Gewinnermittler weist im ersten Jahr nur 40.000 € Einkommen aus, im zweiten Jahr hingegen 35.000 €, da der vorweggenommene Aufwand fehlt.

Besteht ein proportionaler Steuersatz von z.B. 30%, dann zahlen Arbeitnehmer und Gewinnermittler im Fall ohne Verlustvorwegnahme Einkommensteuer in gleicher Höhe, und zwar 15.000 € im ersten Jahr und 7.500 € im zweiten Jahr. Mit Verlustvorwegnahme schuldet der Gewinnermittler dem Fiskus hingegen im ersten Jahr nur 12.000 €, im zweiten Jahr dafür 10.500 €. Gegenüber dem Arbeitnehmer erzielt der Gewinnermittler durch die Verlustvorwegnahme einen zinslosen Steuerkredit in Höhe von 3.000 € für ein Jahr. Das ist bereits ein Verstoß gegen die Gleichmäßigkeit der Besteuerung.

Gilt ein progressiver Steuersatz als gerecht, dann zahlen Arbeitnehmer und Gewinnermittler ohne Verlustvorwegnahme im ersten Jahr und zweiten Jahr jeweils gleiche Beträge. Der Gewinnermittler mit Verlustvorwegnahme schuldet hingegen im ersten Jahr weniger, weil er in der Progression sinkt und im zweiten Jahr mehr, jedoch wegen der teilweisen Progressionsglättung weniger als die Differenz. Er empfängt eine Steuerersparnis und erhält zusätzlich einen zinslosen Steuerkredit. In diesem Fall wird die Verletzung der Gleichmäßigkeit der Besteuerung noch verstärkt.

Die Verlustvorwegnahme führt zu Verstößen gegen die Gleichmäßigkeit der Besteuerung, deshalb ist sie abzulehnen. Wer Einkommen als realisierten Reinvermögenszugang versteht, hätte eine Barrealisation mit einem sofortigen Verlustausgleich (einer Verlustsubvention in Höhe des Produktes aus Verlust und Steuersatz) zu fordern. Nur wenn ein sofortiger Verlustausgleich bzw. ein zeitlich unbeschränkter Verlustrücktrag und -vortrag mit (oder auch ohne) Verzinsung der Ansprüche politisch nicht durchgesetzt werden kann, ist der Grundsatz der Verlustvorwegnahme nur als drittbeste Lösung für die steuerliche Gewinnermittlung hinzunehmen.

(2) Ein Ersatz oder auch nur ein Zurückführen von Teilwertabschreibungen trifft die Steuerersparnis- und Steuerstundungsinteressen der Unternehmungspraxis. Lautstark ist deshalb der 1998 erwogene Abbau der Steuervergünstigung einer Verlustvorwegnahme bekämpft worden. Ein Streichen der „Teilwertabschreibungen", die Gewerbetreibende gegenüber Arbeitnehmern, Freiberuflern u.a. genießen, ist von Einzelhandelsverbänden und dem ihnen hier folgsamen damaligen Hessischen Finanzminister als „Scheingewinnbesteuerung" bezeichnet und von einem Verleger gar als „Literaturvernichter" verunglimpft worden[166].

Tatsache ist hingegen: Arbeitnehmer, freie Berufe u.a. zahlen Einkommensteuer auf ihre Einnahmenüberschüsse, Gewerbetreibende schieben mit der Teilwertabschreibung eine Besteuerung ihrer realisierten Gewinne hinaus, bei dauerhaft wiederholtem Lagerumschlag in Richtung St. Nimmerleinstag. Das geschieht insbesondere durch eine Vorwegnahme entgehender Gewinne, die aufgrund eigener (Fehl)-Dispositionen entstehen, und mitunter wegen darüber hinausgehender drohender Verluste (künftigen Erlösen unter den Anschaffungs- oder Herstellungskosten, zuzüglich dem in der Unternehmung entstehenden zusätzlichen Aufwand je Stück). Auf diese Weise erzielen Gewerbetreibende gegenüber Arbeitnehmern, Freiberuflern und anderen Steuerpflichtigen neben einem zinslosen Steuerkredit eine endgültige

[166] Vgl. FAZ vom 23.11 1998, S. 17; 1.12.1998, S. 17, 43; zu einer korrigierenden Gegendarstellung fand sich diese Zeitung nicht einmal über einen Leserbrief bereit.

Steuerersparnis bei einem progressiven Tarif durch periodische „Gewinnglättung". Die Steuerersparnis tritt erst recht bei im Zeitablauf sinkenden Steuersätzen ein.

Als „Scheingewinnbesteuerung" des Veranlagungsjahres das Streichen einer Steuerminderung für entgehende Gewinne oder für die Vorwegnahme drohender Verluste anzusehen, offenbart eine selbst für Verbandsfunktionäre und einen SPD-Länderfinanzminister bestürzende betriebswirtschaftliche Inkompetenz; denn Scheingewinne können nur bei einzelnen oder inflatorischen Preissteigerungen entstehen, nicht bei Preisverfall, wie ihn Teilwertabschreibungen voraussetzen.

Unkenntnis der Bilanzierung belegen die zitierten Ausführungen in der FAZ, S. 43: Bei Verbot der Teilwertabschreibung müßte ein Verlag „dreißig Millionen Mark Lagerwert als nicht realisierten ... Gewinn ausweisen und versteuern"; denn der „nicht realisierte Gewinn" ist kein unrealisierter, sondern ein entgehender Gewinn oder künftig drohender Verlust. Gerade die Bewertung von Lagerbeständen mit den Anschaffungs- oder Herstellungskosten verhindert eine Besteuerung nicht realisierter Gewinne. Zudem findet eine Gewinnbesteuerung nur statt, solange die Verlagsunternehmung noch Gewinne erzielt.

(3) Teilwertabschreibungen nehmen entgehende Gewinne dann vorweg, wenn der Teilwert unter den gesunkenen Nettoerlösen und Anschaffungskosten liegt. Bei Anschaffungskosten eines Vermögensgegenstandes aus dem Vorratsvermögen von 100 € seien am Bilanzstichtag der Nettoverkaufserlös auf 95 €, die Wiederbeschaffungskosten auf 80 € gesunken. Der Teilwert beträgt 80 €, d.h. neben 5 € drohendem Verlust werden zusätzlich 15 € an entgehendem Gewinn als Aufwand verrechnet: Hätte der Unternehmer erst kurz vor dem Bilanzstichtag zu 80 € gekauft, läge ein noch nicht realisierter Gewinn von 15 € vor. Soweit ein Streichen der Teilwertabschreibung eine Vorwegnahme entgehender Gewinne ausschließt, liegt eindeutig Abbau einer Steuervergünstigung vor.

Gerade für Einzelhandelsunternehmungen ist eine Anwendung von R 36 Abs. 2 der Einkommensteuer-Richtlinien typisch. Danach ist ein Sinken des Teilwerts unter die Anschaffungskosten schon dann gegeben, wenn bei zum Verkauf bestimmten Waren und Fertigerzeugnissen der voraussichtlich erzielbare Verkaufserlös abzüglich des „durchschnittlichen Unternehmergewinns" die Selbstkosten unterschreitet. Die Anschaffungskosten für bestimmte Seidenhemden mögen für einen Herrenausstatter 50 € je Stück betragen, nach Aufschlag für Selbstkosten und Gewinn wird diese Art Hemden zu 100 € plus Mehrwertsteuer vor Weihnachten angeboten. Der Rohgewinnaufschlag betrage für alle Artikel 100%. Nach Weihnachten wird der Verkaufspreis der Seidenhemden auf 75 € plus Mehrwertsteuer zurückgenommen. Der nach R 36 Abs. 2 Satz 3-6 EStR anzusetzende Teilwert errechnet sich aus 75 : (1 + 100%) = 37,50 €. Obwohl auch bei 75 € Nettoverkaufspreis noch Gewinn erzielt wird, erlaubt das Steuerrecht über die Bewertung zu einem niedrigeren Teilwert eine Steuervergünstigung von 50 – 37,50 = 12.50 € je Seidenhemd auf Lager.

3. *Verstöße gegen die Einfachheit und gegen eine intertemporale Gleichmäßigkeit in der Renten- und Erbschaftsbesteuerung*

a) *Gleichmäßigkeit der Besteuerung fehlt zusätzlich wegen mangelnder Einfachheit des Steuerrechts.* Gleichmäßigkeit der Besteuerung verlangt, daß die Höhe der Steuerzahlungen nicht von der Begabung und Erfahrung des Steuerpflichtigen und seiner Helfer im Umgang mit Steuergesetzen abhängt. Die heutigen Steuergesetze sind so unklar abgefaßt, daß sich nur gut Verdienende zusätzliche Vorteile verschaffen können; denn nur sie können sich die Steuerspezialisten leisten, die alle Ersparnismöglichkeiten ausloten. Damit wird steuerliche Gerechtigkeit unterlaufen.

Vereinfachung des Steuerrechts ist jedoch kein Ziel an sich. Man muß bei dem Schlagwort „Vereinfachung" genau klären, was erreicht werden soll. Vereinfachen läßt sich in dreifacher Weise:

(1) Der Gesetzgeber könnte das Düpieren bzw. Für-Dumm-Verkaufen der Steuerpflichtigen unterlassen, in dem die Gesetzgebungstechnik von „Artikelgesetzen" Abstand nimmt und die Vorteile der Computertechnik nutzt. Zur Abschirmung juristischen „Geheimwissens", aber wohl auch zur Förderung der Umsätze von Steuerrechtsverlagen und –schriftstellern und zur Mehrung der Arbeit von Steuerberatern verkündet z. B. der Gesetzgeber folgendes im Steuersenkungsgesetz Bundesgesetzblatt,Jg. 2000, S. 1437, es geht um die Anrechnung von Steuerabzügen bei der Einkommensteuerschuld):

„22. § 36 wird wie folgt geändert:

a) Absatz 2 Satz 2 wird wie folgt geändert:

aa) Nummer 2 wird wie folgt geändert:

aaa) Satz 1 wird wie folgt gefasst:

„die durch Steuerabzug erhobene Einkommensteuer, soweit sie auf die bei der Veranlagung erfassten Einkünfte oder auf die nach § 3 Nr. 40 dieses Gesetzes oder nach § 8b Abs. 1 und 6 Satz 2 des Körperschaftsteuergesetzes bei der Ermittlung des Einkommens außer Ansatz bleibenden Bezüge entfällt und nicht die Erstattung beantragt oder durchgeführt worden ist."

bbb) In Satz 2 wird das Semikolon durch einen Punkt ersetzt. ...".

Gesetze sollten so abgefaßt werden, daß in einer Spalte der bisher gültige Text, daneben vollständig der künftig geltende Text abgedruckt werden, mit Hervorhebung der Änderungen. Hierdurch wäre ein Schritt getan, daß auch nicht auf Steuerrecht spezialisierte Steuerpflichtige ohne zeitraubenden Arbeitsaufwand verstehen, was im Detail neu geregelt ist. Sie könnten sich eine eigene Meinung darüber bilden, welch weiter Abstand zwischen den hohlen Sprüchen in einer Gesetzesbegründung, von den Medien überwiegend kritiklos nachgeplappert, und den belegbaren Folgen des Geregelten besteht.

(2) Der Gesetzgeber kann Einzelaussagen eindeutiger und verständlicher formulieren, um dadurch die Wirtschaftlichkeit der Steuererhebung zu verbessern: Unter den alternativen Steuerrechtsetzungen, die einen bestimmten Standard an Effizienz und Gleichmäßigkeit erfüllen, sind jene zu verwirklichen, die den Arbeitsaufwand beim Steuerpflichtigen, seinen Beratern, beim Fiskus und in der Rechtsprechung, sowie deren Sachaufwand insgesamt minimieren. Um dieses Problem geht es bei der „Vereinfachung" tatsächlich. Aufzubauen ist ein Steuerrecht, das

(a) folgerichtig aus übergeordneten Grundsätzen der Besteuerung abgeleitet wird,

(b) eindeutig klärt, welcher Grundsatz den Vorrang hat, wenn zwei Grundsätze sich zu widersprechen drohen, und

(c) eindeutig formuliert ist. Eindeutig formuliert ist dabei regelmäßig identisch mit „verständlich ausgedrückt". Fachausdrücke kann sich schließlich jeder aneignen, wenn sie so verwandt werden, daß Mißverständnisse ausgeschlossen sind. Klarheit im Denken geht durchweg mit klarer Sprache einher. Wer nicht klar spricht, hat entweder nicht klar gedacht, oder er hat klar gedacht, will aber etwas verbergen.

(3) Im Hinblick auf mehr Gleichmäßigkeit deckt eine ökonomischen Analyse des deutschen Steuerrechts im einzelnen auf:

(a) Das deutsche Einkommensteuerrecht ist in der Mehrzahl seiner einzelnen Regelungen nicht folgerichtig aus übergeordneten Grundsätzen der Besteuerung abgeleitet. So folgt z.B. das steuerrechtliche Einkommen nicht einem wirtschaftlichen Einkommensbegriff, z.B. dem gesamten über den Markt verwirklichten Reinvermögenszugang (also einschließlich aller Veräußerungsgewinne).

(b) Das deutsche Einkommensteuerrecht klärt keineswegs eindeutig, welcher Grundsatz den Vorrang hat, wenn zwei Grundsätze sich zu widersprechen drohen (z.B. Gleichmäßigkeit der Besteuerung gegen wirtschaftspolitische Förderung von Investitionen). Änderungen der Bemessungsgrundlagen, wie Aktivierungswahlrechte oder Bewertungsvergünstigungen, verstoßen fast immer gegen die Gleichmäßigkeit der Besteuerung. Warum werden sie nicht generell zugunsten von Abzügen von der Steuerschuld, Investitionszulagen oder Investitionszuschüssen zurückgestellt?

(c) Das deutsche Einkommensteuerrecht ist keineswegs eindeutig formuliert. Brauchten sich sonst bis zu 8 der 11 Senate des BFH (auch) mit der Einkommensteuer beschäftigen, benötigte sonst ein Kommentar zur Einkommen- und Körperschaftsteuer ca 19.000 Seiten[167]?

Vereinfachen der Steuergesetze heißt deshalb: Einzelne Vorschriften zur Besteuerung logisch aus Grundsätzen ableiten, oder anders ausgedrückt: die Einzelvorschriften für jedermann nachprüfbar gestalten, wenn er die Ausgangsgrundsätze kennt. Aber gerade daran mangelt es im deutschen Steuerrecht.

Deshalb trifft angesichts der Wirklichkeit deutschen Steuerrechts eine Behauptung: „Je einfacher die Steuergesetze sind, ... desto größer ist aber die Ungleichbehandlung der Steuerpflichtigen, weil die Einfachheit nur durch die Pauschalierung steuerlicher Tatbestände erreicht werden kann"[168] nicht zu. Es ist ein Irrtum, Einfachheit mit Pauschalierung von Sachverhalten gleichzusetzen.

---

[167] Vgl. *H(errmann)H(euer)R(aupach)*: Einkommensteuer – und Körperschaftsteuer. Kommentar, Loseblattausgabe, hrsg. von A. Raupach. 21. Aufl., Köln 1996.

[168] *Günter Wöhe*: Die Aufgaben der Betriebswirtschaftlichen Steuerlehre und das Postulat der Wertfreiheit. In: Unternehmung und Steuern, hrsg. von L. Fischer. Wiesbaden 1983, S. 5-20, hier S. 19.

(4) Der Gesetzgeber kann Einzelvorschriften streichen. Indes: Wer einen Grundsatz der Besteuerung (z.B. Gleichmäßigkeit) folgerichtig durchführt, wird keine Einzelvorschriften erlassen, die gestrichen werden könnten. Entweder sind die Vorschriften notwendig, dann müssen sie erlassen werden, oder sie widersprechen dem Grundsatz, an dem die Besteuerung ausgerichtet werden soll. Das Streichen notwendiger Vorschriften vereinfacht nicht das Steuerrecht, sondern vervielfältigt die Schwierigkeiten. Dann wird nämlich die Arbeit den Steuergerichten übertragen, die allgemein gehaltene Regelungen auslegen oder mangels besonderer Vorschriften durch erweiterte Auslegung anderer Gesetzesstellen eine Lösung suchen müssen.

b) Eine gerechte **Rentenbesteuerung** verlangt das Einhalten zweier Grundsätze:

(1) Renten sind als Einnahmen aus einer Alters-, Hinterbliebenen- oder Unfallrente für den Empfänger Einkommensteile und einmal zu versteuern. Renten in Form steuerfreier Einnahmen sind als Steuervergünstigung zu streichen.

(2) Wann und wie hoch Renteneinnahmen gerechterweise zu besteuern sind, richtet sich nach einem „Korrespondenzprinzip", das in (a) und (b) erläutert wird.

(a) Rentenzahlungen, die aufgrund von *versteuerten* Ersparnissen zustande kommen, sind bei Rentenbezug nur mit ihren noch nicht versteuerten Zinsgewinnen („Ertragsanteilen") zu versteuern. Das investitionsrechnerische Prinzip hinter dem *Ertragsanteilsverfahren* ist das des kapitaltheoretischen Gewinns[169]. Das Ertragsanteilsverfahren ist im deutschen Steuerrecht allerdings durch eine Fehlanwendung auf Sozialrenten neben anderen Verzerrungen verkommen[170].

(b) Rentenzahlungen, die ohne frühere Beiträge des Rentenempfängers zustande kommen oder durch Beiträge des Rentenempfängers, die dessen zu versteuerndes Einkommen gemindert haben, sind bei Rentenbezug voll zu versteuern.

[169] Vgl. *Rudolf Apel*: Die gerechte Besteuerung von Leibrenten: In: Neumanns Zeitschrift für das Versicherungswesen, Jg. 61 (1938), S. 692-693, 807-838; *Wolfram F. Richter*: Neutrale Ertragsanteilbesteuerung von Renten. In: Deutsche Rentenversicherung 1987, S. 662-685.

[170] Vgl. die Kritik bei *Roman Seer*: Die Besteuerung der Alterseinkünfte und das Gleichbehandlungsgebot. In: StuW Jg. 73 (1996), S. 323 – 336, hier S. 328-332.

c) Diesen Grundsätzen einer gerechten Rentenbesteuerung widerspricht das deutsche Steuerrecht durch drei Arten der Besteuerung empfangener Renten:

(1) Zu den *Renten aus steuerfreien Einnahmen* zählt ein erheblicher Teil der über 60 Steuerbefreiungen des § 3 EStG, z. B. Abfindungen wegen einer vom Arbeitgeber oder gerichtlich ausgesprochenen Auflösung des Dienstverhältnisses, höchstens 8.181 € (§ 3, Zi. 9 EStG, bei älteren, langjährigen Mitarbeitern mit höheren Beträgen). Für erzwungenes Nichtstun steuerfreie Einnahmen zu erhalten, ist ebenso wenig zu begründen, wie die Steuerfreiheit von Aufwandsentschädigungen für nebenberufliche Tätigkeiten als Übungsleiter, Ausbilder, Gastvortragender an einer Hochschule usw. bis zur Höhe von 3.600 DM/ 1.848 € jährlich (§ 3 Nr. 26 EStG), um nur zwei Fälle zu nennen. Man darf nicht die Geringfügigkeit der Beträge als Richtschnur für die Zulässigkeit von steuerfreien Einnahmen nehmen; denn es ist stets zu beachten, daß aus anderen Einkunftsarten Überschüsse vorhanden sein können, die zu einem insgesamt hohen Einkommen führen.

Schon unter dem Werturteil einer gleichmäßigen Besteuerung können solche steuerfreien Einnahmen, Subventionen gleich, nicht als gerechtfertigt erklärt werden. Ausschlaggebend ist jedoch, daß alle steuerfreien Einnahmen zumindest Verstöße gegen vertikale Gerechtigkeit bewirken: Warum soll der Einkommensmillionär von einer Schwerbeschädigtenrente oder beim Empfang von Kindergeld usw. den gleichen unversteuerten Betrag erhalten wie ein Sozialhilfeempfänger? Alle steuerfreien Einnahmen, die einen Reinvermögenszugang bewirken, sind Steuervergünstigungen.

(2) Zu den *Renten als voll zu versteuernde Einnahmen* („nachgelagerte Besteuerung") gehören Beamtenpensionen, die Zusatzversorgung der öffentlichen Angestellten, die unmittelbare betriebliche Altersversorgung (über Pensionsrückstellungen), sowie Zahlungen aus berufsständischen Versorgungswerken. Dem Beamten werden während seiner Dienstzeit nur seine Bezüge als Einkünfte aus nichtselbständiger Arbeit zugerechnet. Der Arbeitnehmer, der später eine unmittelbare betriebliche Altersversorgung zusätzlich zu seiner Rente aus der gesetzlichen Rentenversicherung empfängt, zahlt ebenfalls für diese spätere Rentenzahlung, so er sie erlebt, nichts aus eigener Tasche.

Da keine eigenen Zahlungen die Altersversorgung ansparen, entspricht die Vollversteuerung der Renten einer gleichmäßigen Besteuerung. Allerdings ist die Vollversteuerung der Renten nicht der einzige Weg, um Gleichmäßigkeit der Besteuerung zu erreichen. Wird Einkommen als Reinvermögenszugang nicht nur im Einnahmenzufluß (Barrealisation) gesehen, sondern auch im Zugang an Verfügungsrechten (Ansprüchen auf künftige Zahlungen, steuerrechtlich: geldwerte Vorteile), dann erwirbt der Beamte mit steigender Dienstzeit einen zusätzlichen Pensionsanspruch, der Arbeitnehmer mit steigender Betriebszugehörigkeit einen zusätzlichen Anspruch auf betriebliche Altersversorgung. Werden also Arbeitsverträge für Beamte wie für Arbeiter und Angestellte in der Gesamtheit der vom Arbeitnehmer erworbenen Rechte betrachtet, dann wäre es folgerichtig, für die im Laufe der Dienstzeit jährlich erworbenen Versorgungsansprüche einen geldwerten Vorteil den Einkünften aus nichtselbständiger Arbeit zuzuschlagen[171]. Die Besteuerung dieser Rentenzahlungen hätte dann nach (3) als nur mit dem Ertragsanteil zu versteuernde Einnahmen zu erfolgen.

(3) Zu den *Renten, die mit einem Ertragsanteil zu versteuern sind,* zählen ökonomisch alle Renten, deren Vermögensstock aus **versteuertem** Einkommen errichtet wird. Wer privat spart und ein Wertpapiervermögen bildet, um als Selbständiger daraus seine Alterseinkünfte zu beziehen, der bildet aus voll versteuertem Arbeitseinkommen einen Vermögensstock (wenn Steuervergünstigungen des geltenden Steuerrechts zur Vereinfachung beiseite gelassen werden). Seine Altersbezüge als Annuität für den erwarteten Lebenszeitraum berechnet, setzen sich aus einem Tilgungsanteil des versteuert gebildeten Vermögensstocks und einem Ertragsanteil (Zins- und Zinseszinsgewinn) zusammen. Falls der Zins- und Zinseszins noch nicht zu Einkünften aus Kapitalvermögen führte, also noch nicht versteuert ist, muß er bei Rentenbezug versteuert werden. Im Regelfall führen Zinsen zu Einkünften aus Kapitalvermögen, allerdings nicht bei Kapitallebensversicherungen mit mindestens 12-jähriger Laufzeit. Hier wäre also die „Ertragsanteilbesteuerung" der Rente anzuwenden, wenn die Kapitalbildung aus versteuertem Einkommen erfolgt wäre, was im deutschen Steuerrecht allenfalls zum Teil der Fall ist (§ 10 Ziffer 2 b) EStG).

---

171 Inkonsistent wird dieser Weg bei den Beiträgen zu einer Direktversicherung des Arbeitnehmers und den Zahlungen an eine Pensionskasse beschritten. Hierbei werden Zahlungen bis zu 3.408 DM/1.752 € pauschal mit 20 % als geldwerter Vorteil der Lohnsteuer unterworfen (vgl. zu den Voraussetzungen im einzelnen § 40b Abs. 1, 2 EStG).

Das Vorgehen, einen Tilgungsanteil steuerfrei bei der Rentenzahlung zu vereinnahmen, nur einen (auch noch pauschal weitaus zu niedrigen) „Ertragsanteil" zu besteuern, wählt der deutsche Gesetzgeber bei Leibrenten und wirtschaftlich unzutreffend bei Sozialrenten; denn die Zahlungen des Arbeitgebers an die gesetzliche Rentenversicherung sind bei ihm steuerlich voll absetzbar, die Zahlungen des Arbeitnehmers sind innerhalb von Höchstgrenzen ebenso absetzbar, und die dritte Quelle, aus der die gesetzliche Sozialversicherung sich finanziert, sind Staatszuschüsse.

Die derzeitige Besteuerung eines Ertragsanteils von z. B. 27 % bei einem Renteneintrittsalter von 65 Jahren (§ 22 EStG) ist eine eklatante Steuervergünstigung, da der tatsächliche noch nicht versteuerte Ertragsanteil eher bei 70 % liegt. Als Steuerbenachteiligung wirkt hingegen die Beschränkung der Abzugsfähigkeit der Vorsorgeaufwendungen in § 10 Abs. 3 EStG[172].

Nach dem Korrespondenzprinzip wäre bei Sozialrenten eine Vollversteuerung geboten, da sie überwiegend nicht aus Beiträgen des Rentenempfängers gespeist werden und soweit eigene Beiträge vorliegen, diese zum erheblichen Teil steuerlich absetzbar sind, die „Finanzierung" also aus nicht versteuertem Einkommen erfolgt. Für die Art der Besteuerung erscheint unerheblich, daß für die gesetzliche Rentenversicherung ein „Umlageverfahren" und kein Kapitalansammlungsprinzip gilt.

d) Eine Vollversteuerung der Renten wird heute in den Steuerwissenschaften überwiegend gefordert, die Ertragsanteilsbesteuerung zurückgestellt bis abgelehnt[173]. Für die Vollversteuerung spricht zum einen die technische Einfachheit, da alle Umrechnungen mit sich im Zeitablauf ändernden Zinssätzen unterbleiben. Zum anderen ist die Vollversteuerung geboten, wenn beim Einkommensbegriff dem Einnahmenzufluß wegen der Liquiditätsfolgen der Besteuerung der Vorzug vor dem Einbeziehen von Verfügungsrechten über geldwerte Vorteile gegeben wird.

Allerdings müssen bei der Vollversteuerung im Regelfall Verstöße gegen vertikale Gerechtigkeit inkauf genommen werden, da die steuerliche Abzugsfähigkeit eigener

[172] Vgl *Seer*: Die Besteuerung der Alterseinkünfte, S. 330, 333 f.

[173] Die Steuerrechtswissenschaft baut dabei auf einer Entscheidung des Bundesverfassungsgerichts auf, das eine Gleichbehandlung von Beamtenpensionen mit Sozialrenten anmahnte (BVerfG v. 26. 3. 1980, BVerfGE, 54, S. 11), vgl. näher *Seer*: Die Besteuerung der Alterseinkünfte, mit weiteren Quellen; *Dieter Birk*: Nachgelagerte Besteuerung in der betrieblichen Altersversorgung – eine verfassungskonforme Alternative für den Gesetzgeber? In: StuW, Jg. 76 (1999), S. 321 –327; *Lang*: Prinzipien, S. 43-53.

Beiträge des späteren Rentenempfängers meist in einer höheren Progressionsstufe des Einkommens stattfindet als die spätere Rentenversteuerung.

(1) Zu überprüfen ist die Aufwandsverrechnung für Pensionsrückstellungen. Abgesehen von einer Reihe von Begünstigungen im Detail wäre bei dieser Innenfinanzierung zu überlegen, ob nicht (wie in den meisten anderen Ländern) erst eine tatsächliche betriebliche Rentenzahlung steuerlichen Aufwand auslösen dürfte, obwohl auch hier das Prinzip der Rückstellungsbildung aus Gründen der Gleichmäßigkeit der Besteuerung zu rechtfertigen ist[174].

(2) Unzutreffend ist eine Zuordnung der Vollversteuerung von Renten zu einer Konsumorientierung der Einkommensteuer (als Annäherung an eine Maßgröße verwirklichter Bedürfnisbefriedigung), wie sie Anhänger einer Konsumorientierung der Besteuerung (S. 262[128]) behaupten; denn besteuert wird der Rentenzufluß als Mittelerwerb unabhängig davon, welche Verwendung dieses Einkommen findet: als Konsum oder Ersparnis, u.U. für Erben.

Die Abzugsfähigkeit der Vorsorgeaufwendungen bei der Sozialversicherung ist ebenfalls kein Merkmal einer Konsumorientierung, weil eine gesetzliche Pflicht zum Zwangssparen für die Altersvorsorge nicht der Steuerfreistellung freiwilliger Ersparnis bei einer Forderung nach „Steuerfreiheit der Kapitaleinkünfte" gleichzustellen ist. Steuerrechtlich können die gesetzlichen Verpflichtungen zu Vorsorgeaufwendungen als Werbungskosten zur Erhaltung und Sicherung des Einkommens nach Ablauf der Arbeitszeitspanne angesehen werden[175].

e) Wer im Reinvermögenszugang die hauptsächliche Maßgröße steuerlicher Leistungsfähigkeit sieht, müßte den **Erbanfall** als Reinvermögenszugang wie zugeflossene Einkünfte aus den Einkunftsarten der Einkommensteuer versteuern. Zur Einbeziehung von Erbschaften in die Einkommensteuer hat eine Kanadische Steuerreformkommission einen ins einzelne gehenden Vorschlag erarbeitet, der teilweise für die kanadische Bundeserbschaft- und Schenkungsteuer ab 1972 Gesetz geworden

[174] Vgl. *Dieter Schneider*: Steuerfreie Kapitalbildung in dreistelliger Milliardenhöhe durch Pensionsrückstellungen? In: Der Betrieb, Jg. 42 (1989), S. 889-895; *ders.*: Steuerersparnisse bei Pensionsrückstellungen allein durch die Aufwandsvorwegnahme? In: Der Betrieb, Jg. 42 (1989), S. 1884-1887.

[175] Vgl. *Lang*: Prinzipien, S. 51 mit weiteren Verweisen.

ist[176]. Diese hat allerdings nur Kapitalgewinne, nicht den gesamten Vermögenszugang in die Einkommensteuer einbezogen. Eine Integration der Erbschaftsteuer in die Einkommensteuer stößt unter den politisch Einflußreichen in Deutschland nicht auf Verständnis.

(1) Vielmehr streut der Gesetzgeber Killerviren für Gleichmäßigkeit der Besteuerung gerade bei der Erbschaftsbesteuerung aus. Das Bundesverfassungsgericht rügte 1995 und um Jahrzehnte zu spät, daß die damalige Erbschaftsteuer insofern mit dem Gleichheitsgebot des Art. 3 Abs. 1 GG unvereinbar sei, als sie bei gleichem Steuertarif die Bemessungsgrundlage für Grundbesitz in einem Einheitswert und für das übrige Vermögen teilweise im Marktpreis (Verkehrswert) sah. Dabei betrug der Einheitswert bei forstwirtschaftlichen Betrieben oft nur 1/250 des Marktpreises (nicht selten sogar weniger) und meistens bei Einfamilienhäusern ein Zehntel bis ein Fünftel[177].

Das Bundesverfassungsgericht fordert Bewertungsmethoden, die „entweder zum Bewertungsstichtag die jeweiligen Werte in ihrer Relation realitätsgerecht ermitteln oder dementsprechend in der Vergangenheit festgestellte Werte entwicklungsbegleitend fortschreiben". Zugleich sicherte es jedoch weitgehende Erbschaftsteuervergünstigungen für bestimmte Gruppen Vermögender durch eine mehr als fragwürdige Auslegung der Eigentumsgarantie und des Gleichheitssatzes des Grundgesetzes: So habe die Sozialgebundenheit von Betrieben „zur Folge, daß die durch die Erbschaftsteuer erfaßte finanzielle Leistungsfähigkeit des Erben nicht seinem durch den Erbfall erworbenen Vermögenszuwachs voll entspricht ... Der Gleichheitssatz (Art. 3 Abs. 1 GG) fordert, diese verminderte Leistungsfähigkeit bei den Erben zu berücksichtigen, die einen solchen Betrieb weiterführen"[178].

Diese Behauptung ist angesichts der Bewertungsregeln für Erbschaften, einschließlich der durch die Maßgeblichkeit der handelsrechtlichen GoB und durch zusätzliche Bewertungsvergünstigungen (wie Sonderabschreibungen) geschaffenen „stillen Reserven", falsch, weil sie die Erben von Betriebsvermögen bewußt

---

[176] Der Vorschlag geht zurück auf den Report of the Royal Commission on Taxation, Vol. 3: Taxation of Income. Ottawa 1966 (mitunter Carter-Report genannt), S. 465-519.

[177] Zu den Zahlen im einzelnen vgl. *Arbeitsgruppe Steuerreform*: Steuern der Neunziger Jahre. Stuttgart 1987, S. 39; *Gutachten der Kommission zur Verbesserung der steuerlichen Bedingungen für Investitionen und Arbeitsplätze.* Bonn 1991, Randziffern 4, 19, 27, 28.

[177] *Bundesverfassungsgericht* v. 22. 6. 1995, BStBl II, S. 671-675, hier S. 673.

gegenüber anderen Erben durch Verstoß gegen die Gleichbehandlung privilegiert. Eine einmalige hohe Zahlungsbelastung des Erben von Betriebsvermögen zu mildern, erreicht schließlich schon die Vorschrift, daß der Erbe die Zahlung der Erbschaftsteuerschuld über 10 Jahre zinslos verteilen kann (§ 28 Abs. 1 ErbStG).

(2) Verstößt schon das Bundesverfassungsgericht mit einer, in einer marktwirtschaftlichen Ordnung nicht zu rechtfertigenden Begünstigung der Erben von Betriebsvermögen gegen Gleichmäßigkeit der Besteuerung, die angeblich aus dem Gleichheitssatz des GG hergeleitet sein soll, so setzt der Gesetzgeber noch mehrere Trümpfe darauf.

Dem Auftrag, die Erbschaftsteuer neu zu regeln, ist der Gesetzgeber mit dem Jahressteuergesetz 1997 wie folgt nachgekommen[179]: Anstatt eines einheitlichen Bewertungsmaßstabs, z.B. des Verkehrswerts, beharrt er weiterhin auf unterschiedlichen Maßstäben, die bei Grundstücken über ein arg vereinfachtes Ertragswertverfahren nur sehr zaghaft an Marktpreise angenähert werden. Selbst nach Ansicht der Bundesregierung führt die Neuregelung beim Grundbesitz nur zu einer Bewertung von gut 50% des Verkehrswertes[180]. Die Bundesregierung beschönigt, wie gewohnt; zudem bleiben Sondervergünstigungen bei Land- und Forstwirtschaft. Vorstöße einzelner Bundesländer zu einer Anhebung auf etwa 70% des Verkehrswerts im Frühjahr 2001 wurden von der Bundesregierung nicht aufgegriffen, da sie Gleichmäßigkeit der Besteuerung allenfalls als Worthülse zu benutzen bereit ist.

(3) Darüber hinaus ergeben sich erhebliche Ungleichbehandlungen beim Vergleich von zu vererbenden Anteilen an Kapitalgesellschaften und anderen Finanzanlagen mit der Besteuerung von Betriebsvermögen, das rechtlich einem Einzelkaufmann oder Mitunternehmer zugeordnet wird. Das zeigt folgendes Beispiel (Bezugsjahr 2001):

Ein Mitunternehmer einer KG vererbt seinem einzigen Kind seinen Kommanditanteil von 25%. Dieser Fall sei damit verglichen, daß ein 25%-Anteil an einer GmbH mit gleichem Verkehrswert von 10 Mio. DM als Erbe anfällt. Um den Problemen der Wertermittlung für nicht notierte Anteile nach dem sog. „Stuttgarter Verfahren" aus

[179] Vgl. BStBl I 1996, S. 1523-1555.

[180] Vgl. Aktuelle Beiträge zur Wirtschafts- und Finanzpolitik, Nr. 18/1996: JStG 1997, hrsg. vom Presse- und Informationsamt der Bundesregierung 1996, S. 8.

dem Wege zu gehen, sei angenommen, daß weniger als ein halbes Jahr vor dem Tod des Erblassers ein anderer Gesellschafter dieser GmbH seinen 25%-Anteil zu 10 Mio. DM verkauft habe. Die Erbschaftsteuerbelastung errechnet sich bei plausiblen Einzelannahmen wie folgt:

	KG-Anteil	GmbH-Anteil
Erbanfall in Verkehrswerten	10.000.000	10.000.000
Angesetzt werden nur 25% des „Ertragswerts" der Betriebsgrundstücke plus Steuerbilanzwerte der anderen Wirtschaftsgüter	6.500.000	
Freibetrag für den Erwerb von Betriebsvermögen	./. 500.000	
	6.000.000	
40% Bewertungsabschlag	./. 2.400.000	
Bemessungsgrundlage	3.600.000	10.000.000
Freibetrag für Kinder (§ 16 Abs. 1 ErbStG)	./. 400.000	./. 400.000
	3.200.000	9.600.000
Erbschaftsteuerzahlung (Steuerklasse I): 19%	608.000	1.824.000

Begründung: Der Erwerb einer Beteiligung an einer Personengesellschaft gilt als Erwerb der anteiligen Wirtschaftgüter. Dabei wird für die Erbschaftsteuer das Betriebsvermögen grundsätzlich zu Steuerbilanzwerten angesetzt. Ausgenommen sind Betriebsgrundstücke. Für diese gelten die Bewertungsregeln für Grundbesitz. Da die Steuerbilanzwerte und die steuerrechtlichen „Ertragswerte" des Grundvermögens meistens erheblich unter den Verkehrswerten liegen, dürfte der Wertansatz des anteiligen Betriebsvermögens mit 6,5 Mio. DM, also knapp 2/3 des Verkehrswertes, im Regelfall nicht zu niedrig gewählt sein. Für den Erwerb von Betriebsvermögen einer Personengesellschaft wird ein Freibetrag von 500.000 DM sowie ein darüber hinaus gehender Bewertungsabschlag in Höhe von 40% gewährt, und zwar nach § 13a ErbStG unabhängig von der Höhe des Beteiligungsanteils.

Bei Vererbung des GmbH-Anteils dient als Bemessungsgrundlage der Verkehrswert des Anteils von 10 Mio. DM. Der Freibetrag von 500.000 DM und der Bewertungsabschlag von 40% kommen hier nicht zur Anwendung, weil sie eine unmittelbare Beteiligung von mehr als einem Viertel voraussetzen (§ 13a Abs. 4, Ziffer 3 ErbStG). Somit berechnet sich eine Erbschaftsteuerzahlung von 1.824.000 DM gegenüber 608.000 DM beim Kommandit-Anteil.

Trotz gleichen Reinvermögenszugangs ergibt sich für den Fall der Vererbung des GmbH-Anteils eine Erbschaftsteuerbelastung, die dreimal so hoch liegt wie im Fall der Vererbung des Kommandit-Anteils. Von Gleichmäßigkeit der Besteuerung kann keine Rede sein.

Die Begründung für diese Ungleichbehandlung ist fadenscheinig, wenngleich sie sich auf Ausführungen des Bundesverfassungsgerichts stützen kann: Begünstigt werden soll die Weiterführung der Unternehmung durch die Erben. Dieses Argument sticht beim Vergleich GmbH-Anteil gegen Kommandit-Anteil von vornherein nicht. Hinzu tritt, daß der steuerlich begünstigte Erbe die Zahlung der Steuerschuld über zehn Jahre zinslos verteilen kann (§ 28 Abs. 1 ErbStG). Ganz abgesehen sei von dem wirtschaftlichen Erfahrungssachverhalt, daß spätestens nach zwei Generationen sehr häufig eine bei den Vorfahren der Erben vorhanden gewesene unternehmerische Begabung sich verflüchtigt hat.

(4) **Eine Wettbewerbsordnung mit Gleichmäßigkeit der Besteuerung erfordert das Schaffen möglichst gleicher Startbedingungen für alle.** Sie verlangt gerade nicht eine steuerbegünstigte Vermögenskonzentration bei bestimmten besitzenden Familien über Generationen hinweg, die das Bundesverfassungsgericht und der Gesetzgeber aus einer fehlverstandenen Sicht der Sozialgebundenheit von Betrieben unter faktischer Hinanstellung des Gleichheitssatzes des Grundgesetzes bisher durchsetzen.

f) In diesem Kapitel sind nur einige aus der Fülle an Verstößen gegen Gleichmäßigkeit der Besteuerung aufgeführt. Viele der Verstöße werden auch von den zahlreichen Steuerreformkommissionen in den letzten 30 Jahren nicht moniert und die von den einzelnen Steuerreformkommissionen bemängelten Verstöße gegen Gleichmäßigkeit der Besteuerung übergehen insbesondere jene Reformen, die Politiker als *„Jahrhundertwerke"* etikettiert haben, z.B. jene, die zum EStG 1975, zum EStG 1990 oder zum „Steuerentlastungsgesetz 1999", dem „Steuerentlastungsgesetz 1999/2000/2002" und zum „Steuersenkungsgesetz 2000" führten.

Doch scheint in heutiger Zeit die vergebliche Arbeit des Sisyphus in allen Ländern inzwischen von Steuerreformern übernommen worden zu sein. Während es immerhin einsichtig erscheint, daß jener antike König von Korinth wegen seines ruchlosen Lebenswandels im Hades zu sinnlosem Steinewälzen verurteilt wurde, bleibt zu fragen, warum wir auf Erden uns nicht als Wähler gegen die Konzeptionslosigkeit und Interessentenhörigkeit der Berufspolitiker in Steuerfragen und ihre Phrasendrescherei („mehr soziale Gerechtigkeit") erfolgreicher zur Wehr setzen.

Einer der wenigen, vielleicht erfolgversprechenden Wege wäre, Steuerbemessungsgrundlagen und Steuersätze in den Rang von Verfassungsnormen zu erheben[181], die nur durch verfassungsändernde Mehrheiten oder Volksabstimmungen geändert werden könnten. Dieser Weg setzt freilich voraus, daß Steuerlast und Steuerwirkung der Änderungen sorgfältiger als bisher offengelegt und von den Wählern zur Kenntnis genommen werden.

Eine solche Einschränkung ihrer Macht werden Parlamentarier und die sie beeinflussenden Lobbyisten zu verhindern suchen. Die selbstgefällige Mißachtung sachverständigen Rates und wissenschaftlicher Kritik durch die Kaste der Berufspolitiker zeigt sich z.B. schon im Streichen der „Kommission Betriebswirtschaftliche Steuerlehre im Verband der Hochschullehrer für Betriebswirtschaft e.V." auf der Liste der zu den Sitzungen des Finanzausschusses des Deutschen Bundestages zu ladenden Verbände und Organisationen durch die derzeitige Frau Vorsitzende.

---

[181] Vgl. *Geoffrey Brennan, James M. Buchanan*: The Power to Tax. Cambridge (Mass.) u.a. 1980, S. 1-12.

IV. Verstöße gegen die vertikale Gerechtigkeit durch das Steuerrecht

1. *Verteilungsfolgen progressiver Besteuerung des Markteinkommens und des frei disponiblen Einkommens*

a) Die Frage nach der vertikalen Gerechtigkeit betrifft an erster Stelle den **Steuersatzverlauf** bei veränderter Höhe des jeweiligen zu versteuernden Einkommens: um die Höhe des Grundfreibetrags als Maß für ein steuerfrei zu stellendes Existenzminimum, um *Freibeträge, Freigrenzen,* die Höhe proportionaler oder progressiver *Tarife.* Nach der Entscheidung für einen bereichsweise direkt progressiven Tarif stellen sich Fragen über die Vorgehensweise bei der Familienbesteuerung: Kindergeld oder Kinderfreibeträge, Ehegattensplitting, Realsplitting (Einkünfte aus Unterhaltsleistungen an den geschiedenen oder dauernd getrennt lebenden Ehegatten, wenn der Geber dies mit Zustimmung des Empfängers beantragt, derzeit bis zu 27.000 DM / 13.805 € im Kalenderjahr, §§ 22 Nr. 1 a, 10 Abs. 1 Nr. 1 EStG).

Vertikale Gerechtigkeit ist jedoch nicht nur ein Problem des Steuersatzverlaufs, sondern bei teilweise direkt progressivem Tarif auch eine Frage, wie Sozialausgaben steuerlich behandelt werden sollen.

Sozialausgaben sind Einkommensverwendungen, die der Güterverwendung „zu eigener oder Anderen pflichtmässig zu ermöglichenden Bedürfnissbefriedigung"[182] dienen. Zu den Sozialausgaben gehören:

(a) Sonderausgaben;

(b) außergewöhnliche Belastungen;

(c) der Haushaltsfreibetrag;

(d) der Kinderfreibetrag und Betreuungsfreibetrag.

(1) Sind Sozialausgaben von der Bemessungsgrundlage abzuziehen, so entlasten sie bei einem progressiven Steuersatzverlauf gutverdienende Steuerpflichtige mehr als weniger Verdienende. Oder sollen sie vom Steuertarif unabhängig jedem be-

[182] *Adolph Wagner*: Finanzwissenschaft. Vierte Hauptabtheilung des Lehr- und Handbuchs der politischen Oekonomie. Zweiter Theil: Theorie der Besteuerung, Gebührenlehre und allgemeine Steuerlehre. 2. Aufl. Leipzig 1890, S. 444.

tragsgleich entlasten oder gar Höherverdienende geringer begünstigen als weniger Verdienende?

Neben dieser Frage ist zu prüfen, ob Transferzahlungen durch den Staat (ein Sozialhilfesystem), einschließlich Subventionen für wirtschaftspolitische Zwecke, jedem Empfänger unabhängig von seinem Einkommen zugute kommen oder als Erhöhung der Bemessungsgrundlage Einkommen gemäß dem progressiven Steuersatzverlauf Empfänger mit höherem Einkommen weniger begünstigen sollen als Empfänger mit niedrigerem Einkommen.

(2) Leider gibt es bis heute keine wissenschaftlich stichhaltige Antwort auf die Frage nach dem „gerechten" Steuersatzverlauf. Lediglich einzelne Teilaussagen lassen sich widerlegen, z.B. daß Allokationseffizienz nur über proportionale Grenzsteuersätze zu verwirklichen sei (was unter Unsicherheit regelmäßig falsch ist, S. 142 f.) oder daß die Obergrenze für den Vermögensertrag „in der Nähe der hälftigen Teilung zwischen privater und öffentlicher Hand"[183] zu liegen habe.

Dieser **Halbteilungsgrundsatz** bleibt in seinem Inhalt auslegungsbedürftig: Wird ein Grenzsteuersatz oder ein Durchschnittssteuersatz von höchstens 50% gefordert für Vermögenserträge oder müßte der Halbteilungsgrundsatz nicht auf das Einkommen insgesamt ausgedehnt werden? Ist eine rechtliche oder wirtschaftliche Steuerlast gemeint? Sind marktbestimmte Steuerlasten zu beachten, und wie? Warum darf der Fiskus vom Vermögensertrag oder dem gesamten Einkommen der Reichsten höchstens etwa die Hälfte beanspruchen? Gibt eine solche Begrenzung auch in Notfällen Sinn, wie Naturkatastrophen, dem Lastenausgleich in der Nachkriegszeit? Was spricht, über willkürliche Werturteile von Verfassungsrichtern zugunsten der Reichen hinaus, dagegen, für ex post verwirklichte Milliardengewinne den Grenzsteuersatz aymptotisch z. B. 80 % anzunähern? Unter 100 % muß die wirtschaftliche Steuerbelastung bleiben, um noch einen Anreiz für zusätzliche Tätigkeiten beizubehalten. Selbst wenn die vorstehenden Fragen beantwortet wären, legt der Halbteilungsgrundsatz die Höhe der Steuerlast ohne Rücksicht auf die Finanzierungsbedürfnisse bei Staatstätigkeiten fest, zwingt also nach Ausreizen der Halbteilung zu einer Finanzierung über Staatsschulden, d.h. zu einer Steuermehr-

[183] So das Bundesverfassungsgericht in dem Urteil vom 22. 6. 1995. In: BVerfGE 93, S. 138. Kritisch hierzu z. B. *Tipke*: Steuerrechtsordnung, S. 439-446.

belastung künftiger Generationen, oder fördert eine inflatorische Entwicklung. In den Augen des Verfassers erscheint der Halbteilungsgrundsatz nicht durchdacht.

(3) Wer über Einzelheiten des Steuertarifs entscheidet, muß wie jener Student handeln, der seine Prüfungsangst entweder durch eine Wallfahrt nach Kloster Andechs oder das Studium des Kaffeesatzes überwinden will: Er trifft eine nicht beweisbare Glaubensentscheidung. Glaubensbekenntnisse sind notwendig, denn der Steuersatzverlauf muß irgendwie festgelegt werden. Aber solange die Wissenschaft keine einsichtigen, nachprüfbaren Gründe für einen bestimmten Steuersatzverlauf nennen kann, bleibt jede Aussage anmaßend, ein Tarif sei „gerechter" oder „ungerechter" als ein anderer.

Dies galt insbesondere für den ab 1990 eingeführten Einkommensteuertarif mit einer abschnittsweisen linearen Progression, der inzwischen aufgegeben ist. Die damals lauthals vorgetragenen Behauptungen über den sozial gerechten Verlauf gerade dieser linearen Progression sind über unbewiesenes Gequatsche nicht hinaus gelangt.

(4) An den Gesetzgeber ist die Forderung zu richten, seine Vorstellung **über eine gerechte relativ stärkere Belastung höherer steuerlicher Leistungsfähigkeit zunächst für einen Alleinveranlagten ohne Sozialausgaben und Kinder zu konkretisieren.** Ein solcher Vergleichsmaßstab ist nötig, um die Verteilungsfolgen zu bewerten, die zu einer „gerechten" Besteuerung zwischen Personen mit unterschiedlich hohen Sozialausgaben geboten sind oder beim Vergleich eines Alleinveranlagten mit einer kinderlosen oder kinderreichen Familie.

b) Im Hinblick auf vertikale Gerechtigkeit werden Korrekturen bei der Bemessungsgrundlage Einkommen unter den begrifflichen Gegensatz „objektive oder subjektive steuerliche Leistungsfähigkeit?" gestellt.

(1) Eine *objektive steuerliche Leistungsfähigkeit* gebe das **Markteinkommen** wieder. Diese stehe im Gegensatz zur *subjektiven steuerlichen Leistungsfähigkeit*, die im frei verfügbaren Einkommen vor der Einkommensteuer gemessen werde: im **Markteinkommen abzüglich Sozialausgaben**. Entscheidungen des Bundesverfassungsge-

richts und durchgängig die Ausführungen in der Steuerrechtswissenschaft[184] bauen auf dem Verständnis einer subjektiven steuerlichen Leistungsfähigkeit auf und fordern dementsprechend einen Abzug der Sozialausgaben von der Bemessungsgrundlage Markteinkommen.

(2) In die gleiche Richtung wie ein Abzug von Sozialausgaben in der Bemessungsgrundlage einer (teilweise direkt) progressiven Einkommensteuer wirkt das Ehegattensplitting, ein Realsplitting oder ein politisch gelegentlich propagiertes Familiensplitting. Bei letzterem wird das Familieneinkommen durch die Anzahl der Familienmitglieder geteilt (u.U. sollen Kinder nur mit einem Faktor kleiner 1 eingerechnet werden). Besteuert wird das verbleibende zu versteuernde Einkommen nach der tariflichen Einkommensteuer des § 32a EStG, und dieser Steuerbetrag wird mit der Splittingzahl vervielfacht auf die Einkommensteuerschuld. Die Folge ist eine Milderung der Progression (Beispiele S. 319 f., 327 f.), also eine Teilrücknahme der relativ stärkeren Belastung eines höheren Einkommens, wie sie dem Gesetzgeber für den Alleinveranlagten vorgeschwebt haben sollte.

(3) Im Hinblick auf die Verteilungsfolgen sind nicht nur Abzüge vom Markteinkommen zu beachten, sondern auch dessen Erhöhungen durch Transferzahlungen, also Subventionen, wie eine steuerfreie Investitionszulage, das Kindergeld, Wohngeld usw.

Wenn steuerliche Leistungsfähigkeit im Reinvermögenszugang gesehen wird, dann sind neben dem Markteinkommen Transferzahlungen als „Nicht-Markteinkommen" in die Maßgröße steuerlicher Leistungsfähigkeit einzubeziehen. Sie müßten beim Empfänger dessen zu versteuerndes Einkommen erhöhen, weil jede steuerfreie Einnahme eine Steuervergünstigung darstellt, die in einem gerechten Steuersystem zu beseitigen wäre. Deshalb verkörpert sich *objektive steuerliche Leistungsfähigkeit nicht nur im Markteinkommen,* sondern **Transferzahlungen**, wie Investitionszulagen, Kindergeld usw., **sind hinzuzurechnen**. Subventionen werden bei diesem Einbeziehen in das zu versteuernde Einkommen in ihrer Begünstigungswirkung gemindert, weil sie das zu versteuernde Einkommen erhöhen.

---

[184] Beginnend mit BVerfG vom 3. 11. 1982, BVerfgGE 43, S. 120; *Joachim Lang*: Familienbesteuerung. In: StuW, Jg. 60 (1983), S. 103-125, hier S. 105 f; *Tipke/Lang*, S. 209 f.; *Lang*: Prinzipien, S. 95-104.

c) Eine ökonomische Analyse möglicher Verstöße gegen vertikale Gerechtigkeit deckt die Verteilungsfolgen auf, welche die Entscheidung zwischen objektiver und subjektiver steuerlicher Leistungsfähigkeit auf die Änderung des Verhältnisses von Vorsteuer-Einkommen zum frei verfügbaren Einkommen jener Steuerpflichtigen auslöst, deren steuerliche Leistungsfähigkeit unterschiedlich hoch gemessen ist. Dabei sind die Verteilungsfolgen durch die steuerliche Berücksichtigung der Sozialausgaben und von Transferzahlungen gemeinsam zu ermitteln.

(1) Der Streit „Abzug der Sozialausgaben von der Bemessungsgrundlage oder nicht?" entfiele, wenn der Grenzsteuersatz für alle Einkommensbezieher gleich wäre, also entweder ein proportionaler Tarif bestünde oder bei einem indirekt progressiven Tarif und das Existenzminimum um mindestens die Höhe der Sozialausgaben überschritten würde. In diesem Fall ist es gleichgültig, ob irgendeine Sozialausgabe von der Bemessungsgrundlage abgezogen wird oder anteilig in Höhe des proportionalen Steuersatzes die Einkommensteuerschuld vermindert oder als Transferzahlung teilweise zurückfließt. Doch ein *konstanter Grenzsteuersatz verzichtet auf die Forderung nach einer uneingeschränkten relativ stärkeren Besteuerung höher gemessener Leistungsfähigkeit, beschneidet also vertikale Gerechtigkeit.*

Der Streit um objektive gegen subjektive steuerliche Leistungsfähigkeit betrifft deshalb nicht die Maßgröße steuerlicher Leistungsfähigkeit, weil **unterschiedliche Verteilungsfolgen** zwischen objektiver oder subjektiver Leistungsfähigkeit **nur** bei der Tarifentscheidung für bereichsweise **steigende** Grenzsteuersätze auftreten.

Die steuerlichen Entlastungen können in drei Richtungen gehen. Sie können im absoluten Betrag *bei alternativ wachsendem Einkommen mit dem Einkommen steigen, sinken oder gleichbleiben.* Die Folgen hängen davon ab, ob als Maßgröße steuerlicher Leistungsfähigkeit zum Zwecke gleichmäßiger Besteuerung das Markteinkommen oder das frei disponible Einkommen gewählt wird.

(2) Eine bei direkter Progression und alternativ wachsendem Einkommen steigende Entlastung tritt ein, wenn behauptet wird, *bereits zum Zwecke einer Gleichmäßigkeit der Besteuerung* seien vom Markteinkommen Sozialausgaben abzuziehen. Dann wird Gleichmäßigkeit der Besteuerung mittels einer subjektiven steuerlichen Leistungsfähigkeit zu verwirklichen gesucht. Die Sozialausgaben entlasten mit steigendem Einkommen gemäß dem Grenzsteuersatz, dem der Steuerpflichtige unterliegt.

(3) Eine bei direkter Progression und alternativ wachsendem Einkommen gleichbleibende Belastung entsteht, wenn entweder die Transferzahlungen als steuerfreie Einnahmen außerhalb des zu versteuernden Einkommens bleiben oder die Sozialausgaben als prozentualer Abzug von der Steuerschuld berücksichtigt werden, z. B. jede Spende für mildtätige, kulturelle, wissenschaftliche Zwecke ermäßigt die Steuerschuld um ein Viertel (oder die Hälfte usw.) des gespendeten Betrages.

Die staatliche Bezuschussung des bzw. Entlastungswirkung auf das frei disponible Einkommen ist bei diesen beiden Alternativen von der Höhe des Einkommens unabhängig. Jedoch verkörpern Transferzahlungen als steuerfreie Einnahmen eine Steuervergünstigung ebenso wie ein prozentualer Abzug von der Steuerschuld. Bei Einrechnen von Transferzahlungen in die Bemessungsgrundlage läßt sich die Steuervergünstigung, die steuerfreien Einnahmen innewohnt, beseitigen.

(4) Eine bei direkter Progression und alternativ wachsendem Einkommen sinkende Entlastung tritt ein, wenn die Berücksichtigung von *Sozialausgaben nur als ein Teilproblem der vertikalen Gerechtigkeit angesehen* wird. Dann ist zum Zwecke einer Gleichmäßigkeit der Besteuerung das Markteinkommen zuzüglich Transferzahlungen als Maßgröße einer objektiven steuerlichen Leistungsfähigkeit zu wählen.

Sozialausgaben mindern bei diesem System die Maßgröße steuerlicher Leistungsfähigkeit nicht, an ihre Stelle treten Transferzahlungen, die dem zu versteuernden Einkommen hinzugerechnet werden. Dadurch sinkt die Entlastung mit steigendem Einkommen, sobald der Grundfreibetrag zuzüglich Transferzahlungen überschritten wird, also Einkommensteuer zu zahlen ist.

(5) Die steuerrechtlichen Verfechter subjektiver Leistungsfähigkeit äußern sich regelmäßig nicht dazu, ob Transferzahlungen die subjektive steuerliche Leistungsfähigkeit erhöhen. Beim Realsplitting wird zwar subjektive steuerliche Leistungsfähigkeit des Empfängers geschaffen, soweit das Existenzminimum durch den Einkommenstransfer überschritten wird. Aus dem Merkmal des „frei disponiblen Einkommens“ folgt aber hinsichtlich Transferzahlungen keine Antwort; denn Investitionszulagen sind schließlich nicht frei disponibel, sondern setzen Investitionsausgaben voraus; Kindergeld, Wohngeld usw. schaffen gleichfalls kein frei disponibles Einkommen. Das Nichteinbeziehen von Transferzahlungen in das zu versteuernde Einkommen ist ein Verstoß gegen vertikale Gerechtigkeit, der die Eignung

der subjektiven steuerlichen Leistungsfähigkeit zur Verwirklichung einer gerechten Besteuerung zusätzlich untergräbt.

d) Eine Integration von Transferzahlungen und steuerlicher Berücksichtigung von Sozialausgaben ist erforderlich: Um das Familienexistenzminimum zu sicherzustellen, ist durch Transferzahlungen zunächst das Existenzminimum über ein Sozialhilfesystem zu sichern. Bei darüber hinausreichendem Markteinkommen erhält der Steuerpflichtige zunächst noch eine (nach und nach abnehmende) Transferzahlung, um sich bei einer gering bezahlten Arbeit nicht schlechter zu stellen als bei Beanspruchung der Sozialhilfe. Das kombinierte Transfer- und Steuerzahlungssystem führt bei weiter erhöhtem Markteinkommen zu einem steigenden Durchschnittssteuersatz[185]. Sozialausgaben als Abzüge von der Steuerschuld und nichtsteuerpflichtige oder steuerpflichtige Transferzahlungen bewirken mit alternativ wachsendem Markteinkommen ein nach der Einkommensbesteuerung verfügbares Einkommen, das degressiv wächst.

Eine solche Gestaltung der direkten finanziellen Beziehungen zwischen einzelnen Bürgern (Familien) und der Gemeinschaft, repräsentiert durch den Staat, widerspricht der hauptsächlich, aber nicht nur, von Steuerjuristen gewählten Sichtweise subjektiver steuerlicher Leistungsfähigkeit, die eine Umverteilung des verfügbaren Einkommens zugunsten der Vermögenden und Besser-im-Markt-Verdienenden bewirkt. Die in diesem steuerpolitischen Verteilungskampf geäußerten Argumente sind nun im einzelnen zu erörtern.

2. *Verstöße bei steuerlich abzugsfähigen Einkommensverwendungen: Sonderausgaben, außergewöhnliche Belastungen, fehlende Inflationsberücksichtigung*

a) **Sonderausgaben** sind Einkommensverwendungen, die nach dem Willen des Gesetzgebers vom Gesamtbetrag der Einkünfte abgesetzt werden dürfen, z.B. zur Begünstigung der Altersvorsorge oder aus wirtschaftspolitischen und kultur-

[185] Vgl. im einzelnen *Theodor Siegel, Dieter Schneider*: Existenzminimum und Familienlastenausgleich: Ein Problem der Reform des Einkommensteuerrechts. In: Deutsches Steuerrecht, Jg. 32 (1994), S. 597-604, hier S. 598 f.

politischen Gründen. Zwei Arten von Sonderausgaben sind neben Pauschalierungen zu unterscheiden:

(1) In unbeschränkter Höhe sind abzugsfähig (§ 10 Abs. 1 Nr. 1a, 4, 6 EStG):

(a) Renten und dauernde Lasten, die nicht Betriebsausgaben oder Werbungskosten sind, wenn sie aufgrund einer besonderen privatrechtlichen, öffentlichrechtlichen oder gesetzlichen Verpflichtung geleistet werden. Wer z. B. eine Unternehmung oder ein Grundstück gegen Zahlung einer Leibrente erwirbt, darf nur den Ertragsanteil (§ 22 Nr. 2 Satz 3 Buchstabe a EStG) abziehen.

(b) Gezahlte Kirchensteuer (§ 10 Abs. 1 Ziffer 4 EStG, R 101 EStR).

(c) Steuerberatungskosten, soweit sie nicht Betriebsausgaben oder Werbungskosten sind, also nicht mit einer bestimmten Einkunftsart in Verbindung stehen.

(2) In beschränkter Höhe sind abzugsfähig (§ 10 Abs. 1 Nr. 1, 2, 7, 8, 9 EStG):

(a) Vorsorgeaufwendungen, d. h. Versicherungsbeiträge zu Kranken-, Unfall- und Haftpflichtversicherungen, Beiträge zur Arbeitslosenversicherung und Rentenversicherung durch den Arbeitnehmer, sowie zu bestimmten Lebensversicherungen (zu deren Einzelvoraussetzungen vgl. § 10 Abs. 2 EStG). Die kleinkarierten Einzelregelungen zur Begrenzung der Vorsorgeaufwendungen sind mit den Grundsätzen einer gerechten Rentenbesteuerung unvereinbar.

(b) Unterhaltsverpflichtungen im Rahmen des Realsplitting, S. 309.

(c) Kosten der Berufsausbildung oder Weiterbildung in einem nicht ausgeübten Beruf bis zu 1800 DM/920 € (2.400 DM/1.227 € bei auswärtiger Unterbringung), z.B. Studiengebühren, Lehrbücher.

(d) Für hauswirtschaftliche Beschäftigungsverhältnisse können bis zu 18.000 DM letztmalig 2001 abgesetzt werden, wenn u. a. für die Beschäftigung Pflichtbeiträge zur gesetzlichen Rentenversicherung gezahlt werden.

(e) Von den Entgelten für den Besuch einer staatlich genehmigten oder erlaubten Ersatzschule sowie allgemeinbildenden Ergänzungsschule können 30% mit Ausnahme des Entgelts für Beherbergung, Betreuung und Verpflegung des Kindes abgezogen werden.

(f) Spenden sind bis zu 5% des Gesamtbetrages der Einkünfte oder 2‰ der Summe der gesamten Umsätze und der im Kalenderjahr aufgewendeten Löhne und Gehälter (für wissenschaftliche, mildtätige und als besonders förderungswürdig anerkannte kulturelle Zwecke 10% des Gesamtbetrages der Einkünfte, § 10b EStG) abziehbar, mit weiteren Sonderregelungen (§ 34g EStG).

(3) Damit nicht jeder Steuerpflichtige jeden kleinen Betrag durch Einzelnachweis gegenüber dem Finanzamt belegen muß, sind Pauschalierungen geschaffen worden. Die Pauschalbeträge sollen den Aufwendungen entsprechen, welche der Mehrzahl der Steuerpflichtigen im Durchschnitt entstehen.

(a) Der Pauschalbetrag beträgt für Sonderausgaben, die nicht Vorsorgeaufwendungen sind (Sonderausgaben-Pauschbetrag) 108 DM/36 € für Ledige, verdoppelt für Verheiratete. Um diesen Betrag mindert sich der Gesamtbetrag der Einkünfte, solange keine höheren, unbeschränkt abzugsfähigen Sonderausgaben (z.B. Kirchensteuerzahlungen) nachgewiesen werden.

(b) Daneben besteht eine Vorsorgepauschale für Steuerpflichtige, die Arbeitslohn beziehen und keine Aufwendungen nachweisen, als eindeutige Steuervergünstigung vor, die zu beseitigen wäre.

b) Erwachsen einem Steuerpflichtigen zwangsläufig größere Aufwendungen als der überwiegenden Mehrzahl der Steuerpflichtigen in gleicher wirtschaftlicher Lage, so kann er Aufwendungen für **außergewöhnliche Belastungen** geltend machen. Der Teil der Aufwendungen für außergewöhnliche Belastungen, der eine zumutbare Eigenbelastung übersteigt, mindert den Gesamtbetrag der Einkünfte. Die Höhe der zumutbaren Eigenbelastung ist nach Einkommen und Familienstand gestaffelt und beträgt bis zu 7% des Gesamtbetrags der Einkünfte (§ 33 Abs. 3 EStG).

(1) Die außergewöhnlichen Belastungen lassen sich wie die Sonderausgaben in unbeschränkt und beschränkt abzugsfähige trennen. Im abzuziehenden Betrag unbeschränkt sind z.B. Krankheitskosten (soweit sie nicht erstattet werden) und die Wiederbeschaffung von Hausrat nach Unglücksfällen (vgl. die umfangreichen Einzelanordnungen in R 186-189 EStR).

(2) Zu den außergewöhnlichen Belastungen, die nur bis zu einem Höchstbetrag abzugsfähig sind, zählen z.B. die Aufwendungen für den Unterhalt und die Ausbil-

dung unterhaltsberechtigter Personen. Sie gelten auf Antrag als außergewöhnliche Belastungen bis zu einem Höchstbetrag (2001/02: 14.040 DM/7.188 €, bis 2005 erhöht „auf 15.000 DM", obwohl alleinige Währung dann schon vier Jahre der € ist (§ 33a, § 52 Abs. 46 EStG, inzwischen umgerechnet in 7.680 €); weitere Einzelheiten siehe § 33a EStG. Für Körperbehinderte und Hinterbliebene sind besondere Pauschbeträge erlassen worden (§ 33b EStG).

c) Das Standardargument zur ungerechten Entlastung hoher und niedriger Einkommen durch Sozialausgaben lautet am Beispiel: Ein Einkommens-Millionär und eine wenig verdienende, vermögenslose Witwe leisten eine abzugsfähige Spende von je 100 €. Der Einkommens-Millionär unterliegt 2002 dem Spitzensteuersatz und spart somit durch die Spende 53,2 € Einkommensteuer mit SolZ und KiSt (S. 15). Sein frei verfügbares Einkommen sinkt durch die Spende nur um 46,5 €. Die wenig verdienende Witwe unterliege dem Eingangs-Grenzsteuersatz von 19,9%, mit SolZ und KiSt 22,4 %. Die Spende mindert ihr frei verfügbares Einkommen um 77,6 €.

Das Standardargument gegen eine subjektive steuerliche Leistungsfähigkeit ist lehrreich, denn es weckt den Anschein, eine schreiende Ungerechtigkeit aufzudekken. Liegt eine schreiende Ungerechtigkeit vor?

Bei der Antwort darauf ist zwischen den beiden Aufgaben von Steuerbelastungsvergleichen zu unterscheiden: den Steuerbelastungsvergleichen zum Zwecke der Untersuchung von Steuerwirkungen, wie sie Teil eines Steuerplanungskalküls werden, und den Steuerbelastungsvergleichen zur Messung von Verteilungsfolgen.

(1) Für Steuerbelastungsvergleiche als Teil eines Steuerplanungskalküls gilt: Wenn Zielgröße der beiden Entscheidenden, des Einkommens-Millionärs und der armen Witwe, das Einkommen nach Steuern ist, und beide rational handeln, dann wird eine zusätzliche Spende (Sonderausgabe) von 100 € im einen Fall die Zielgröße nach Steuern mit 100-53,2 = 47,80 € belasten, im anderen Fall mit 77,50 €: Die weniger Verdienende muß erheblich mehr von ihrem verfügbaren Einkommen opfern. Das kann die Entscheidung, ob und in welcher Höhe eine Spende geleistet wird, beeinflussen.

(2) Diese Frage nach der Entscheidungswirkung eines gegebenen Steuerrechts ist jedoch zu trennen von der Frage nach der Gerechtigkeit zweier alternativer Steuer-

rechtsetzungen: Erreicht ein Abzug der Spende von der Bemessungsgrundlage oder ein anteiliger Abzug von der Steuerschuld besser oder schlechter Gleichmäßigkeit der Besteuerung oder das gewünschte Umverteilungsziel?

Beim Vergleich alternativer Steuerrechtsetzungen im Hinblick auf die steuerliche Gerechtigkeit interessiert der mögliche Einfluß der Besteuerung auf eine zusätzliche Handlungsmöglichkeit zunächst nicht, weil der Vergleich alternativer Steuerrechtsetzungen die Einkommen erwerbenden und Einkommen verwendenden Tätigkeiten eines Jahres als abgeschlossen betrachtet. Es wird für eine gedachte künftige Periode alternativ die eine oder andere Steuerrechtsetzung als gültig angenommen und dann für Sozialausgaben in dieser Periode, z.B. Spenden, gefragt: Welche der alternativen Steuerrechtsetzungen entspricht dem explizierten Werturteil über steuerliche Gerechtigkeit besser?

Das Standardbeispiel mit dem Vergleich der unterschiedlichen steuerlichen Grenzbelastung sagt zu diesem Problem eines möglichen Verstoßes gegen horizontale oder vertikale Gerechtigkeit bei gegebenen Handlungen (Sachverhaltsgestaltungen) gar nichts. Es verfehlt das Thema.

(3) Von dieser Folgerung zu trennen ist die vorgelagerte Frage: Welche Bemessungsgrundlagen sind zu wählen, damit eine vom Gesetzgeber geplante Steuerbelastung nicht durch Anpassungsentscheidungen der Steuerpflichtigen unterlaufen wird?

Eine geplante Spende wird bei einer von ihr erhofften Werbewirkung oder Imageverbesserung in ihrer Höhe durch die Grenzsteuerbelastung mitbestimmt. In diesem Fall ist die Spende als Investition zum künftigen Einkommenserwerb anzusehen. Nur bei einer altruistischen Spende gewinnt im Hinblick auf die geplante Einkommensverwendung die obige Frage Bedeutung.

Um bei altruistischen Sozialausgaben die Steuerwirkungen zu verringern, deshalb siedelt die heutige Theorie der Unternehmensbesteuerung den Begriff der steuerlichen Leistungsfähigkeit so nahe wie durchführbar an eine Zielgröße unternehmerischen Handelns in einer Wettbewerbsordnung an; denn nur eine Besteuerung der jeweiligen Zielgröße des Entscheidenden vermeidet Entscheidungswirkungen.

Für das Problem: Besteuerung nach einer objektiven oder einer subjektiven steuerlichen Leistungsfähigkeit? gewinnt der Kernsatz der Steuerwirkungslehre (Entscheidungsneutralität der Zielgrößenbesteuerung) folgende Bedeutung:

Wer Erwerbstätigkeiten ausübt und dabei rational nach mehr Einkommen strebt, wird das Markteinkommen und empfangene Transfers (Subventionen) zu maximieren trachten. Seine Zielgröße ist **nicht** das disponible Einkommen als Differenz von Markteinkommen abzüglich der Sozialausgaben. Vielmehr gilt umgekehrt: Nur wer über ein hohes Markteinkommen verfügt, ergänzt um empfangene Transfers, kann entsprechend hohe Sozialausgaben leisten, gleichgültig, wie weit sie gesetzlich erzwungen sind oder nicht.

Bei der Vorentscheidung für eine Einkommensteuer wird das Ziel einer Verringerung der Steuerwirkungen durch die objektive Leistungsfähigkeit als Bemessungsgrundlage für den Steuertarif besser erreicht als durch die Wahl einer subjektiven steuerlichen Leistungsfähigkeit.

d) Das von Steuerrechtswissenschaftlern und Interessenvertretern der Besserverdienenden benutzte Argument für die subjektive steuerliche Leistungsfähigkeit lautet: Der Abzug von der Bemessungsgrundlage sei „eine Konsequenz aus der Progression des Einkommensteuertarifs, die wiederum auf dem Grundsatz der Besteuerung nach der Leistungsfähigkeit beruht ... In einem auf der Besteuerung nach der Leistungsfähigkeit basierenden Einkommensteuerrecht ist es aber nur folgerichtig, daß die besonderen Aufwendungen, ebenso wie etwa Betriebsausgaben und Werbungskosten, von der steuerlichen Bemessungsgrundlage abgezogen werden"[186]. Das ist jedoch nicht „folgerichtig", sondern offensichtlich falsch:

(1) Das Festlegen der Maßgröße für steuerliche Leistungsfähigkeit (und damit die Frage nach der Abzugsfähigkeit) hat nichts, aber auch gar nichts, mit der Art des Steuersatzverlaufs zu tun. Wer die Bemessungsgrundlage bestimmt, entscheidet, welche wirtschaftlichen Sachverhalte gleiche steuerliche Leistungsfähigkeit schaffen; er sucht Gleichmäßigkeit der Besteuerung, horizontale Gerechtigkeit, zu verwirklichen. Wer über den Tarif bestimmt, entscheidet, wie verschieden hoch eingestufte steuerliche Leistungsfähigkeit besteuert wird; er sucht vertikale steuerliche Gerechtigkeit zu erreichen.

[186] Gutachten der Steuerreformkommission 1971. Schriftenreihe des Bundesministeriums der Finanzen, Heft 17, Bonn 1971, II, Tz. 19; sinngleich *Klaus Tipke*: Die Steuerrechtsordnung. Band II. 1. Aufl., Köln 1993, S. 687.

(2) Es ist nicht „folgerichtig", sondern logisch falsch, einen Teil der Ausgaben bei Verwendung des Markteinkommens (die Sozialausgaben) den Ausgaben gleichzustellen, die das erzielte Markteinkommen als Mittelerwerb erst festlegen: Betriebsausgaben und Werbungskosten. Die Aussage, „Sozialausgaben seien wie Werbungskosten zu behandeln", ist zudem nicht mehr als eine Wiederholung der Definition von subjektiver Leistungsfähigkeit mit anderen Worten.

Betriebsausgaben entstehen aufgrund von Marktbeziehungen (Leistungs-Gegenleistungs-Verträgen) und daran anknüpfenden Zahlungen an öffentliche Kassen. Sie sind Ausgaben, die zum Zwecke des Einkommenserwerbs anfallen.

Sozialausgaben entstehen nicht aufgrund von Markt- bzw. Außenbeziehungen eines Steuerpflichtigen beim Einkommenserwerb, sondern bei der Einkommensverwendung: aufgrund einseitiger gesetzlich oder moralisch erzwungener Verpflichtungen oder freiwilliger einseitiger Zahlungen, wie Spenden.

Betriebsausgaben/Werbungskosten mindern die Bemessungsgrundlage, weil die Einkommensteuer keine Steuer auf die Roheinnahmen bzw. Umsätze ist, sondern den Reinvermögenszugang erfassen will. Demgegenüber folgt die steuerliche Behandlung von Sozialausgaben aus einem Werturteil, wie von der Besteuerung zu schonende Einkommensverwendungen im Hinblick auf vertikale Gerechtigkeit zu berücksichtigen sind.

(3) Die Lehre von der subjektiven steuerlichen Leistungsfähigkeit ist ein Musterbeispiel für wissenschaftlichen Rückschritt: Die Begründer der heutigen Einkommenstheorie sahen den entscheidenden Fortschritt ihrer Lehre gegenüber der Reinertragstheorie von *Adam Smith* gerade darin, daß das Existenzminimum zur Steuerbemessungsgrundlage „Einkommen" zählt. Das schließt nicht aus, daß bis zum Erreichen eines Mindesteinkommens über das Existenzminimum, sichergestellt durch Transferzahlungen, ein Steuertarif von null angewandt wird.

Die Begründer der Einkommenstheorie bezogen das Existenzminimum und darüber hinaus mit ihm Sozialausgaben in den Einkommensbegriff ein, weil sie von freien Bürgern und nicht von Sklaven ausgingen. Bei der Berechnung des Sklavenreinertrages zählen Existenzminimum und Sozialausgaben, also die „Reproduktionskosten" der Sklavenarbeit, natürlich zu den Werbungskosten bzw. Betriebsausgaben, wie es schon das römische Privatrecht in seinem Fruchtbegriff vorgeführt hat. Nach *Adam Smith*, dessen Reinertragslehre stark durch das römische Recht und dessen Fruchtbegriff beeinflußt ist, besteht persönlicher Wohlstand und damit steuerliche Leistungsfähigkeit in der Mehrung des Vermögens (frei verfügbares Einkommen!) bei Konstanz bzw. Erhaltung eines Existenzminimums. Dabei „entsteht der Schein, als ob der Mensch esse und trinke um zu produciren, statt zu produciren um zu leben"[187]. Gerade die Menschenwürde verlangt demnach, das Markteinkommen (mit Transferzahlungen) und nicht das zur Vermögensmehrung disponible Einkommen zu besteuern.

(4) Das Argument, der Abzug von der Bemessungsgrundlage sei eine Konsequenz aus der Progression des Einkommensteuertarifs, verdreht die Kausalkette: Wer vertikale Gerechtigkeit im Sinne einer relativ stärkeren Besteuerung einer höheren Leistungsfähigkeit verwirklichen will, wird einen bereichsweise direkt progressiven Tarif wählen, und zwar zunächst für einen alleinveranlagten Steuerpflichtigen ohne Sozialausgaben und Familie. Die im Steuersatzverlauf für den Alleinveranlagten ausgedrückte relative Mehrbelastung alternativ höherer Einkommen wird unterlaufen durch steigende Entlastungen aus Sozialausgaben bei wachsendem Einkommen oder als Folge des Familienstandes, weil durch die Methode des Abzugs von der Bemessungsgrundlage diesen Ausgaben ein mehrfaches Gewicht zugunsten der „Besserverdienenden" gegeben wird. Mit der im progressiven Tarif dokumentierten Umverteilungsabsicht ist allenfalls eine gleichbleibende Entlastung, aus vertikaler Gerechtigkeit jedoch besser eine sinkende Entlastung mit steigendem Einkommen zu rechtfertigen.

(5) Methodologisch beruht das Argument, der Abzug von der Bemessungsgrundlage sei eine Konsequenz aus der Progression des Einkommensteuertarifs, auf der wissenschaftlich fragwürdigen Vorgehensweise des Begriffs-Essentialismus[188]. Wer nach der Methode des Essentialismus Handlungsempfehlungen für den Gesetzgeber oder irgendeine andere Praxis ausspricht, beantwortet eine Gestaltungsfrage durch eine Namensgebung, z. B. in Form einer „Wesensschau" vom Sozialstaatsprinzip des GG, statt mit Hilfe erfahrungswissenschaftlicher Hypothesen die beabsichtigten oder

---

[187] *Gustav Schmoller*: Die Lehre vom Einkommen in ihrem Zusammenhang mit den Grundprincipien der Steuerlehre. In: Zeitschrift für die gesammte Staatswissenschaft, Bd. 19 (1963), S. 1-86, hier S.24; vgl. zu dieser Diskussion näher *Schneider*: Betriebswirtschaftslehre, Band 4, S. 882-893.

[188] Vgl. *Popper*: Die offene Gesellschaft und ihre Feinde, S. 29; *ders.*: Ausgangspunkte Hamburg 1979, S. 17-37.

unbeabsichtigten (Verteilungs-)*Folgen* seiner Gestaltungsempfehlung zu untersuchen. Er sieht die gewählte Definition als nicht mehr zu diskutierende Einsicht an und leitet daraus dann Einzelaussagen ab.

Gegenüber Begriffs-Essentialismus, wie er hinsichtlich des Verständnisses von „Leistungsfähigkeit" derzeit in der Steuerrechtswissenschaft praktiziert wird, heißt erfahrungswissenschaftliches Arbeiten bei Handlungsempfehlungen an den Gesetzgeber, daß auch die Rechtsetzung als eine besondere Art der Sozialtechnologie im Sinne *Popper*s angesehen wird: Dabei ist von den erkannten Folgen bzw. Nebenwirkungen her jene Gestaltungsform (hier: Maßgröße steuerlicher Leistungsfähigkeit) zu wählen, welche die wenigsten Ungerechtigkeiten bzw. unerwünschten oder auch nur unübersichtlichen Nebenwirkungen erkennen läßt.

Der Unterschied zwischen Essentialismus und Sozialtechnologie bei Rechtsetzungen läuft also auf folgenden Gegensatz hinaus: Bestimmt bei ein und demselben Werturteil eine dogmatisch gesetzte Definition den Regelungsinhalt, die nicht durch Gegenargumente als widerlegbar anerkannt wird? Oder bestimmen verantwortungsethisch die Folgen für das nach Steuern verbleibende Einkommen durch alternative Steuerrechtsetzungen, was als Regelungsinhalt zu gelten hat?

e) Welche Folgen hat eine Entscheidung „Sozialausgaben sind von der Bemessungsgrundlage abzuziehen" für die Verwirklichung vertikaler Gerechtigkeit? Dies sei an Beispielen gezeigt.

(1) Familie A habe in 2002 ein zu versteuerndes Einkommen **vor** Berücksichtigung von Sozialausgaben in Höhe von 35.000 €, Familie B in Höhe von 350.000 €. Nach dem Splittingverfahren zahlt Familie A in 2002 an Einkommensteuer 5.064,82 € mit SolZ 5.343,39 €[189]. Das frei verfügbare Einkommen vor Sozialausgaben beträgt 29.656,61 €. Familie B zahlt 150.019,58 €[190] an ESt, mit SolZ 158.270,66 €, ihr verblei-

[189] Der Tarif gemäß § 32a EStG ist auf die Hälfte des zu versteuernden Einkommens anzuwenden und beträgt nach § 52 Abs. 41 EStG bei 17.500 €: (278,65z + 2300)z + 432 mit z=(17.514-9.216)/10.000 (die 17.514 entstehen so: 17.500 sind auf den nächsten durch 36 ohne Rest teilbaren vollen €-Betrag abzurunden, wenn das zu versteuernde Einkommen nicht bereits durch 36 ohne Rest teilbar ist, und um 18 € zu erhöhen, § 52 Abs. 42 EStG). Daraus folgt die für Ehegatten noch zu verdoppelnde Steuerzahlung als: $278{,}65 \cdot 0{,}8298^2 + 2.300 \cdot 0{,}8298 + 432 = 2.532{,}41$ €, also insgesamt 5.064,82 €.

[190] Die Hälfte von 350.000 € ändert sich nach der Divison durch 36 + 18 auf 175.014 €. Der dafür geltende Tarif beträgt 0,485x – 9.872, mit x als zu versteuerndem Einkommen, also 0,485*175.014 – 9.872 = 75.009,79 €, verdoppelt 150.019,58 €.

ben 191.729,34 €. Das Verhältnis der Nachsteuereinkommen zueinander beträgt 29.656,61 € zu 191.729,34 € oder rund 1:6,46.

(2) Nunmehr mögen beide Familien je 5.000 € Sozialausgaben geltend machen können. Nach Abzug der Sozialausgaben und der Einkommensteuer mit SolZ auf das um die Sozialausgaben verminderte Einkommen bleiben Familie A als frei verfügbares Einkommen 26.088,12 €, Familie B hingegen 189.308,19 €. Der Einkommensunterschied ist auf 1 : 7,26 angestiegen.

(3) Wer hingegen steuerliche Leistungsfähigkeit „objektiv" versteht, wird die Sozialausgaben, falls ihnen keine Transferzahlungen gegenüber stehen, als teilweisen Abzug von der Steuerschuld behandeln, z. B. mit 50%. Familie A spart demnach 2.500 € von den 5.343,39 € Steuerzahlung vor Abzug der Sozialausgaben. Ihr frei verfügbares Einkommen liegt hier bei 27.156,61 €. Familie B spart ebenfalls 2.500 € von den 158.270,66 € Steuerzahlung vor Abzug der Sozialausgaben. Ihr verfügbares Einkommen beläuft sich hier auf 189.229,34 €. Diese Form der Berücksichtigung von Sozialausgaben bewirkt ein Verhältnis der frei verfügbaren Einkommen von 1:6,97.

(4) Wer vertikale Gerechtigkeit im Sinne einer relativ stärkeren Belastung wünscht und bezüglich der Sozialausgaben für einen verhältnismäßig geringeren Unterschied der frei verfügbaren Einkommen zwischen den beiden Steuerpflichtigen A und B eintritt, muß den Abzug von der Bemessungsgrundlage ablehnen, weil er seinem Verständnis von vertikaler Gerechtigkeit zuwiderläuft. Deshalb ist derjenige, der ein Umverteilungsziel in der oben explizierten Weise für gerecht hält, genötigt, die subjektive steuerliche Leistungsfähigkeit zu verwerfen; denn wenn der Gesetzgeber jenseits von Sozialausgaben eine Umverteilung der Vorsteuereinkommen von 1:10 auf 1:6,46 geplant hat, so unterläuft die subjektive Leistungsfähigkeit die Forderung nach vertikaler Gerechtigkeit stärker als die objektive steuerliche Leistungsfähigkeit.

Allerdings wird bei der Berücksichtigung der Sozialausgaben in Form eines prozentualen Abzugs von der Steuerschuld das gesetzgeberische Ziel einer relativ stärkeren Belastung höher gemessener steuerlicher Leistungsfähigkeit nur wenig besser erreicht als beim Abzug von der Bemessungsgrundlage: Das Verhältnis der Vorsteuer-Einkommen von 1:10 verkürzt sich nicht auf 1:6,46 bei Fehlen von Sozialausgaben, sondern nur auf 1:6,97.

Wer Umverteilung wünscht, kann also auch den Abzug von der Steuerschuld nur als das geringere unter zwei Übeln akzeptieren. Wer vertikale Gerechtigkeit verwirklichen will, muß Transferzahlungen fordern und diese in ein einheitliches System der direkten finanziellen Beziehungen zwischen Bürgern und Staat einbauen[191].

f) Im Steuerrecht fehlt eine Berücksichtigung inflatorischer Entwicklungen. Dies hat zur Folge, daß bei unverändertem Steuersatzverlauf und nach Jahren inflatorisch aufgeblähten Nominaleinkommen Steuerpflichtige in eine höhere („kalte") Progression rutschen, was der ursprünglichen Wahl des Gesetzgebers zum Tarifverlauf nach seinem Werturteil über vertikale Gerechtigkeit zuwiderläuft.

(1) Die Frage, ob und wie inflatorische Prozesse in der Einkommensbesteuerung zu berücksichtigen sind, wird von der Betriebswirtschaftslehre herkömmlicherweise auf Probleme der Gewinnermittlung eingeschränkt. Anstelle der dem Bilanzrecht überwiegend zugrunde liegenden nominellen Kapitalerhaltung wird entweder einer realen Kapitalerhaltung (Erhaltung der Kaufkraft des vom Steuerpflichtigen investierten Vermögens) oder einer Substanzerhaltung (Aufwandsverrechnung gemäß den gestiegenen Wiederbeschaffungspreisen) das Wort geredet[192]. Beide Vorstellungen sind mit einer horizontalen und vertikalen Gerechtigkeit nicht zu vereinen, schon weil Absicht hierbei nur die Begünstigung der Gewinnermittler ist.

(2) Zudem wird lediglich ein Teilproblem aus der Ermittlung des zu versteuernden Einkommens angeschnitten. Im Hinblick auf Gleichmäßigkeit und vertikale Gerechtigkeit der Besteuerung ist vor allem der Steuersatzverlauf inflationsunabhängig zu gestalten. Diese Aufgabe betrifft nicht nur den Steuertarif, der zur Wahrung einer intertemporalen Gleichmäßigkeit gemäß der Entwicklung der Inflationsrate jährlich zu ändern wäre, sondern vor allem auch die Anpassung der Freigrenzen und Freibeträge (insbesondere bei Pauschalierungen) an die im Zeitablauf gestiegenen Preise.

---

[191] Vgl. näher *Dieter Schneider*: Leistungsfähigkeitsprinzip und Abzug von der Bemessungsgrundlage. In: StuW, Jg. 61 (1984), S. 356-367; *Peter Bareis*: Markteinkommensbesteuerung und Existenzminima – roma locuta, causa finita? In: Unternehmenstheorie und Besteuerung, hrsg. von R. Elschen, Theodor Siegel, F. W. Wagner. Wiesbaden 1995, S. 39-75; *Siegel, Schneider*: Existenzminimum und Familienlastenausgleich, S. 598-602.

[192] Vgl. näher *Schneider*, Rechnungswesen, S. 369-366; *ders.*: Band 4, S. 979-995.

So wäre z. B. die Freigrenze von 100 DM für nicht ins Anlagenverzeichnis aufzunehmende „geringstwertige" Wirtschaftsgüter des Anlagevermögens und die von 800 DM für geringwertige Wirtschaftsgüter des Anlagevermögen schon für 2001 mehr als zu verdoppeln gewesen, um den Zustand näherungsweise wieder herzustellen, der bei Einführung dieser Vorschriften (1975 bzw. 1965) bestand.

(3) Bei inflatorischer Entwicklung ist eine Verteuerung der Lebenshaltung durch eine Korrektur des Einkommensteuersatzverlaufs auszugleichen, so daß die durchschnittliche Steuerbelastung des Realeinkommens unverändert bleibt. Vorschläge dieser Art sind in den verschiedenen Staaten und von verschiedenen Kommissionen ausgearbeitet worden[193]; daß sie vom deutschen Gesetzgeber aufgegriffen werden, dazu besteht auf absehbare Zukunft keine Chance.

3. *Familienbesteuerung*

Unter „Familienbesteuerung" werden hier folgende Einzelprobleme des Steuersatzverlaufs und der Bemessungsgrundlagen erörtert: das steuerfreie Existenzminimum in seiner Verwirklichung als Grundfreibetrag, das Ehegattensplitting, der Familienlastenausgleich über Kindergeld, Kinderfreibeträge, und Kinderbetreuungsfreibeträge.

a) Wenig Streit gibt es darüber, daß Beträge bis in Höhe eines Existenzminimums keine Einkommensteuerzahlungen auslösen dürfen. Ein Existenzminimum wird meistens in Höhe der Sozialhilfe gefordert und Streit entsteht dann über deren angemessene und durch die Gemeinschaft der Staatsbürger finanzierbare Höhe.

Im Hinblick auf vertikale Gerechtigkeit wirft das Existenzminimum die Frage auf, ob es als **Grundfreibetrag** außerhalb des zu versteuernden Einkommens bleibt oder ob auch das Existenzminimum zum zu versteuernden Einkommen zählt, jedoch die für das Existenzminimum erforderlichen Ausgaben als *Abzug von der Bemessungs-*

[193] Vgl. Report by the Committee on Fiscal Affairs: The Adjustment of Personal Income Tax Systems for Inflation. Paris 1976; *Hermann Froese*: Die Berücksichtigung von Geldwert- und Sachwertschwankungen in der Einkommensbesteuerung. Frankfurt/M. –Zürich 1977, S. 235-238.

grundlage anzusehen sind, mit der Folge, daß in Höhe des Existenzminimums keine Einkommensteuer zu zahlen ist. Obwohl beide Male, bei der Berücksichtigung als Grundfreibetrag und bei der Berücksichtigung als Sonderausgabe in Höhe des steuerlich anerkannten Existenzminimums, keine Einkommensteuer anfällt, sind die Folgen für die Verwirklichung vertikaler Gerechtigkeit nicht dieselben, wie sich bei einer Änderung des Existenzminimums zeigt.

Für 2002 beträgt der Grundfreibetrag 7.235 €, für 2005 7.664 € (§ 32a EStG in Verbindung mit § 52 Abs. 41 EStG). Angenommen sei, die Ausgaben für das Existenzminimum betrügen in 2002 bereits 7.664 € und in dieser Höhe liege 2002 zu versteuerndes Einkommen vor Abzug des Existenzminimums vor. Nach geltendem Recht (Grundfreibetrag) zahlt der Steuerpflichtige in 2002 an Einkommensteuer 87 €[194].

Bei einem Abzug des Existenzminimums von der Bemessungsgrundlage analog zu Sonderausgaben entfiele der Grundfreibetrag. Der Steuerpflichtige würde bei 7.664 € an Einkommen vor Abzug des Existenzminimums durch den Abzug auf ein zu versteuerndes Einkommen von null kommen. Der von der Steuerrechtswissenschaft so vehement geforderte Abzug von Sozialausgaben bei der Bemessungsgrundlage wird gerade beim Existenzminimum nicht verwirklicht[195].

Eine Erhöhung des Grundfreibetrags kommt jedem Steuerpflichtigen in gleichem Betrage zugute, sie ist einkommensunabhängig. Ein Abzug als Sonderausgaben würde bei einem Tarif ohne Grundfreibetrag Steuerpflichtige mit einem Einkommen im Progressionsbereich stärker entlasten. Die Entlastung durch eine Erhöhung des steuerlich anerkannten Existenzminimums wäre bereichsweise einkommensabhängig.

Wer der Auffassung ist, daß vertikale Gerechtigkeit sich erst in einer relativ stärkeren Belastung bei von Einkommenszuwächsen verwirkliche, wird sowohl die Grundfreibetragslösung als auch die Sonderausgabenlösung verwerfen und für Steuerpflichtige durch Transferzahlungen das Existenzminimum sichern, die Transferzahlungen bei Einkommen über dem Existenzminimum nach und nach abschmelzen (damit ein Anreiz zum Einkommenserwerb bleibt), und bei alternativ weiter steigenden Einkommen einen nach und nach sinkenden Betrag für das Existenzminimum wählen (S. 312); denn, wie ein früherer Präsident des Bundesfinanzhofs aus-

---

[194] Nach § 31 Abs. 2 EStG ist das zu versteuernde Einkommen auf den durch 36 ohne Rest teilbaren Betrag abzurunden und um 18 zu erhöhen. Damit werden 7.664 € zu 7.650 €. Hierfür gilt die Tarifformel: (768,85y +1900)y, mit y=(7650-7200).10.000, also $768{,}85{*}0{,}045^2 + 1900{*}0{,}045 = 87$ €.

[195] Vgl. die Kritik bei *Tipke*: Steuerrechtsordnung II, S. 687.

führte, ihm konnte noch keiner erklären, „warum der Präsident des Bundesfinanzhofs einen Grundfreibetrag habe"[196].

b) Die **Besteuerung von Ehepaaren ohne und mit Kindern** ist in den einzelnen Ländern sehr unterschiedlich geregelt. So kennt z. B. Großbritannien nur eine getrennte Veranlagung der Ehegatten mit einem begrenzten Abzug von der Steuerschuld und daneben eine Kindergeldregelung, ähnlich Österreich; Kanada eine getrennte Veranlagung mit einem Abzug von der Steuerschuld für Kinder, die teilweise einkommensabhängig ist. Die USA benutzen bei der Bundessteuer persönliche Freibeträge, die aber bei Höherverdienenden für Kinder auslaufen. Frankreich verwendet ein teilweises Familiensplitting, Belgien eine Grundfreibetragslösung. Die Bundesrepublik wählt ein Ehegattensplitting und für Kinder ein Kindergeld, zu dem für die Höherverdienenden Kinder- und Betreuungsfreibeträge mit einer steigenden Entlastung bei wachsendem Einkommen treten.

(1) Für ein kinderloses Ehepaar in der Bundesrepublik gilt: Verdienen beide Ehegatten das gleiche, errechnet sich zwischen Alleinveranlagung und Ehegattensplitting kein Unterschied (bis auf einige Besonderheiten nach § 26a EStG); denn beim Ehegattensplitting wird das gemeinsame Einkommen beider Ehegatten halbiert, dafür die Steuerzahlung ausgerechnet und der Steuerbetrag verdoppelt. Fallen die Einkommen der Ehegatten auseinander, entsteht ein Splittingeffekt, der dann am größten ist, wenn nur ein Ehegatte das Einkommen verdient, der andere einkommenslos bleibt. Die sehr vereinfachte Standardvorstellung ist hier die „Nur-Hausfrau" mit einem berufstätigen Ehemann, der zugleich auch alle Einkünfte aus Kapitalvermögen, Vermietung und Verpachtung usw. erzielt.

Der Splitttingeffekt wächst mit alternativ steigender Einkommensdifferenz zwischen den Ehegatten bis zu einem Höchstbetrag. Dieser wird erreicht, wenn der eine Ehegatte kein Einkommen erwirbt, der andere mindestens den doppelten Betrag der Eingangstufe für den Spitzensatz, also für 2001: 2* 107.568 DM, für 2002: 2*55.008 €. Der maximale Splittingeffekt gleicht dem absoluten Glied in der hierfür geltenden

[196] *F. Klein*: Diskussionsbeitrag. In: Sitzungsbericht über die Verhandlungen der steuerrechtlichen Abteilung. Verhandlungen des siebenundfünfzigsten Deutschen Juristentages, Band 2. München 1988, S. N 171.

Tarifformel: 0,485 des zu versteuernden Einkommens minus 19.299 DM in 2001, in 2002: 0,485 des zu versteuernden Einkommens minus 9.872 €.

(2) Ist der Splittingeffekt ein **Splittingvorteil**, also eine Steuervergünstigung? Die Antwort hängt davon ab, welcher Inhalt vertikaler Gerechtigkeit gegeben wird. Wer eine relativ stärkere Besteuerung bei steigenden Einkommensdifferenzen zwischen den Ehegatten ablehnt und damit einer steigenden Entlastung mit wachsender Einkommensdifferenz das Wort redet, wird sich gegen die Namensgebung „Splittingvorteil" wenden, weil er den Splittingeffekt als mathematische Folge seines folgenden Werturteils ansieht: Die relativ stärkere Belastung alternativ wachsender Einkommen beziehe sich nur auf das Familieneinkommen insgesamt, die Einkommensdifferenz zwischen den Ehegatten sei kein Grund, von einer steigenden Entlastung eines solchen Ehepaares abzurücken. Als Gründe für diese Sichtweise werden hauptsächlich genannt:

(a) Die Ehegatten seien zivilrechtlich untereinander zum Unterhalt verpflichtet. Dieses Argument begründet jedoch nur, daß die gegenseitige Unterhaltspflicht steuerlich zu berücksichtigen ist, keineswegs aber eine hälftige Teilung des Gesamteinkommens mit der Folge einer steigenden Entlastung mit wachsendem Einkommen bis zu einem Höchstbetrag.

(b) Aus der Verfassung folge ein Gebot zur „Globaleinkommensbesteuerung" beider Ehegatten[197]. Dies erzwänge die „Anerkennung der Ehe als einer auf Dauer angelegten Lebens- und Wirtschaftsgemeinschaft". Doch aus der Sicht einer Lebens- und Wirtschaftsgemeinschaft folgt gerade *nicht*, daß das Familieneinkommen steuerrechtlich zur Hälfte auf beide Ehegatten zu verteilen ist; denn die Fiktion einer hälftigen Teilung hebt die *Gemeinschaft* beider auf. Zudem ist das Merkmal „auf Dauer angelegt" empirisch doch in einer erheblichen Anzahl der Fälle zu bestreiten.

[197] Vgl. *Stefan Homburg*: Das einkommensteuerliche Ehegattensplitting. In: StuW, Jg. 77 (2000), S. 261-268; das folgende bei *Wolfgang Scherf*: Das Ehegattensplitting aus finanzwissenschaftlicher Sicht. In: StuW, Jg. 77 (2000), S. 269-278, hier S. 273. Kritisch dazu *Theodor Siegel*: Notwendiger Effekt oder fragwürdiger Vorteil? In: BFuP , Jg. 53 (2001), S. 271-280.

(c) Die Ehe ermögliche Spezialisierungsvorteile beim Einkommenserwerb und eine Verringerung des zeitlichen Gesamtaufwands für Haushaltstätigkeiten gegenüber zwei Einzelhaushalten. Spezialisierungsvorteile einschließlich verringertem gemeinsamen Arbeitsaufwand für Haushaltstätigkeiten betreffen die Entscheidung, ob eine eheliche Gemeinschaft gebildet wird. Hierfür eine steuerliche Subvention durch eine mit dem Einkommen steigende Entlastung zu fordern, verletzt zumindest Entscheidungsneutralität.

Die steuerliche Subvention verstößt gegen eine gerechte Steuerlastverteilung zwischen Single-Haushalten und Ehegatten, zumal Ledige auch ohne Trauschein einen gemeinsamen Haushalt bilden können. Die Gegner des Splittingverfahrens bezweifeln nicht, daß Einzelhaushalte und Ehepaare unterschiedliche Lebensverhältnisse haben. Sie erörtern vielmehr: Welche Wege für die steuerliche Be- oder Entlastung einer Ehe mit Einkommensdifferenzen der Ehegatten sind mit vertikaler Gerechtigkeit vereinbar?

(3) Wer steuerliche Gerechtigkeit als relativ stärkere Belastung bei alternativ steigenden Einkommen ernst nimmt, wird aus der Eheschließung zwischen Personen mit (späteren) Einkommensdifferenzen keinen ökonomisch stichhaltigen Grund nennen können, der für eine *steigende* Entlastung bei wachsenden Einkommensdifferenzen zwischen den Ehegatten spräche.

Zu einer gleichbleibenden Entlastung bei wachsenden Einkommensdifferenzen führt eine Alleinveranlagung beider Ehegatten, verbunden mit einem Abzug von der Steuerschuld, den man in Anlehnung an das Kindergeld „Ehegeld" nennen könnte. Damit wäre dem zivilrechtlichen Gesichtspunkt der gegenseitigen Unterhaltsverpflichtung und einer gesellschaftlich gewünschten Besserstellung der Institution Ehe gegenüber anderen Formen des Zusammenlebens steuerlich genüge getan.

Jedoch wäre auch bei der Ehegattenbesteuerung wie beim Grundfreibetrag und bei der steuerlichen Berücksichtigung von Sozialausgaben eine mit wachsenden Einkommensdifferenzen sinkende Entlastung besser mit dem Grundsatz einer relativ stärkeren Besteuerung bei alternativ steigenden Einkommen zu vereinbaren. Schließlich belastet die Unterhaltsverpflichtung den z. B. einkommenslosen Ehegatten im Jahr der Einkommenserzielung gar nicht, den allein ein hohes Einkommen verdienenden umso weniger, je höher sein Einkommen ist. Ein mit steigenden Einkommensdifferenzen unter den Ehegatten sinkendes Ehegeld würde diese Wirkung erreichen.

c) **Familienlastenausgleich**: Die Steuerfreistellung des Existenzminimums eines Kindes erfolgt zunächst durch das Kindergeld (§§ 31, 62-78 EStG). Die Höhe des Kindergeldes ist unabhängig vom Einkommen der Eltern und beträgt in 2001 für das erste und zweite Kind 270 DM, in 2002 154 €.

Darüber hinaus wird ab 2002 den zusammenveranlagten Eltern ein Kinderfreibetrag von 3.648 € gewährt, sowie ein Betreuungs- und Erziehungsfreibetrag von 2.160 €. Der Kinder- und der Betreuungsfreibetrag treten an die Stelle des Kindergelds, wenn die aus deren Abzug von der Bemessungsgrundlage resultierende Einkommensminderung höher ist als das im Verlauf des Jahres ausgezahlte Kindergeld.

Zudem gilt ab 2002 für berufstätige Eltern, die ihre Kinder betreuen lassen, bei Kosten, die nachweislich 1.548 € übersteigen, ein zusätzlicher Freibetrag von bis zu 1.500 €, und bei volljährigen Kindern, die auswärts eine Ausbildung machen, ein Freibetrag für Sonderbedarf von 924 €.

Da das Kindergeld von der Anzahl der Kinder abhängt, ergeben sich unterschiedliche Einkommenshöhen, ab denen die Freibetragsregelung an die Stelle des Kindergeldes tritt. In 2002 werden für ein Kind 154*12 = 1.848 € Kindergeld bezahlt. Wie hoch das Einkommen sein muß, damit die Freibetragsregelung anwendbar ist, das entscheidet der Grenzsteuersatz s', dem die Einkommensspanne der beiden Freibeträge von 3.648 + 2.160 = 5.808 € unterliegt:

1.848 € Kindergeld = s'*5.808 €, s' also 31,82 %.

Doch die vorstehende Rechnung ist noch nicht korrekt, weil sie den SolZ und die KiSt vernachlässigt. Näherungsweise läßt sich der SolZ in der Weise einbeziehen, daß der Grenzsteuersatz bei einem Kind von 31,82 % als gemeinsamer Satz für ESt mit SolZ gedeutet wird, so daß für die Einkommensteuer allein 31,8 % / 1,055 = 30,16 % den für die Freibetragsregelung anwendbaren Grenzsteuersatz ergäben. Allerdings wird dabei noch nicht beachtet, daß bei SolZ (und KiSt) von der Einkommensteuer auszugehen ist, die sich nach Abzug des Kinder- und Betreuungsfreibetrags ergibt (§ 51a Abs. 2 EStG). Die Grenze, ab welcher die Freibetragsregelung günstiger als das Kindergeld wird, sinkt mit SolZ auf knapp 53.000 € bei Zusammenveranlagung.

Das Mehr der Kinderentlastung durch die Freibetragsregelung ist als Steuervergünstigung für die Wohlhabenderen zu brandmarken. Die höheren Anwendungsgrenzen der Freibetragsregelung für Ehepaare mit mehreren Kindern ändern an diesem Urteil, daß gegen vertikale Gerechtigkeit verstoßen wird, nichts.

Ein Familiensplitting wirkt ähnlich einer Freibetragsregelung auf eine steigende Entlastung mit wachsendem Familieneinkommen hin und ist deshalb mit vertikaler Gerechtigkeit nicht zu vereinbaren.

d) Bei Fragen der Verwirklichung von vertikaler Gerechtigkeit stehen Steuerrechtswissenschaft und steuerliche Betriebswirtschaftslehre in einem unüberbrückbaren Gegensatz. Beispielhaft zeigt sich der Gegensatz zwischen rechtswissenschaftlichem und ökonomischem Denken im Streit um die Familienbesteuerung. Die von vielen Betriebswirtschaftlern vertretene Auffassung lautet, Gleichmäßigkeit der Besteuerung bedeute in der Familienbesteuerung, daß Kind gleich Kind sei und folglich der kindererziehenden Hilfsarbeiterin *mindestens* dieselbe Unterstützung durch die Gemeinschaft zu gewähren sei wie dem Spitzenmanager. Steuerrechtswissenschaftler halten dem z.B. entgegen, daß diese Auffassung „ökonomische Gründe für sich haben" mag, jedoch „rechtlich nicht haltbar sei"[198]. Dies sei nur eine steigende Entlastung mit wachsendem Einkommen. Wie das mit dem Gleichheitsgrundsatz des GG zu vereinen ist, bleibt juristisches Geheimwissen, und es scheint manchem Leser der Verkündigungen des Bundesverfassungsgerichts sogar, daß dieses sich so eindeutig zugunsten Vermögender noch nicht festgelegt hat, und selbst wenn: Zumindest bleibt es Argumente für einen solchen rechtsauslegenden Axtschlag zugunsten einer Umverteilung von unten nach oben schuldig.

Mit der Einigelung auf eine verfassungsrechtliche Unfehlbarkeit müssen Erfahrungswissenschaftler, für die Erkenntnisstreben ein Versuchs- und Irrtumspfad ist, häufig rechnen, wenn sie bei gesellschaftspolitischen Problemen wagen, Rechtsdogmen oder Auslegungen von Rechtsdogmen, die als Verfassungsrecht ausgegeben werden, auf ihre Sinnhaftigkeit, insbesondere auf ihre Verteilungsfolgen, zu überprüfen; denn auch die formale Rechtmäßigkeit der Aussagen des Verfassungsge-

[198] *Hartmut Söhn*: Verfassungsrechtliche Aspekte der Besteuerung nach der subjektiven Leistungsfähigkeit im Einkommensteuerrecht: Zum persönlichen Existenzminimum. In: Finanzarchiv, NF, Bd. 46 (1988), S. 154-171, hier S. 160.

richts (so es sich einmal klar äußert), kann im Widerspruch zu dem stehen, was gesellschaftspolitischer und wirtschaftlicher Sachverstand als zumindest weniger ungerecht empfände, z. B. eine Abkehr von dem Dogma einer steigenden Entlastung bei alternativ wachsenden Einkommen oder Einkommensdifferenzen.

Die Steuerrechtswissenschaft allein kann die Analyse der wirtschaftlichen Folgen einzelner steuerrechtlicher Regelungen nicht liefern. Die Steuerrechtswissenschaft ist damit selbst dann noch überfordert, soweit sie sich nicht, wie noch in den Augen einzelner ihrer Fachvertreter, auf Rechtspositivismus zurückzieht; getreu dem Motto, daß nicht der Rechtsstaat, sondern lediglich der Gesetzesstaat Erkenntnisobjekt der Rechtswissenschaft sei[199].

Soweit die Steuerrechtswissenschaft sich auf eine Auslegung des vom Gesetzgeber gewollten beschränkt bzw. beschränken muß, ist ihr wissenschaftstheoretische Status der einer Lehre von den Organisationsregeln für staatliche gegen private Ansprüche: eine formalisierende Organisationswissenschaft. Dabei folgt die Formalisierung von Organisationsregeln für das menschliche Zusammenleben logisch (syntaktisch) in den Augen von Erfahrungswissenschaftlern, wie sie Betriebswirtschaftslehrer überwiegend sein möchten, oft auf einer anfechtbaren Grundlage. Noch immer scheint in der Rechtsmethodologie und Rechtsphilosophie die ganzheitliche Unklarheit Hegelscher Begriffe (wie der Begriffsessentialismus in Auslegung eines Leistungsfähigkeitsprinzips) oft nur der Deckmantel zu sein, um eine steigende Steuerentlastung bei alternativ wachsenden Einkommen als allein rechtlich haltbar zum eigenen Nutzen und dem anderer Besserverdienenden zu verkünden.

Sobald verantwortungsethisch argumentiert und damit die Gerechtigkeit von Rechtsetzungen an ihren Folgen beurteilt wird: hier am Verlauf der jeweiligen verfügbaren Einkommen, wenn alternativ das Familieneinkommen wächst, dann ist gegen einen solchen juristischen Anspruch zu fragen: Wieso kann verantwortungsethisch und ökonomisch Sinnvolles bei der Auslegung des Grundgesetzes rechtlich nicht haltbar sein? Widerspricht dann nicht das Grundgesetz als übergeordnete Organisationsregel für menschliches Zusammenleben in der Bundesrepublik

---

[199] Dies hat in zahlreichen Veröffentlichungen insbesondere *Hayek* kritisiert, vgl. z.B. *F.A. von Hayek*: Recht, Gesetz und Wirtschaftsfreiheit. In: Freiburger Studien, Gesammelte Aufsätze von F.A. von Hayek. Tübingen 1969, S. 47-55; ders.: Rechtsordnung und Handelsordnung. In: Freiburger Studien, S. 161-198; *ders.*: Recht, Gesetzgebung und Freiheit. Bd. 2: Die Illusion der sozialen Gerechtigkeit. Landsberg 1981, bes. S. 56-89.

Deutschland dem Empfinden von gerecht? Oder sind es nur Auslegungen von Verfassungsrichter, die in ihren Folgen den Eindruck der Ungerechtigkeit hervorrufen?

Solche Fragen zu stellen und zu beantworten, erscheint für eine interdisziplinäre Steuerwissenschaft, die Steuerrechtswissenschaft und ökonomische Analyse des Steuerrechts verbindet, nicht nur zulässig, sondern geboten.

Einer interdisziplinären Steuerwissenschaft bedarf es deshalb, um durch Aufdecken der Entscheidungswirkungen und Verteilungsfolgen von Rechtsetzungen Gesetzgebenden und Gesetze Auslegenden durch Argumente zu verdeutlichen, wann und wo formale Rechtmäßigkeit steuerbegünstigende oder steuerbenachteiligende Entscheidungswirkungen auslöst und vor allem im Widerspruch zu Verteilungsfolgen steht oder stehen kann, welche die Gesellschaft als weniger ungerecht mehrheitlich beurteilt.

Literaturverzeichnis[+]

Aktuelle Beiträge zur Wirtschafts- und Finanzpolitik, Nr. 18/1996: JStG 1997, hrsg. vom Presse– und Informationsamt der Bundesregierung 1996.

Albach, Horst: Gewinnrealisierungen im Ertragssteuerrecht. In: Steuerberater-Jahrbuch 1970/71. Köln 1971, S. 287-320.

Antonelli, Giovanni B.: On the Mathematical Theory of Political Economy (ital. Original Pisa 1886). In: Preferences, Utility, and Demand, hrsg. von J.S. Chipman u.a. New York u.a. 1971, S. 333-360.

Apel, Rudolf: Die gerechte Besteuerung von Leibrenten: In: Neumanns Zeitschrift für das Versicherungswesen, Jg. 61 (1938), S. 692-693, 807-838.

Arbeitsgruppe Steuerreform: Steuern der Neunziger Jahre. Stuttgart 1987.

Arrow, Kenneth J.: Some Ordinalist – Utilitarian Notes on Rawls's Theory of Justice. In: The Journal of Philosophy, Vol. 70 (1973), S. 245-263.

Arrow, Kenneth J.: The Role of Securities in the Optimal Allocation of Risk-bearing. In: Review of Economic Studies, Vol. 31 (1964), S. 91-96.

Atkinson, Anthony B.; Stiglitz, Joseph E.: Lectures on Public Economics. London u.a. 1980.

Atkinson, Anthony B.; Stiglitz, Joseph E.: The Design of Tax Structure: Direct versus Indirect Taxation. In: Journal of Public Economics, Vol. 6 (1976), S. 55-75.

Ball jr., Ben C.: The Mysterious Disappearance of Retained Earnings. In: Harvard Business Review, Vol. 65 (July-August 1987), S. 56-63.

Ballwieser, Wolfgang: Ist das Maßgeblichkeitsprinzip überholt? In: BFuP, Jg. 42 (1990), S. 477-498.

[+] Rechtsquellen (Erlasse, Gesetze, Verordnungen, Gesetzentwürfe) und Urteile sind nur im Text zitiert.

Ballwieser, Wolfgang: Unternehmensbewertung und Discounted Cash Flow Verfahren. In: Die Wirtschaftsprüfung, Jg. 51 (1998), S. 81-92.

Bareis, Peter: Markteinkommensbesteuerung und Existenzminima – roma locuta, causa finita? In: Unternehmenstheorie und Besteuerung, hrsg. von R. Elschen, Theodor Siegel, F. W. Wagner. Wiesbaden 1995, S. 39-75.

Baron, David P.: Default Risk an the Modigliani-Miller Theorem. A Synthesis. In: The American Economic Review, Vol. 66 (1976), S. 204-212.

Birk, Dieter: Nachgelagerte Besteuerung in der betrieblichen Altersversorgung – eine verfassungskonforme Alternative für den Gesetzgeber? In: StuW, Jg. 76 (1999), S. 321 –327.

Birk, Dieter: Zum Stand der Theoriediskussion in der Steuerrechtswissenschaft. In: StuW, Jg. 60 (1983), S. 293-299.

Blaug, Mark: The Methodology of Economics or How Economists Explain. 2. Aufl., Cambridge 1992.

Boadway, Robin; Bruce, Neil W.: A General Proposition on The Design Of A Neutral Business Tax. In: Journal of Public Economics, Vol. 24 (1984), S. 231-239.

Bradford, David F.: Untangling the Income Tax. Cambridge (Mass.)-London 1986.

Brennan, Geoffrey; Buchanan, James M.: The Power to Tax. Cambridge (Mass.) u.a. 1980.

Brennan, M. J.; Schwartz, E. S.: Corporate Income Taxes, Valuation, and the Problem of Optimal Capital Structure. In: The Journal of Business, Vol. 51 (1978), S. 103-114.

Broad, Charlie D.: Ethics. Dordrecht u.a. 1985.

Brown, E. Cary: Business- Income Taxation and Investment Incentives. In: Income, Employment and Public Policy, ed. by A. Metzler u.a., New York 1948, S. 300-316.

Bund der Steuerzahler (Hrsg.): Die öffentliche Verschwendung. Wiesbaden 1996.

Bundesministerium der Finanzen: BMF – Finanznachrichten 20/99 vom 14. September 1999.

Bundesverband der Deutschen Industrie, Verband der Chemischen Industrie: Verfassungskonforme Reform der Gewerbesteuer. Frankfurt und Berlin 2001.

Busse von Colbe, Walther: Was ist und was bedeutet Shareholder Value aus betriebswirtschaftlicher Sicht? In: ZGR, Jg. 26 (1997), S. 271-290.

Cournot, Augustin: Untersuchungen über die mathematischen Grundlagen der Theorie des Reichtums (1838): deutsch: Jena 1924.

Darby, Michael R.: The Financial and Tax Effects of Monetary Policy on Interst Rates. In: Economic Inquiry, Vol. 13 (1975), S. 266-276.

Debreu, Gerard: Theory of Value. New York- London 1959.

Devereux, Michael P.; Griffith, Rachel: Taxes and the Location ot Production: Evidence from a Panel of US Multinationals. In: Journal of Public Economics, Vol. 68 (1998), S. 335-367.

Devereux, Michael P.; Griffith, Rachel: The Taxation of Discrete Investment Choices – Revision. 2. IFS Working Paper Series No. 98/16.

Diamond, P. A.: Cardinal Welfare, Individualistic Ethics, and Interpersonal Comparisons of Utility: A Comment. In: Journal of Political Economy, Vol. 75 (1967), S. 765 f.

Dirrigl, Hans: Die Bewertung von Beteiligungen an Kapitalgesellschaften – Betriebswirtschaftliche Methoden und steuerlicher Einfluß. Hamburg 1988.

Durand, David: Cost of Debt and Equity Funds for Business: Trends and Problems of Measurement. In: Conference on Research in Business Finance, New York 1952, S. 215-247.

Eheberg: Steuer. In: Handwörterbuch der Staatswissenschaften, Bd. VII, 4. Aufl., Jena 1926, S. 1046-1082.

Elschen, Rainer: Institutionale oder personale Besteuerung von Unternehmungsgewinnen? 2. Aufl., Hamburg 1994.

Engels, Wolfram; Stützel, Wolfgang: Teilhabersteuer. 2. Aufl., Frankfurt (Main) 1968.

Feit, Armin: Die Gewerbesteuer – ewiges Stiefkind der Steuerreform? In: Besteuerung und Unternehmenspolitik, hrsg. von G. John. München 1989, S. 101-129.

Fisher, Irving: Appreciation and Interest. In: Publications of the American Economic Association, Vol. 11, No. 4 (August 1896).

Fisher, Irving: Income in Theory and Practice. In: Econometrica, Vol. 5 (1937), S. 1-55.

Fisher, Irving: Mathematical Investigations in the Theory of Value and Prices (1892). New Haven 1925, S. 35-54.

Fisher, Irving; Fisher, Herbert W.: Constructive Income Taxation. New York 1942.

Froese, Hermann: Die Berücksichtigung von Geldwert- und Sachwertschwankungen in der Einkommensbesteuerung. Frankfurt/M. –Zürich 1977.

Fullerton, Don: Which Effective Tax Rate? In: National Tax Journal, Vol. 37 (1984), S. 23-41.

Gaertner, Wulf: Untergrundwirtschaft, Steuerhinterziehung und Moral. In: Wirtschaftswissenschaft und Ethik, hrsg. von H. Hesse. Berlin 1988, S. 109-130.

Gravelle, Jane G.: „Which Effective Tax Rate?". A Comment and Extension. In: National Tax Journal, Vol. 38 (1985), S. 103-108.

Guski, Hans-Günter; Schneider, Hans-J.: Betriebliche Vermögensbeteiligung in der Bundesrepublik Deutschland. Köln 1977.

Gutachten der Kommission zur Verbesserung der steuerlichen Bedingungen für Investitionen und Arbeitsplätze. BMF Schriftenreihe, Heft 46. Bonn 1991.

Gutachten der Steuerreformkommission 1971. Schriftenreihe des Bundesministeriums der Finanzen, Heft 17. Bonn 1971.

Haller, Heinz: Gedanken zur Vermögensbesteuerung. In: Finanzarchiv, NF, Bd. 36 (1977/78), S. 222-248.

Hammond Peter J.: Ex-ante and ex-post Welfare Optimality under Uncertainty. In: Economica, Vol. 48 (1981), S. 235-250.

Hammond, Peter J.: Utilitarianism, Uncertainty and Information. In: Utilitarianism and Beyond, hrsg. von B. Williams, A.K. Sen. Cambridge 1982, S. 85-102.

Hart, Oliver D.: On the Optimality of Equilibrium when the Market Structure is Incomplete. In: Journal of Economic Theory, Vol. 11 (1975), S. 418-433.

Hayek, F. A. von: Economics and Knowledge. In: Economica, NS, Vol. 4 (1937), S. 33-54; deutsch: Wirtschaftstheorie und Wissen. In: Individualismus und wirtschaftliche Ordnung. 2. Aufl., Tübingen 1976.

Hayek, F. A. von: Recht, Gesetz und Wirtschaftsfreiheit. In: Freiburger Studien, Gesammelte Aufsätze von F.A. von Hayek. Tübingen 1969, S. 47-55.

Hayek, F. A. von: Recht, Gesetzgebung und Freiheit. Bd. 2: Die Illusion der sozialen Gerechtigkeit. Landsberg 1981.

Hayek, F. A. von: Rechtsordnung und Handelsordnung. In: Freiburger Studien, Gesammelte Aufsätze von F.A. von Hayek, Tübingen 1969, S. 161-198.

Hayek, Friedrich A.: *H(errmann) H(euer) R(aupach:)*: Einkommensteuer- und Körperschaftsteuergesetz. Kommentar, Loseblattausgabe, hrsg. von A. Raupach. 21. Aufl., Köln 1996.

Hicks, J. R.: Value and Capital. 2. Aufl., Oxford 1946.

Hobbes, Thomas: Leviathan, ore the Matter, Forme and Power of a Common-Wealth Ecclesiasticall an Civill. London 1651; deutsch: Leviathan.... 3. Aufl., Frankfurt 1989.

Homburg, Stefan: Allgemeine Steuerlehre. 2. Aufl., München 2000.

Homburg, Stefan: Das einkommensteuerliche Ehegattensplitting. In: StuW, Jg. 77 (2000), S. 261-268.

Hume, David: Political Discourses. Edinburgh 1752.

Hundsdoerfer, Jochen: Die Steuerhinterziehung und ihre Integration in betriebswirtschaftliche Entscheidungsmodelle. Berlin 1996.

Hundsdoerfer, Jochen: Halbeinkünfteverfahren und Lock-In-Effekt. In: StuW, Jg. 78 (2001), S. 113-125.

Hundsdoerfer, Jochen: Instrumente der Standortförderung im Vergleich: Ein Plädoyer für (steuerpflichtige) Investitionszuschüsse. In: zfbf, Jg. 51 (1999), S. 379-404.

Jacobs, Otto H.: Das Bilanzierungsproblem in der Ertragsteuerbilanz. Stuttgart 1971.

Jacobs, Otto H.: Internationale Unternehmensbesteuerung. 3. Aufl., München 1995.

Johansson, Sven Erik: Skatt – investering – värdering. Stockholm 1961.

Jordan, William A.: Producer Protection, Prior Market Structure sand the Effects of Government Regulation. In: The Journal of Law & Economics, Vol. 15 (1972), S. 151-176.

Justi, Johann Heinrich Gottlob von: System des Finanzwesens. Halle 1766, Neudruck Aalen 1969.

Kahnemann, Daniel; Knetsch, Jack L.; Thaler, Richard H.: Experimental tests of the endowment effect and the Coase theorem. In: Journal of Political Economy, Vol. 98 (1990), S. 1325-1348.

Kaldor, Nicholas: An Expenditure Tax. London 1955.

King, Mervyn A.; Fullerton, Don (Hrsg.): The Taxation of Income from Capital. Chicago-London 1984.

Kirchhof, Paul: Die Widerspruchsfreiheit im Steuerrecht als Verfassungspflicht. In: StuW, Jg. 77 (2000), S. 316-327.

Kirchhof, Paul: Freiheit und Steuerpflicht. In: FAZ Nr. 209 v. 07.09.1996, S. 10.

Kirzner, Israel M.: Wettbewerb und Unternehmertum. Tübingen 1978.

Klein, F.: Diskussionsbeitrag. In: Sitzungsbericht über die Verhandlungen der steuerrechtlichen Abteilung. Verhandlungen des siebenundfünfzigsten Deutschen Juristentages, Band 2. München 1988, S. N 171..

König, Rolf: Ungelöste Probleme einer investitionsneutralen Besteuerung – Gemeinsame Wurzel unterschiedlicher neutraler Steuersysteme und die Berücksichtigung unsicherer Erwartungen. In: ZfbF, Jg. 49 (1997), S. 42-63.

König, Rolf; Sureth, Caren unter Mitarbeit von *Tanja Magerkurth*: Besteuerung und Wahl der Rechtsform. 2. Aufl., Herne-Berlin 2001.

Koopmans, Tjalling C.; Diamond, Peter A.; Williamson, Richard E.: Stationary Utility and Time Perspective. In: Econometrica, Vol. 32 (1964), S. 82-100.

Kottke, Klaus: Steuerersparnis, Steuerumgehung, Steuerhinterziehung. 10. Aufl., Freiburg 1994.

Krebs, Hans-Joachim: Überlegungen zur Vereinfachung des Körperschaftsteuer-

Krueger, Anne O.: The Political Economy of the Rent-Seeking Society. In: The American Economic Review, Vol. 64 (1974), S. 291-303.

Lang, Joachim: Familienbesteuerung. In: StuW, Jg. 60 (1983), S. 103-125.

Lang, Joachim: Prinzipien und Systeme der Besteuerung von Einkommen. Druckfassung des Referats zur 25. Jahrestagung der Deutschen Steuerjuristischen Gesellschaft am 18./19. September 2000.

Lang, Joachim: Unternehmenssteuerreform. In: Unternehmenstheorie und Besteuerung, hrsg. von R. Elschen, T. Siegel, F.W. Wagner. Wiesbaden 1995, S. 399-418.

Littmann, Konrad: Ein Valet dem Leistungsfähigkeitsprinzip. In: Theorie und Praxis des finanzpolitischen Interventionismus, hrsg. von H. Haller u.a. Tübingen 1970, S. 113-134.

Mandelbrot, Benoit: Forecasts of Future Prices, Unbiased Markets and „Martingale". In: The Journal of Business, Vol. 39 (1966), S. 242-255.

Mann, Fritz Karl: Ueberwälzung der Steuer. In: Handwörterbuch der Staatswissenschaften, 4. Aufl., Achter Band 1928, S. 336-362.

McIntyre, Michael J.: Implications of Family Sharing for the Design of an Ideal Personal Tax System: In: The Personal Income Tax – Phoenix from the Ashes?, ed. by S. Cnossen, R. M. Bird. Amsterdam u.a. 1990, S. 145-183.

Meade, J. E.: The Structure and Reform of Direct Taxation. Report of a Committee, chaired by Professor J. E. Meade. London 1978.

Medema, Steven G.: The Trial of Homo Economicus: What Law and Economics Tell Us about the Development of Economic Imperialism. In: New Economics and Its History. Annual Supplement to Volume 29 (1997): History of Political Economy, hrsg. von J.B. Davis, S. 122-142.

Mennel, Annemarie (Hrsg.): Steuern in Europa, USA, Kanada und Japan. Loseblatt-Ausgabe, Herne-Berlin 1980/2001 (43. Lieferung).

Mill, John Stuart: Principles of Political Economy ...(1848); deutsch: Grundsätze der politischen Ökonomie mit einigen ihrer Anwendungen auf die Sozialphilosophie. Jena 1921.

Miller, Merton H.: Debt and Taxes. In: The Journal of Finance, Vol. 32 (1977), S. 261-275.

Mirowski, Philip: More Heat than Light. Cambridge u.a. 1989.

Mirrlees, James A.: An Exploration in the Theory of Optimum Income Taxation. In: The Review of Economic Studies, Vol. 38 (1971), S. 175-208.

Mishan, E. J.: Introduction to Normative Economics. New York-Oxford 1981.

Mishan, E. J.: Theories of Consumers ‚Behaviour': a Cynical View (1961), Nachdruck in Readings in Microeconomics, ed. by D.R. Kamerschen, Cleveland 1967.

Modigliani, Franco; Miller, Merton H.: Corporate Income Taxes and the Cost of Capital: A Correction. In: The American Economic Review, Vol. 53 (1963), S. 433-443.

Modigliani, Franco; Miller, Merton H.: The Cost of Capital, Corporation Finance, and the Theory of Investment. In: The American Economic Review, Vol. 48 (1958), S. 261-297.

Musgrave, Richard A.: Der gegenwärtige Stand der Theorie der Besteuerung. In: Finanzarchiv, N.F., Bd. 39 (1981), S. 29-42.

Myrdal, Gunnar: Prisbildningsproblemet och föränderligheten. Uppsala-Stockholm 1927.

Neumark, Fritz: Grundsätze gerechter und ökonomisch rationaler Steuerpolitik. Tübingen 1970.

Niemann, Rainer: Neutrale Steuersysteme unter Unsicherheit, Besteuerung und Realoptionen. Bielefeld 2001.

Oldenburg, Alexander: Zur Ermittlung effektiver Grenzsteuersätze vorteilhafter und unvorteilhafter Handlungsmöglichkeiten in Anknüpfung an den Ansatz von König. In: ZfbF, Jg. 50 (1998), S. 41-48.

Ordover, J. A.; Phelps, E. S.: The Concept of Optimal Taxation in the Overlapping-Generations Model of Capital and Wealth. In: Journal of Public Economics, Vol. 9 (1979), S. 1-26.

Popper, Karl R.: Ausgangspunkte. Hamburg 1979.

Popper, Karl R.: Die offene Gesellschaft und ihre Feinde. Bd. II: Falsche Propheten. 3. Aufl., Bern-München 1973.

Posner, Richard A.: The Economics of Justice. Cambridge (Mass.) – London 1981.

Posner, Richard A.: Theories of Economic Regulation. In: The Bell Journal of Economics and Management Science, Vol. 5 (1974), S. 335-358.

Preinreich, Gabriel A.D.: Models of Taxation in the Theory of the Firm. In: Economia Internazionale, Vol. 4 (1951), S. 372-397.

Radner, Roy: Problems in the Theory of the Market. In: The American Economic Review, Vol. 60 (1970), S. 454-460.

Rawls, John: A Theory of Justice. Cambridge (Mass.) 1971.

Rawls, John: Political Liberalism. New York 1993.

Report by the Committee on Fiscal Affairs: The Adjustment of Personal Income Tax Systems for Inflation. Paris 1976.

Report of the Royal Commission on Taxation, Vol 5: Sales Taxes and General Tax Administration. Ottawa 1966.

Report of the Royal Commission on Taxation, Vol. 3: Taxation of Income. Ottawa 1966 (mitunter Carter-Report genannt).

Report of the Royal Commission on Taxation, Vol. 4: Taxation of Income (continued). Ottawa 1966.

Richter, Wolfram F.: Neutrale Ertragsanteilbesteuerung von Renten. In: Deutsche Rentenversicherung 1987, S. 662-685.

Roeder, Achim: Unternehmerische Ausweichhandlungen im internationalen Gewinnsteuerrecht und nationale Nach-Regulierungsprozesse. Hamburg 1999.

Rose, Gerd: Ein Grundgerüst planungsrelevanter Steuerrechtsrisiken. In: Unternehmenstheorie und Besteuerung, hrsg. von R. Elschen, T. Siegel, F. W. Wagner. Wiesbaden 1995, S. 479-493.

Rose, Manfred: Eine konsumorientierte Neuordnung des Steuerzyklus für mehr Entscheidungsneutralität und Transparenz. In: Steuervereinfachung, hrsg. von P. Kirchhof, W. Bühler, F. Klein, Heidelberg 1994, S. 233-251.

Rosenstein-Rodan, P. N.: Das Zeitmoment in der mathematischen Theorie des wirtschaftlichen Gleichgewichts. In: Zeitschrift für Nationalökonomie, Bd. 1 (1930), S. 129-142.

Ross, Stephen A.: Debt and Taxes under Uncertainty. In: The Journal of Finance, Vol. 40 (1985), S. 637-657.

Sachverständigenrat zur Begutachtung der gesamtwirtschaftlichen Entwicklung: Auf dem Weg zu mehr Beschäftigung. Jahresgutachten 1985/86. Stuttgart-Mainz 1985.

Samuelson, Paul A.: Proof that Properly Anticipated Prices Fluctuate Randomly. In: Industrial Management Review, Vol. 6 (1965), S. 41-49.

Samuelson, Paul A.: Tax Deductibility of Economic Depreciation to Insure Invariant Valuation. In: The Journal of Political Economy, Vol. 72 (1964), S. 604-606.

Sandmo, Agnar: Optimal Taxation – An Introduction to the Literature. In: The Journal of Public Economics, Vol. 6 (1976), S. 37-54.

Scheer, Christian: Steuer, Steuerverteilung und Steuerinzidenz in der deutschen Finanzwissenschaft der ersten Hälfte des 19. Jahrhunderts und der Einfluß der britischen Nationalökonomie. In: Studien zur Entwicklung der ökonomischen Theorie VI, hrsg. von H. Scherf, Berlin 1988, S. 105-169.

Scheffler, Wolfram: Besteuerung von Unternehmen I: Ertrag-, Substanz- und Verkehrsteuern. Heidelberg 2000.

Scherf, Wolfgang: Das Ehegattensplitting aus finanzwissenschaftlicher Sicht. In: StuW, Jg. 77 (2000), S. 269-278.

Schick, F.: Self-Knowledge, Uncertainty and Choice. In: The British Journal for the Philosophy of Science, Vol. 30 (1979), S. 235-252.

Schlözer, Christian von: Anfangsgründe der Staatswissenschaft oder die Lehre vom Nationalreichtum. Riga 1805 und 1807.

Schmidt, Kurt: Die Steuerprogression. Basel-Tübingen 1960.

Schmoller, Gustav: Die Lehre vom Einkommen in ihrem Zusammenhang mit den Grundprincipien der Steuerlehre. In: Zeitschrift für die gesammte Staatswissenschaft, Bd. 19 (1963), S. 1-86.

Schneider, Dieter: Korrekturen zum Einfluß der Besteuerung auf Investitionen. In: ZfbF, Jg. 21 (1969), S. 297-325.

Schneider, Dieter: Gewinnermittlung und steuerliche Gerechtigkeit. In: ZfbF, Jg. 23 (1971), S. 352-394.

Schneider, Dieter: Abschreibungsverfahren und Grundsätze ordnungsmäßiger Buchführung. In: Die Wirtschaftsprüfung, Jg. 27 (1974), S. 364-376.

Schneider, Dieter: Das Problem der risikobedingten Anlagenabschreibung. In: Die Wirtschaftsprüfung, Jg. 27 (1974), S. 402-405.

Schneider, Dieter: Körperschaftsteuerreform und Gleichmäßigkeit der Besteuerung. In: StuW, Jg. 52 (1975), S. 97-112.

Schneider, Dieter: Bezugsgrößen steuerlicher Leistungsfähigkeit und Vermögensbesteuerung. In. Finanzarchiv, NF, Bd. 37 (1979), S. 26-49.

Schneider, Dieter: Investition und Finanzierung. 5. Aufl., Wiesbaden 1980.

Schneider, Dieter: Leistungsfähigkeitsprinzip und Abzug von der Bemessungsgrundlage. In: StuW, Jg. 61 (1984), S. 356-367.

Schneider, Dieter: Wider leichtfertige Steuerbelastungsvergleiche. In: Die Wirtschaftsprüfung, Jg. 41 (1988), S. 281-291.

Schneider, Dieter: Hochsteuerland Bundesrepublik Deutschland: Die Spannweite effektiver Grenzsteuerbelastungen für Investitionen. In: Die Wirtschaftsprüfung, Jg. 41 (1988), S. 328-338.

Schneider, Dieter: Was verlangt eine marktwirtschaftliche Steuerreform: Einschränkung des Verlust-Mantelkaufs oder Ausweitung des Verlustausgleichs durch handelbare Verlustverrechnungsgutscheine? In: BB, Jg. 43 (1988), S. 1222-1229.

Schneider, Dieter: Reform der Unternehmensbesteuerung aus betriebswirtschaftlicher Sicht. In: StuW, Jg. 66 (1989), S. 328-339.

Schneider, Dieter: Steuerfreie Kapitalbildung in dreistelliger Milliardenhöhe durch Pensionsrückstellungen? In: Der Betrieb, Jg. 42 (1989), S. 889-895.

Schneider, Dieter: Steuerersparnisse bei Pensionsrückstellungen allein durch die Aufwandsvorwegnahme? In: Der Betrieb, Jg. 42 (1989), S. 1884-1887.

Schneider, Dieter: Investition, Finanzierung und Besteuerung. 6. Aufl., Wiesbaden 1990.

Schneider, Dieter: Zwei Gutachten zur Reform der Unternehmensbesteuerung. In: StuW, Jg. 68 (1991), S. 354-365.

Schneider, Dieter: Investition, Finanzierung und Besteuerung. 7. Aufl., Wiesbaden 1992.

Schneider, Dieter: Betriebswirtschaftslehre, Band 1: Grundlagen. 2. Aufl., München-Wien 1995.

Schneider, Dieter: Betriebswirtschaftslehre, Band 2: Rechnungswesen. 2. Aufl., München-Wien 1997.

Schneider, Dieter: Betriebswirtschaftslehre, Band 3: Theorie der Unternehmung. München-Wien 1997.

Schneider, Dieter: Marktwertorientierte Unternehmensrechnung: Pegasus mit Klumpfuß. In: Der Betrieb, Jg. 51 (1998), S. 1473-1478.

Schneider, Dieter: Mängel in der ökonomischen Begründung einer Steuerfreiheit für Kapitaleinkünfte. In: StuW, Jg. 77 (2000), S. 421-430.

Schneider, Dieter: Betriebswirtschaftslehre, Band 4: Geschichte und Methoden der Wirtschaftswissenschaft. München-Wien 2001.

Schreiber, Ulrich: Rechnungslegung im Einzelabschluß nach internationalen Grundsätzen? In: Unternehmenspolitik und internationale Besteuerung, hrsg. von H.-J. Kleineidam. Köln 1999, S. 879-912.

Schreiber, Ulrich; Kuenne, Thomas: Die Steuerbelastung von Investitionen in Deutschland, Frankreich und Großbritannien. In: StuW, Jg. 73 (1996), S. 43-61.

Schreiber, Ulrich; Rogall, Matthias: Der Einfluß der Reform der Körperschaftsteuer auf Investitionsentscheidungen und den Wert der Gewinnrücklagen von Kapitalgesellschaften. In: DBW, Jg. 60 (2000), S. 721-737.

Schreiber, Ulrich; Spengel, Christoph; Lammersen, Lothar: Measuring the Impact of Taxation on Investment and Financing Decisions. Veröffentlichung in zfbf/sbr in Vorbereitung.

Seer, Roman: Die Besteuerung der Alterseinkünfte und das Gleichbehandlungsgebot. In: StuW, Jg. 73 (1996), S. 323–336.

Shackle, George L. S.: Epistemics and Economics. Cambridge 1972.

Shafer, Wayne; Sonnenschein, Hugo: Market Demand and Excess Demand Functions. In: Handbook of Mathematical Economics, Vol. II, ed. by K.J. Arrow u.a., Amsterdam u.a.1982, S. 672-693.

Siegel, Theodor: Notwendiger Effekt oder fragwürdiger Vorteil? In: BfuP, Jg. 53 (2001), S. 271-280.

Siegel, Theodor; Schneider, Dieter: Existenzminimum und Familienlastenausgleich: Ein Problem der Reform des Einkommensteuerrechts. In: Deutsches Steuerrecht, Jg. 32 (1994), S. 597-604.

Siegel, Theodor, u.a.: Verteidigt das Anrechnungsverfahren gegen unbedachte Reformen! In: BB, Jg. 55 (2000), S. 1268-1270.

Sievert, Olav; Naust, Hermann; Jochum, Dieter; Peglow, Michael; Glumann, Thorolf: Steuern und Investitionen. Frankfurt 1989.

Sinn, Hans Werner: Kapitaleinkommensbesteuerung. Tübingen 1985.

Söhn, Hartmut: Verfassungsrechtliche Aspekte der Besteuerung nach der subjektiven Leistungsfähigkeit im Einkommensteuerrecht: Zum persönlichen Existenzminimum. In: Finanzarchiv, NF, Bd. 46 (1988), S. 154-171.

Solomon, Ezra: The Theory of Financial Management. New York-London 1963.

Sorensen, P. B.: Changing Views of the Corporate Income Tax. In: National Tax Journal, Vol. 47 (1995), S. 279-294.

Spengel, Christoph: Europäische Steuerbelastungsvergleiche. Düsseldorf 1995.

Spengel, Christoph: Grenzüberschreitende Geschäftstätigkeit und effektive Steuerbelastung nach der deutschen Steuerreform. Erscheint in der zfbF.

Stackelberg, Heinrich von: Die Entwicklungsstufen der Werttheorie. In: Schweizerische Zeitschrift für Volkswirtschaft und Statistik, Jg. 83 (1947), S. 1-18.

Starr, Ross M.: Optimal Production and Allocation under Uncertainty. In: Quarterly Journal of Economics, Vol. 87 (1973), S. 81-95.

Statistisches Bundesamt: Statistisches Jahrbuch 2000. Wiesbaden 2000.

Stegmüller Wolfgang: Hauptströmungen der Gegenwartsphilosophie. Band 1, 7. Aufl., Stuttgart 1989.

Steiner, Jürgen: Gewinnsteuern in Partialmodellen für Investitionsentscheidungen. Berlin 1980

Stellungnahme des Instituts der Wirtschaftsprüfer zur Unternehmenssteuerreform. Manuskript vom 3.11.1998.

Stiglitz, Joseph E.: The Inefficiency of Stock Market Equilibrium. In: Review of Economic Studies, Vol. 49 (1982), S. 241-261.

Stiglitz, Joseph E.; Schönfelder, Bruno: Finanzwissenschaft. 2. Aufl., München 1989.

Stützel, Wolfgang: Die Aktie und die volkswirtschaftliche Risikoallokation. In: Geld und Versicherung, hrsg. von M. Jung u.a., Karlsruhe 1981, S. 193-211.

Taggart Jr., Robert A.:Taxes and Corporate Capital Structure in an Incomplete Market. In: The Journal of Finance, Vol. 35 (1980), S. 645-659.

Tipke, Klaus: Die rechtliche Misere der Zinsbesteuerung. In: BB, Jg. 44 (1989), S. 157-159.

Tipke, Klaus: Die Steuerrechtsordnung. Band II, 1. Aufl., Köln 1993.

Tipke, Klaus: Die Steuerrechtsordnung, Band I. 2. Aufl., Köln 2000.

Tipke, Klaus; Lang, Joachim: Steuerrecht. 16. Aufl., Köln 1998.

Wagner, Adolph: Finanzwissenschaft. Vierte Hauptabtheilung des Lehr- und Handbuchs der politischen Oekonomie. Zweiter Theil: Theorie der Besteuerung, Gebührenlehre und allgemeine Steuerlehre. 2. Aufl., Leipzig 1890.

Wagner, Franz W.: Zum gegenwärtigen Forschungsprogramm der betriebswirtschaftlichen Steuerlehre. In: Der Betrieb, Jg. 27 (1974), S. 393-398.

Wagner, Franz W.: Die zeitliche Erfassung steuerlicher Leistungsfähigkeit. In: Zeitaspekte betriebswirtschaftlicher Theorie und Praxis, hrsg. v. H. Hax, W. Kern, H.-H. Schröder. Stuttgart 1989, S. 261-277.

Wagner Franz W.: Neutralität und Gleichmäßigkeit als ökonomische und rechtliche Kriterien steuerlicher Normkritik. In: StuW, Jg. 69 (1992), S. 2-13.

Wagner, Franz W.: Eine Einkommensteuer muß eine konsumorientierte sein. In: Einkommen versus Konsum - Ansatzpunkte zur Steuerreformdiskussion, hrsg. v. R. Sendlhofer, C. Smekal, H. Winner. Heidelberg 1999, S. 15-35.

Wenger, Ekkehard: Gleichmäßigkeit der Besteuerung von Arbeits- und Vermögenseinkünften. In: Finanzarchiv, N.F., Bd. 41 (1983), S. 207-252.

Wenger, Ekkehard: Die Festlegung auf einperiodische Modelle steuerlicher Gleichmäßigkeit - eine Kapitulation vor der Problematik der Kapitaleinkommensbesteuerung. In: Finanzarchiv, N.F., Bd. 44 (1986), S. 258-272.

Wenger, Ekkehard: Besteuerung und Kapitalbildung als intertemporales Optimierungsproblem. In: Zeitaspekte in betriebswirtschaftlicher Theorie und Praxis, hrsg. von H. Hax, W. Kern, H.-H. Schröder, Stuttgart 1989, S. 279-295.

Wicksell, Knut: Finanztheoretische Untersuchungen nebst Darstellung und Kritik des Steuerwesens Schwedens. Jena 1896.

Wielens, Hans: Inflation kein Alptraum. Herford 1971.

Wissenschaftlicher Beirat beim Bundesministerium der Finanzen: Gutachten zur Reform der Unternehmensbesteuerung. BMF Schriftenreihe, Heft 43. Bonn 1990.

Wissenschaftlicher Beirat beim Bundesministerium für Wirtschaft: Konjunkturpolitik neu betrachtet. Studien des BMWI, Reihe 38. Bonn 1983.

Wöhe, Günter: Die Aufgaben der Betriebswirtschaftlichen Steuerlehre und das Postulat der Wertfreiheit. In: Unternehmung und Steuern, hrsg. von L. Fischer, Wiesbaden 1983, S. 5-20.

Wulwick, Nancy J.: The Hamiltonian Formalism and optimal growth theory. In: Measurement, Quantification and Economic Analysis, hrsg. von I. Rima, London 1995, S. 406-435.

Zodrow, George R.: The Choice between Income and Consumption: Efficiency and Horizontal Equity Aspects. In: S. Cnossen, R.M. Bird: The Personal Income Tax – Phoenix from the Ashes? Amsterdam u.a. 1990, S. 85-115.

Sachverzeichnis

www.ingramcontent.com/pod-product-compliance
Lightning Source LLC
LaVergne TN
LVHW060628300926
849162LV00008B/1738